**FREIZEITFÜHRER**
*Vor die Haustür, fertig – los!*

# HARZ MIT KINDERN

*500 spannende Ausflüge & Aktivitäten rund ums Jahr*

VON KIRSTEN WAGNER

pmv

*2. Auflage Frankfurt am Main 2009*
PETER MEYER VERLAG

## INHALT

6 **Vorwort**

### RUND UM GOSLAR

11 **KAISERPFALZ UND MEHR**
11 **Tipps für Wasserratten**
11 Frei- und Hallenbäder
16 Baden und Boot fahren
17 **Raus in die Natur**
17 Radeln und Skaten
20 Wandern und Spazieren
25 Natur und Umwelt erforschen
29 Pferde und wilde Tiere
31 Abenteuer- und Erlebnisparks
35 Wintersport und -spaß
36 **Handwerk und Geschichte**
36 Bahnen und Betriebe
38 Pfalz und Burg
41 Museen und Stadtführungen
47 **Aktionen und Feste**
47 Lesen, spielen, feiern
49 Walpurgis und Weihnachten

*Auf leisen Sohlen: Der Luchs kehrt zurück* 25

*Die Pfalz: Wohnung auf Zeit* 39

*Festkalender* 46

### OBERHARZ & BROCKEN

51 **HOHE BERGE, TIEFE TÄLER**
51 **Tipps für Wasserratten**
51 Frei- und Hallenbäder
53 Wasserspaß im Badesee
54 Wassersport am Okerstausee
56 **Raus in die Natur**
56 Radeln und Skaten
58 Wandern und Spazieren
63 Natur und Umwelt erforschen
67 Wintersport und -spaß
77 Eis laufen
78 **Handwerk und Geschichte**
78 Bahnen und Seilbahnen
82 Betriebe und Bergwerke
86 Museen und Stadtführungen
87 **Aktionen und Feste**

*Rezept: Windbeutel* 55

*Harzer Wandernadel* 58
*Sagenhaft: Der Brocken* 61

*Was ist Fahrkunst?* 83

*Festkalender* 88

## BAD GRUND – BAD SACHSA

**SANFTE MILDE IM SÜDHARZ** 93
   **Tipps für Wasserratten** 93
      Frei- und Hallenbäder 93
      Baden und Boot fahren 97
   **Raus in die Natur** 99
      Radeln und Skaten 99
      Wandern und Spazieren 101
      Natur und Umwelt erforschen 104 — *Hübich: König der Unterwelt* 104
      Tierparks und Gärten 110
      Abenteuer- und Erlebnisparks 112 — *Das Einhorn* 105
      Wintersport und -spaß 114
   **Handwerk und Geschichte** 115
      Bahnen und Bergwerke 115 — $CaCO_3 + CO_2 + H_2O = Ca(HCO_3)_2$ 107
      Burgen und Klöster 117
      Museen und Stadtführungen 119 — *Festkalender* 124

## RUND UM HALBERSTADT

**TIERPARKS, SEEN UND SCHÄTZE** 127
   **Tipps für Wasserratten** 127
      Frei- und Hallenbäder 127
      Baden und Boot fahren 129 — *Eimerweise Kohle* 129
   **Raus in die Natur** 130
      Radeln wie der Teufel 130
      Wandern und Spazieren 131
      Natur und Umwelt erforschen 133
      Pferde und andere Tiere 134
      Abenteuer- und Erlebnisparks 136
   **Handwerk und Geschichte** 137
      Bahnen und Betriebe 137
      Burgen, Schlösser und Kirchen 139 — *Domschatz von Quedlinburg* 141
      Museen und Stadtführungen 144 — *Immer wieder Heinrich!* 142
   **Aktionen und Feste** 150
      Spiel & Spaß 150
      Weihnachtsmärkte 152 — *Festkalender* 150

## WERNIGERODE – THALE

**155 MÄRCHENHAFTE SCHLÖSSER UND BURGEN**

155 **Tipps für Wasserratten**
155 Frei- und Hallenbäder
156 **Raus in die Natur**
156 Radeln und Skaten

*Wie die Bode zu ihrem Namen kam* 160

158 Wandern und Spazieren
165 Natur und Umwelt erforschen
166 Pferde und andere Tiere
169 Abenteuer- und Erlebnisparks
172 Wintersport und -spaß
173 **Handwerk und Geschichte**
173 Bahnen und Betriebe
177 Burgen und Schlösser
179 Museen und Stadtführungen

*Festkalender* 184

183 **Aktionen und Feste**
185 Weihnachten

## UNTERER HARZ

**189 VOM MITTELALTER BIS ZUM WILDEN WESTEN**

189 **Tipps für Wasserratten**
189 Frei- und Hallenbäder
194 Baden und Boot fahren
195 **Raus in die Natur**
195 Radeln
196 Wandern und Spazieren

*Fährten lesen* 199

198 Natur und Umwelt erforschen
201 Abenteuer- und Erlebnisparks

*Von Frosch und Harzer Roller* 208

203 Wintersport und -spaß
204 **Handwerk und Geschichte**
204 Bahnen und Betriebe

*Festkalender* 214
*Walpurgis* 216

211 Burgen und Ruinen
212 Museen & Feste

## SÜDLICHES HARZVORLAND

**KLEINER BRUDER KYFFHÄUSER** 219
**Tipps für Wasserratten** 219
Frei- und Hallenbäder 219
Wasserspaß in Badeseen 222
**Raus in die Natur** 223
Wandern und Spazieren 223
Natur und Umwelt erforschen 225
Tierparks und Gärten 228
Abenteuer- und Erlebnisparks 231
**Handwerk und Geschichte** 233
Bergwerke 233 — *Die Sage von Barbarossa* 237
Burgen und Schlösser 235
Museen und Gedenkstätten 239
**Aktionen und Feste** 244
Kunst und Kultur 244 — *Festkalender* 246

## INFO & VERKEHR

**WISSEN IST MACHT** 249
… und Connexions sind alles! 249
Verkehrs-Infos 268

## FERIEN-ADRESSEN

**UNTERKÜNFTE** 275
Familienfreundliche Hotels und Pensionen 275
Ferien auf dem Bauernhof 277
Reiterhöfe 278
Jugendherbergen & Jugendgästehäuser 280
Naturfreundehäuser 286
Campingplätze 289

## KARTEN & REGISTER

Kartenschnitte 298 – 309
Register 310
Impressum 316

# VORWORT

**Mit Kindern in den Harz? Gute Idee! Denn wo sonst gibt es so viele Bergwerke, Höhlen, Seilbahnen, Wasserfälle oder Märchenparks zu entdecken? Wo sonst kann man in Norddeutschland Ski fahren und rodeln? Wo sonst sind die Berge so hoch und die Täler so schroff? Wo sonst seht ihr Feuersalamander oder Rothirsche in freier Natur?**

Schon als Kind fuhr ich regelmäßig mit meinen Eltern in den Harz und entdeckte bereits damals die Vielfältigkeit und Schönheit des nördlichsten Mittelgebirges Deutschlands. Heute haben meine Kinder das Vergnügen und freuen sich immer wieder, wenn es heißt: Wir fahren in den Harz! In den letzten Jahren war das häufig der Fall – schließlich habe ich auch den Reiseführer »Harz – Kultur & Genuss« für pmv recherchiert –, doch Lukas, Jonathan und Niko wurden nicht müde, mit mir zusammen immer wieder Neues zu entdecken und auszuprobieren. Sogar das Wandern hat ihnen (meistens) Spaß gemacht, gab es doch immer tolle Überraschungen am Wegesrand. Von Nord nach Süd, von West nach Ost erkundeten wir den Harz in seiner ganzen Bandbreite, mal war auch die Oma mit von der Partie, mal Freunde und Freundinnen.

Inzwischen erscheint »Harz mit Kindern« schon in der zweiten Auflage. Natürlich wurden alle Preise, Öffnungszeiten und Adressen aktualisiert, doch auch sonst hat sich in den letzten zwei Jahren viel getan im Harz: Neue Museen wie das *HöhlenErlebnisZentrum* oder das *ZisterzienserMuseum* wurden eröffnet, im *Bike-Park* in Hahnenklee könnt ihr nun tolle Touren per Pedal machen, in Thale geht es nicht nur mit der *Seilbahn* hoch hinaus, sondern auch im neuen *Kletterwald*. Kennt ihr schon das *NatURzeitmuseum* in Bad Sachsa, den *Kleinen Harz* in Wernigerode, den *Reptilienzoo* in Nordhausen oder die Ausstellung im neu erbauten *Nationalparkhaus Torfhaus*?

Seid ihr jetzt neugierig geworden? Wollt ihr auch sehen, was es alles im Harz zu entdecken gibt? Dann

### Über die Autorin

Kirsten Wagner, 1967 in Oldenburg geboren, bereiste schon als Kind den Harz. Sie studierte in Göttingen Germanistik und Romanistik, ehe sie begann, Reiseführer zu schreiben. Heute lebt sie in Braunschweig. Ihre Kinder Lukas, Jonathan und Niko sind als Tester für kinderfreundliche Aktivitäten gern mit von der Partie.

Kirsten Wagner

blättert doch einfach in diesem Buch und sucht euch euer erstes Ziel aus!

*Viel Spaß beim Erkunden eines wunderschönen Landstrichs wünscht euch*

*Kirsten Wagner*

### Danksagung

Mein Dank gilt vor allem meinen Kindern Lukas, Jonathan und Niko, die mit mir immer wieder im Harz unterwegs sind. Sie sind mit an Badeseen gefahren, auch wenn es kühl war, sind mit gewandert, auch wenn es regnerisch war oder mit in Museen gekommen, auch wenn sie langweilig waren (diese Museen wurden natürlich nicht in dieses Buch aufgenommen!). Danke aber auch an alle anderen, die mit mir in den Harz gefahren sind oder mich in irgendeiner Art und Weise tatkräftig unterstützt haben!

### Der Aufbau dieses Buches

Euer Buch »Harz mit Kindern ist in **sieben geografische Griffmarken** gegliedert: *Rund um Goslar, Oberharz & Brocken, Bad Grund – Bad Sachsa, Rund um Halberstadt, Wernigerode – Thale, Unterer Harz* und *Südliches Harzvorland*. Sie sind immer nach dem gleichen Schema aufgebaut:

▶ **Tipps für Wasserratten** sind Infos zu Seen und Flüssen, zu Frei- und Hallenbädern sowie zu Kanu-, Tretboot- und Schifffahrten.

▶ **Raus in die Natur** nennt Radtouren, Wanderungen, Lehrpfade und Umweltinformationszentren, Tierparks, Planwagen- und Kutschfahrten sowie Abenteuerspielplätze, immer möglichst naturnah. Der Abschnitt »Wintersport« hat im Harz natürlich einige Bedeutung, hier erhaltet ihr spezielle Tipps für die kalte Jahreszeit.

▶ **Handwerk und Geschichte** führt euch zu Orten der Technik und Arbeit: historische Bahnen, Schaubergwerke, Burgen und Museen. Ihr werdet über-

### Gestatten?

Ich bin Sam, die Wasserratte. Meine Clique und ich begleiten euch mit noch ein paar Freunden auf euren Entdeckertouren durch dieses Buch und den Harz. Darf ich vorstellen:

Karlinchen, unsere Frischluftfanatikerin,

Herr Mau, Experte für Handwerk und Geschichte,

und Mockes, der liebt Musik und Feste feiern.

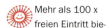 Mehr als 100 x freien Eintritt bietet die **HarzCard.** Sie gilt 48 Stunden (Erw 27 €, Kinder 17 €) oder 4 Tage (Erw 45 €, Kinder 25 €). Mehr unter: www.harzcard.info.

rascht sein, wie viel es auch bei schlechtem Wetter zu entdecken gibt! Stadtführungen können ebenfalls spannend sein, wenn es z.B. mit dem Nachtwächter durch dunkle Gassen geht.

▶ **Aktionen und Feste** informiert euch über Kindertheater und Ähnliches. Der Festkalender listet wichtige Großveranstaltungen der Region auf.

Die Griffmarke **Info & Verkehr** versorgt euch mit Ortsporträts, Infostellen und -quellen sowie Verkehrshinweisen, damit ihr im Harz nichts verpasst und auch ohne Auto hin- und wegkommt.

Unter **Ferien-Adressen** schließlich nennen wir kinderfreundliche Feriendörfer, Ferienwohnungen, Bauern- und Reiterhöfe, auf denen Anfassen erlaubt und Kinder oft sogar allein willkommen sind, sowie Jugendherbergen, Naturfreundehäuser und andere Gruppenunterkünfte. Für Frischluftfans nennen wir naturnahe Campingplätze. So könnt ihr Klassenfahrten und Familienferien bequem planen und organisieren.

Der **Kartenatlas** gibt einen Überblick über das im Buch behandelte Gebiet und die regionale Einteilung. Er bietet euch bei Ausflügen die nötige Orientierung. Es ist also an alles gedacht – nur losziehen müsst ihr selbst!

---

pmv-Leser sind neugierig und mobil – nicht nur in der Fremde, sondern auch in der eigenen Umgebung. Den Wissensdurst ihres Nachwuchses wollen sie fördern, seinem Tatendrang im Einklang mit der Natur freie Bahn lassen. Daher finden Sie in diesem Ausflugsführer Tipps und Adressen zu allem, was kleine und große Kinder begeistert, je nach Wetterlage und Jahreszeit. Alle Adressen und Aktivitäten wurden von den Autoren persönlich begutachtet und strikt nach Kinder- und Familienfreundlichkeit ausgewählt.

# RUND UM GOSLAR

**RUND UM GOSLAR**

**OBERHARZ & BROCKEN**

**BAD GRUND – BAD SACHSA**

**RUND UM HALBERSTADT**

**WERNIGERODE – THALE**

**UNTERER HARZ**

**SÜDLICHES HARZVORLAND**

**INFO & VERKEHR**

**FERIEN-ADRESSEN**

**KARTEN & REGISTER**

# KAISERPFALZ UND MEHR

Goslar, am Nordrand einer hohen Bergkette gelegen, gilt neben Bad Harzburg und Seesen als Eingangstor zum Harz. Mit 43.000 Einwohnern ist Goslar die größte Stadt im Harz. Im Mittelalter war sie eine der wichtigsten Städte des Kaiserreichs und konnte bis heute eine große Zahl historisch-kultureller Zeugnisse bewahren.

Erwachsenen fällt da wohl als erstes die berühmte Kaiserpfalz ein, doch auch im Bergwerk Rammelsberg wurde schon vor 1000 Jahren Erz abgebaut! **Bad Harzburg** ist vor allem als Heilbad mit Pferderennbahn bekannt und als guter Ausgangspunkt für viele interessante Wanderungen. Ein Besuch von **Seesen** lohnt nicht nur zum allseits beliebten Historienspektakel Sehusafest. Zwei Stauseen liegen hier am nordwestlichen Gebirgsrand, die *Radau* und die *Oker* fließen vorbei und auch in **Schladen** oder **Vienenburg** gibt es Spannendes zu entdecken.

RUND UM GOSLAR

# TIPPS FÜR WASSERRATTEN

## Frei- und Hallenbäder

### Stadtbad Hornburg

Auf dem Hagenberg 5, 38315 Hornburg. ✆ 05334/1662, 94911 (Tourist Info), Fax 948910. www.samtgemeinde-schladen.de. info@schladen.de. **Bahn/Bus:** Bus 751, 753, 754, 755 bis ZOB. **Auto:** B82 von Schladen, in Hornburg Rimbecker Straße rechts, über die Brücke links. **Rad:** über Osterwiecker Straße. **Zeiten:** Mitte Mai – Sep täglich 10.30 – 19.30 Uhr, Juni – Aug Di, Fr – So 9.30 – 20 Uhr. **Preise:** 2,30 €, 12er-Karte 23 €; Kinder 3 – 17 Jahre 0,90 €, 12er-Karte 9 €.

▶ Familiäres, beheiztes Freibad am Rand von Hornburg mit 25-m-Becken, Nichtschwimmerbereich mit kleiner Rutsche, Plantschbecken, Sprungbecken mit 5-m-Turm. Die Liegewiese zieht sich um die Becken und einen Hang hinauf. Es gibt ein Volleyballnetz, einen kleinen Basketballkorb und zwei Schaukeln. Für Verpflegung sorgt der Kiosk.

 **Minigolf** *Auf dem Hagenberg*, 38315 Hornburg, ✆ 0160/7653186. Mai – Sep Do – Di 15 – 20 Uhr, So schon ab 14 Uhr, Ferien täglich. 2 €, Kinder 1 €.

Wer traut sich hoch hinaus? Im Hochseilgarten Skyrope könnt ihr euren Mut testen

## Freibad Schladen

Am Badeteich, 38315 Schladen. ✆ 05335/1510, 801-23, Fax 801-52. www.samtgemeinde-schladen.de. info@schladen.de. **Bahn/Bus:** Bus 754. **Auto:** A395 Ausfahrt 9 Schladen-Nord, rechts, 1. rechts (Hildesheimer Straße), am Weinberg, rechts, 1. links (Damm), nach den Gleisen 2. rechts (Jahnstraße). **Rad:** Hermann-Müller-Straße, Jahnstraße. **Zeiten:** Mitte Mai – Mitte Sep täglich 10 – 19 Uhr. **Preise:** 2 €; Kinder 3 – 18 Jahre 1 €; Familien 4,50 €. **Infos:** Minigolf pro Durchgang 0,60 €, Tischtennis 0,30 €.

Nicht vergessen: Volleyball, Tischtennisschläger, Schwimmreifen, Luftmatratze, Schlauchboot, Taucherbrille.

▶ Viel zu bieten hat das Freibad Schladen auf seinem großzügigen Gelände rund um den Badeteich mit Strandabschnitt. Nichtschwimmer finden an dem runden See einen abgetrennten Bereich, tummeln sich aber auch im gemauerten Becken nebenan. Hier hinein könnt ihr auch rutschend gelangen, längeres Gleitvergnügen verspricht die 40 m lange Rutsche mit eigenem Auslauf. Kleine Plantscher sausen dagegen von der gelben Schildkröte ins Nass oder lassen sich vom Wasserpilz beregnen. Auf dem Trockenen sorgen für Abwechslung: Minigolf, Tischtennis, Beach- und Rasenvolleyball, Spielgeräte, das **Restaurant Harzblick** (✆ 05335/495) und der Kiosk mit Snacks und Eis.

### Hunger & Durst
**Restaurant Harzblick,**
Am Badeteich 2,
38315 Schladen.
✆ 05335/495.

## Aquantic

Schwimmpark am Osterfeld, Osterfeld 11, 38640 Goslar. ✆ 05321/7582-0 (Zentrale), 7582-22 (Hallenbad), 7582-33 (Freibad), Fax 7582-99. www.aquantic.de. info@aquantic.de. **Bahn/Bus:** Bus 806 ab Bhf Goslar. **Auto:** B241 Richtung Clausthal, Reiseckenweg, links Osterfeld. **Rad:** Nahe Harzrundweg/R1. **Zeiten:** Mo – Fr 6 – 22 Uhr, Sa 7 – 18 Uhr, So 8 – 18 Uhr. **Preise:** 2,80 €; Kinder 3 – 16 Jahre, Schüler, Studenten 2 €.

▶ Das Aquantic ist ein kombiniertes Hallen- und Freibad. Im **Innenbereich** finden sich ein 25 x 21 m großes Sportbecken, ein Multibecken mit Massagedüsen und Gegenstromanlage sowie ein Plantschbereich mit vielen Wasserattraktionen. Das Sportbecken des **Freibads** hat eine Länge von 50 m. Im Sprungbecken könnt ihr euren Mut unter Beweis stellen und vom 5-m-Turm springen. Vielleicht genügen aber auch die jeweils zwei 3- und 1-m-Bretter. Ein Nichtschwimmerbecken mit Rutsche, ein Plantschbecken, die große Liegewiese und ein Spielplatz ergänzen das Angebot.

### Freibad Oker
Im Stobenholz 30, 38642 Goslar-Oker. ✆ 05321/683840, Fax 330944. www.vfloker.de. mail@vfl-oker.de. **Bahn/Bus:** Bus 801 bis Harzburger Straße, Bus 802, 810 bis Kirchenbrücke. **Auto:** Von der Harzburger Straße nach rechts. **Rad:** Harzrundweg/R1 führt über die Harzburger Straße. **Zeiten:** Mitte Mai – Ende Aug täglich 7 – 19 Uhr, Sa, So ab 8 Uhr, bei schlechtem Wetter nur 7 – 10 und 16 – 19 Uhr. **Preise:** 2,70 €, 10er-Karte 23 €; Kinder 3 – 16 Jahre und Schüler 1,30 €, 10er-Karte 11 €.
▶ Kleineres Freibad im Stadtteil Oker mit großer Liegewiese am Hang, Nichtschwimmerbereich mit Rutsche.

### Silberbornbad Bad Harzburg
Am Herbrink 35, 38667 Bad Harzburg. ✆ 05322/75305, Fax 75301. www.bad-harzburg.de. info@bad-harzburg.de. **Bahn/Bus:** Bus 810 ab Burgbahn über Bhf und ab Goslar ZOB. **Auto:** Dr.-Heinrich-Jasper-Straße stadtauswärts, nach der Pferderennbahn 1. Ampel links. **Rad:** Harzrundweg/R1 direkt am Herbrink. **Zeiten:** Mo – Di 13 – 21 Uhr (Ferien ab 10 Uhr), Mi – Fr 8 – 21 Uhr, Sa – So 8 – 19 Uhr. Nov – Apr Außenbereich geschlossen. **Preise:** Mai – Okt 4,50 €, Nov – April 3,90 €; inkl. Sauna 7 €; Kinder bis 15 Jahre Mai – Okt 2,20 €, Nov – April 1,90 €, inkl. Sauna 3,50 €; 1 Kind und 1 Erw Mai – Okt 5,90 €, Nov – April 5,20 €.
▶ Das Silberbornbad ist ein kombiniertes Hallen- und Freibad, das besonders im **Außenbereich** viel zu bie-

 Holt euch doch einen **Ferienpass!** Damit bekommt ihr an vielen Orten ermäßigten Einlass. Den Pass gibt es für alle Kinder (auch ortsfremde) bei der Tourist-Information, im Rathaus oder bei der Jugendförderung der Stadt Bad Harzburg, Gestütsstraße 12.

ten hat. Eine 50-Meter-Rutsche, ein großes Funbecken und ein Plantschbecken garantieren von Mai bis Oktober grenzenlosen Badespaß, auf dem Trockenen sorgen ein Abenteuerspielplatz, Basketballkörbe, ein Volleyballfeld und eine Fußballtorwand für Abwechslung. Im Erlebnisbecken sind Grotte, Strömungskanal und Brodelbecken besondere Anziehungspunkte. **Drinnen** erwarten euch ein 25-m-Becken mit wunderbar warmem Wasser von 28 bis 30 Grad. Im Plantschbecken sausen kleine Wasserratten von der Elefantenrutsche ins Nass. In der Cafeteria gibt es Erfrischungen und kleine Gerichte.

### Krodobad Bad Harzburg

Nordhäuser Straße, 38667 Bad Harzburg. ✆ 05322/75309. **Bahn/Bus:** Bus 810, 820, 871, 873, 878 bis Hotel Seela/Burgbergbahn. **Auto:** Großparkplatz B4. **Rad:** Herzog-Wilhelm-Straße, am Kurpark vorbei. **Zeiten:** Mai – Sep täglich 10 – 19 Uhr. **Preise:** 3 €, 12er-Karte 30 €; Kinder 4 – 15 Jahre 2 €, 12er-Karte 20 €; Kinder mit Ferienpass 1,50 €.

▶ Freibad mit schönem Blick auf den Burgberg! Gebadet wird in Harzer Quellwasser, das auf 24 Grad erwärmt wird. In dem siebenbahnigen 50-m-Becken könnt ihr eure Ausdauer trainieren, ehe ihr euch im Nichtschwimmerbecken vergnügt. Zwei Rutschen sorgen hier für Spaß. Ein Plantschbecken für die Kleinsten ist ebenfalls vorhanden. Bei Beach-Volleyball, Tischtennis oder Großschach sowie auf dem Spielplatz kommt auch in den Badepausen keine Langeweile auf. In **Krodo's Bistro** gibt es Getränke und Eis, aber auch Schnitzel, Burger oder Salate.

### Waldfreibad Wölfi-Bad Wolfshagen

Am Borbergsbach 82, 38685 Wolfshagen. ✆ 05326/9980 (Hotel im Tannengrund), Fax 998222. Handy 0170/8845067. www.woelfi-bad.de. info@woelfi-bad.de. **Bahn/Bus:** Bus 832 bis Triftweg, Fußweg 5 Min. **Auto:** Über Hauptstraße, Steinweg. **Rad:** Nähe

**Happy Birthday!**
Geburtstagskinder haben freien Eintritt gegen Vorlage eines Ausweises!

Harzrundweg. **Zeiten:** Mitte Mai – Mitte Sep 10 – 21 Uhr. **Preise:** 2,50 €; Kinder bis 15 Jahre 1,25 €; Saison-Familienkarte für Vereinsmitglieder 45 €, 10-Punkte-Karte 10 €.

▶ Mit Blick auf bewaldete Hänge, die das Borbergsbachtal einrahmen, könnt ihr euch im 50-m-Becken austoben, vom Sprungturm ins Wasser hüpfen oder im Minibecken plantschen und vom Elefanten rutschen. Minigolf, Beachvolleyball, Tischtennis, Spielplatz und eine Hüpfburg bieten Abwechslung vom nassen Element. In der Grillzone könnt ihr Bratwurst und Maiskolben brutzeln oder ihr versorgt euch im Imbiss. Das Freibad gehört zum Hotel **Im Tannengrund,** das seinen Gästen auch Hallenbad und Sauna bietet.

### Freibad Vienenburg

Steinweg 16, 38690 Vienenburg. ✆ 05324/787596, Fax 8891 (Rathaus). www.vienenburg-tourismus.de. info@vienenburg-tourismus.de. **Bahn/Bus:** Bahn bis Vienenburg oder Bus 821 ab Bad Harzburg, 822 ab Goslar. **Auto:** Wiedelaher/Goslarer Straße, Ausschilderung. **Rad:** Am Harzvorland-Radwanderweg. **Zeiten:** Mitte Mai – Mitte Sep Mo – Fr 10 – 19.30 Uhr, Sa, So 9 – 19.30 Uhr. **Preise:** 2,80 €, 10er-Karte 24 €; Kinder 6 – 16 Jahre, Schüler, Studenten 1,40 €, 10er-Karte 12 €; mit Harzgastkarte 1,40 €.

▶ Das beheizte und renovierte Freibad besitzt eine 37 m lange Rutsche, Bodensprudler, eine Wasserkanone und Schwallduschen. Das Plantschbecken ist auf zwei Ebenen angeordnet, die über eine breite Minirutsche miteinander verbunden sind. Auf dem Matschspielplatz könnt ihr eurer Kreativität mit Sand und Wasser freien Lauf lassen!

### Sehusa Wasserwelt Seesen

Engelader Straße 3, 38723 Seesen. ✆ 05381/5025, Fax 940190. www.sehusa-wasserwelt.de. info@sehusa-wasserwelt.de. **Bahn/Bus:** Ab Bhf Seesen Bus 859.

Im Wölfi-Bad wird es auch bei unbeständigem Wetter nicht langweilig! Der Bürgerverein bietet nämlich kostenloses **Basteln** im Aufenthaltsraum an.
**Infos:** Frauke Wagner, Am Borbergsbach 50, 38685 Wolfshagen, ✆ 05326/969185.

### Hunger & Durst

**Restaurant im Tannengrund-Hotel,** Am Borbergsbach 80, 38685 Wolfshagen.
✆ 05326/9980. www.hotel-im-tannengrund.de. Kindergerichte, z.B. Kleinholz (Pommes rot-weiß) oder Beerenteller (Reisbrei mit Waldfrüchten) aus dem Zwergenland.

### Happy Birthday!
Geburtstagskinder erhalten freien Eintritt, außerdem dürft ihr euch bei der einstündigen, kostenlosen Kinderanimation mit tollen Spielen im Wasser amüsieren! Anmeldung unter ✆ 05381/940-274.

### Achtung!
Eingeschränkter Badebetrieb bedeutet, dass zu bestimmten Zeiten manche Bereiche des Schwimmbades für Vereine oder Schwimmkurse reserviert sind!

### Hunger & Durst
**Seestübchen,** Innerstetalsperre 2, ✆ 05326/2166. www.innerste.de. Mo – Fr 11.30 – 20 Uhr, Sa, So 9 – 20 Uhr. Hier könnt ihr gemütlich auf der Terrasse sitzen und das bunte Treiben auf dem Stausee beobachten – herrlich!

**Auto:** A7 Abfahrt 67 Seesen, Richtung Zentrum, Frankfurter Straße rechts, Engelader Straße rechts oder von Engelade Richtung Zentrum. **Zeiten:** Mo – Fr 9 – 22 Uhr, Sa 8 – 21, So 8 – 20 Uhr, wochentags zeitweise eingeschränkter Badebetrieb. **Preise:** 1 Std 3 €, 2,5 Std 4,50 €, Tag 6 €, Nachzahlung pro halbe Std 0,50 €; Zuschlag Sa, So, Fei 0,40 €; Kinder 6 – 15 Jahre 1 Std 2,50 €, 2,5 Std 3 €, Tag 3,50 €, Nachzahlung pro halbe Std 0,25 €; Geldwertkarten mit 10 % Ermäßigung.

▶ Überall spritzt und sprudelt es in dem tollen Piratenschiff und ab und zu kommt – Achtung! – auch ein Schwall von oben. Hier könnt ihr eure Seeräuberfantasien ausleben! Über eine Rutsche geht es direkt ins Nichtschwimmerbecken. Noch mehr Nervenkitzel verspricht die schwarze Zauberrutsche mit Lichteffekten und kleinen Überraschungen … Im Schwimmerbecken sind das 1- und das 3-m-Brett abwechselnd geöffnet und fordern zu Springwettbewerben heraus. Im Wellness-Bereich mit Solewasser sprudelt das warme Wasser im Innen- und Außenbecken. Hier **draußen** dampft es im Winter ordentlich! Für die Kleinsten ist ein abgeschlossener Bereich mit viel buntem Wasserspielzeug reserviert. Im Sommer sorgt der Außenbereich mit Spielplatz, Basketballkorb und Fußballtor für weitere Abwechslung.

## Baden und Boot fahren

### Wassersport am Innerstestausee
**Bahn/Bus:** Bus 831. **Auto:** B82 bis Langelsheim, dort Richtung Lautenthal. **Rad:** Direkt am Harzrundweg.

▶ Im Innerstestausee, dessen Staumauer 1966 vollendet wurde, sind Schwimmen und umweltfreundlicher Wassersport wie Segeln, Surfen, Tretbootfahren und Rudern erlaubt. Tretboote werden im Kiosk am See verliehen (✆ 05326/917874, 30 Min 4 €, 1 Stunde 7,50 €, April – Okt täglich ab 10 Uhr).

Aber Achtung: Da der Wasserstand stark schwankt, kann es manchmal recht steil vom steinigen Ufer ins Wasser gehen. Zum Baden mit Kleinkindern ist der Innerstestausee daher nicht geeignet! Für Ältere ist es jedoch ein Erlebnis.

### Vienenburger See
**Bahn/Bus:** Bahn bis Vienenburg oder Bus 821 ab Bad Harzburg, 822 ab Goslar. **Auto:** Ausschilderung Vienenburger See. **Rad:** Am Harzvorland-Radwanderweg. **Infos:** Ruderboot 4 €, Tretboot 5 €, Kanu 7 €, jeweils bis 4 Pers 30 Min, Schwimmwesten inklusive.

▶ Bei schönem Wetter könnt ihr problemlos den ganzen Tag am Vienenburger See verbringen. Am Südostufer befindet sich beim **Eiscafé Rosarium** der **Bootsverleih,** an dem Tret- und Ruderboote auf entdeckungsfreudige Matrosen warten. Im Café könnt ihr euch nach dem Ankern stärken, zum Beispiel für einen Spaziergang rund um den See. Der Weg ist kinderwagentauglich und so können auch die Kleinsten dabei sein. Am westlichen Ufer könnt ihr dann den Abenteuerspielplatz in Beschlag nehmen. Ein richtiges Fort in Kindergröße erwartet euch dort, außerdem ein tolles Piratenschiff. Nicht weit vom Südufer findet ihr außerdem das ↗ Freibad Vienenburg.

## Radeln und Skaten

### Rad fahren im Harz
▶ Mit Kindern Rad fahren im Harz? Das ist kein Widerspruch, denn es gibt wunderschöne Strecken am flachen Harzrand oder im Vorland des Gebirges. Zwei Hauptradfahrwege führen hier entlang:
Der **Harzrundweg** folgt in seinem Streckenverlauf dem Harzrand und umrundet das Gebirge auf einer Länge von 350 km. Markiert wird er durch die radelnde Hexe. Im Norden ist er zwischen Seesen und Ermsleben überwiegend identisch mit dem *Europa-*

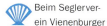 Beim Seglerverein Vienenburger See werden Kurse für Mitglieds-Kinder angeboten. **Infos:** www.seglerverein-vienenburg.de. Kontakt über Gerd Schellbach, ✆ 05324/ 3371.

### Hunger & Durst
**Rosarium, Bistro und Café am See,** 38690 Vienenburg. ✆ 05324/ 717090. Täglich 12 – 22 Uhr, im Winter Mo Ruhetag und nur bis 17 Uhr.

## RAUS IN DIE NATUR

*ADFC Radtouren-karte Harz,* BVA, 1:150.000, 6,80 €.

@ Wo kann man Räder leihen? www.ferienfahrrad.de hilft bei der Suche im Harz, Sachsen-Anhalt und Thüringen.

@ Mountainbike-Touren unter www.volksbank-arena-harz.de.

*Radwanderweg R1.* Dieser zweigt jedoch in Ermsleben ab zum Concordiasee bei Schadeleben. Der Harzrundweg verläuft von Goslar über Bad Harzburg, Ilsenburg, Wernigerode, Blankenburg, Thale, Ballenstedt, Ermsleben, Wippra, Wettelrode, Questenberg, Uftrungen, Neustadt, Ilfeld, Walkenried, Bad Sachsa, Bad Lauterberg, Scharzfeld, Herzberg, Osterode, Seesen und Langelsheim zurück zum Ausgangsort.

Der **Harzvorland-Radwanderweg** schlägt einen größeren Bogen und berührt die Orte Ströbeck, Halberstadt, Quedlinburg oder Aschersleben im Norden, Tilleda, Kelbra, Nordhausen, Tettenborn und Rhumspringe im Süden. Am westlichen Rand verläuft er ein Stück identisch mit dem Harzrundweg.

Weiterhin sind ausgeschildert der **Ilse-Radwanderweg** von Ilsenburg bis Osterwieck und der **Holtemme-Radweg** von Wernigerode über Derenburg nach Halberstadt. Beide sind nach den Flüssen benannt, an denen sie entlangführen.

Wer mit älteren Kindern richtig sportlich Rad fahren möchte, findet im gesamten Harz zahlreiche ausgeschilderte Mountainbike-Strecken.

### Geführte Fahrradtouren

Hans Speed Bike-Treff, Kuhlenkamp 1c, 38640 Goslar. ✆ 05321/685734, Fax 61676. Handy 0170/9340-486. www.hans-speed.de. hans-speed@freenet.de. **Bahn/Bus:** Bus 806. **Auto:** Über Heinrich-Pieper-Straße. **Zeiten:** Shop Mo – Fr 10 – 12.30 und 14.30 – 18 Uhr, Sa 10 – 14, So 18 Uhr, Touren nach Anmeldung. **Preise:** Feierabendtour 10 €, Vienenburg 15 €, Lautenthal 22 €, Preise inklusive Fahrrad und Helm.

▶ Mehrere geführte Fahrradtouren bietet Hans Speed alias *Hans-Dieter Walter* an. Während der Feierabendtour wird in der näheren Umgebung von Goslar geradelt, sie ist mit 12 km Länge gut für Familien geeignet. Über 25 km geht es nach Vienenburg, wo im See gebadet werden kann und das Eisenbahnmuseum besucht wird. Zur Granetalsperre und nach

Lautenthal führt eine weitere Tour (28 km). Für die längeren Touren braucht man schon etwas mehr Kondition und so sind sie eher für rennsportbegeisterte, ältere Kids zu empfehlen.

### Radeln rund um den Granestausee

**Länge:** 16 km, überwiegend geteerter Rundweg mit stets leichtem Auf und Ab, für Kinder ab 8 Jahre, kleine Steigung am Grotenberg. **Bahn/Bus:** Bahn bis Goslar, Bus 833 bis Herzog Juliushütte, Marienbader Weg, von dort 1 km zu Fuß. **Auto:** B82 links, 1. Abfahrt, Ausschilderung zur Granetalsperre folgen; vom Parkplatz in Herzog Juliushütte zu Fuß bergauf am Wasserwerk vorbei. **Rad:** Ab Bhf Astfelder Straße, links Am Nordberg, gleich wieder rechts, 2. Weg links. **Zeiten:** Öffnungszeiten

Fahrräder aller Art werden bei Hans Speed verliehen. City-, Trekking- und Mountainbikes sowie Anhänger und Kinderfahrräder 8 € (5 Std) oder 13 € (8 Std).

*Kompass Wander- und Radkarte 798 Westharz,* 1:50.000. 6,95 €, ISBN 978-3-85491-134-0.

ADAC Bundesländerkarte Niedersachsen und Bremen, 1:300.000. 7,50 €, ISBN 978-3-8264-2315-4.

Herausforderung für junge Radler: Einmal um den Granestausee

Ausstellung: Täglich 8 – 18 Uhr, im Winter manchmal frühere Schließung. **Infos:** Talsperrenmeister Herr Korosek, ✆ 05121/404-0.

▶ Einmal auf Rädern den Granestausee umrunden? Kein Problem! Beginn ist an der Staumauer oberhalb des Harzwasserwerks, wo ihr noch eine *Ausstellung* zum Thema Wasser besuchen könnt. Die Strecke geht leicht bergauf und bergab und führt oberhalb des Stausees entlang. Immer wieder öffnen sich Schneisen zwischen den Bäumen, durch die ihr das Wasser erblickt. Bänke und mehrere Schutzhütten laden zum Picknicken ein. Baden im See ist allerdings nicht erlaubt, da es ein Trinkwasserstausee ist!

### Inline skaten am Innerstestausee

**Länge:** 8 km. **Bahn/Bus:** Bus 831. **Auto:** B82 bis Langelsheim, dort Richtung Lautenthal. **Rad:** Radweg von Langelsheim. **Infos:** Tourist-Info Lautenthal, ✆ 05325/4444.

▶ Der Weg rund um den Innerstestausee ist asphaltiert und somit herrlich geeignet für eine Inlineskating-Tour. An der Hauptsperrmauer geht es los – Knieschützer und Helme nicht vergessen!

## Wandern und Spazieren

### Wandern am Granestausee

**Länge:** 4 km Rundwanderung, teilweise steil und holprig, für Kinder ab 8 Jahre. **Auto:** In Goslar über Clausthaler Straße, Nonnenweg, Claustorwall (Stadtteil Steinberg) geradeaus (Nonnenberg) bis zum Parkplatz Unter den Eichen. **Rad:** Ab Bhf Astfelder Straße, links Am Nordberg, gleich wieder rechts, 2. Weg links.

▶ Direkt am Parkplatz Unter den Eichen liegt ein schöner **Waldspielplatz** mit vielen Spielgeräten aus Holz: Mini-Karussell, ein Zug, Schaukeln und ein Sandspielplatz. Größter Anziehungspunkt aber ist seit 2007 der *Förderturm,* ein Klettergerüst, das der

www.kultur-insel.de.

Erst wandern, dann spielen.

Görlitzer Holzkünstler *Jürgen Bergmann* von der Kulturinsel Einsiedelei gebaut hat. Hier könnt ihr natürlich auch ein schönes Picknick veranstalten.
**Wanderwege** beginnen gleich beim Spielplatz. Der kürzeste Weg zum Stausee ist der, der am steilsten bergab führt. Er ist als Mountainbike-Strecke ausgeschildert. Bald seht ihr auf der rechten Seite eine steile Felskante, dahinter befindet sich die *Bärenhöhle*. Vielleicht hat hier wirklich mal ein Bär gehaust? Heute lebt Meister Petz jedoch nicht mehr im Harz. Bei der Höhle seht ihr überall Schiefer herumliegen. Früher gab es in Goslar zwei **Schiefergruben,** darum sind auch noch manche Häuser mit Schiefer gedeckt oder verkleidet. Weiter geht es bergab und bald habt ihr den *See* erreicht. Allerdings führt die geteerte Straße, auf die ihr stoßt, nicht direkt am See entlang, denn dieser enthält Trinkwasser und darf von Menschen nicht verunreinigt werden.
Wendet euch nach rechts, bis wieder ein Forstweg rechts bergauf führt. Am nächsten Abzweig ist der Parkplatz Unter den Eichen schon ausgeschildert und über den *Großen Königsweg* kehrt ihr zurück zum Ausgangspunkt.

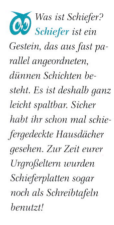

*Was ist Schiefer?*
*Schiefer* ist ein Gestein, das aus fast parallel angeordneten, dünnen Schichten besteht. Es ist deshalb ganz leicht spaltbar. Sicher habt ihr schon mal schiefergedeckte Hausdächer gesehen. Zur Zeit eurer Urgroßeltern wurden Schieferplatten sogar noch als Schreibtafeln benutzt!

### Vom kleinsten Königreich der Welt durchs Okertal

**Länge:** 8 km Rundwanderung. **Auto:** B498. **Rad:** Harzrundweg/R1 bis Oker.

▶ Das kleinste Königreich der Welt, **Romkerhall,** ist Ausgangspunkt dieser Wanderung durch eines der schönsten Täler im Harz. Bei der Gemeindezuteilung im 19. Jahrhundert wurde dieses Stückchen Land schlicht und einfach vergessen, sodass es nun hoheitliche Rechte besitzt und seit 1988 sogar eine echte Königin. Noch viel länger, nämlich seit 1863, kommt gegenüber vom **Gasthaus Romkerhall** ein künstlicher Wasserfall herabgebraust. Über einen Graben wird das Wasser der *Kleinen Romke* zu einem Felsen geleitet und stürzt dann 50 m in die Tiefe.

**Hunger & Durst**
**Gasthaus Romkerhall**, Im Okertal 24, 38644 Romkerhall, ✆ 05329/823. www.koenigreich-romkerhall.de. Täglich ab 11.30 Uhr, im Winter wechselnde Ruhetage. Hier könnt ihr königliche Windbeutel vernaschen!

King Niko hat gut lachen: Der Bruder muss ihn ziehen

### Hunger & Durst
**Waldhaus Oker,** Okertal 13a, 38644 Goslar. ✆ 05321/6918. www.hotel-waldhaus-okertal.de. Di – So 10 – 22 Uhr.

Die **Wanderung** beginnt gegenüber dem *Wasserfall*. Hinter dem Gasthaus findet ihr einen schmalen Pfad, der der Oker flussaufwärts folgt (Markierung: Rotes Dreieck). Abwechslungsreich geht es weiter: Mal schmal, mal breit windet sich der Strom durchs Tal, dicke Steine liegen überall wie von Riesenhand platziert. Zur romantischen *Verlobungsinsel* führt eine hölzerne Brücke. Im weiteren Verlauf muss ein Stück des Weges an der Bundesstraße zurückgelegt werden, weil Wasserwerkanlagen dazu zwingen – hier also besondere Vorsicht! Weiter geht es durch die *Adlerklippen* bis zum **Gasthaus Oker.** Vielleicht seht ihr Wildwasserfahrer oder Bergkletterer, solche Sportler sind häufig im Okertal unterwegs.

In **Oker** überquert ihr Straße und Brücke und wendet euch nach links in den Wald. An der Verzweigung nicht den Weg Richtung Kästeklippen wählen, sondern den kürzeren Pfad nach Romkerhall (Roter Kreis). Längere Varianten für besonders ausdauernde Wanderer führen über die *Ziegenrückenklippe* (plus 2 km) oder weiter über die *Kästeklippe* (plus 4 km, mit Gasthaus) zurück nach Romkerhall.

### Von Romkerhall zur Kästeklippe
**Länge:** 6 km Rundwanderung, zum Teil recht steil.
**Auto:** B498. **Bahn/Bus:** Bus 866 ab Bad Harzburg (April – Okt, Info: www.vrb-online.de).

▶ Tolle Felsgebilde werdet ihr auf dieser Wanderung zu sehen bekommen. Startpunkt ist der **Parkplatz in Romkerhall.** Durch die Bäume verläuft der Weg aufwärts, zwischenzeitlich lichtet sich der Wald, der durch das viele Moos und die dicken Gesteinsbrocken wie ein verwunschener Märchenwald aussieht. Der größte Anstieg ist an der *Feigenbaumklippe* geschafft. Sie ist mit einem Geländer gesichert und kann für beeindruckende Aussichten erkraxelt werden. Kurz danach kommt schon die *Mausefalle* in Sicht. Ein geradezu winzig erscheinender Stein stützt einen tonnenschweren Riesenbrocken. Nach der *Hexenküche,* einer weiteren auffälligen Klippe, ist bald die **Kästeklippe** mit der **Waldgaststätte** erreicht – auch hier habt ihr einen tollen Fernblick. Richtung Talseite seht ihr den *Alten vom Berge,* eine Felsformation, die aussieht wie das Profil eines alten Menschen. Der **Rückweg** erfolgt über den *Treppenstein,* eine weitere Klippe, bis ihr wieder auf den Ausgangspfad stoßt.

## Wanderung zum Molkenhaus

**Länge:** 2 – 4,5 km pro Strecke, Rückweg wie Hinweg oder eine der alternativen Routen bzw. Bus (875 ab Bhf oder Berliner Platz, 5 mal täglich April – Mitte Nov).
**Auto:** ↗ Bad Harzburg. **Infos:** Seilbahn ✆ 05322/75371 oder 75370, Fax 75329. www.bad-harzburg.de. Busfahrplan unter www.vrb-online.de.
▶ Viele Wege führen zum **Molkenhaus,** wo euch nicht nur eine Gaststätte, sondern auch ein großes Waldspielgelände mit Bach, Klettergeräten, Rutsche und Fred Feuersteins Auto erwartet. Ganz Faule nehmen gleich den Erdgasbus, der von Bad Harzburg bis vor die Haustür vom Molkenhaus fährt. Am beliebtesten bei Kindern ist aber wohl der Weg, der mit einer Seilbahnfahrt auf den Burgberg beginnt. Von hier geht ihr bequeme 4,5 km, denn die Steigung habt ihr ja schon hinter euch gebracht. Wer den Weg gegenüber dem Großparkplatz an der B4 nimmt, benötigt sogar nur 2 km, doch die gehen steil bergan. Alternative Nr. 4: An der Talstation der Seilbahn über die Fußgängerbrücke, am ↗ **Märchenwald** vorbei und dann der Ausschilderung folgen (3,2 km).

### Hunger & Durst
**Waldgaststätte Kästehaus,** Käste 1, 38667 Bad Harzburg.
✆ 05321/6913.
www.kaestehaus.de.
Di – So 10.30 – 16 Uhr, im Sommer bis 17 Uhr.

☼ Auf dem Waldspielgelände gibt es sogar ein Waldklassenzimmer! Überredet doch mal euren Lehrer, euch dort eine Stunde unter freiem Himmel zu unterrichten!

🦉 *Der Name Molkenhaus erklärt sich aus der Funktion des Vorgängerbaus: Es diente den Kuhhirten als Unterkunft.*

### Hunger & Durst
**Gaststätte Molkenhaus,** Molkenhaus 1, 38667 Bad Harzburg.
✆ 05322/784344.
www.molkenhaus.de.
Täglich 10 – 16 Uhr, März – Okt bis 18.30 Uhr. Mit Kinderecke zum Malen und Spielen. So ab 11 Uhr. Brunch 12,50 €, Kinder 7 €.

### Von Vienenburg zum Harlyturm

IGV Interessengemeinschaft Handel, Handwerk und Gewerbe Vienenburg, 38690 Vienenburg. ✆ 05324/2288, 787348. **Länge:** 6 km Rundwanderung. **Bahn/Bus:** Bahn bis Vienenburg oder Bus 821 ab Bad Harzburg, 822 ab Goslar. **Auto:** Parkplatz Schacht 1, am Ostufer des Vienenburger Sees. **Rad:** Am Harzvorland-Radwanderweg. **Zeiten:** Harlyturm Frühjahr bis Herbst So 10 – 17 Uhr (wenn die Fahne weht!). **Preise:** Eintritt frei.

▶ Nördlich von Vienenburg liegt der kleine Gebirgszug *Harlyberg*. Am Parkplatz *Schacht I* beginnt ein Wanderweg, der euch zum Harlyturm führt. Über die Brücke geht es ein Stück an der Straße durch den Burggrund, dann in den Wald hinein. An der Kreuzung folgt ihr dem Weg 50 m nach rechts bis zum Schild *Zum Turm über Kammweg*. Durch Laubwald wandelt ihr auf dem Kamm des Berges bis zum **Turm.** Von oben habt ihr einen schönen Rundblick! Der Rückweg erfolgt zunächst auf dem gleichen Weg, dann Richtung *Schacht II* und nun den kleinen Weg links. Ihr stoßt nun auf den Lärchenweg und geht dort wieder links, bis ihr am Ausgangspunkt seid!

Habt ihr beim Wandern eine Digitalkamera dabei? Dann macht doch zu Beginn der Wanderung ein Foto von der Tafel mit dem Wegverlauf, die dort häufig zu finden sind. Falls ihr unterwegs mal nicht weiter wisst, könnt ihr auf dem Display nachschauen!

### An der Schildau entlang

**Länge:** 3 – 5 km Rundwanderung. **Bahn/Bus:** Bus 836. **Auto:** Seesen auf Lautenthaler Straße verlassen, hinter Schildau-Klinik rechts Parkplatz am Neckelnberg. **Rad:** Vom Harzrundweg in die Lautenthaler Straße einbiegen.

▶ Entlang der Schildau führt diese Wanderung durch den Wald. Gleich beim Parkplatz findet ihr einen Spielplatz mit Torwand, Wippe, Schaukeln und kleinem Holzturm. Direkt am Spielplatz geht es über eine Holzbrücke und nach links. Die Wanderung ist etwa 3 km lang, wenn ihr die erste Brücke über die Schildau nehmt und an der anderen Bachseite zurückwandert. Seid ihr noch fit, könnt ihr die große Runde von etwa 5 km Länge machen.

Gegenüber vom Parkplatz Neckelnberg befindet sich ein **Waldlehrpfad,** den Schüler der Hauptschule Seesen aufgebaut haben. Ein tolles Projekt mit 2 Vogelbeobachtungsstationen, Barfußpfad, Libellenaugen, Eulennistkasten und Bienenschaukasten!

# Natur und Umwelt erforschen

## Haus der Natur

Nordhäuser Straße 2b, 38667 Bad Harzburg. ✆ 05322/784337, Fax 784339. www.sdw-nds.de. info@haus-der-natur-harz.de. **Bahn/Bus:** Citybus 878 ab Bhf bis Berliner Platz. **Auto:** Parkplatz an der Seilbahn oder kostenloser Großparkplatz an der B4. **Rad:** Herzog-Wilhelm-Straße, Kurpark. **Zeiten:** Di – So 10 – 17 Uhr. **Preise:** 2 €; Kinder und Jugendliche 1 €; Gruppen ab 12 Pers 0,50 €, Familien 5 €.

▶ So machen Ausstellungen Spaß! Im Haus der Natur in Bad Harzburg gibt es zum Thema Wald und seinen Bewohnern viel zu entdecken und auszuprobieren. Wie viel Gewicht kann wohl ein Streichholz tragen? Welche Tiere und Pflanzen leben im Harz? Was haben Frau Torfmoos, Skifahrer Heinz oder der Auerhahn zu erzählen? Und worum geht es im Krimi am Quitschenberg? Kommt her und findet es heraus!

Keine Schmusekatze, sondern ein wilder Luchs

▶ Einen Luchs habt ihr bestimmt schon mal im Zoo gesehen. Früher lebten diese Katzen frei in Deutschland, auch im Harz. 1818 aber wurde der letzte Luchs im Harz erschossen. Im Jahr 2000 entschloss man sich nun, diese schönen Tiere mit den Pinselohren wieder anzusiedeln. Bis heute wurden 24 Tiere ausgewildert. Das Projekt ist nicht unumstritten, denn manche Leute meinen, dass die Luchse Schafe oder Ziegen reißen würden. Allerdings sind die kleinen Raubkatzen so menschenscheu, dass sie bis jetzt kaum jemand zu Gesicht bekommen hat, allenfalls über die Fotofallen, die aufgebaut wurden. Mit ihrer Hilfe können die Beauftragten der Ranger erkennen, wohin sich die Luchse bewegen und wo sie sich aufhalten. Ihre Wiederansiedlung soll dazu beitragen, das Gleichgewicht im Ökosystem wieder herzustellen, denn Rehe und Hirsche haben keine natürlichen Feinde mehr. Ziel ist außerdem, diese seltene Tierart in ihrem natürlichen Lebensraum zu erhalten. ◀

**AUF LEISEN SOHLEN: DER LUCHS KEHRT ZURÜCK**

☼ In der Luchs-Infostelle werden seit 2008 Aufnahmen aus dem Schaugehege an der Rabenklippe direkt ins Haus der Natur übertragen. Außerhalb erhaltet ihr viele Infos über das Tier mit den Puschelohren, ihr könnt malen und einer Geschichte lauschen.

Die Ausstellung verbindet auf 400 qm Lehrreiches mit Spiel und Spannung. Auch die Großen sind hier prima beschäftigt.

Mit dem 2009 eingeführten **Luchsticket** nehmt ihr an einer exklusiven Luchsfütterung am Schaugehege an den Rabenklippen teil. Zum Programm gehören außerdem ein Vortrag an der Luchs-Infostelle, die Fahrt mit dem Erdgasbus und die Einkehr in der ↗ **Waldgaststätte Rabenklippen** mit »Futtern wie der Luchs« (27,90 €, Kinder 21,90 €). Bitte anmelden bei der Tourist-Info unter ✆ 05322/75330.

### Wildfütterung am Molkenhaus

38667 Bad Harzburg. ✆ 05322/784344, Fax 5587-225. www.molkenhaus.de. molkenhaus@t-online.de. **Bahn/Bus:** April – Okt Bus 875. **Auto:** B4. **Zeiten:** täglich wechselnd, im Winter gegen 15 Uhr, im Sommer später – am besten im Molkenhaus erkunden.

▶ Täglich könnt ihr im Molkenhaus zuschauen, wie das Rotwild der Harzer Wälder gefüttert wird. Aber auch Wildschweine, Füchse oder Mufflons könnt ihr sehen! Dazu schmeckt euch der Försterschmaus oder ein Putenschnitzel. Vielleicht überrascht euch im Anschluss im Gastraum der singende Hirsch.

Rund um die Wildfütterung gibt es das ganze Jahr über verschiedene **Veranstaltungen** wie die Hüttenabende. Mit der Seilbahn geht es auf den Burgberg, im Molkenhaus wird zünftig gespeist, im Laternenlicht wird zurück gewandert. Anmeldung über die Tourist Info, ✆ 05322/75330, 19,50 €, Kinder bis 10 Jahre die Hälfte.

☼ Die Kastanien, die die Tiere gern essen, werden im Herbst von Harzburger Kindern gesammelt. Ort und Termin der Übergabe werden auf der Homepage vom Molkenhaus bekannt gegeben. Es gibt übrigens 10 Cent pro gesammeltes Kilo Kastanien, die trocken und nicht schimmlig sein dürfen.

### Wanderung zur Rabenklippe: Wo der Luchs wohnt

**Länge:** 4,5 km teilweise steinige, aber kinderwagentaugliche Wanderung. **Bahn/Bus:** April – Okt Bus 878 bis Berliner Platz. Rückfahrt April – Okt mit Bus 875. **Auto:** Großparkplatz an der Talstation der Seilbahn am südlichen Stadtrand westlich der B4. **Rad:** Herzog-Wilhelm-Straße, am Kurpark vorbei. **Infos:** zur Seilbahn über Tourist-Information Bad Harzburg, ✆ 05322/ 75330, Fax 75329, www.bad-harzburg.de. Busfahrplan unter www.vrb-online.de.

▶ Zuerst bringt euch die Seilbahn auf den 482 m hohen **Burgberg.** Folgt dort dem Wegweiser zur Rabenklippe. Unter hohen Bäumen wandert ihr über einen breiten Weg durch den Wald, der immer wieder von Schneisen durchbrochen wird, die den Blick ins Tal freigeben. Über die Wegekreuze Antoniusplatz und Säperstelle geht es am Sachsenbrunnen vorbei Richtung *Kreuz des deutschen Ostens,* einem Mahnmal für Frieden und Völkerverständigung. Nun ist es nicht mehr weit bis zur **Rabenklippe.** Von der Terrasse der **Waldgaststätte** habt ihr einen schönen Blick auf die Klippen, vom Aussichtspunkt seht ihr den Brocken und Torfhaus. Vielleicht habt ihr Glück und im Auswilderungsgehege zeigt sich ein Luchs! Mehrmals täglich fährt im Sommer ein Bus nach Bad Harzburg zurück. Ihr könnt aber auch über die ↗ **Gaststätte Molkenhaus** mit Waldspielgelände zurück laufen. Dann seid ihr insgesamt etwa 10 km unterwegs.

Auf dem Burgberg könnt ihr die Ruine der ↗ Harzburg erkunden!

### Hunger & Durst
**Waldgaststätte Rabenklippen,** 38667 Bad Harzburg. ✆ 05322/ 2855. www.rabenklippen.de. Di – So 10 – 18 Uhr.

### Radau-Wasserfall
38667 Bad Harzburg. ✆ 05322/2290, Fax 2241.
**Bahn/Bus:** April – Mitte Nov Bus 875. **Auto:** An der B4 südlich von Bad Harzburg; zu Fuß ab Großparkplatz Bad Harzburg über den Philosophenweg.

▶ Laut rauscht der Wasserfall herab und macht ordentlich Radau. Sein Name rührt allerdings nicht von seinem Getöse her, sondern weil es das kleine Flüsschen *Radau* (betont auf der ersten Silbe!) ist, das über einen Graben an diese Stelle geleitet wird und dort 22 m in die Tiefe stürzt. Wer das fallende Wasser aus einer anderen Perspektive betrachten will, steigt den Weg hinauf und schaut sich das Ganze von oben an. Im Winter friert das kühle Nass zu einem wunderschönen Eisgebilde zu. In der **Waldgaststätte** gibt es Kaffee, Kuchen und Kinderteller. Eine kleine

### Hunger & Durst
**Waldgaststätte Radau-Wasserfall,** Nordhäuser Straße 17, 38667 Bad Harzburg. ✆ 05322/ 2290. www.radau-wasserfall.de. Mai – Okt täglich 10 – 18 Uhr, Dez So und Ferien, Jan – April Sa, So. Mehrere Kindergerichte.

Kindereisenbahn dreht neben dem Spielplatz ihre Runden.

### Wanderung mit dem Ranger ab Bad Harzburg

**Preise:** Spenden im Anschluss an die Wanderung erbeten. **Infos:** Haus der Natur, Nordhäuser Straße 2b, ✆ 05322/784337.

▶ Wanderungen mit einem Nationalpark-Ranger machen Spaß, denn erstens wandert ihr nicht allein und zweitens erfahrt und seht ihr mit seiner Hilfe viel mehr. Vom Haus der Natur in Bad Harzburg starten das ganze Jahr über solche Wanderungen, manche beginnen auch am Molkenhaus, bis wo ihr im Sommer mit dem Bus fahren könnt. »Die Natur entdecken« oder »Zur Wildtier-Beobachtungsstation« heißen beispielsweise die Angebote. In den Sommermonaten werden regelmäßig mittwochs die Luchse an der Rabenklippe gefüttert. Das Programm ist in den Nationalpark-Häusern erhältlich.

Wer auf eigene Faust losziehen möchte, kann sich für 5 € bei der Tourist-Info Bad Harzburg ein GPS-Gerät ausleihen. 20 Wanderungen und 17 Mountainbike-Touren stehen zur Auswahl.

### Wildfütterung an der Marienteichbaude

Marienteichbaude, An der Bundesstraße 4, 38667 Bad Harzburg. ✆ 05322/3183, Fax 2637. www.marienteichbaude.de. wild@marienteichbaude.de. **Bahn/Bus:** Bus 820 ab Bad Harzburg. **Auto:** B4 Bad Harzburg Richtung Torfhaus, nach dem Radau-Wasserfall auf der rechten Seite. **Zeiten:** Baudenabend jeden Sa, im Winter 17 Uhr, im Sommer 18 Uhr, Öffnungszeiten der Gaststätte Fr – So ab 11 Uhr.

▶ Wildschweine oder Rehe bekommt ihr normalerweise nicht zu Gesicht, wenn ihr durch den Harz wandert, obwohl viele von ihnen hier leben. In Wildgehegen sind die Tiere oft nur durch Gitter hindurch zu sehen. Wenn ihr wirklich freie Tiere in ihrem Lebensraum erleben wollt, solltet ihr also an einer Wildfütterung teilnehmen. Beim **Baudenabend** in der **Marienteichbaude** gibt es erst ordentlich zu schmausen und dann heißt es warten. Erst wenn es auf dem

Parkplatz vor dem Haus ruhig geworden ist und die Dämmerung eingesetzt hat, trauen sich die Tiere aus dem Wald. Da halten alle den Atem an, wenn das erste Reh am Waldrand steht und vorsichtig auf die Lichtung trabt! Die Wildschweine dagegen drängeln und schubsen sich zum Futter, dass es eine wahre Freude ist. An manchen Tagen bekommt ihr vielleicht sogar einen Fuchs oder Dachs zu sehen.

 Manchmal lassen die Tiere auf sich warten, nehmt darum Kartenspiele oder Malblöcke mit!

## Pferde und wilde Tiere

### Mit der Pferdekutsche durch Goslar
Marktplatz, 38644 Goslar. **Zeiten:** April – Okt und bei Bedarf täglich 11 – 18 Uhr mehrmals in der Stunde. **Preise:** 4,50 €; Kinder 2 – 12 Jahre 2 €. **Infos:** Tourist-Info, Markt 7, 38640 Goslar, ✆ 05321/78060.
▶ Wie eine Königsfamilie könnt ihr euch fühlen, wenn ihr gemütlich durch Goslars Straßen kutschiert werdet. Natürlich geht es auch zur Kaiserpfalz hinauf, anschließend durch Gassen mit alten Fachwerkhäusern. Nach etwa 25 Minuten seid ihr wieder auf dem Marktplatz.

 **Minigolf Bahnen-Club-Goslar e.V.,** Wachtelpforte 4, 38640 Goslar, ✆ 05321/306812, www.bgcgoslar.de. Über Hildesheimer Straße, Kattenberg, Wachtelpforte. April – Mitte Okt Di – Fr 15 – 20, Sa 11 – 20, So 10 – 20 Uhr.

### Schlangenfarm Schladen
Im Gewerbegebiet, 38315 Schladen. ✆ 05335/1730, Fax 1945. www.schlangenfarm.de. info@schlangenfarm.de. **Bahn/Bus:** Bhf Schladen, zu Fuß 2 km. **Auto:** A395 Abfahrt 9 Schladen-Nord. **Rad:** Gielder Weg. **Zeiten:** April – Sep täglich 9 – 18 Uhr, März, Okt 9 – 17 Uhr, Nov – Feb 9 – 16 Uhr. **Preise:** 6,50 €; Kinder 5 – 13 Jahre 4,50 €; Gruppen ab 20 Pers 0,50 € ermäßigt.
▶ Atemlose Spannung herrscht, wenn **Jürgen Hergert** die Kobra aus dem Korb fischt, schließlich ist der Biss dieser wunderschönen Schlange hochgiftig! Genau an dieses Gift will der Besitzer der Schlangenfarm heran, denn es wird zur Herstellung von Medikamenten und Gegengiften benötigt. Um eine Schlange zu melken, muss sie ihre Zähne durch eine

 *Jürgen Hergert ist Weltrekordinhaber: Über 100 Tage lebte er in einem Käfig voller Giftschlangen!*

Plastikhaut stoßen, sodass das Gift in einen Becher ablaufen kann. Eindrucksvoll führt Herr Hergert dies vor und kann sich eines großen Applauses sicher sein. Während der täglichen Vorführungen wird entweder eine solche Melkung gezeigt oder ihr dürft eine Schlange streicheln oder andere Giftschlangen und -spinnen sehen. Lasst euch überraschen!

Danach warten die farbenprächtigsten Ottern, Kobras, Vipern oder Nattern auf die Besucher. Wer sonntags kommt, sollte die Fütterung der Krokodile und Piranhas um 15 Uhr nicht verpassen, um 16 Uhr folgen die Echsen und Leguane. Wenn sich die tropisch warmen Räume wieder etwas geleert haben, habt ihr Zeit, die behaarten Vogelspinnen genau zu studieren. Wer danach noch Appetit verspürt, kann sich im **Blockhausrestaurant** stärken. Nebenan liegt ein kleiner Spielplatz.

## Wildgehege Bad Harzburg & Café Winuwuk

Silberbornstraße, 38667 Bad Harzburg. www.bad-harzburg.de. info@bad-harzburg.de. **Bahn/Bus:** Bus 873. **Auto:** Dr.-Heinrich-Jasper-Straße stadtauswärts, links Am Schlosspark, geradeaus Silberbornstraße. **Rad:** Am Stadtstieg. **Preise:** frei zugänglich. **Infos:** Familie Breustedt, ✆ 05322/559996.

▶ Im Bad Harzburger **Wildgehege** könnt ihr nicht nur Rot- und Damwild aus der Nähe sehen, sondern sogar das unbekanntere Sikawild, das ursprünglich aus Ostasien stammt und nun auch im Harz heimisch ist. Außerdem laufen Mufflons durch die Gehege. Das sind Wildschafe, bei denen die Männchen große, nach hinten gebogene Hörner tragen. Schautafeln erläutern jeweils die Lebensweise, die Herkunft und das Vorkommen der Tiere. Ein Rundwanderweg führt am Wildgehege vorbei und um den Golfplatz herum. Das wunderschöne **Café Winuwuk** mit dem **Kunsthandwerkerhof Sonnenhof** wurde 1922 vom Worpsweder Künstler *Bernhard Hoetger* erbaut. Beide Ge-

---

**Hunger & Durst**
**Blockhausrestaurant,**
✆ 05335/929350. Täglich 11 – 21 Uhr, im Winter bis 18 Uhr, Di Ruhetag.

Die Tiere dürfen gefüttert werden, sofern es sich um artgerechtes Futter handelt. Getreide in Form von Zwieback oder Nudeln mögen die Rehe und Hirsche gern!

## Hunger & Durst
**Café Winuwuk,** Waldstraße 9, ✆ 05322/1459, www.winuwuk.de, oberhalb des ↗ Wildgeheges Bad Harzburg. Di – So 11.30 – 18 Uhr; Nov, Dez Di geschlossen.

bäude an sich sind Kunstwerke, mit viel Naturmaterialien, z.B. den extra krummen Eichenbalken, gebaut und mit liebevollen Details ausgestattet. So gibt es im Winuwuk eine große Feuerstelle und im runden Sonnenhof einen Brunnen, beide als Symbole von Wärme und Leben. Auf »Winuwuk« kam Hoetger selbst: Weg Im Norden Und Wunder Und Kunst.

## Abenteuer- und Erlebnisparks

### Hornburgs Garten für die Sinne
Freie Schule Hornburg, Vor dem Vorwerkstor 2, 38315 Hornburg. ✆ 05334/2026, Fax 2026. www.hornburg.de. stadtmarketing@hornburg.de. Im Zentrum. **Bahn/Bus:** Bus 751, 753, 754, 755. **Auto:** B82. **Rad:** Ilse-Radweg. **Zeiten:** frei zugänglich. **Infos:** Einen Plan mit den Objekten gibt es im Amt für Tourismus, Pfarrhofstraße 5, ✆ 05334/94911, stadtmarketing@hornburg.de. Mo – Fr 9 – 12, Di 14 – 16 Uhr, Do 14 – 17 Uhr. Führungen können bei der Freien Schule angemeldet werden.

 Die Freie Schule bietet kindgerechte Führungen für Gruppen an. Kosten: 50 € für 2 1/2 Stunden.

## Hunger & Durst
**Eiscafé La Rocca,** Vorwerk 2, 38315 Hornburg. ℭ 05334/948448. Mo, Di, Do – So 10 – 20 Uhr, im Sommer bis 21 Uhr, Mi im Sommer ab 14 Uhr, im Winter Ruhetag. Hier kommt euer Geschmackssinn voll auf seine Kosten!

▶ Wer traut sich, den Kopf in den Summstein zu stecken und zu summen? Beim richtigen Ton spürst du im Körper die Resonanz! Die große Partnerschaukel müsst ihr dagegen zu zweit in Bewegung versetzen, wenn ihr die Schwingungen des gekoppelten Pendels spüren wollt. Ob blaue Tastsäule, Kaleidoskop, Klangsäule oder Murmelbahn: In ganz Hornburg gibt es tolle Objekte zu entdecken, zum Hören, Sehen, Riechen oder Tasten. Der ganze mittelalterliche Ort mit seinen schönen Fachwerkhäusern ist ein Garten der Sinne. Über 30 Objekte wurden von der Freien Schule aufgestellt und machen den Stadtbummel zu einem tollen Erlebnis, bei dem sich nebenbei die alte *Wassermühle* oder die *Burg* hoch über der Stadt bewundern lassen. Die Burg kann leider nur von außen bestaunt werden, da sie sich in Privatbesitz befindet.

Das **Heimatmuseum** informiert über die verschiedenen Ornamente am Fachwerk (Montelabbateplatz, ℭ 05334/1507 und -2234, Di – Sa 14 – 16 Uhr, So 14 – 17 Uhr). Hinter dem Museum befinden sich nicht nur Holz- und Steinklangsteine, sondern auch ein Spielplatz zum Austoben.

## Märchenwald Bad Harzburg
Nordhäuser Straße 1a, 38667 Bad Harzburg. ℭ 05322/3590, Fax 559673. www.maerchenwald-harz.de. zum@maerchenwald-harz.de. **Bahn/Bus:** Citybus 878 ab Bhf bis Berliner Platz. **Auto:** Großparkplatz B4, zu Fuß Richtung Seilbahn, dahinter über die Fußgängerbrücke. **Zeiten:** März – Okt täglich 10 – 18 Uhr, Nov – Feb Fr – So 10 – 17 Uhr, Weihnachtsferien täglich außer 24., 25., 31. Dez. **Preise:** 5 €, Fr 4 €; Kinder bis 12 Jahre 4 €, Fr 3 €; Familien 15 € (2 Erw, 2 Kinder bis 12 Jahre).

▶ Sechs Märchen werden in Bad Harzburg auf der Bühne gezeigt. Über 100 handgeschnitzte Figuren stellen die Märchen von Schneewittchen, Rotkäppchen, dem Froschkönig oder dem Wolf mit den sieben Geißlein in jeweils einem Häuschen mit Drehbühne dar. Seit 2008 sind die Märchen nicht nur zu sehen, sondern auch zu hören, denn die Häuschen wurden mit Sprachmodulen ausgestattet. Welche Erleichterung, wenn Schneewittchen wachgeküsst oder der böse Wolf überlistet wird!

Im mechanischen Zwergenbergwerk sind hingegen die kleinen Leute eifrig am Werk und zeigen, wo Gold und Silber zu Tage befördert werden. Doch der Märchenwald hat noch mehr zu bieten. Über eine naturgetreue Modellanlage rattern die Brocken- und die Harzquerbahn, selbst mitfahren könnt ihr im Safari-Express. Im Sommer locken Hüpfburg und Wasserspielgeräte zum Austoben. In der Hasenburg seht ihr echte Häschen umher hoppeln!

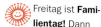 Freitag ist **Familientag!** Dann kostet der Eintritt in den Märchenpark einen Euro weniger! Highlights sind die Kinderfeste mit Kasperletheater, Zauberern und vielen Überraschungen, alles zum normalen Eintrittspreis!

## Hochseilpark Skyrope

Im Kalten Tal, 38667 Bad Harzburg. www.skyrope.de. mail@skyrope.de. **Bahn/Bus:** Bus 878 vom Bhf bis Berliner Platz. **Auto:** Großparkplatz B4, zu Fuß Richtung Seilbahn, dahinter über die Fußgängerbrücke, am Märchenwald vorbei. **Zeiten:** April – Okt So 10 – 18 Uhr (Beginn 10, 12, 14.30, 16.30 Uhr), niedersächsische Sommerferien auch Mi 12 – 18 Uhr (Beginn 14 Uhr), weitere Termine nach Vereinbarung. **Preise:** Skyrope public 2 Std 20 €, Skyrope family 60 € (2 Erw, 2 Kinder), 50 € (1 Erw, 2 Kinder), Big Swing 5 €, Pamper Pole 5 €; im Selbstsicherungsbereich müsst ihr mindestens 1,50 m groß und 12 Jahre alt sein. **Infos:** Team Skyrope, Schützenplatzweg 7 – 11, 38700 Hohegeiß, ✆ 039457/98620, Fax 98622.

▶ Alle, die schon immer mal hoch hinaus wollten, sollten sich auf den Weg nach Bad Harzburg machen. Dort nämlich gibt es den Hochseilgarten Skyrope. Auf 26 Pfählen wurden in 10 m Höhe verschiedene Kletterelemente erbaut. Wer sich hinauf wagt, erhält natürlich eine genaue Einweisung durch erfahrene Kletterer, die euch genauso sichern wie Bergsteiger. Passieren kann also nichts! Aber Mut er-

 Mit dem **Ferienpass** zahlt ihr in den Sommerferien nur die Hälfte! Infos bei der Tourist-Information, ✆ 05322/75330.

fordert es trotzdem, über die Seile zu klettern, einen schmalen Holzsteg zu balancieren oder am Netz zu hängen! Wer jünger als 12 Jahre alt oder kleiner als 1,50 m ist, darf sich in der Riesenschaukel Big Swing vergnügen, am Pamper Pole oder der Kletterwand. Diese Angebote eignen sich auch gut für jüngere Schulklassen.

### KrodoLand: Spielscheune, Ponyreiten, Pit-Pat und Swingolf

Familie Buritz, Fasanenstraße 21, 38667 Bad Harzburg-Westerode. ✆ 05322/877332, Fax 877385. www.krodoland.de. info@krodoland.de. **Bahn/Bus:** Bus 821 ab Bad Harzburg bis Westerode Ortsmitte. **Auto:** B6n Richtung Bad Harzburg, Abfahrt Westerode; B4 von Braunlage aus Abfahrt Bad Harzburg-Zentrum, dann Richtung Westerode. **Rad:** Am Harzrundweg/R1. **Zeiten:** Mo – Fr 14 – 19 Uhr, Sa, So, Ferien 10 – 19 Uhr, Ponyreiten Mo – Fr 15 – 16 Uhr, Sa, So, Ferien auch 11 – 12 Uhr. **Preise:** Spielscheune Begleitperson 1 €, Pit-Pat 2,50 €, Nature-Minigolf 3,50 €, Swin-Golf 5 €; Kinder Spielscheune bis 2 Jahre 3 €, 3 – 14 Jahre 5 €, Ponyreiten 15 Min 4 €, Pit-Pat 1,50 €, Nature-Minigolf 2,50 €, Swingolf bis 12 Jahre 4 €; Familien (2 Erw, 2 Kinder) Spielscheune 11 €, jedes weitere Kind 3 €; Swingolf 16 €; Pit-Pat 6 €; Nature-Minigolf 10 €.

▶ Einen Freizeitpark der besonderen Art hat Familie Buritz geschaffen. Das ganze Jahr über eine Attraktion ist die Spielscheune. Den Mittelpunkt bildet das Abenteuerbaumhaus mit Rutsche und Hänge-

**Happy Birthday!** In der Spielscheune könnt ihr euren Geburtstag feiern!

Kürbisfest: Frosch und Fröschin sind zum Anbeißen süß!

brücken. An der Kletterwand dürft ihr zeigen, ob ihr das Zeug zum Bergsteiger habt. Oder lieber eine Runde Kickern? Tischtennis und Hüpfburg sorgen für weitere Abwechslung. Die Kleinsten vergnügen sich im Bällchenbad, dem Sandkasten oder mit den Riesenbauklötzen. Bei gutem Wetter lockt **Krodo City** nach draußen, ein Spielplatz wie im Wilden Westen mit Indianerdorf, Weidentunnel, Feuerplatz und Ponyreiten. Ein Spaß für die ganze Familie ist die **Swingolf-Anlage.** Swingolf wird auf kleineren Flächen als das klassische Golf und mit dem dreieckigen Swin-Schläger gespielt. Neun Löcher müssen getroffen werden. Probiert es doch mal aus! Viel Spaß machen auch Pit-Pat, eine Mischung aus Billard und Minigolf, sowie Nature-Minigolf, das direkt auf den Bahnen mit ungewöhnlichen Hindernissen gespielt wird.

Zum KrodoLand gehören außerdem die Reitsportanlage mit Dressur- und Springunterricht sowie das griechische **Restaurant Anna.** Nach all den Aktivitäten steht einem guten Essen nichts im Wege.

Zu den Veranstaltungen im Krodoland gehören Osterfeuer, Mittelalterfest, Kürbisfest und Weihnachtsmarkt.

## Hunger & Durst
**Restaurant Anna,** Fasanenstraße 21, 38667 Bad Harzburg. ✆ 05322/877586. Di – Fr 11 – 14 und 17 – 23 Uhr, Sa, So, Ferien 11 – 23 Uhr. Griechisches Spezialitätenrestaurant mit Terrasse und Biergarten.

## Wintersport und -spaß

### Eisbahn in Bad Harzburg
Kurpark, 38667 Bad Harzburg. ✆ 05322/75330 (Tourist-Info), Fax 75329. www.bad-harzburg.de. info@bad-harzburg.de. **Bahn/Bus:** Bus 871 bis Berliner Platz. **Auto:** B395. **Zeiten:** Dez – Feb So – Do 10 – 18 Uhr, Fr, Sa 10 – 21 Uhr. **Preise:** 3 €, Schlittschuhverleih 2 €; Kinder bis 1,40 m Größe 2 €; Kindergruppen (nach Anmeldung, inkl. Betreuer) ab 8 Pers 1,70 €.

▶ Im Kurpark von Bad Harzburg vergnügen sich in den Wintermonaten zahlreiche kleine und große Schlittschuhläufer. Auf der 800 qm großen Eisbahn vor der Musikmuschel und entlang der Kurhaus-Terrasse macht es besonderen Spaß, seine Runden zu drehen. Samstags von 18 bis 21 Uhr ist Eis-Disco angesagt!

Zur offiziellen Eröffnung könnt ihr am 5. Dez eure Stiefel an der Eisbahn abgeben, am 6. Dez erhaltet ihr sie dann vom **Nikolaus** persönlich zurück, natürlich gut gefüllt!

**Minigolf Am Kurpark,** 38667 Bad Harzburg, ✆ 0171/5432088. Mai – Okt 11 – 18 Uhr. 2,60 €, Kinder 1,80 €.

Bei ausreichend Schnee ist sogar Langlauf in Bad Harzburg möglich. Dann wird nämlich die Rennbahn in Bündheim gespurt. Super für Anfänger: 2 km, leichter Rundkurs, meist eben, Gesamtsteigung 30 m.

### Rodeln in Bad Harzburg

✆ 05322/75330 (Tourist-Info), Fax 75329. www.bad-harzburg.de. **Infos:** Molkehaus ✆ 05322/784344, täglich 10 – 18.30, Nov – März bis 16 Uhr.

▶ Die längste Rodelbahn im Harz befindet sich in Bad Harzburg: Vom ↗ **Molkenhaus** führt die Piste 3 km bergab ins Tal. Vor dem Spaß müsst ihr natürlich den Aufstieg meistern, doch ehe ihr hinab fahrt, könnt ihr euch im Molkenhaus stärken und ausruhen. Das wird ein Spaß, wenn dann die ganze Familie den Berg hinuntersaust! Wer lieber öfter rodeln will, kann sich auf dem unteren Teilstück austoben. Ihr findet die Rodelbahn gegenüber dem Großparkplatz an der B4, einfach über die Fußgängerbrücke gehen und schon seid ihr am Fuß des Berges.

Im Winter wird ein Teil des **Golfplatzes** zur tollen Rodelwiese umfunktioniert. Hier ist viel Platz für alle, es gibt steile Hänge für Profis und flache für die Kleineren, die Länge ist variabel und die Piste nicht überlaufen. Zugang zur Rodelwiese über den Goslarer Stadtstieg ab der Straße Am Breitenberg.

Eine weitere **Rodelwiese** ist über den Weg Ilsenburger Straße – Abbenroder Stieg – Eichendorffstraße zu erreichen. Dort links in die erste Stichstraße einbiegen, über den Bergkamm, dahinter darf am *Butterberg* nach Herzenslust gerodelt werden.

Zwischen den Stadtteilen Göttingerode und Harlingerode liegt die vierte Harzburger Rodelbahn am **Langenberg.** Probiert doch einfach mal alle aus!

# HANDWERK UND GESCHICHTE

## Bahnen und Betriebe

### Mit der Bimmelbahn durch Goslar

✆ 05321/686465, Fax 683495. www.goslarer-bimmelbahn.de. info@goslarer-bimmelbahn.de. **Bahn/Bus:** Bus 803, 806 bis Brusttuch. **Auto:** Parkplatz Kaiserpfalz. **Rad:** Nähe Europa-Radweg R1. **Zeiten:** 10.30 Uhr, dann 11.15 stündlich bis 16.15 Uhr. **Preise:**

4,50 €; Kinder 4 – 12 Jahre 2,50 €. **Infos:** Peter Kelling, Ahornweg 4, 38640 Goslar.

▶ Los geht die Fahrt am Marktplatz und hier endet sie auch wieder nach etwa 35 Minuten. Während der Rundfahrt seht ihr die wichtigsten noch erhaltenen Befestigungsanlagen der Stadt wie das Breite Tor, das mächtig vor den geradezu klein wirkenden Autos aufragt.

Die Bimmelbahn fährt natürlich auch an der Kaiserpfalz vorbei und durch hübsche Gassen mit alten Fachwerkhäusern. Dazu gibt es Informationen über die Gebäude und die Geschichte Goslars.

### Mit der Seilbahn auf den Burgberg

38667 Bad Harzburg. ✆ 05322/75371, 75370, Fax 75329 (Tourist Info). www.bad-harzburg.de. info@bad-harzburg.de. **Bahn/Bus:** Bus 871, 878 bis Berliner Platz. **Auto:** B4 bis Großparkplatz. **Zeiten:** Mai – Okt 9 – 17 Uhr Nov – April 10 – 16 Uhr, bei Bedarf auch länger. **Preise:** Berg- und Talfahrt 3 €, Berg- oder Talfahrt 2 €; Kinder bis 12 Jahre Berg- und Talfahrt 1 €.

▶ 482 m hoch ist der *Große Burgberg* bei Bad Harzburg. In nur drei Minuten seid ihr oben! Wie? Natürlich mit der Kabinenseilbahn, die bis zu 18 Personen in einer Gondel befördert. Über die Wipfel der Bäume hinweg geht es steil den Berg hinauf. Hier könnt ihr die Ruine der Harzburg besichtigen oder zum ↗ Molkenhaus wandern und dort den Abenteuerspielplatz unsicher machen.

### Bergwerksmuseum Rammelsberg

Bergtal 19, 38640 Goslar. ✆ 05321/750-0, Fax 750-130. www.rammelsberg.de. info@rammelsberg.de. **Bahn/Bus:** Bus 803. **Auto:** Clausthaler Straße, links Rammelsberger Straße. **Rad:** Nähe Harzrundweg. **Zeiten:** täglich 9 – 18 Uhr, Führungen stündlich bis 16.30 Uhr. **Preise:** je Führung 11 €; Kinder bis 16 Jahre 6,50 €, Schüler 8 €; Familie 26 €. **Infos:** Die Führungen Roederstollen und Grubenbahn sind kombinierbar.

### Hunger & Durst

Zahlreiche Cafés, Eiscafés und Restaurants sind rund um den Marktplatz zu finden.

Ein Modell vom Breiten Tor, wie es im Mittelalter aussah, ist übrigens im ↗ **Stadtmuseum** zu sehen!

*Bis 1929 trugen Maultiere die Touristen auf den Berg!*

**Happy Birthday!**
Wollt ihr an eurem Geburtstag auf Schatzsuche im Roederstollen gehen oder mit der Grubenbahn fahren und zum Bergmann ausgebildet werden? Dann meldet euch an unter ✆ 05321/750122.

*Ein Schrapper ist ein kastenartiges Gerät ohne Boden, das benutzt wurde, um weggesprengtes Erz zu bewegen.*

▶ Um die Welt unter Tage zu entdecken, stehen zwei Führungen zur Auswahl. Zu Fuß geht es durch den Roederstollen am schimmernden Gestein vorbei. Wie jahrhundertelang das Erz gefördert wurde, wird hier eindrucksvoll gezeigt. Gewaltige Wasserräder dienten als Antrieb, um Wasser aus dem Berg zu pumpen und das Erz ans Tageslicht zu befördern. Regelmäßig finden im Roederstollen spezielle Familienführungen statt (8 €, Kinder 4 €, Termine im Veranstaltungskalender der Internetseite).

Wie die Arbeit im 20. Jahrhundert aussah, zeigt die zweite Führung. Mit der gelben Grubenbahn fahrt ihr 500 m in den Berg hinein. Löcher bohren mit riesigen Bohrmaschinen, Gesteinsbrocken aufladen oder **schrappen** – auch einige Besucher dürfen gleich mal mit anpacken. Bis 1988 wurde hier noch Erz gefördert und heute zählt das Bergwerk Rammelsberg zum »Weltkulturerbe der Menschheit«, ein Titel, den die UNESCO verleiht.

Das Museum über Tage vermittelt weitere Eindrücke zur Aufbereitung des Erzes. Die ehemalige Kraftzentrale wurde umfunktioniert zur Kunsthalle, in der es einen vom berühmten Künstler Christo verpackten *Hunt* zu sehen gibt. Was ein Hunt ist? Schaut selbst! Das Museum bietet für Schulklassen und Kindergärten auch Mitmachführungen und Workshops an.

## Pfalz und Burg

### Kaiserpfalz Goslar
Kaiserbleek 6, 38640 Goslar. ✆ 05321/3119693 (Kasse), 3119694 (Shop), Fax 3119699. www.goslar.de. kaiserpfalz@goslar.de. **Bahn/Bus:** Bus 802, 803, 806 bis Kaiserpfalz. **Auto:** Parkplatz Kaiserpfalz. **Rad:** Nähe Europa-Radweg R1. **Zeiten:** April – Okt 10 – 17, Nov – März 10 – 16 Uhr. **Preise:** 4,50 €; Kinder 6 – 18 Jahre 2,50 €; Gruppen ab 10 Pers Erw 3,50 €, Kinder 2 €.

▶ Wo auch immer man sich in dem riesigen *Sommersaal* der Kaiserpfalz befindet, immer scheinen die Augen des schwarzen Pferdes dem Betrachter zu folgen. Das große Gemälde mit Kaiser Wilhelm hoch zu Ross bildet das Zentrum des Saales und ist eines von 67 Bildern, mit denen der Raum ausgeschmückt ist. Seht ihr Dornröschen und Kaiser Barbarossa? Ihre Bedeutung und die Geschichte der Pfalz werden während der Führung genau erklärt.

In der *Ulrichskapelle* liegt das Herz von Heinrich III. (1017 – 1056) begraben. So hat er es gewünscht, denn während seiner Regierungszeit weilte er 22 Mal in der Goslarer Pfalz. Er war es auch, der den Neubau 1045 vorantrieb und den Goslarer Dom (Stiftskirche, ab 1819 aus Baufälligkeit abgerissen) sowie die Ulrichskapelle erbauen ließ. Seit dem 13. Jahrhundert zerfiel die Pfalz mehr und mehr und wurde später als Lagerhaus für Getreide genutzt, die Ulrichskapelle diente gar als Gefängnis! Erst Ende des 19. Jahr-

*Die alten Ausmaße des Doms sind auf dem Parkplatz vor der Kaiserpfalz durch dunkle Pflastersteine kenntlich gemacht. Einzig die Domvorhalle ist noch erhalten.*

### Hunger & Durst
**Café tu tu,** Kaiserbleek 1, 38640 Goslar. ✆ 05321/43202. Täglich 9 – 18 Uhr. Hier gibt es leckere Waffeln!

▶ Die englische Queen wohnt im Buckingham Palast, der schwedische König regiert von seinem Schloss in Stockholm aus. Staaten besitzen eine Hauptstadt, von der aus das Land verwaltet wird.

### DIE PFALZ – WOHNUNG AUF ZEIT

Ganz anders sah dies im Mittelalter aus: Die deutschen Herrscher reisten während ihrer Regierungszeit durch das gesamte Reich, das Heilige Römische Reich Deutscher Nation. Aus diesem Grund werden sie auch Wanderkaiser genannt. Eine Hauptstadt gab es nicht. Nur durch das Herumreisen konnten die Kaiser ihre Macht festigen und behalten. Zu diesem Zweck gab es im gesamten Reich Pfalzen. Das Wort leitet sich aus dem Lateinischen ab: *palatium* bedeutet Palast. Dort wohnte der Kaiser mit seinem Gefolge von bis zu 2000 Personen! Natürlich dienten die Pfalzen auch als Versammlungsorte, an denen der Kaiser mit den Großen des Reiches zusammenkam.

Von den über 40 Pfalzen war die Goslarer Kaiserpfalz im 11. Jahrhundert eine der bedeutendsten des Reiches. ◀

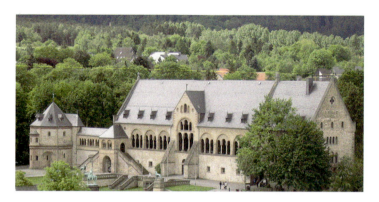

Dreh- und Angelpunkt des frühmittelalterlichen Goslars: Die Kaiserpfalz

hunderts erhielt der Bau sein heutiges Gesicht und die Ausmalungen des Sommersaales. Im darunter gelegenen Wintersaal könnt ihr euch auf einen virtuellen Rundgang durch den Dom begeben und noch einiges Interessantes entdecken.

## Die Harzburg

38667 Bad Harzburg. **Bahn/Bus:** Bus 878 bis Berliner Platz. **Auto:** Vom Parkplatz an der B4 zu Fuß 2 km über die Brücke am Märchenpark vorbei oder per Seilbahn.

▶ Hoch über dem heutigen Bad Harzburg erhob sich einst die mächtige Harzburg, die König Heinrich IV. im Jahre 1065 erbauen ließ. Auf dem Gipfel des Großen Burgberges thronte sie über dem Talausgang und sicherte somit den Zugang zum Harz.

Schon 1073 jedoch kam es zu einem Aufstand der Sachsen gegen Heinrich und er wurde in der Burg belagert. Durch den Burgbrunnen und einen Geheimgang soll Heinrich schließlich geflohen sein. Dieser 42 m tiefe Brunnen sowie einige Mauerreste sind noch erhalten. Der Pulverturm wurde neu aufgebaut und ihr könnt von oben einen Blick auf die Umgebung werfen. Über den Graben, der die Anlage teilte, schreitet ihr in die Ostburg, wo die ehemaligen Standorte von Rundturm und Palas markiert sind. Tafeln erläutern, wie die Burg einst aussah.

Wer noch fit ist für eine längere Wanderung, kann sich von hier auf den Weg zum ↗ **Molkenhaus** oder zu den ↗ **Rabenklippen** machen!

Von der Aussichtsplattform habt ihr einen großartigen Blick auf Bad Harzburg und das Umland. Der Obelisk, der hier steht, wird *Canossa-Säule* genannt und wurde 1875 zu Ehren Bismarcks aufgestellt.

## Museen und Stadtführungen

### Musikinstrumente- und Puppenmuseum

Hoher Weg 5, 38640 Goslar. ✆ und Fax 05321/26945. www.goslar.de. musik.erdmann@gmx.de. **Bahn/Bus:** Bus 804 bis Brusttuch. **Auto:** Parkplatz Kaiserpfalz. **Rad:** Nähe Europa-Radweg R1. **Zeiten:** täglich 11 – 16 Uhr, Winter Mo geschlossen. **Preise:** 3,50 €; Kinder 3 – 14 Jahre 1,50 €.

▶ Ein Museum im Museum gibt es hier zu bestaunen: Das kleinste **Musikinstrumentemuseum** der Welt ist so groß wie eine Puppenstube und trotzdem passen 70 Instrumente hinein! Natürlich sind sie darum ziemlich klein, jedoch sind alle detailgetreue Nachbildungen echter Instrumente und teilweise sogar spielbar! Seht ihr die kleinen Geigen, den winzigen Dudelsack, das Mini-Klavier oder die süßen Flöten? Aus aller Welt hat Familie Erdmann die kleinen, aber auch die großen Instrumente zusammengetragen, von Letzteren sogar 750 Stück: Lauten, Zithern, Balalaikas, Saxofone, Banjos, ein chinesisches Hackbrett, afrikanische Trommeln und und und ... Es gibt sogar einen Kontrabass aus Blech, eine merkwürdige Trompeten-Geige und eine 500 Jahre alte Drehleier.

Nach so vielen Instrumenten gibt es zur Abwechslung noch jede Menge **Puppen** und altes Spielzeug zu sehen.

### Zinnfigurenmuseum in der Lohmühle

Klapperhagen 1, 38640 Goslar. ✆ 05321/25889, Fax 339788. www.zinnfigurenmuseum-goslar.de. kontakt@goslar-zinnfigurenmuseum.de. **Bahn/Bus:** Bus

*Wie viele Teddys findet ihr im kleinsten Teddybären-Museum? Versucht einmal, sie zu zählen!*

**Happy Birthday!**
Im Zinnfigurenmuseum könnt ihr euren Kindergeburtstag mit Gießen von Zinnfiguren feiern. 25 € plus 1,60 € pro Form.

**Happy Birthday!**
Im Goslarer Museum könnt ihr Geburtstag feiern! »Steinzeit«, »Kaiser-Krönung« oder »Kochen im St.-Annen-Haus« heißen die Programme, die zur Auswahl stehen.

802, 803, 806 bis Kaiserpfalz. **Auto:** Parkplatz Kaiserpfalz, zu Fuß dem Hohen Weg folgen, 1. Straße rechts. **Rad:** Nähe Europa-Radweg R1. **Zeiten:** Di – So 10 – 17 Uhr, Nov – März 10 – 16 Uhr. **Preise:** inkl. Goslarer Museum 4 €; Kinder 6 – 17 Jahre 2 €; Familien 9 €, Kinder und Jugendliche in Gruppen 1,50 €.

▶ Eben sah man noch Kirche und Häuser, da steht schon alles in Flammen: Goslar brennt! Zum Glück spielt sich das Ganze nur in einem der beeindruckenden Schaubilder ab, sogenannten *Dioramen*, die im Zinnfigurenmuseum zu sehen sind. Hier wird die Geschichte Goslars lebendig und immer wieder gibt es Neues zu entdecken. Hier steht Heinrich IV. als Büßer in Canossa, dort entdeckt das Pferd von Ritter Ramm Silbererz. Wie kunstvoll die kleinen Figuren bemalt sind und wie viel Arbeit in dem Bau der Schaukästen steckt! Wie eine Zinnfigur entsteht, wird anschaulich erklärt und in der **Schauwerkstatt** könnt ihr zuschauen, wie sie bemalt wird. Wer selbst eine Figur gießen möchte, kann zwischen 35 verschiedenen Motiven wählen: Elefant, Reh, Dino, Einhorn? Oder lieber ein Hufeisen? Die Kosten betragen 2,50 bis 4,50 €. Besonderen Spaß macht es auch, die 30 dargestellten Märchen in einem Quiz zu erraten. An Computer-Terminals könnt ihr noch mehr über Goslars Geschichte erfahren. Übrigens befindet sich das Museum in der **Lohmühle,** die schon 500 Jahre alt ist und vollständig restauriert wurde.

### Blick in die Geschichte: Goslarer Museum

Königstraße 1, 38640 Goslar. ✆ 05321/43394, Fax 757875. www.goslar.de. goslarer-museum@goslar.de. **Bahn/Bus:** Bus 802, 803, 806 bis Kaiserpfalz. **Auto:** Parkplatz Kaiserpfalz, zu Fuß dem Hohen Weg folgen, 1. Straße rechts Klapperhagen. **Rad:** Nähe Europa-Radweg R1. **Zeiten:** Di – So April – Okt 10 – 17, Nov – März 10 – 16 Uhr. **Preise:** inkl. Zinnfigurenmuseum 4 €; Kinder 6 – 17 Jahre 2 €; Gruppen ab 10 Pers Erw 3 €, Kinder 1,50 €.

▶ Von der Ur- und Frühgeschichte bis zur Neuzeit spannt sich der Bogen im **Goslarer Museum,** das in einem schönen Haus von 1514 untergebracht ist. Keramiken aus der Jungsteinzeit, Pfeilspitzen aus der Bronzezeit, in Goslar geprägte Münzen, das Original des Adlers vom Marktbrunnen oder eine gruselige mumifizierte Hand, hier könnt ihr eine Menge interessanter Dinge entdecken. An den Modellen vom Breiten Tor oder von Goslar um 1800 seht ihr, wie die Stadt einst befestigt war. Aus der Stiftskirche, die 1822 abgerissen wurde, wurden der berühmte Krodo-Altar aus dem 12. Jahrhundert und schöne Glasmalereien gerettet und werden heute hier aufbewahrt.

Nicht weit vom Museum dreht sich das Wasserrad der **Lohmühle.** Hier wurde früher aus Baumrinde, der *Lohe,* Säure zum Ledergerben gewonnen. Heute befindet sich darin das Zinnfigurenmuseum, dessen Eintritt inklusive ist – also nicht versäumen!

Brunnengockel: Der Goslarer Reichsadler

## Museum des späten Mittelalters im Zwinger

Thomasstraße 2, 38640 Goslar. ✆ und Fax 05321/ 43140. www.goslarer-zwinger.de. info@goslarer-zwinger.de. **Bahn/Bus:** Bus 810 bis Zwingerwall. **Auto:** B241 Richtung Clausthal, Köthersraße rechts, 1. Straße links. **Rad:** Nähe Europa-Radweg R1. **Zeiten:** März – Mitte Nov täglich 10 – 17 Uhr. **Preise:** 2,30 €; Kinder ab 4 Jahre 1,50 €, Jugendliche 12 – 17 Jahre 1,60 €.

▶ Wie passend, dass sich das Museum des späten Mittelalters in diesem dicken Turm befindet! Der Zwinger war einst Teil der Stadtbefestigung und diente zum Schutz des Rammelsberges. Die Mauern sind mehr als 6 m dick! Das Museum befindet sich im obersten Stockwerk und zeigt Rüstungen, Pistolen oder Schwerter aus dem 15. bis 17. Jahrhundert, aber auch gruselige Folterwerkzeuge wie die Daumenschrauben, die Beißkatze oder den gespickten Hasen. Wie es sich anfühlt, ein Schandholz zu tra-

**Happy Birthday!**
Mit Ritterspielen, Ritterschlag und Urkunde könnt ihr Geburtstag im Zwinger feiern! Kosten: 3,50 € pro Kind.

Die Burg ist verloren: Ritter Drago ist Ritter Fitz von Fitzenstein unterlegen

gen, dürft ihr selbst ausprobieren. Auch die Steinschleuder dürft ihr abfeuern, allerdings mit einem Tennisball … Und an der **Hille-Bille** könnt ihr Signal geben, so wie es früher im Harz üblich war. Schließlich werdet ihr zu Goslarer Rittern ernannt! Für 50 Cent könnt ihr darüber auch eine Urkunde mit nach Hause nehmen. Bei gutem Wetter ist das Dach des Zwingers geöffnet und gibt den Blick frei auf Goslars Dächer.

*Eine Hille-Bille ist ein hölzernes Brett, das an einem Riemen aufgehängt und mit einem Klöppel zum Klingen gebracht wurde. Auf diese Weise funktionierte die Hille-Bille als einfaches Signalgerät.*

### Stadtrundgang durch Goslar auf eigene Faust

**Länge:** 500 m ohne Besichtigungen. **Bahn/Bus:** Bus 802 bis Rathaus, Bus 803, 806 bis Brusttuch. **Auto:** Parkplatz Kaiserpfalz.

▶ Wollt ihr Goslar auf eigene Faust erkunden? Startet euren Rundgang am besten an der Kaiserpfalz. Auf dem großen Parkplatz stand einst der Dom, von dem nur noch die Vorhalle erhalten ist. Wenn ihr die Kaiserpfalz auch von innen ansehen wollt, solltet ihr für die Führung etwa eine Stunde einplanen. Der Hohe Weg führt zur **Marktkirche,** deren Turm erklommen werden kann (April – Okt, Dez täglich, sonst Fr – So 11 – 17 Uhr). Im Hohen Weg befinden sich auch das **Hospiz Großes Heiliges Kreuz** mit Kunsthandwerkerhof und das ↗ **Musikinstrumente- und Puppenmuseum.** Im Hospiz wurden bereits seit 1254 Bedürftige, Gebrechliche und Waisenkinder versorgt – und noch heute gibt es hier Altenwohnungen. Interessanter sind die Werkstätten der Glas- und Papierkünstler, Töpfer, Goldschmiede und Holzschnitzer. Folgt ihr dem Hohen Weg an der Marktkirche vorbei bis zur Kreuzung und dreht euch dann um, seht

In der Tourist-Info bekommt ihr für 3,50 € einen Goslar-Führer für Kinder ab 7 Jahre. Bei sieben Entdeckertouren lernt ihr Goslar kennen, an sieben Abenden lest ihr Geschichten aus der Vergangenheit der Stadt.

ihr das **Brusttuch.** Das im spitzen Winkel zweier Straßen stehende Haus stammt aus dem 16. Jahrhundert und beherbergt heute ein Hotel. Der Name erklärt sich von seiner ulkigen dreieckigen Form oder von den Gewandschneidern, die vor dem Haus ihre Waren feilboten. Schaut euch die vielen geschnitzten Figuren an! Seht ihr die Butterhanne?
Geht nun an der Kirche vorbei zum Marktplatz. Mittelpunkt ist der Brunnen mit dem vergoldeten Reichsadler. Das auffällige rote Gebäude ist die **Kaiserworth,** einst das Gildehaus der Tuchhändler, heute Hotel und Café. Die Holzfiguren an der Fassade stellen Kaiser dar, an der Ostseite befindet sich das Dukatenmännchen, das entweder nie versiegenden Reichtum der Gilde versinnbildlicht oder aber davor warnen soll, Schulden zu machen – so genau weiß man das nicht. Vor dem Rathaus steht der ehemalige **Pranger** mit der Goslarer Elle, dem Maß für die Gewandschneider. Gegenüber ist im ehemaligen **Kämmereigebäude** ein Glocken- und Figurenspiel zu sehen (Figurenumlauf 9, 12, 15, 18 Uhr). Von den Anfängen mit Ritter Ramm bis zur jahrhundertelangen Förderung des Erzes wird die Geschichte des Goslarer Bergbaus hübsch veranschaulicht. Von hier geht es über den Hohen Weg zurück zum Ausgangspunkt.

 Die Tourist-Information bietet eine 2-stündige **Stadtführung** an. Täglich 10 Uhr. 5,60 €, Kinder ab 6 Jahre 3,60 €.

 *Die Butterhanne stampft mit einer Hand Butter, mit der anderen … Pfui!*

*Die Goslarer Elle ist 57,50 cm lang. Die Elle ist ein Unterarmknochen beim Menschen, die Schneider maßen einst vom Ellenbogen bis zum Ende des Mittelfingers eines Mannes und legten danach ihr Maß fest. Vergleicht doch mal die Goslarer Elle mit eurem eigenen Unterarm – ganz schön lang, oder?*

## Städtisches Museum Seesen
Wilhelmsplatz 4, 38723 Seesen. ✆ 05381/48891, Fax 75261. www.seesen.de. museum@seesen.de. **Bahn/Bus:** RB. **Auto:** B248 (Bockenemer Straße). **Rad:** Harzrundweg, Braunschweiger Straße. **Zeiten:** Di – So 15 – 17 Uhr. **Preise:** Eintritt frei.

▶ Wisst ihr, was das Besondere an Seesen ist? *Heinrich Züchner* stellte hier 1830 die ersten Konservendosen in Deutschland her – in mühevoller Handarbeit! Und die berühmten Klavierhersteller *Steinway* stammen auch von hier. Beides wird im Städtischen Museum der Stadt ausführlich dokumentiert. Außerdem gibt es Mineralien und Erze, Fossilien wie große Ammonite und einen Fischsaurier, eine alte Apotheke und Ausstellungsstücke zur Geschichte der Stadt zu bestaunen.

## FESTKALENDER

**April:** 30., Goslar: Walpurgismarkt und -feier mit **Kinderwalpurgis.**
30., Bad Harzburg: **Walpurgisfeier.**

**Mai:** Bad Harzburg: **Kastanienblütenfest,** mit Festmeile, Kleinkunst und Musik.

**Juli:** 1. - 2. Wochenende, Goslar: **Volks- und Schützenfest.**
Mitte Juli, Bad Harzburg: **Galopprennwoche.**

**August:** 3. Wochenende, Bad Harzburg: **Salz- und Lichterfest,** mit 10.000 Lichtern.
Letzter So: **Raderlebnistag** von Langelsheim bis Altenau.

**September:** 1. Wochenende, Seesen: **Sehusa-Fest,** größtes Historienfest in Norddeutschland, mit Musketieren und Rittern.
2. Wochenende Fr – So, Goslar: **Altstadtfest.**
4. Wochenende So, Bad Harzburg: **Kastanienfest.**

**Oktober:** 1. Wochenende Sa – So, Bad Harzburg (Westerode): **Kürbisfest** im Krodoland mit großem Kinderprogramm.
3. Wochenende, Goslar: **Kaisermarkt.**

**Dezember:** Mi vor dem 1. Advent – 29. Dez, Goslar: **Weihnachtsmarkt** und **Weihnachtswald.**
1. Adventswochenende, Vienenburg-Wöltingerode: **Weihnachtsmarkt im Kloster.**
2. Advent, Wolfshagen: **Weihnachtsmarkt** rund um die Kirche.
Sa vor dem 2. Advent, Hornburg: **Weihnachtsmarkt.**
Vor dem 2. Advent – Anfang Jan, Bad Harzburg: **Wintermarkt.**
3. – 4. Advent, Seesen: **Weihnachtsmarkt.**
3. Advent, Goslar: **Weihnachtlicher Rammelsberg.**

## Lesen, spielen, feiern

### Jugendförderung der Stadt Bad Harzburg

Gestütsstraße 12, 38667 Bad Harzburg. ℗ 05322/ 87673 (Treff), 87677 (Büro), Fax 87679. www.jugend-treff.de. info@jugend-treff.de. **Bahn/Bus:** Bus 810 bis Koppelweg, Bus 873 bis Gestüt. **Auto:** Dr.-Heinrich-Jasper-Straße stadtauswärts, am Schloss Bündheim. **Rad:** Nähe Harzrundweg/R1.

▶ Viel geboten wird in der Jugendförderung von Bad Harzburg. Die Angebote sind offen für alle Kinder und Jugendliche! Direkt im Treff könnt ihr Billard, Tischtennis, Dart oder eines von über 100 Spielen spielen, in der Teestube sitzen oder an einer der vielen Veranstaltungen teilnehmen. Ob Kino, Disco, Puppentheater oder Ferienpass-Aktionen, da ist bestimmt etwas für euch dabei!

### Stadtbücherei Goslar

Marktstraße 1, 38640 Goslar. ℗ 05321/704579, 704493, Fax 704382. www.stadtbuecherei.goslar.de. stadtbuecherei@goslar.de. **Bahn/Bus:** Bus 806 bis Marktstraße. **Auto:** Zentrum. **Zeiten:** Di, Do, Fr 10 – 13 und 14 – 17 Uhr, Di, Do bis 18 Uhr, Mi 10 – 13 Uhr, Sa 9 – 13 Uhr.

▶ Jeden ersten Montag im Monat herrscht um 15 Uhr gespannte Erwartung unter den Besuchern der Stadtbücherei in Goslar. Dann nämlich ist Zeit für das beliebte Bilderbuch-Kino. Alle Kinder von 4 bis 9 Jahre sind herzlich dazu eingeladen!
Aber auch sonst gibt es viel für euch zu entdecken! In den schönen hellen Räumen stehen 4200 Kinder- und Jugendbücher, 500 Hörbücher und 300 CD-ROMs zum Schmökern und Lauschen parat. Ihr könnt es euch in der Bücherei gemütlich machen oder die Medien ausleihen. Für Kinder und Jugendliche unter 18 Jahren ist das kostenlos, ihr braucht nur die Einverständniserklärung eines Elternteils.

## Weihnachtsmarkt Goslar

✆ 05321/78060, Fax 780644. www.goslar.de. tourist-information@goslar.de. **Termin:** Mi vor dem 1. Advent – 29. Dez Mo – Sa 10 – 20 Uhr, So 11 – 20 Uhr, Weihnachtswald täglich bis 22 Uhr, Heiligabend 11 – 14 Uhr, Weihnachtsfeiertage 12 – 19 Uhr.

▶ Einer der schönsten Weihnachtsmärkte Norddeutschlands wird alle Jahre wieder auf und um den Goslarer Marktplatz aufgebaut. Im Schuhhof, dem ältesten Platz Goslars entsteht gar ein ganzer Weihnachtswald aus Fichten und Rindenmulch. Lesungen und ein Besuch vom Kiepenkaspar gehören zum Programm. Auf der Kindereisenbahn könnt ihr einige Runden drehen und nebenan Ziegen, Ponys und Esel streicheln. Natürlich gibt es auch zahlreiche Stände mit leckeren Köstlichkeiten und hübschen Geschenken, dazu Kinderkarussells und mittelalterlich anmutende Bäcker und Fleischer, die ihre Öfen und Räucherkammern gleich mitgebracht haben.

## Weitere Weihnachtsmärkte

▶ In **Seesen** sorgen die Buden in der Jacobsonstraße und auf dem Jacobsonplatz für weihnachtliche Stimmung vom 3. bis 4. Advent, täglich 15 – 19, Sa 11 – 19 Uhr.

▶ Der **Bad Harzburger** Wintermarkt öffnet vor dem 2. Advent und kann dann sogar bis Anfang Januar besucht werden. Adventsmusik, Kinderbasteln und Weihnachtsmann-Briefkasten sind in der Bummelallee (Fußgängerzone in der Herzog-Wilhelm-Straße) und am Port-Louis-Platz zu finden. Täglich 10 – 19 Uhr.

▶ **Hornburg:** Sa vor dem 2. Advent, 12 – 21 Uhr, ✆ 05334/94910.

▶ **Vienenburg:** In der Kloster-Kornbrennerei am 1. Adventswochenende 12 – 18 Uhr, ✆ 05324/5880.

▶ **Wolfshagen:** 2. Advent ab 14 Uhr, ✆ 05326/4088.

 **Minigolf am Wilhelmsplatz, Seesen:** Mai – Okt Mo – Fr 14.30 – 19, Sa 13.30 – 19 Uhr, So und in den Ferien 11 – 19 Uhr, ✆ 0160/99829443 oder 05381/70222. Infos auch unter www.mtv.seesen.de.

 Hinter dem Minigolfplatz befindet sich eine **Skateranlage** mit mehreren Rampen und Rails und dahinter ein **Hochseilgarten-Spielplatz** plus Kletterstein für Kinder!

# OBERHARZ & BROCKEN

- RUND UM GOSLAR
- OBERHARZ & BROCKEN
- BAD GRUND – BAD SACHSA
- RUND UM HALBERSTADT
- WERNIGERODE – THALE
- UNTERER HARZ
- SÜDLICHES HARZVORLAND
- INFO & VERKEHR
- FERIEN-ADRESSEN
- KARTEN & REGISTER

## HOHE BERGE, TIEFE TÄLER

**Wie der Name schon sagt, ist der Oberharz der am höchsten gelegene Teil des Mittelgebirges. Hier liegen die höchsten Berge wie der Wurmberg und der Achtermann, hier gibt es Hochmoore wie bei Torfhaus und Hochplateaus wie bei Clausthal-Zellerfeld, dazwischen liegen tiefe Täler. Gelebt hat man hier jahrhundertelang vom Bergbau und das hat die Landschaft nachhaltig geprägt.**

Um die Pumpen in den Bergwerken anzutreiben, brauchte man Wasser. Also legte man Teiche an sowie künstliche Gräben wie den Rehberger Graben bei St. Andreasberg. Auch Holz wurde in großen Mengen benötigt, für den Ausbau der Gruben und für die Köhlereien, dem zweiten Standbein der Oberharzer in vergangenen Zeiten. So wurden Bäume abgeholzt und schnell wachsende Fichten nachgepflanzt. Für heute bedeutet das alles, dass es viele Badeseen gibt und schöne Wanderwege an Teichen, Gräben und auf Gipfel, mehrere Seilbahnen, ein tolles Wintersportgebiet und natürlich einige Besucherbergwerke.

Eine Sonderstellung nimmt von jeher der **Brocken** ein, sagenumwoben und häufig von Nebel umhüllt. Mit seinen 1142 m überragt er sogar die Baumgrenze, sodass hier alpine Pflanzen wachsen. Der Brocken und seine Umgebung werden daher auch als Hochharz bezeichnet. Ein Besuch auf dem höchsten Gipfel gehört zu einer Harzreise einfach dazu, sei es zu Fuß von Torfhaus, Ilsenburg oder Schierke aus oder mit der dampfenden Schmalspurbahn.

 *Wanderkarte Nationalparks Harz und Hochharz,* Dr. Barthel 2008, 1:35.000. 5,90 €.

*Mit 1142 m ist der* **Brocken** *der höchste Berg im Norden Deutschlands. Allerdings ist diese Zahl ein bisschen gemogelt. Bei Nachmessungen fand man heraus, dass der Berg tatsächlich nur 1141 m hoch ist. Da aber nun in allen Landkarten 1142 m stand, dachte man sich einen Trick aus: Man brachte Felsen hierher und markierte auf ihnen genau diese Höhe!*

## TIPPS FÜR WASSERRATTEN

Auf dem Brocken

### Frei- und Hallenbäder

#### Bürgerbad Lautenthal
Am Freibad 3, 38685 Lautenthal. ✆ 05325/546050, 54711, Fax 54712. www.buergerbad-bergstadt-lautenthal.de. info@buergerbad-bergstadt-lautenthal.de.
**Bahn/Bus:** Bus 831, 832 ab Goslar. **Auto:** Gegenüber

vom Parkplatz Bergbaumuseum Zugang durch Kurpark. **Zeiten:** Mai – Sep täglich 10 – 19 Uhr. **Preise:** 3 €, ab 17 Uhr 2 €, 10er-Karte 27 €; Kinder 4 – 17 Jahre 1,50 €, 10er-Karte 13,50 €.

▶ Beheiztes Freibad (22 Grad) am Kurpark mit einem 25-m-Becken, separatem Nichtschwimmerbecken (20 x 15 m) mit Rutsche und einem Plantschbecken für Kleinkinder. Auf der großen sonnigen Liegewiese gibt es auch tolle Spielgeräte und ein Feld für Beachvolleyball.

Im Snackpoint gibt es Pommes, Bockwurst und Hamburger gegen den kleinen Freibad-Hunger.

Mit der **Kurkarte Braunlage – Hohegeiß** ist der Eintritt ins Waldfreibad frei! Die Kurkarte erhält man im Harz automatisch bei einer Übernachtung in Pensionen, Hotels, FeWo und in Orten ohne Kurbeitrag bei der Tourist-Information.

## Hunger & Durst

**Am Bärenbache,** Bärenbachweg 12, 38700 Hohegeiß. ✆ 05583/922633, Täglich 9 – 22 Uhr. Die Gaststätte gehört zum Campingplatz Am Bärenbache (✆ 1306), ➚ Ferienadressen.

## Waldfreibad Hohegeiß im Bärenbachtal

Bärenbachweg 12, 38700 Hohegeiß. ✆ 05583/622, 241 (Kurverwaltung), Fax 1235. tourist-info@hohegeiss.de. **Bahn/Bus:** Bus 470. **Auto:** Richtung Zorge, dann links hinunter in den Bärenbachweg. **Rad:** Achtung, 20 % Gefälle. **Zeiten:** Juni – Aug 9 – 18 Uhr, Di, Do bei schönem Wetter bis 20 Uhr. **Preise:** 2,50 €, mit Harzgastkarte 2 €; Kinder bis 16 Jahre und Schüler 1,50 €; Familien (2 Erw, 3 Kinder) 6 €.

▶ Unterhalb von Hohegeiß liegt im schönen Bärenbachtal das Freibad. Am großen, 50 m langen Schwimmerbecken ist die Sprunganlage angeschlossen, ins Nichtschwimmerbecken führt eine kleine rote Rutsche. Auch ein Plantschbecken ist vorhanden. Direkt dabei ist die Gaststätte mit Kiosk.

## Spiegelbad Wildemann

Im Spiegeltal, 38709 Wildemann. ✆ 05323/6734, Fax 962550. Handy 0175/2885102. www.spiegelbad-wildemann.de. info@spiegelbad-wildemann.de. **Bahn/Bus:** Bus 831 bis Kurverwaltung, 10 Min zu Fuß. **Auto:** Bohlweg, Im Spiegeltal bis zum Kurpark. **Zeiten:** Ende Mai – Sep Mo – Fr 11 – 19 Uhr, Sa, So 10 – 19 Uhr. **Preise:** 3 €, mit Harzgastkarte 2,50 €; Kinder 4 – 17 Jahre 1,50 €; Familien (2 Erw, 2 Kinder) 7,50 €, mit Harzgastkarte 6,50 €, jedes weitere Kind 1 €.

▶ Ruhig gelegenes, kleines Freibad hinter dem Kurpark im Spiegeltal. Mit Minirutsche geht es ins Nichtschwimmerbecken, im Plantschbecken vergnügen sich die Kleinsten im Schatten eines Segels. Am 1-m-Brett könnt ihr euch tolle Sprünge ausdenken!

 **Minigolf am Spiegelbad:** April – Okt täglich 10 – 21 Uhr, Erw 2 €, Kinder 1 €.

## Wasserspaß im Badesee

### Waldseebad Kuttelbacher Teich
38644 Hahnenklee. ✆ 05325/2922, 9381-0, Fax 05323/9381-99. www.harzer-fichte.de. info@harzer-fichte.de. **Bahn/Bus:** Bus 832 bis Waldschwimmbad. **Auto:** Von Bockswiese Richtung Lautenthal, rechte Seite. **Zeiten:** Mai – Sep 10 – 18 Uhr. **Preise:** Eintritt frei. **Infos:** Tret- oder Ruderboot 4 €/30 Min, eigenes Schlauchboot 2,50 € Benutzungsgebühr.

▶ Schwimmen, Tretboot fahren, auf dem Spielplatz im Piratenschiff und der Ritterburg tollen oder einen riesigen Windbeutel mit Sahne und Eis schmausen – da findet sich bestimmt etwas für die ganze Familie, oder? Herrlich gelegen, von Wäldern umgeben, ist der Kuttelbacher Teich im Sommer ein schönes Ziel, an dem ihr den ganzen Tag verbringen könnt.

**Hunger & Durst**
**Gaststätte am Waldseebad Kuttelbacher Teich,** ✆ 05325/2922, Mai – Sep/Okt täglich 10 – 18 Uhr. Gute Aussichten: Die Fensterfront zum See ist rund!

### Oberer Hausherzberger Teich
Hausherzberger Straße, 38678 Clausthal-Zellerfeld. ✆ 05323/81024 (Tourist-Info), Fax 83962. www.harz-tourismus.com. tic@harztourismus.com. **Bahn/Bus:** Bus 842 bis Eschenburger Straße, 10 Min Fußweg. **Auto:** Parkplatz Am Waldseebad und zu Fuß am Seeufer entlang oder an der Hausherzberger Straße, zu Fuß am Stephansstift vorbei. **Zeiten:** Badeaufsicht Juni – Aug Mo – Fr 14 – 18 Uhr, in den Sommerferien 10 – 18 Uhr, Sa, So 10 – 18 Uhr; Kiosk bei Sonnenschein circa 13 – 18 Uhr. **Preise:** Eintritt frei.

▶ Baden im See kostenlos! Ein Bereich des Sees ist mit Schwimmpontons abgeteilt, etwa die Hälfte davon ist für Nichtschwimmer ausgewiesen. Hier habt

Im **Pixhaier Teich** südlich von Clausthal und im **Ziegenberger Teich** bei Buntenbock könnt ihr ebenfalls dem Badevergnügen frönen!

### Hunger & Durst
**Windbeutelparadies,** Gemkenthal 1, 38707 Altenau. ✆ 05328/1713. www.windbeutelparadies.de. Täglich ab 10 Uhr. Direkt an der B498, mit großem Kaffeegarten. Hoch über dem Okerstausee könnt ihr hier die herrlichsten Sturmsäcke verspeisen: Mit Eis, Sahne, Früchten oder in Schwanenform.

ihr viel Platz zum Sonnen und Spielen: mit Volleyballnetz, Kletterspinne, Wippe und anderen Spielgeräten. Außerdem gibt es einen Bootsverleih.

### Okerteich Altenau
Kleine Oker, 38707 Altenau. ✆ 05328/802-0 (Tourist-Info), Fax 80238. www.harztourismus.com. tia@harztourismus.com. **Bahn/Bus:** Bus 831, 840 bis Markt oder Feuerwache, Fußweg 10 Min. **Auto:** Ab Breite Straße Richtung Osterode links. **Zeiten:** im Sommer ab 10 Uhr. **Preise:** Eintritt frei.

▶ Das Wasser des bis zu 8 m tiefen Sees trieb einst Räder im Bergwerk und eine Mühle an, heute ist hier Badevergnügen pur angesagt. Trotz freien Eintritts ist alles da, was das Herz begehrt: ein Spielplatz mit Sandkasten und Wippe, ein kleines Restaurant, sanitäre Anlagen, ein Nichtschwimmerbereich und eine Liegewiese.

## Wassersport am Okerstausee
▶ Eine der größten Talsperren im Harz ist der Okerstausee. 1956 wurde sie fertig gestellt und dient dem Hochwasserschutz und der Energiegewinnung, aber nicht der Trinkwasserversorgung. Daher sind Baden und Wassersport erlaubt. Zum Surfen, Segeln oder Rudern habt ihr reichlich Platz. Sehenswert ist aber auch die 260 m lange Bogenstaumauer. Durch

## REZEPT FÜR HARZER WINDBEUTEL

▶ Windbeutel werden aus Brandteig hergestellt. Der heißt so, weil er im Topf auf dem Ofen gerührt wird und geht so:
250 ml Wasser mit 50 g Margarine aufkochen. Dann nach und nach 150 g Mehl und 50 g Stärke hinzugeben. Dabei immer gut rühren, bis ein Kloß entsteht und sich am Boden eine weiße Haut bildet. Wenn der Kloß schön glatt ist, noch kurz erhitzen. Etwas abkühlen lassen und nach und nach 5 Eier unterrühren, dann weiter abkühlen lassen. Entweder den Teig mit einem Spritzbeutel auf ein mit Backpapier ausgelegtes Backblech geben oder kleinere Häufchen aufs Blech setzen. Bei 220 Grad (Ober- und Unterhitze) 25 – 30 Minuten backen. Dann sofort aufschneiden. Nach dem Abkühlen werden die Windbeutel mit gesüßter Schlagsahne gefüllt … mmmh! ◀

die Rundung wird der Druck des Wassers auf die Berghänge übertragen. Vielleicht seht ihr bei besonders niedrigem Wasserstand ja Häuserreste aus dem Wasser ragen. Bis 1954 lagen hier nämlich die Waldarbeiterorte Unter- und Mittelschulenberg, die dann auf den Wiesenberg hoch über dem See umgesiedelt wurden.
Blick auf den Okerstausee habt ihr von gleich drei **Cafés,** dem **Café Muhs** und dem **Windbeutel-Palast** in Schulenberg und dem **Windbeutelparadies** in Altenau.

### Eine Seefahrt auf dem Okerstausee
Okersee-Schifffahrt GmbH, Verwaltung, Tannenhöhe 15, 38707 Schulenberg. ℡ 05329/290, 811 (Anleger Weißwasserbrücke), Fax 294. www.okersee.de. in-

**Hunger & Durst**
**Café Muhs,** Richard-Böhm-Straße 11, Schulenberg. ℡ 05329/805. www.cafe-muhs.de. Leckere Kuchen aus Vollkornmehl und Okertaler Keimkornbrot. Di – Sa 12 – 18 Uhr, So 11 – 17.30 Uhr, Nov, Dez zu.

### Hunger & Durst
**Windbeutel-Palast,** Unter den Birken 6, Schulenberg. ✆ 05329/6996. www.windbeutel-palast.de. Täglich 11.30 – 22 Uhr. Natürlich Windbeutel, aber auch Wild- und Fischgerichte, für Kids Kartoffelpuffer oder Chicken Nuggets.

fo@okersee.de. **Bahn/Bus:** Bus 841 von Clausthal-Zellerfeld. **Auto:** B498 von Altenau oder Oker. **Zeiten:** Weißwasserbrücke März, Nov, Dez nur Sa, So, Fei 13, 14.30 Uhr, April, Sep, Okt täglich 13, 14.30 Uhr, Mitte Mai – Aug auch 10, 11.30, 16 Uhr. **Preise:** Große Rundfahrt 7,50 €, Teilstrecke 3,50 €, jede weitere Teilstrecke 1 € mehr; Kinder 4 – 14 Jahre 3,50 €, Teilstrecke 1,50 €, jede weitere Teilstrecke 0,50 € mehr; Familien (2 Erw, 2 Kinder) 20,50 €, jedes weiteres Kind 2,50 €. **Infos:** Fahrrad 1 €, Hund 1 €.

▶ Wer im Harz auf einem richtigen Schiff fahren will, der muss zum Okerstausee kommen. Dort dreht die *MS Aquamarin* auf der verzweigten Talsperre ihre Runden. Schaut euch den See mal auf einer Karte an! Die vielen Ausläufer sehen doch fast wie Finger aus. Die große Rundfahrt dauert etwa 1 1/2 Stunden und ist von allen Anlegestellen möglich. Ebenso können Teilstrecken gebucht werden. Lasst euch Kuchen oder Eis schmecken, während die grünen Berghänge an euch vorüberziehen!

**RAUS IN DIE NATUR**

## Radeln und Skaten

### Radtour von Buntenbock nach Clausthal
**Länge:** 12 km, leichte Steigungen. **Bahn/Bus:** Bus 440. **Auto:** B241 Clausthal-Zellerfeld – Osterode, Abzweig Buntenbock.

▶ Vom Parkplatz in Buntenbock am Haus des Gastes (Fuhrherrenstraße) fahrt ihr Richtung Ortsmitte, am Mittelweg nach links und bei der kleinen Kirche nach rechts in den Pixhaier Weg. Biegt nach links ab und fahrt am Sumpfteich entlang bis zur **Pixhaier Mühle.** Hier am Waldhotel mit Café und Restaurant legt ihr bestimmt gern eine Pause ein! Leicht ansteigend bringt euch die Schwarzenbacher Straße anschließend bis nach **Clausthal.** Der Straße Am Schlagbaum folgt ihr ein paar Meter nach links, dann geht es rechts in die Sägemüllerstraße. Ihr trefft nun auf

### Hunger & Durst
**Pixhaier Mühle,** An der Pixhaier-Mühle 1, 38678 Clausthal-Zellerfeld, ✆ 05323/93800. www.pixhaier-muehle.de. Täglich ab 11 Uhr. Hier gibt es Kaiserschmarrn, Kinderschnitzel und Pommes frites!

die größte Holzkirche Deutschlands, die ihr besichtigen könnt. Nicht weit von hier befindet sich die ↗ *Geosammlung*. Für den Rückweg folgt ihr der B242 (Rollstraße, Rollplatz, Andreasberger Straße), bis rechts ein kleiner Weg abzweigt, der nun zwischen Johann-Friedrich-Teich und Wasserläufer-Teich zur Straße An den langen Brüchen führt. Fahrt hier links, bis wieder die B242 auftaucht. 200 m weiter fahrt ihr nach rechts, am Parkplatz nehmt ihr den rechten der beiden Wege, 1 km weiter geht es noch mal nach rechts. Ihr umrundet halb den *Bärenbacher Teich* und fahrt am *Ziegenberger Teich* (Bademöglichkeit!) zurück nach Buntenbock.

Im Sommer könnt ihr in **Buntenbock** den Kinderzirkus *Frikadelli* oder die Kinder-Surfschule besuchen. Infos bei der Tourist-Info.

## Skaten im Oberharz

▶ An der Ostseite des **Okerstausees** tummeln sich viele Skater, denn der Weg ist geteert, die Straße fern und der Blick auf den See wunderschön! Wollt ihr lieber eine Skaterbahn nutzen, könnt ihr es in **Braunlage** versuchen. Am Sportstadion in der Von-Langen-Straße findet ihr eine.

## Bike-Park Hahnenklee: Bergab mit Mountainbike oder Monsterroller

Bocksbergseilbahn, Rathausstraße 6, 38644 Hahnenklee. ✆ 05325/2576, Fax 3367. www.bike-park-hahnenklee.de. rolf.liebelt@goslar.de. **Bahn/Bus:** Bus 832 ab Goslar. **Auto:** B241, Abzweig Richtung Lautenthal, rechts nach Hahnenklee, Parkstraße. **Zeiten:** Bocksberg-Seilbahn: Sommer 9.15 – 17.30 Uhr, Winter 8.45 – 16.45 Uhr. **Preise:** Seilbahn halber Tag 15 €, ganzer Tag 20 €; Kinder 4 – 14 Jahre halber Tag 10 €, ganzer Tag 13 €.

▶ Mountainbiker kommen in Hahnenklee voll auf ihre Kosten, denn am Bocksberg wurde ein großer Bike-Park eingerichtet. Hoch geht es mit der Seilbahn, die die Räder – alternativ auch Monsterroller – in separaten Gondeln nach oben bringt. Bergab führen dann sieben verschiedene Strecken in allen

 Mountainbiker finden viele Routen im Harz unter www.volksbank-arena-harz.de.
Verleih von MTBs und Monsterrollern sowie Kurse bietet *Board'n Bikes* an der Talstation der Seilbahn. Infos unter www.boardnbikes.de.

Schwierigkeitsstufen und mit einer Länge von 150 bis 1600 m. Zu den Elementen gehören Sprünge, Tables, Drops und Jumps. Ein Übungsparcours befindet sich unweit der Talstation.

## Wandern und Spazieren

### Vom Oderteich zum Rehberger Grabenhaus

**Länge:** 6 km, kinderwagentauglich. **Bahn/Bus:** Bus 850. Rückfahrt mit Bus 850 vom Internationalen Haus Sonnenberg bis Oderteich Mo – Fr häufig, Sa nur 13.37 und 19.37 Uhr, So gar nicht. **Auto:** B242.

▶ Der Oderteich ist einer der größten Teiche im Harzgebiet. Sein Wasser trieb einst über den Rehberger Graben auf einer Länge von 7 km 88 Wasserräder an. Auch die Kunst- und Kehrräder der Grube Samson in St. Andreasberg drehten sich mit Hilfe dieses Wassers. Noch heute dient es der Energiegewinnung, es treibt nämlich sechs Wasserkraftwerke an, eines davon in der Grube Samson.

Im Winter **Wildfütterung** am Rehberger Grabenhaus: Nur nach Voranmeldung unter ✆ 05582/789 am Mi, Fr, Sa (Mitte Dez – Mitte März um 16.45 Uhr, Aufenthalt im Haus bis 19 Uhr).

Ein schöner **Wanderweg** führt vom Oderteich aus am Rehberger Graben entlang. Unterhalb des Dammes

## DIE HARZER WANDERNADEL: EINMAL KÖNIG SEIN

▶ Viele Kinder wandern ja nicht so gerne. Falls ihr auch dazu gehört, solltet ihr eure Eltern überreden, euch das Stempelheft der Harzer Wandernadel zu kaufen. Damit könnt ihr nämlich König oder sogar Kaiser werden! Wie das geht? Ganz einfach: Auf euren Wanderungen im Harz findet ihr 222 Stempelstellen. Kommt ihr dort vorbei, stempelt ihr das in euer Heft. Mit 8 Stempeln erhaltet ihr die Harzer Wandernadel in Bronze, mit 16 Stempeln Silber, mit 24 Stempeln Gold und mit 50 Stempeln werdet ihr zum Harzer Wanderkönig gekürt. Wer alle 222 Stempel hat, ist Wanderkaiser! Das haben übrigens auch schon einige Kinder geschafft. Infos gibt es unter www.harzerwandernadel.de. ◀

beginnt der Weg mit der Markierung Blaues Dreieck. Er bringt euch schließlich zu Füßen der Hohen Klippen, wo der **Goetheplatz** zur Rast einlädt. Genau hier studierte einst Goethe die Kontaktzone zwischen Hornfels und Granit. Am **Rehberger Grabenhaus** könnt ihr eine weitere Pause einlegen. Zurück geht es dann mit dem Bus.
**Alternative:** Rundweg 12 km, nicht kinderwagentauglich. Am Goetheplatz führt ein schmaler Weg steil bergauf. Von hier gelangt ihr auf den Rundwanderweg, der über den Rudolf-Meyer-Weg wieder zum Oderteich zurückführt. Tolle Aussicht auf Achtermann und Brocken!

### Zum dritthöchsten Berg im Harz: Der Achtermann

**Länge:** 8 km Rundweg, abgekürzt 4 km; felsiger und wurzliger Weg mit 130 m Höhenunterschied, teilweise steil. **Bahn/Bus:** Bus 820 Bad Harzburg – Braunlage. **Auto:** B4 bis Oderbrück.

▶ Der dritthöchste besteigbare Berg im Harz ist der Achtermann bei Braunlage mit 926 m Höhe. Die Kuppe ist baumlos und bietet einen wunderbaren Blick zum Brocken, zum Schanzenturm auf dem Wurmberg und zur Hanskühnenburg.

Der Weg dorthin beginnt in **Oderbrück** und führt an einem Wasserlauf vorbei, der schließlich in eine mittelalterliche Wegepflasterung mündet. Über eine felsige Strecke geht es nach 1 km langsam bergan bis zum Rastplatz mit Schutzhütte direkt am Fuße der Kuppe. Von dort führt ein felsiger Steig hinauf zum Gipfel des **Achtermanns.** Nach der großartigen Aussicht von der windigen Kuppe geht es weiter zum **Königskrug.** Der längere, aber leichtere Weg (2,6 km) zum Königskrug ist langweiliger als der kürzere (1,9 km), der 800 m davon steil über Felsen hinab geht. Für Kinder ab etwa 7 Jahre aber kein Problem, eher eine Herausforderung! Beeindruckend ist das *Achtermannstor,* das gleich nach der Umrundung der

### Hunger & Durst
**Rehberger Grabenhaus,** 47444 St. Andreasberg, ✆ 05582/789. www.rehberger-grabenhaus.com. Täglich 9 – 18 Uhr, im Winter bis 16.45 Uhr, Mo Ruhetag.

### Hunger & Durst
**Hotel-Restaurant Oderbrück,** Oderbrück Süd 2, 38444 St. Andreasberg, ✆ 05520/656. www.hotel-restaurantoderbrueck.de. Mo – Fr ab 10 Uhr, Sa, So ab 11 Uhr. Spezialität: Oderbrücker Schneeball, eine Windbeutelkreation.

**Hunger & Durst**
**Gasthaus Königskrug,** Königskrug 6, 38700 Braunlage. ✆ 05520/1350. Täglich 10 – 20 Uhr, April und Nov Fr Ruhetag. Herzhafte Speisen, Windbeutel. Bier- und Kaffeegarten.

Kuppe passiert wird: eine natürliche Granitburg. Der Felsenpfad endet auf einem breiten Schotterweg, von wo es nicht mehr weit ist zum **Königkrug** mit gleichnamigem **Gasthaus.**
Von hier fährt die Buslinie 820 zurück nach Oderbrück. Zu Fuß geht es über den Kaiserweg zum Ausgangspunkt (3,9 km).

### Auf dem Liebesbankweg Hahnenklee umrunden

**Länge:** 7 km, mäßig bergauf und bergab, gegen Ende meist eben, gut zu gehen, kinderwagentauglich.
**Bahn/Bus:** Bus 830, 832. **Auto:** Kostenloser Großparkplatz über Bockswieser Straße, dort ist auch der Ausgangspunkt der Wanderung.

▶ Nicht nur frisch Verliebte wandern gern auf dem Liebesbankweg rund um Hahnenklee! Schließlich führt der 7 km lange Rundweg nicht nur zu herrlichen Aussichtsplätzen und hübsch gestalteten Bänken, sondern auch zu einem tollen Wasserspielplatz. Bis dahin müsst ihr euch zwar ein bisschen gedulden, aber es gibt auch sonst viel zu entdecken. Los geht es am Großparkplatz bei der **Stabkirche,** wo ihr durch das *Tor der Liebe* tretet und dann unter der Seilbahn hindurch bis zum **Gasthaus Auerhahn.** In dem einstigen Jagdhaus von Herzog Rudolf von Braunschweig könnt ihr euch an Kaiserschmarrn oder Windbeuteln stärken. Weiter geht es dann bergab zum **Auerhahnteich,** am *Neuen, Mittleren* und *Oberen Grumbacher Teich* vorbei zum **Oberen Flößteich.** Hier endlich könnt ihr die Kraft des Wassers entdecken, eine archimedische Schraube und ein Wasserrad in Gang setzen! Auf der Aluminiumhochzeitsbank können eure Eltern sitzen und turteln.

🦉 *Die Hahnenkleer Stabkirche ist die einzige in Deutschland und wurde 1908 nach norwegischem Vorbild erbaut. Erinnert sie euch auch an ein Wikingerschiff?*

**Hunger & Durst**
**Berggasthaus Zum Auerhahn,** Auerhahn 2, 38644 Hahnenklee. ✆ 05325/2369. www.berggasthaus-zum-auerhahn.de. Mi – So 10.30 – 20 Uhr.

### Von Torfhaus zum Brocken: Die Klassikerroute

**Länge:** gesamt 16 km, Hin- und Rückweg auf gleicher Strecke. **Bahn/Bus:** Bus 820 bis Torfhaus. **Auto:** B4.

▶ Der klassische Weg auf den Brocken beginnt in Torfhaus, von wo schon Goethe 1777 den höchsten der Harzer Gipfel in Angriff nahm. Drei Mal stieg der Dichter von hier aus auf den Berg, heute wird die Strecke deshalb Goetheweg genannt. Dieser beginnt ein Stück südlich vom Großparkplatz, Richtung Braunlage, dort weist ein Schild nach links. Über mehrere Kilometer führt die Route am **Torfmoor** vorbei durch den Fichtenwald. Rechts fließt der Abbegraben seit 1827 plätschernd vor sich hin. Am **Quitschenberg** haben sich Borkenkäfer über tote Baumstämme hergemacht. Hier im Nationalpark greift der Mensch nicht in die natürlichen Abläufe des Waldes ein. Am **Eckersprung,** wo das Flüsschen *Ecker* entspringt (mit Toilette!), ist schließlich Zeit für eine Rast, bevor es jetzt stetig bergauf geht! An der ehemaligen deutsch-deutschen Grenze entlang führt der Weg nun parallel zur Brockenbahn, die dann aber den Brocken umrundet, während Wanderer schnurstracks den letzten Aufstieg bewältigen. Als erstes muss natürlich die Aussicht genossen werden – so es sie denn gibt und kein Nebel den Weitblick versperrt. Danach gibt es noch viel zu erkunden, wie den *Brockenrundweg, Brockengarten* und das *Brockenmuseum*. Zu kaputt nach dem Marsch? Dann

*Der Brocken,* KV Plan 1:25.000, 4 €.

*Torf* entsteht in Mooren durch die langsame Zersetzung von Pflanzen. Rund um Torfhaus wurde früher Torf abgebaut, den man zum Heizen verwendete. Heute versucht man, die Moore zu schützen und zu bewahren, da sie Lebensraum vieler seltener Pflanzen und Tiere sind.

*Quitsche* ist das niederdeutsche Wort für Eberesche.

▶ Sagenumwobene Plätze, Höhlen und Felsen sind überall im Harz zu finden. Am bekanntesten dürfte aber wohl der Brocken sein. Nach altem Volksglauben versammeln sich hier die Hexen um den Teufel, um den Winter auszutreiben. Mit Goethes Beschreibung des Hexenflugs in »Faust« wurde der Brocken als Blocksberg weltweit bekannt. Woher die Bezeichnungen Teufelskanzel und Hexenaltar für zwei Felsformationen stammen, ist unbekannt. ◀

**SAGNHAFT** **DER BROCKEN**

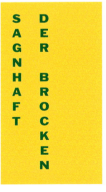

übernachtet doch hier, das **Brockenhotel** besitzt 19 Zimmer mit 36 Betten, ein Kinderbett kann zugestellt werden!

## Spaziergang und Swingolf im Kurpark von Braunlage

Kinderwagentauglich.

▶ Im Kurpark von Braunlage könnt ihr einen schönen Spaziergang unternehmen. Viele Blumen und Bäume zaubern im Sommer ein buntes Bild entlang den Wegen. Am Teich könnt ihr Enten und Fische beobachten und das **Café am Kurgastzentrum** lädt auf seine große Terrasse ein. Hinter diesem Gebäude findet ihr einen schönen **Spielplatz** an der Bode. Vom ↗ Skimuseum kommend, geht einfach geradeaus weiter statt links in den Kurpark. Ein zweiter Spielplatz befindet sich an der Rückseite des Skimuseums.

Im oberen Kurpark könnt ihr seit 2008 **Swingolf** spielen. An neun Bahnen mit so schönen Namen wie Uhu oder Luchs gilt es, mit möglichst wenig Schlägen einzulochen. Infos unter www.swingolf-club-krodoland.de oder bei der Tourist-Info Braunlage.

## Einmal um den Brocken

**Länge:** knapp 2 km, kinderwagentauglich.

▶ Eine Rundwanderung um das Brockenplateau solltet ihr euch nicht entgehen lassen! Elf markante Punkte sind durch Tafeln gekennzeichnet. Vorbei kommt ihr auch an der *Teufelskanzel* und dem *Hexenaltar*, zwei besonders ausgeprägten Felsformationen. Hier treffen sich in der Walpurgisnacht angeblich die Hexen, um mit ihren Besen den letzten **Schnee** vom Brocken zu fegen.

## Brockenherberge

Brockenplateau, 38879 Schierke. ✆ 039455/120, Fax 12100. www.brockenwirt.de. info@brockenwirt.de. **Zeiten:** Touristensaal: Mai – Mitte Sep täglich 9 – 18 Uhr, Mitte Sep – April 9.30 – 16.30 Uhr.

---

### Hunger & Durst
**Café am Kurgastzentrum,** ✆ 05520/1706. Täglich 10 – 18.30 Uhr.

Im Kurgastzentrum Braunlage gibt es ein Großschachspiel, einen Tischtennis-Raum und ein Kinderspielzimmer.

Führungen durch Nationalpark-Ranger finden täglich um 11.15 und 13 Uhr (Mai – Okt) bzw. um 12 Uhr (Nov – April) statt!

*Wusstet ihr, dass auf dem Brocken ein Klima wie in Island und Sibirien herrscht? Die Jahresdurchschnittstemperatur beträgt 2,8 Grad!*

▶ *Hans Steinhoff* ist der Herr des Brockens! Er ist nämlich der Brockenwirt, der das ↗ **Hotel Brockenherberge** im ältesten Fernsehturm Deutschlands betreibt sowie die Gastronomie auf dem hohen Berg. Im 7. Stock des Turms befindet sich das *Café Hexenklause*. Nur von dort gelangt ihr zur **Aussichtsterrasse** darüber, die Zufahrt kostet 2,50 € (Kinder 7 – 14 Jahre 1,80 €). Im Nebengebäude ist der große *Touristensaal* untergebracht, ein SB-Restaurant. Auf der geräumigen Terrasse kann man im Sonnenschein sitzen und die Höhenluft genießen.

## Natur und Umwelt erforschen

### Nationalparkhaus St. Andreasberg

Erzwäsche 1, 37444 St. Andreasberg. ✆ 05582/923074, Fax 923071. www.nationalpark-harz.de. nationalparkhaus.st-andreasberg@bund.net. **Bahn/Bus:** Bus 840 von Clausthal, 850 von Braunlage. **Auto:** Clausthaler Straße folgen, über Obere und Untere Grundstraße, links Erzwäsche. **Zeiten:** April – Okt Mo – Fr 10 – 18 Uhr, Sa, So 10 – 17 Uhr, Nov – März Di – So 10 – 17 Uhr. **Preise:** Eintritt frei.

▶ Auf dem Rundgang durch die Ausstellung begleiten euch eine Eule, die allerhand wissen will, und ein Maulwurf, der die Antworten dazu liefert. Warum setzt sich das Auerhuhn gern auf einen Ameisenhaufen? Gibt es noch Bären im Harz und welche Schuhgröße hätte wohl so ein Meister Petz? Ausprobieren ist hier die Devise und so dürft ihr den Duft von Zeder, Fichte oder Pfefferminze erschnuppern oder Federn vom Bussard ertasten. In Luchsis Streifgebiet könnt ihr vier spannende Luchsgeschichten hören, aber auch malen, spielen oder lesen. Mehrere Filme stehen im Erlebniskino in der nachgebauten Steigerbucht zur Auswahl, darunter auch eine verhexte Abenteuerreise für Kinder. Gemütlich niederlassen könnt ihr euch dann im *Lesecafé*.

### Hunger & Durst

Der Touristensaal in der **Brockenherberge,** die Baude am Bahnhof und der Kiosk bieten ein rustikales Angebot mit Nudeln, Kartoffelpuffern, Bratwurst, Schnitzel, Erbsensuppe.

@ Wollt ihr auf eurer Klassenfahrt richtig was erleben und dabei noch den Zusammenhalt stärken? Dann schaut doch mal in das Angebot der **Erlebnistage** hinein. www.erlebnistage.de, Schützenplatzweg 7 – 11, 38700 Hohegeiß, ✆ 05583/92260.

## Wildtier-Beobachtungsstation Odertal

37444 St. Andreasberg. **Bahn/Bus:** Bus 850 von St. Andreasberg oder Braunlage bis Oderhaus. **Auto:** B27 zwischen Braunlage und Bad Lauterberg, Parkplatz Oderhaus. **Infos:** Nationalpark Harz, www.nationalpark-harz.de.

Eine zweite Wildtier-Beobachtungsstation befindet sich am ↗ Molkenhaus.

▶ In freier Wildbahn lassen sich Reh oder Hirsch nur selten blicken. Etwas mehr Glück kann man da in der Wildtier-Beobachtungsstation haben. Ihr erreicht sie nach etwa 1,2 km Fußweg vom Oderhaus aus. Dann braucht es nur noch ein bisschen Geduld. Wenn es ganz still ist, wagen sich die Tiere hervor. Zu empfehlen sind warme Kleidung, ein Fernglas und ein Sitzkissen. Zwischen Juli und Oktober bietet der Nationalpark auch geführte Wanderungen zur Beobachtungsstation an. Im Anschluss lockt ein Besuch in der **Waldgaststätte Rinderstall,** die über den Weg parallel zur Oder nach weiteren 1,2 km in Sicht kommt.

### Hunger & Durst
**Waldgaststätte Rinderstall,** 37444 St. Andreasberg. ✆ 05582/740. www.gaststaette-rinderstall.de. Täglich 9.30 – 17 Uhr, im Sommer bis 18.30 Uhr.

## Juniorranger im Nationalpark Harz

Nationalpark Bildungszentrum, 37444 St. Andreasberg. ✆ 05582/9164-0, Fax -19. www.nationalpark-harz.de/kids/inhalt.htm. info@nationalpark-harz.de.

Durchblick: Mit einem Fernglas könnt ihr Vögel beobachten

▶ Habt ihr Lust, mit einem echten Ranger in den Wald zu gehen, Schätze zu suchen, Bäume zu pflanzen und richtige Naturschützer zu werden? Die Jungranger im Nationalpark Harz nennen sich Wölfe, Wanderfalken oder Bären. Wer regelmäßig kommt, wird ausgezeichnet und darf sich als Waldläufer, Scout und schließlich Junior-

Ranger bezeichnen! Hier treffen sich die Jugendgruppen:

*Bad Harzburger Bären und Luchse:* Mi 15.30 – 17 Uhr treffen sich die Luchse (6 – 8 Jahre) in ungeraden Kalenderwochen, die Bären (ab 8 Jahre) in den geraden Wochen Mi 15 – 16.30 Uhr, Haus der Natur, ↗ Griffmarke »Rund um Goslar«.

*Braunlager Wölfe:* Mi 15 – 16.30 Uhr in der Wurmbergschule.

*Lonauer Wanderfalken:* Di 15 – 16.30 Uhr in der Rangerstation Lonau, ↗ Griffmarke »Bad Grund & Bad Sachsa.« Kommt doch einfach mal vorbei!

### Lehrpfad Hahnenklee
**Länge:** 5,5 km. **Infos:** Begleitheft für 1,50 € in der Tourist-Information.

▶ Der heimatkundliche Lehrpfad von Hahnenklee beginnt im Kurpark am Kurhaus, wo eine Tafel einen Überblick über den Verlauf gibt. Am Großen Kranicher Teich vorbei führt der Lehrpfad durch den Wald rund um Hahnenklee und endet schließlich an der Stabkirche. Ihr erfahrt eine Menge über heimische Tiere und Pflanzen, den Wald und den Bergbau.

Einen tollen **Spielplatz** mit Seilbahn, Kletterspinne und Wassermatschanlage findet ihr im Kurpark!

### Nationalpark-Besucherzentrum TorfHaus
Torfhaus 38b, 38667 Torfhaus. ✆ 05320/331790, Fax 3317919. www.torfhaus.info. post@torfhaus.info.
**Bahn/Bus:** Bus 820 ab Bhf Bad Harzburg. **Auto:** B4.
**Zeiten:** täglich April – Okt 9 – 17 Uhr, Nov – März 10 – 16 Uhr. **Preise:** Eintritt frei.

▶ Boris Borkenkäfer könnt ihr im neuen Nationalpark-Besucherzentrum im TorfHaus kennen lernen. Er begleitet euch nämlich durch die Ausstellung, in der es sogar einen eigenen Kinderraum gibt. Ihr könnt in die Baumhöhle kriechen oder in der Forscherecke aktiv werden. Außerdem kann man in einer Multimediaschau auf dem Goetheweg zum Brocken reisen und an vielen Exponaten selber etwas ausprobieren. So gibt es viel zu erfahren über das Moor, den Wald und

Das Nationalparkhaus bietet geführte Wanderungen an, z.B. »Wir erforschen den wilden Wald« oder »Barfußwandern im Nationalpark«. Alle dauern 2 – 3 Stunden.

den Nationalpark. Zu den Angeboten gehören auch Führungen, z.B. am Grünen Band, Naturreisen und Projekte wie »Voll Wild – Jugend sucht Wildnis« (www.vollwild.de).

### Wildnispfad Altenau
www.nationalpark-harz.de. schultze@nationalpark-harz.de. **Länge:** 800 m, nicht kinderwagentauglich. **Bahn/Bus:** Bus 840 bis Altenau Jugendherberge. **Auto:** B498 Richtung Osterode, am Ortsausgang links (Parkplatz Rose), 100 m zu Fuß.

▶ Der Wald sieht im Harz nicht überall gleich aus, sondern es gibt ganz verschiedene Waldtypen – und das sogar auf kleinem Raum. Das zeigt der Wildnispfad in Altenau. Da kommt ihr durch Eichen-Buchen-Mischwald und den Bachauen-Wald, seht Wurzelteller, Quellbereiche, Windwurf und eine Waldlichtung. An allen zehn Stationen erklärt eine Tafel die unterschiedlichen Waldbereiche, die sich im Nationalpark wieder ganz natürlich entwickeln dürfen.

### Brockengarten
38879 Schierke. Eingang hinter dem Turm der Wetterwarte. **Zeiten:** Führungen Mai – Okt Mo – Fr 11.30 und 14 Uhr. **Preise:** 1 € Spende erbeten.

▶ Schon 1890 legte der Göttinger Naturforscher *Prof. Dr. Albert Peter* den Brockengarten an. Er wollte herausfinden, welche Pflanzen hier in 1130 m Höhe gedeihen. Das Klima hier entspricht dem der Alpen in 1700 – 1900 m! Und tatsächlich werdet ihr viele Gewächse entdecken, die sonst nur dort wachsen. Flechten und Moose, niedrige Stauden und Polsterpflanzen trotzen dem ungestümen Brocken-Wetter. Ungefähr 1600 Pflanzen sind zu finden, darunter die Brockenanemone und das Brockenhabichtskraut, aber auch das Andenpolster aus Südamerika oder der Blaue Enzian aus den Alpen.

---

*Durch die unterschiedlichen Höhenlagen von 350 m bis über 1000 m bietet der Harz mit seinen verschiedenen Waldtypen vielen Tieren und Pflanzen Lebensraum.*

**Achtung!**
An den Wochenenden ist der Besuch des Gartens nur in Kombination mit der geführten Rundwanderung um die Brockenkuppe möglich, ↗ Einmal um den Brocken! Mai – Okt 11.15 und 13 Uhr, Nov – April 12 Uhr.

# Wintersport und -spaß

## Skigebiet Braunlage

✆ 05520/99930 (Seilbahn), 923337 (Rathauslift), 923338 (Hasselkopflift), Fax 999329. www.wurmberg-seilbahn.de, www.skilifte-braunlage.de. info@wurmberg-seilbahn.de. **Bahn/Bus:** Bus 820 ab Bad Harzburg. **Auto:** Über B4, Seilbahn: Großparkplatz; Kaffeehorst: Elbingeröder Straße, links Große Wurmbergstraße; Skiwiese am Rathaus: Herzog-Johann-Albrecht-Straße; Skiwiese Hasselkopf: Tanner Straße. **Zeiten:** täglich 9 – 17 Uhr. **Preise:** Seilbahn und Lifte Wurmberg Tageskarte 22 €, 3-Std-Karte 15 €, Kaffeehorst und Nordhang Einzelfahrt 1,50 €, Schlepplifte Rathaus und Hasselkopf Einzelfahrt 0,60 €, 10er-Karte 5 €, Halbtages- 9 €, Tageskarte 15 €; Kinder 6 – 15 Jahre Seilbahn und Lifte Wurmberg Tag 10 €, 3-Std-Karte 6 €.

▶ Mit 971 m ist der **Wurmberg** bei Braunlage der höchste Berg in Niedersachsen. Klar, dass sich hier auch wunderbar Ski fahren lässt! Die Seilbahn schwebt in acht Minuten bis zur Mittelstation, in 15 Minuten ganz nach oben. Die Gesamtlänge der *gelben Abfahrt* beträgt 3,5 km, sie ist mittelschwer. Ebenfalls von der Bergstation gen Tal führt die mittelschwer-leichte *orange Abfahrt* (4,5 km, 400 Höhenmeter). Der *Nordhang* des Wurmbergs ist ebenso mit der Seilbahn erreichbar, die Abfahrt ist 350 m lang. Hier und am **Kaffeehorst,** der südöstlichen und besonders schneesicheren Seite des Berges, stehen Schlepplifte zur Verfügung. Die *Kaffeehorst-Abfahrt* ist 400 m lang (80 m Höhenunterschied, leicht), die Verlängerung nach oben ist der *Hexenritt* (200 m lang, 60 m Höhenunterschied, schwer). Am Kaffeehorst befindet sich auch ein 400 m langer Snowboardhang.

**Für Anfänger** geeignet ist die *Skiwiese im Ort.* Hier wie am *Hasselkopf* ist jeweils ein Schlepplift vorhanden, die Abfahrten betragen 500 m bei 50 m Höhenunterschied.

 Im **Heimat- und Skimuseum Braunlage** gibt es eine Skisammlung zu bestaunen, die nostalgische Skier, Schneeschuhe und Bindungen zeigt. Dr.-Kurt-Schröder-Promenade 4 (beim Kurgastzentrum), Di, Fr 10 – 12 Uhr. 2 €, Kinder ab 7 Jahre 1 €.

## Hunger & Durst

**Altes Forsthaus,** Harzburger Straße 7, 38700 Braunlage. ✆ 05520/ 9440. www.forsthaus-braunlage.de. Mo – Fr 7.30 – 14 und 17.30 – 21 Uhr, Sa, So 7.30 – 21.30 Uhr. Leckere Kindermenüs mit Apfelsaft, so viel ihr wollt! Jeden Mi ein Kindermenü gratis pro bestelltem Hauptgericht.

*Irgendwie gehören diese Bretter nun zu mir, aber wie läuft man damit …?*

**Skiverleih Nähe Blockhütte:** *Ski & Sport Bähr,* Neue Straße 4, ✆ 05520/999734, www.ski-baehr.de. Täglich 9 – 17 Uhr. Kinderski komplett 10 €, ab 1,40 m Größe und Erw 15 €.

## Kinder-Skischule Braunlage

Blockhütte an der Skiwiese, Herzog-Johann-Albrecht-Straße, 38700 Braunlage. ✆ 05520/923336. www.skilifte-braunlage.de. **Bahn/Bus:** Bus 820 ab Bad Harzburg. **Auto:** Über Herzog-Wilhelm-Straße. **Zeiten:** täglich ab 9 Uhr, Unterricht 10 – 12.15 Uhr, nach Absprache auch nachmittags. **Preise:**; Kinder 5 – 12 Jahre 1 Tag 20 €, 3 Tage 55 €. **Infos:** Anmeldung telefonisch oder ab 9 Uhr an der Skiwiese.

▶ Wenn ihr mindestens 5 Jahre alt seid, dürft ihr in die Skischule an der Skiwiese gehen! In einem abgezäunten Kinderparcours lernt ihr zunächst, wie man den Berg auch ohne Lift hinaufkommt, dann übt ihr den Schneepflug und Slalom fahren. Wer fit ist, darf in einer kleinen Gruppe an den Schlepplift und fährt nun in großen Bögen hinter dem Skilehrer nach unten. Schafft ihr das? Dann könnt ihr stolz auf euch sein!

## Skischule Harz in St. Andreasberg

Dirk Pläschke, Dr.-Willi-Bergmann-Straße 10, 37444 St. Andreasberg. ✆ 05582/260, Fax 1662. www.skischule-harz.de. info@skischule-harz.de. **Bahn/Bus:** Bus 850 ab Braunlage. **Auto:** B242, Sonnenberg, in St. Andreasberg Hauptstraße folgen. **Zeiten:** Unterricht Kinder 10 – 13 Uhr, Erw 10.15 – 12.45 Uhr, Geschäft Mo – Sa 9 – 12.30 und 15 – 18 Uhr (Mi nur 16 – 17 Uhr), bei Skibetrieb auch So 9 – 12.30 und 15 – 17 Uhr. **Preise:** 1 Tag 30 €, 2 Tage 55 €, 3 Tage 70 €; Snowboard 1 Tag 38 €, 2 Tage 60 €, 3 Tage 75 €; Kinder 6 – 12 Jahre 1 Tag 25 €, 2 Tage 45 €, 3 Tage 55 €; Kinder 3 – 5 Jahre 12 €/Std. **Infos:** Auch Verleih von Ski-alpin-Ausrüstungen, Langlauf, Snowboard. Alpin-Ski für Kinder inkl. Stiefeln und Stöcken: 1 Tag 10 € (Mo – Fr) bis 12 € (Sa, So).

▶ Kurse für Alpinski, Langlauf und Snowboard bietet der staatlich geprüfte Skilehrer Dirk Pläschke für Anfänger wie auch für Fortgeschrittene an. Für Abfahrtsski gibt es auch spezielle **Kinderkurse.** In kleinen Gruppen von maximal acht Personen (Snowboard: fünf Personen) wird mit viel Spaß das Fahren auf den rutschigen Brettern geübt. Treffpunkt ist der Parkplatz am Kurhaus (Übungswiese) oder der Matthias-Schmidt-Berg. Die Kurse finden im allgemeinen am Sa/So statt oder beginnen am Mo oder Di, in den Ferien durchgehender Beginn.

 *Die Kinderskikurse von Dirk Pläschke eignen sich für Kinder zwischen 6 und 12 Jahre (max. 8 Teilnehmer), spezielle Kurse gibt es auch für die Kleinen zwischen 3 und 5 Jahre (max. 4 Teilnehmer).*

### Skischule Bergsport-Arena

Hinterstraße 3, 37444 St. Andreasberg. ℘ 05582/8154, Fax 999983. Handy 0171/4133230. www.bergsport-arena.de. info@bergsport-arena.de. **Bahn/Bus:** Bus 850 ab Braunlage. **Auto:** B242, Sonnenberg. **Zeiten:** Mo – Fr 9 – 13 und 14 – 18 Uhr, Fr bis 19 Uhr, Sa, So 8.30 – 18 Uhr. **Preise:** 10 € pro Person und Std, Ski- und Snowboard je 3 Std täglich, Langlauf 2 Std. **Infos:** Verleih von Skiern (1 Tag Kinder 6 – 10 €), Schlitten und Schneeschuhen, Ski-Service.
▶ Die Bergsport-Arena bietet an den Wochenenden der Wintermonate Ski-, Langlauf- und Snowboard-Kurse an. Um am Skikurs teilzunehmen, solltet ihr mindestens 8 Jahre alt sein. Mit mindestens drei und maximal sechs Personen geht es ab 9.30 Uhr in den Schnee (Materialausgabe ab 8.30 Uhr).
Mehrere Schneeschuh- und Fackelwanderungen sowie eine Rodelgaudi ergänzen das Angebot. Im Sommer kommen Felsklettern, Kanufahren und Bogenschießen dazu. Es gibt spezielle Angebote für Gruppen und Schulklassen.

Von Mitte April bis Ende Oktober bietet die Bergsport-Arena Klettern im **Hochseilgarten** von St. Andreasberg an! Sa, So 10 – 16 Uhr. Erw 18 €, Jugendliche 14 €, Familien bis 4 Pers 49 €, 5 Pers 60 €. Seilrutsche je Fahrt 4 € (Sa, So 13 und 15 Uhr). Mindestgröße 1,45 m.

### Skigebiet Matthias-Schmidt-Berg

Alberti-Lift-GmbH, Günter Beer, 37444 St. Andreasberg. ℘ 05582/265, Fax 8324. www.alberti-lift.de. info@alberti-lift.de. **Bahn/Bus:** Bus 450 ab Herzberg bis Skilift. **Auto:** Von Norden kommend links Richtung Zentrum, Straße folgen bis Parkplatz im Wäschegrund. **Zeiten:** Mitte Dez – Ende März täglich 9 – 17 Uhr. **Preise:** Einzelfahrt 1,80 €, 10er-Karte 9 €, Halbtageskarte 11,50 €, Tageskarte 17 €; Kinder 5 – 15 Jahre Halbta-

### Hunger & Durst

**Matthias-Baude,** Matthias-Schmidt-Berg 6, 37444 St. Andreasberg. ✆ 05582/809938. Täglich 10 – 18 Uhr, im Sommer Di Ruhetag. Berggasthaus mit gutbürgerlicher Küche und hausgebackenem Kuchen.

geskarte 8 €, Tageskarte 11 €. **Infos:** Tourist-Information, ✆ 05582/80336.

▶ Fünf Abfahrten von 100 bis 1200 m Länge, 140 m Höhenunterschied, alle Schwierigkeitsgrade. Drei Schlepplifte, zwei Doppelsessellifte und ein Übungslift bringen die Skibegeisterten auf den Berg.

### Skigebiet Sonnenberg

Skiliftbetrieb Großer Sonnenberg, Frau Engelke, 37444 St. Andreasberg. ✆ 05582/513, Fax 999927. www.skilifte-engelke.de. info@skilifte-engelke.de. Alberti-Lift GmbH, Herr Beer, ✆ 05582/265, www.alberti-lift.de, info@alberti-lift.de. **Bahn/Bus:** Bus 850 ab Braunlage. **Auto:** B4, B242 Richtung Clausthal-Zellerfeld, 3 km bis Sonnenberg. **Zeiten:** Mitte Dez – Ende März Mo – Fr 9.30 – 16.30 Uhr, Sa, So 9 – 16.30 Uhr. **Preise:** Erw mit Engelke-Tageskarte 16 €, Einzelfahrt 1 – 2 €, am Alberti-Lift Einzelfahrt 1,80 €, Tageskarte 17 €; Jugendliche bis 16 Jahre mit Engelke-Tageskarte 12 €; Kinder am Alberti-Lift Tageskarte 11 €, 10er-Karte 9 €. **Infos:** Tourist-Information, ✆ 05582/80336.

▶ Am Sonnenberg bieten zwei Betreiber drei Schlepplifte und einen Übungslift an, der Höhenunterschied beträgt 110 m. Die 400 m lange Abfahrt ist für Anfänger geeignet, die 800 m lange hat einen mittleren Schwierigkeitsgrad. In der Nähe liegt eine Rodelbahn für alle, die lieber auf dem Schlitten ins Tal sausen wollen.

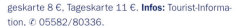

Verspricht Sonne: Der Sonnenberg

### Skigebiet Hahnenklee

✆ 05325/2576, Fax 3367. www.bocksberg-seilbahn.de. mail@bocksberg-seilbahn.de. **Bahn/Bus:** Bus 832 ab Goslar. **Auto:** B241. **Zeiten:** Seilbahn im Winterhalbjahr täglich 8.45 – 16.45 Uhr. **Preise:** Berg-

und Talfahrt 7 €, Berg- oder Talfahrt 4,50 €, Tageskarte 20 €, Halbtageskarte ab 12.30 Uhr 15 €; Kinder 4 – 14 Jahre 4,50 €, Berg- oder Talfahrt 3,50 €, Tag 13 €, halber Tag 10 €; Familienkarte 20 €, Berg- oder Talfahrt 15 €.

▶ Fünf Abfahrten von 200 bis 1500 m Länge bietet der **Bocksberg** bei Hahnenklee. Ihr kommt nicht nur mit zwei Schleppliften zu den Pisten, sondern auch mit der Kabinenseilbahn. Außerdem gibt es im Auslauf einen Kinderskilift. Der Höhenunterschied beträgt 80 bis 130 m. Alle Schwierigkeitsgrade sind in Hahnenklee vertreten: *Krähennest* (leicht) und *Hexenabfahrt* (mittelschwer) sind mit der Seilbahn zu erreichen. Zum leichten *Idealhang* führt Lift I, zur besonders schweren Piste *Schauinsland* und der mittelschweren *Wilddieb*-Abfahrt bringt euch Lift II.

Die *Naturrodelbahn* am Bocksberg ist etwa 400 m lang. Der Aufstieg beginnt am Parkplatz neben der Stabkirche. Bis 20 Uhr wird die Bahn beleuchtet.

## Ski-Alpinum Schulenberg

✆ 05329/282, Fax 849. www.alpinum-schulenberg.de. info@alpinum-schulenberg.de. **Bahn/Bus:** Bus 841 ab Clausthal-Zellerfeld. **Auto:** Ab Parkplatz Ortsmitte Zubringerdienst zum Ski-Alpinum, zurück ab Bramkebrücke (1 €). **Zeiten:** bei ausreichend Schnee 9.30 – 16.30 Uhr. **Preise:** Tageskarte 19 €, Halbtageskarte 13 €, Feierabendkarte ab 15 Uhr 8 €; Kinder 6 – 14 Jahre Tageskarte 17 €, Halbtageskarte 11 €, Feierabendkarte 6 €, Kinderskischule und Kinder-Snowboard-Schule 33 € für 2 1/2 Std.

▶ Vier Pisten am **Großen Wiesenberg** lassen des Skifahrers Herz höher schlagen: Die längste ist die *Olympia-Abfahrt* mit 1200 m, es folgen die *Standard*- (800 m), die *Wolfgang*- (650 m) und die *Slalom-Abfahrt*. Der Höhenunterschied beträgt jeweils 180 m. Auf den Berg führt ein Doppelschlepplift. Vom Berg ins Tal gelangt man auch über mehrere Familienwanderwege und -abfahrten. Ein Übungshang mit eige-

@ Viele Informationen rund um die Harzer Skigebiete gibt es unter www.harz-ski.de, www.harzwinter.de oder www.schnee-news.de

**Bocksberg-Skischule Hahnenklee,** Rathausstraße 6, ✆ 0170/8744510. Ab 6 Jahre, pro Tag 30 € plus 5 € Liftgebühr.

🐌 Im Sommer wird das Ski-Alpinum zum Bike-Alpinum!

📖 *Harz,* Wintersportkarte, 1:50.000, Schmidt-Buch-Verlag, Wernigerode, 3,50 €.

🦉 *Auch wenn es Spaß macht, nach Einbruch der Dunkelheit auf beleuchteten Pisten Ski zu fahren – die Tiere möchten auch zur Ruhe kommen und den Wald wieder für sich haben!*

nem Lift versorgt alle Skianfänger. Ein Highlight für Snowboarder ist der »Fun-Bereich« mit Sprüngen, Rails und Tables. Snowboard-Verleih und -schule sowie Skischule und Skikindergarten mit ganztägiger Betreuung sind direkt am Hang zu finden.

## Weitere Skigebiete für Abfahrtsski

**ALTENAU:** *Skiwiese Auf der Rose,* 2 Schlepplifte, 300 m lang, leicht, Höhenunterschied 45 m. **Preise:** diverse Punktekarten, Erw 100 Punkte 15 €, Schüler 12 €. Info: ✆ 05328/802-0. Skikurse: *Ski-Team-Altenau,* ✆ 0170/8820773. Verleih: *Sporthütte Altenau,* ✆ 05328/1370, *Ski- und Rodelverleih Berger,* Auf der Rose 9, ✆ 05328/980213.

**ORTSTEIL TORFHAUS:** *Am Rinderkopf,* Schlepplift, 420 m lang, leicht bis mittelschwer, Höhenunterschied 80 m. **Preise:** Einzelfahrt 1 €, 10er-Karte 7 €, Halbtageskarte 12 €, Tageskarte 16 €, Kinder 10er-Karte 5 €, Halbtageskarte 9 €, Tageskarte 11 €.

**CLAUSTHAL-ZELLERFELD:** *Spiegeltaler Straße* in Zellerfeld, Schlepplift, 300 m lang, leicht, Höhenunterschied 50 m. **Preise:** 10er-Karte 5 €, 22er-Karte 10 €, Halbtageskarte 8 €, Tageskarte 15 €, Kinder 10er- 4 €, 22er- 8,50 €, Halbtages- 6,50 €, Tageskarte 12,50 €. Geöffnet bei Schnee Mo – Fr 13.30 – 17 Uhr, Sa, So 9.30 – 17 Uhr. ✆ 05323/81024 (Tourist-Info) und 0160/1810979 (Herr Hirschhausen). Skiverleih Helga Menzel, Spiegeltaler Straße 23a, ✆ 05323/81225.

**HOHEGEISS:** *Skigebiet Am Brande,* 2 Schlepplifte, 2 mittelschwere Abfahrten, 250 und 370 m lang, Höhenunterschied 40 und 100 m. Übungshang *Im Hasental,* 300 m lang, leicht, mit Schlepplift. ✆ Skilift 0171/3771506 oder 05583/500. **Preise:** 10er-Karte 5 €, Halbtageskarte 9 €, Tageskarte 15 €. Verleih Sport Schönekäs, Klippenstraße 3, ✆ 05583/809. Kinderskischule Hotel Rust,

✆ 05583/831. Skikurs 3 – 10 Jahre Sa, So 10 – 12 und 14 – 16 Uhr, 1 Std 5 €.

**LAUTENTHAL:** *Übungshang an den Teufelswiesen,* mit Skilift, 250 m lang, Höhenunterschied 60 m. Anfahrt: Im Innerstetal Richtung Seesen abbiegen, nach 500 m rechts, eingeschränkte Parkmöglichkeiten nur am Lift selbst.

**WILDEMANN:** *Skihänge am Schwarzewald* (Lift, 180 m, Höhenunterschied 40 m), am *Gallenberg* und am *Hohen Berg*.

## Langlauf in St. Andreasberg

✆ 05582/80336 (Tourist-Info), Fax 80339. info@oberharz.de. **Bahn/Bus:** Bus 850 ab Braunlage. **Auto:** B242 über Sonnenberg.

▶ Mehrere Loipen beginnen am Panorama-Hallenbad an der Braunlager Straße. Der Rundkurs um den *Beerberg* ist leicht zu bewältigen und mit 3 km Länge familientauglich. Eher für Profis ist der 6 km lange Rundkurs um den *Oderberg*. Eine mittelschwere Loipe führt vom Hallenbad über die *Jordanshöhe* zum Dreibrode Parkplatz (3 km, Gesamtsteigung 90 m). Von hier können Fortgeschrittene zum Rundkurs Sonnenberg aufbrechen (12 km, mittelschwer). Am *Sonnenberg* beginnt der Rundkurs *Schneewittchenklippen* (5 km, leicht).

## Langlauf in Braunlage

✆ 05520/93070 (Tourist-Info). tourist-info@braunlage.de. **Bahn/Bus:** Bus 820 ab Bad Harzburg. **Auto:** B4.

▶ Rund um den Gipfel führt die recht schneesichere **Wurmberg-Loipe,** die mit einer Länge von 3,6 km und einer geringen Steigung von 30 m auch für Kinder geeignet ist. Auf den langen Brettern geht es durch herrlich verschneite Fichtenwälder. Hin bringt euch bequem die Wurmberg-Seilbahn.

Zum Üben gut geeignet und zentral ab Ort Braunlage ist die **Schultal-Loipe.** Sie beginnt am Sportstadion bei der Wetterwarte (Von-Langen-Straße), ist 1,5 km

Schmale Loipen führen durch den Harzer Winterwald

lang, hat eine Steigung von 30 m und ist 18 – 20 Uhr beleuchtet. Sie hat Anschluss an die anspruchsvolle *Wettkampfloipe* (= Braunlager Loipe, 10 km) sowie die *Waldloipe* (1 – 7 km).

Im Süden von Braunlage beginnt und endet die **Hasselkopf-Loipe** in der Nähe vom Schützenhaus (Schützenstraße). Es ist möglich, die Gesamtlänge von 13 km auf 10 bzw. 7 km abzukürzen. Schwierigkeitsgrad: leicht bis mittelschwer.

### Weitere Loipen im Oberharz

▶ Eine große Anzahl an Loipen wird gespurt, sobald genug Schnee gefallen ist. Hier nur eine kleine Auswahl an Loipen, die besonders für Familien interessant sind. Weitere Auskünfte erteilen die Fremdenverkehrsämter der einzelnen Ortschaften.

**ALTENAU:** Einstieg in mehrere *Loipen am Mühlenberg*, gegenüber Parkplatz Tischlertal (2 – 8 km).

**HAHNENKLEE:** *Schulberg-Loipe,* Rundkurs, Einstieg: am Hotel Waldgarten (Ende Lautenthaler Straße), 7,5 km lang, Gesamtsteigung 80 m, leicht.

**HOHEGEISS:** *Bohlweg-Loipe,* Rundkurs, 4 km lang, Einstieg: Parkplatz Bohlweg.

**SCHULENBERG:** *Übungsloipe* an der Skiwiese (6 km Rundkurs).

**WILDEMANN:** *Hasenberg-Loipe,* 5 km, mittelschwer, Einstieg: Ende der Seesener Straße beim Haus Bambi.

*Spiegelthal-Loipe:* 2 km, leicht, Einstieg: Rodelbahn beim Parkschwimmbad, führt am Ufer des Spiegelbaches entlang, Einkehr: **Zechenhaus.**

**BUNTENBOCK:** beleuchtete *Rundkursloipe* oberhalb des Kurparks, 2,5 km lang und leicht.

**ZELLERFELD:** beleuchtete, leichte *Rundkursloipe,* 2,5 km. Einstieg am TSV Sportplatz an der Spiegeltaler Straße.

*Spiegelthal-Loipe,* mittelschwer und 8 km lang. Einstieg am Schützenplatz Zellerfeld oder an der Spiegelthaler Straße gegenüber vom Skilift.

### Hunger & Durst
**Spiegelthaler Zechenhaus,** Im Spiegeltal, 38709 Wildemann. ✆ 05323/96783, Fax 96785. www.zechenhaus.de. Di – Do 10 – 18.30, Fr – So 10 – 20 Uhr. Richtung Bockswiese.

**BUNTENBOCK:** leichte bis mittelschwere *Wanderloipe* rund um den *Ziegenberg*, 5 km. Einstieg ist an der Turnhalle von Buntenbock, oberhalb der Straße Am Brink.

Außerdem gibt es Verbindungsloipen zwischen **Clausthal-Zellerfeld** und **Buntenbock** bzw. **Altenau.**

### Rodeln in Braunlage

✆ 05520/93070 (Tourist-Info), Fax 930720. tourist-info@braunlage.de. **Bahn/Bus:** Bus 820 ab Bad Harzburg. **Auto:** B4.

▶ Eine der längsten Seilbahnen im Harz ist die am **Wurmberg** in Braunlage: 1500 m geht es hinab durch die herrlich verschneite Landschaft. Startpunkt ist direkt hinter dem *Rodelhaus* (Gaststätte), etwa 100 m von der Mittelstation der Seilbahn entfernt. Wer also die Strecke bergauf nicht wandern mag, kann bequem in der Kabinenseilbahn nach oben schweben, die Schlitten werden bis dort mitgenommen (Erw 4,50 €, Kinder 6 – 15 Jahre 2 €, 3-Std-Karte 15 bzw. 6 €). Und dann ab die Post!

### Hunger & Durst

**Rodelhaus (Mittelstation),** 38700 Braunlage. ✆ 0171/9681147, Fax 05520/923266.

Heissa, das macht Spaß!
Rodeln am Torfhaus

Aller Anfang ist schwer …

### Hunger & Durst
**Restaurant Café Brockenblick,** 38667 Torfhaus, ✆ 05320/248. Täglich 8.30 – 17 Uhr, im Sommer bis 20 Uhr.

### Hunger & Durst
**Bavaria-Alm,** Torfhaus 38a, 38667 Torfhaus. ✆ 05320/331034. www.bavariaalm.de. Täglich 9 – 24 Uhr. Flammkuchen, Apfelstrudel und bayerische Leckereien.

Rodeln ist auch möglich an der **Skiwiese am Rathaus** (Herzog-Johann-Albrecht-Straße). Hier ist an der Seite des Skigebiets eine Rodelstrecke abgesperrt. Der Aufstieg erfolgt daneben, sodass sich Rodler und Aufsteiger nicht in die Quere kommen.
Auch am **Hasselkopf,** bei der Skiwiese am südlichen Ortsausgang, darf gerodelt werden.

## Rodeln am Torfhaus: Per Lift nach oben
✆ 05329/690060, Fax 690008. www.torfhauslifte.de. NuH.Koerber@t-online.de. **Bahn/Bus:** Bahn bis Bad Harzburg, Bus 820. **Auto:** B4 bis Großparkplatz Torfhaus. **Zeiten:** täglich 9.30 – 16 Uhr. **Preise:** 1 €, 10er-Karte 9 €, Halbtageskarte 11 €, Tageskarte 16 €; Kinder bis 12 Jahre 10er-Karte 6 €, Halbtageskarte 8 €, Tageskarte 12 €. **Infos:** Schlittenverleih pro angefangene Std 1 €, Tag 5 €.

▶ Bequemer geht es nicht: In Torfhaus zieht der einzige Rodellift im Harz euch und eure Schlitten nach der 300 m langen Abfahrt wieder nach oben! Hinter dem **Hotel Brockenblick** findet ihr den breiten Hang, auf dem viel Platz für alle ist. Natürlich könnt ihr auch rodeln, ohne den Lift zu benutzen.
Eine weitere Rodelbahn direkt am Großparkplatz ist 215 m lang und führt über eine Kurve nach unten.

## Weitere Rodelbahnen im Oberharz
**ALTENAU:** Neben dem Skihang *Auf der Rose* (150 m) und an der *Herzynia-Schanze* (200 m), ✆ 05328/80222.
**BUNTENBOCK:** *Am Ziegenberg* (Waldschneise), 300 m, ✆ 05323/3583.
**CLAUSTHAL-ZELLERFELD:** *Am Carler Teich* (Spiegeltaler Straße), 300 m, ✆ 05323/81024.
**HAHNENKLEE:** *Am Bocksberg,* 400 m, Aufstieg am Parkplatz neben der Stabkirche, mit Beschneiungsanlage, ✆ 05325/51040.
**HOHEGEISS:** *Sieben Hügel* am Bohlweg (300 m) und *Gretchenkopf* (nördlicher Ortsrand), ✆ 05583/241.

**SCHULENBERG:** *Am Ski-Alpinum,* linke Seite vom Quellenlift und an der Skiwiese, 200 m (hinter dem BSW-Heim, Klimastation), ✆ 05329/848.

**WILDEMANN:** *Im Spiegelthal,* am Parkschwimmbad, 800 m, ✆ 05323/6111.

### Rodeln in St. Andreasberg: Auf dem Schlauch

✆ 05582/80336 (Tourist-Info), Fax 80339. www.skilifte-engelke.de. info@skilifte-engelke.de. **Bahn/Bus:** Bus 850 ab Braunlage. **Auto:** Am Ortseingang rechts Teichtal, Parkplatz am Kurhaus. **Zeiten:** Bei ausreichend Schnee Mi, Fr, Fei 14 – 17 Uhr, Sa, So 10 – 17 Uhr. **Preise:** 2 €, 10-er Karte 14 €; Kinder bis 12 Jahre 1,50 €, 10er-Karte 9 €; Familien (5 Fahrten Erw, 5 Fahrten Kinder) 11,50 €. **Infos:** Snowtubing-Anlage Engelke, ✆ 055892/513.

▶ Das ganze Teichtal steht im Winter zum Rodeln zur Verfügung und so sausen von allen Seiten die Rennschlitten 300 m weit bergab. In den Abendstunden wird die Fläche beleuchtet.

Besonderen Spaß verspricht die erste und einzige Harzer **Snowtubing-Anlage.** Auf aufgeblasenen Lkw-Schläuchen braust ihr die fast 200 m lange präparierte Bahn hinab.

## Eis laufen

### Eissporthalle Braunlage

Harzburger Straße, 38700 Braunlage. ✆ 05520/2191, Fax 923020. www.eisstadion-braunlage.de. eisstadion-braunlage@t-online.de. **Bahn/Bus:** Bus 820 ab Bad Harzburg. **Auto:** B27. **Zeiten:** Di – Fr 10 – 12 und 14 – 16 Uhr, Sa, So 10 – 16 Uhr; 23. Dez – Feb auch Mo 10 – 12 und 14 – 16 Uhr, Di, Do, Fr 16.30 – 18.30 Uhr, Verschiebungen möglich durch Sonderveranstaltungen. **Preise:** 3,10 €; Kinder bis 16 Jahre 2,70 €; Familien 10,50 €. **Infos:** Schlittschuhverleih 2,40 €.

### Hunger & Durst

**La Capri,** Dr.-Willi-Bergmann-Straße 27, 37444 St. Andreasberg. ✆ 05582/1672. www.lacapri-andreasberg.de. Di – So 11.30 – 14.30 und 17.30 – 23 Uhr. Leckere Pizzen und Kindergerichte.

Mi und Sa **Eis-Disco** 20 – 22 Uhr, im Nov Mo Ruhetag.

### Hunger & Durst
**Stadionrestaurant,** Harzburger Straße, 38700 Braunlage. ✆ 05520/3928. Täglich ab 9.30 Uhr.

## HANDWERK UND GESCHICHTE

**Minigolfplatz im Kurpark,** ✆ 05582/80336. Im Sommer 10 – 13 und 14 – 20 Uhr, Einlass jeweils bis 1 Stunde vorher. 1,80 €, Kinder 1 €.

### Hunger & Durst
**Berggasthaus Matthias-Baude,** Matthias-Schmidt-Berg 6, 37444 St. Andreasberg. ✆ 05582/809938. Täglich 10 – 18 Uhr, im Sommer Di Ruhetag.

▶ Auf zwei Kufen über spiegelglatte Flächen gleiten, Pirouetten drehen und das Rückwärtsfahren üben – in der Eissporthalle von Braunlage ist all dies selbst dann möglich, wenn draußen Tauwetter herrscht. 30 x 60 m misst das Stadion und bietet so reichlich Platz für Eskapaden auf dem Eis. Eltern und Großeltern können im Stadionrestaurant gemütlich sitzen und euren Laufkünsten zuschauen, wenn sie nicht selbst aktiv werden wollen!

Hier finden auch Eishockeyspiele statt, bei denen ihr zusehen könnt, und Eisstockschießen, das ihr selbst ausprobieren dürft. Tolle Musik gibt es bei der Eis-Disco.

## Bahnen und Seilbahnen

### Per Sessellift zur Sommerrodelbahn St. Andreasberg

Alberti-Lift GmbH, 37444 St. Andreasberg. ✆ 05582/265, Fax 8324. www.alberti-lift.de. info@alberti-lift.de. **Bahn/Bus:** Bus 450 bis Skilift. **Auto:** Von Norden kommend links Richtung Zentrum, Straße folgen bis Parkplatz im Wäschegrund. **Zeiten:** April – Okt bei trockenem Wetter 9.30 – 17.30 Uhr. **Preise:** Berg und Tal 3,50 €, Einzelfahrt 1,80 €, 5er-Karte 16 €; Kinder 5 – 15 Jahre 2,80 €, Einzelfahrt 1,50 €, 5er-Karte 13 €; Schulklassen 2,50 €, Einzelfahrt 1,30 €.

▶ Mit dem Sessellift geht es in St. Andreasberg auf den Berg, also keine losen Sandalen anziehen! Hinab saust ihr dann über die Rodelbahn, hui! 550 m ist die Bahn lang und überwindet dabei einen Höhenunterschied von 130 m.

### Bocksberg-Seilbahn

Rathausstraße 6, 38644 Hahnenklee. ✆ 05325/2576, Fax 3367. www.bocksberg-seilbahn.de. mail@bocksberg-seilbahn.de. **Bahn/Bus:** Bus 830. **Auto:** Im Zentrum. **Zeiten:** Sommerhalbjahr 9.15 – 17.15 Uhr, Winterhalbjahr 8.45 – 16.45 Uhr. **Preise:** Berg oder Tal 4,50 €, Berg und Tal 7 €; Kinder 4 – 14 Jahre Berg oder Tal 3,50 €, Berg und Tal 4,50 €; Familien (2 Erw und Kinder bis 14 Jahre) Berg oder Tal 15 €, Berg und Tal 20 €.

▶ In 10 Minuten erreicht die Seilbahn von Hahnenklee aus den Gipfel des 726 m hohen *Bocksbergs*. Markant ragt die alte Abhöranlage in die Höhe, zu ihren Füßen liegt die **Bocksberghütte,** eine Gaststätte mit großer Terrasse. Vom hölzernen **Aussichtsturm** (Eintritt 0,20 €) ist bei klarem Wetter der Brocken zu sehen. Mehrere Wanderwege führen von hier zurück nach Hahnenklee. Oder ihr wählt den 3,2 km langen Rundweg um den Bocksberg und fahrt mit der Seilbahn wieder zurück in den Ort.

### Wurmberg-Seilbahn

Am Amtsweg 5, 38700 Braunlage. ✆ 05520/9993-0, Fax 999329. www.wurmberg-seilbahn.de. info@wurmberg-seilbahn.de. **Bahn/Bus:** Bus 820, 850 bis Eisstadion. **Auto:** Über Harzburger Straße, Großparkplatz an der Seilbahn. **Zeiten:** Dez – April 8.45 – 16.10, Mai – Nov 9.10 – 16.45 Uhr. **Preise:** gestaffelt von 4,50 € (einfache, halbe Strecke) bis 11 € (hin und zurück, ganze Strecke); Kinder 6 – 15 Jahre 2 – 5 € Schüler, Studenten 4 – 7 €; Familien (2 Erw, 3 Kinder) 11 – 26 €.

▶ In 8 Minuten bringt euch die moderne Kabinenseilbahn bis zur Mittelstation, weitere 7 Minuten benötigt sie bis zum Gipfel des **Wurmbergs.** Dieser ist mit 971 m der zweithöchste Berg im Harz, der höchste in Niedersachsen. Dort oben ist die Sicht gigantisch, besonders, wenn ihr noch die *Sprungschanze* erklimmt, die auch als Aussichtsturm dient (1 €). Nun steht ihr sogar auf 1001 m Höhe!
Am Osthang des Wurmbergs sind die Reste der **Hexentreppe** zu erkennen, Steinstufen aus Hornfelsblöcken, die auf einer Länge von 80 m zum Gipfel aufsteigen und dort an einem Zentralbau mit Steinwall endeten. Neben der Schanze seht ihr die Ter-

 Bei **Board'n Bikes** an der Seilbahn könnt ihr auch Sommerboards und Monsterroller ausleihen. Die fahren mit euch den Berg hinauf, abwärts geht es dann rollend.

### Hunger & Durst
**Bocksberghütte,** Bocksberg 1, 38644 Hahnenklee. ✆ 05325/2309. www.bocksberg-gastronomie.de. Täglich 10 – 17 Uhr.

### Hunger & Durst
**Wurmbergbaude (Bergstation),** Auf dem Wurmberg, ✆ 05520/721. www.wurmbergbaude.de. Täglich 9 – 18 Uhr. Mit großem Kaffeegarten, Spielplatz und Streichelzoo!

### Hunger & Durst
**Rodelhaus** (Mittelstation), ✆ 0171/9681147. Überdachte Terrasse.

### Hunger & Durst
**Gipfelstürmer (Talstation),** ✆ 05520/600. www.monsterroller.de. Täglich 9 – 18 Uhr. Kinderteller, Schnitzel, herzhafte Snacks. Spielplatz mit Rutsche und Kletterwand.

Auch mit der **Harzquerbahn** oder der **Selketalbahn** ist der Brocken mit Umsteigen zu erreichen. Ob von Gernrode, Hasselfelde, Nordhausen oder Ilfeld – von allen Schmalspurbahnhöfen führt ein Weg auf den Brocken!

---

rassen, die die Treppe flankierten und für die die Fläche gerodet und geebnet werden musste. Sie wurden von Menschen vor über 2000 Jahren angelegt. Wozu genau diese Anlagen dienten, ist nicht bekannt, wahrscheinlich handelt es sich um eine Kultstätte der Germanen.

Ehe ihr wieder mit der Seilbahn gen Tal schwebt, könnt ihr euch in der **Wurmbergbaude** stärken. Möglich ist es natürlich auch, hinab zu wandern. Mehrere Wege von 3 bis 6 km Länge führen bergab, größtenteils sind sie allerdings sehr steil. Wenn ihr über die Mittelstation wandert, bietet sich eine Pause im **Rodelhaus** an. Direkt daneben beginnt die Rodelbahn, über die ihr im Sommer natürlich auch zu Fuß nach unten gelangt.

## Downhill mit dem Monsterroller
Wurmberg-Seilbahn Talstation, Am Amtsweg 5, 38700 Braunlage. ✆ 05520/600, Fax 923266. www.monsterroller.de, www.seilbahn-cafe.de. info@seilbahn-cafe.de. **Bahn/Bus:** Bus 820, 850 bis Eisstadion. **Auto:** Über Harzburger Straße, Großparkplatz an der Seilbahn. **Zeiten:** Mai – Okt 9.30 – 16.30 Uhr. **Preise:** 12 €; Kinder 8 – 12 Jahre 9 €, Schüler 11 €.

▶ Mit der Seilbahn auf den Wurmberg, mit dem Roller bergab – seit 2005 ist diese Kombination eine Attraktion mehr in Braunlage. Zwei Skipisten sind im Sommer dafür freigegeben. Die Monsterroller haben dicke Reifen und sind mit Scheibenbremsen ausgestattet. Die Geschwindigkeit kann so jeder selbst bestimmen. Kinder ab 8 Jahre erhalten die etwas kleinere Mini-Monster-Roller-Version.

## Mit der Schmalspurbahn zum Brocken
Harzer Schmalspurbahnen GmbH (HSB), Friedrichstraße 151, 38855 Wernigerode. ✆ 03943/558-0, Fax 558-148. www.hsb-wr.de. info@hsb-wr.de. **Bahn/Bus:** Bus 1, 4 bis Bhf Westerntor. **Auto:** Parkplatz Anger, Fußweg zum ZOB. **Rad:** Harzrundweg. **Zeiten:** mehrere

Abfahrten täglich zwischen 8.40 und 16.40 Uhr, zurück ab Brocken bis etwa 18 Uhr, im Winter zum Teil früher.
**Preise:** Einfache Fahrt 16 €, Rückfahrkarte 24 €; Kinder 6 – 11 Jahre die Hälfte; HSB-FamilienCard, gültig auf dem gesamten Streckennetz 60 € (2 Erw, 3 Kinder), 3-Tages-Karten für das gesamte Streckennetz der HSB kosten für Erw 40 €, für Kinder 20 €.

▶ Wer zum Brocken will, muss entweder zu Fuß gehen oder kann mit der Schmalspurbahn fahren. Das ist gemütlicher und es bleibt genug Puste für die Entdeckungen auf dem höchsten Harzer Berg. Los geht es entweder von *Wernigerode, Drei-Annen-Hohne* oder *Schierke*. Natürlich kann auch von anderen Schmalspurbahnhöfen einer dieser drei Abfahrtsorte angefahren werden. Etwa 90 Minuten braucht der Zug von Wernigerode bis zum Gipfel, ab Drei-Annen-Hohne sind es noch 50 Minuten, ab Schierke 30 Minuten. Die Kosten sind übrigens immer gleich, weil der Kessel in jedem Fall geheizt werden muss.
Langsam schnauft die Dampflok den Berg hinauf, ab und zu tutet sie ein »Achtung!«. An manchen Stellen muss der Zug 3 % Steigung überwinden. Jeder Waggon hat eine Plattform, sodass ihr (in Begleitung) während der Fahrt draußen stehen und die Landschaft an euch vorbeiziehen lassen könnt! Und dann ist er erreicht: der mit 1125 m höchstgelegene Bahnhof Deutschlands!

**Auf dem Weg zum Brocken: Dampf-Nostalgie contra moderne Technik**

🦉 *Mitten durch den Harz verlief von 1949 – 1989 die* **innerdeutsche Grenze.** *Sowohl im Osten als auch im Westen wollten die Geheimdienste herausfinden, was jenseits der Grenze geplant wurde. Deshalb errichtete man nicht nur die berühmte Abhöranlage auf dem Brocken, sondern auch im niedersächsischen Harz wurden einige Betontürme gebaut. Die Anlage auf dem Stöberhai bei Wieda wurde inzwischen gesprengt, doch auf dem Bocksberg bei Hahnenklee wie auch auf dem Ravensberg bei Bad Sachsa bezeugen die hässlichen Betonklötze noch heute die deutsch-deutsche Vergangenheit.*

☀ Besichtigung des **Betriebswerks** der Harzer Schmalspurbahnen GmbH in Wernigerode jeden Fr 13.30 Uhr. Erw 3 €, Kinder 6 – 14 Jahre 2 €. Info: Herr Prochnau, ✆ 03943/558151, Fax 558148.

# Betriebe und Bergwerke

## Historisches Silbererzbergwerk Grube Samson

Am Samson 2, 37444 St. Andreasberg. ℗ 05582/1249, Fax 923051. www.harzer-roller.de. grube_samson@t-online.de. **Bahn/Bus:** Bus 840 von Clausthal-Zellerfeld, 850 von Braunlage, bis Clausthaler Straße, Fußweg 10 Min. **Auto:** Clausthaler Straße, Obere Grundstraße, rechts Katharina-Neufang-Straße. **Zeiten:** Führungen täglich 11 und 14.30 Uhr, Nov, Dez eingeschränkt. **Preise:** 4,50 €, mit Kurkarte 4 €; Kinder ab 6 Jahre und Schüler 2,25 €, mit Kurkarte 2 €.

▶ Im original erhaltenen *Gaipel* (Schachthaus) beginnt die rund 60-minütige Führung in der Grube Samson. Besonders stolz sind die Andreasberger auf ihre *Fahrkunst,* ist sie doch die letzte voll funktionsfähige ihrer Art auf der Welt. Sie wird sogar noch benutzt, denn unten in der Grube wird mit einem Wasserkraftwerk Strom erzeugt und die Turbinenwärter fahren mit der Kunst hinunter und hinauf. Beeindruckend sind auch die beiden Wasserräder. Das Kehrrad mit 9 m Durchmesser förderte einst die schweren, mit Erz beladenen Tonnen nach oben. Das Kunstrad hat einen Durchmesser von immerhin 12 m und trieb die Fahrkunst an. Wie alles genau funktionierte, wird anschaulich an Modellen vorgeführt. Im Museum seht ihr Minerale, eine Bergmannsstube und weitere Modelle.

## Oberharzer Bergwerksmuseum

Bornhardtstraße 16, 38678 Clausthal-Zellerfeld. ℗ 05323/9895-0, Fax 9895-69. www.bergwerksmuseum.de. info@OberharzerBergwerksmuseum.de. **Bahn/Bus:** Bus 830 ab Goslar ZOB bis Thomas-Merten-Platz. **Auto:** Von Goslar kommend 4. Straße rechts. **Zeiten:** täglich 10 – 17 Uhr. **Preise:** 5 €; Kinder ab 7 Jahre 2,50 €; Familien 12 €, Kombipreise für Museum, EMIL, Ottiliae-Schacht.

🐌 In den oberen Etagen im Gaipel befindet sich das **Harzer-Roller-Kanarien-Museum.** Die hübschen gelben Vögel zwitschern in einem typischen Zimmer eines Züchters. Mo – Sa 9 – 12.30 und 13 – 16 Uhr, So 10.30 – 12.30 und 14 – 16 Uhr. Eintitt 2,25 €, Kinder 1,50 €.

🐌 Mai – Okt fährt die Grubenbahn vom Alten Bahnhof zum **Ottiliae-Schacht** (Sa, So 14.30, So auch 11 Uhr). Anmeldung unter ℗ 05323/9895-0. Erw 5 €, Kinder 2,50 €, Familien 12 €.

### Happy Birthday!

Ihr könnt auch euren Geburtstag hier feiern unter dem Motto: Mit Fröschen und Hunden auf Hammelpfoten.

▶ Für die Bergmänner war es ganz schön mühsam, über viele, viele Leitern in den Berg hinabzusteigen und erst recht, nach getaner Arbeit wieder ans Tageslicht zu gelangen.

**WAS IST FAHRKUNST?** Das konnte bis zu 2 1/2 Stunden dauern! Eine große Erleichterung war darum die Erfindung der Fahrkunst im Jahre 1833 durch den Bergmann *Georg Dörell*. Zwei nebeneinander liegende Stangen mit Trittbrettern wurden so auf und ab bewegt, dass die Bergleute von einem Brett zum anderen umsteigen konnten, um in den Schacht hinunter oder bei Schichtende wieder nach oben zu gelangen. Das Einfahren dauerte auf diese Weise nur noch 45 Minuten. ◀

▶ Das älteste Bergwerksmuseum im Harz ist das von Clausthal-Zellerfeld. Schon 1930 richtete man hier unter Tage ein Schaubergwerk ein. Die etwa 60-minütige Führung beginnt im Schachtgebäude der Lautenthaler Grube *Prinzessin Auguste Caroline,* das wie die anderen originalen Grubengebäude im Freigelände hierher versetzt wurde. Während des Rundgangs erfahrt ihr viel über die harte Arbeit der Bergleute. Anschließend könnt ihr außen den einzigen original erhaltenen Pferdegaipel ansehen: Hier mussten die Pferde in Bad Grund einst im Kreis laufen und so die Fördertonnen mit dem Erz nach oben hieven. Was in der Schmiede, mit dem Feldgestänge oder der Handhaspel passierte, wird anschaulich mit Bildern und Tafeln erklärt. Im Gebäude sind für euch die vielen Modelle bergwerklicher Anlagen wie ein Pochwerk oder ein Kunstrad mit Feldgestänge besonders interessant.

Spannend ist auch ein Rundgang mit **EMIL.** Der PDA (Personal Digital Assistant, ein kleiner tragbarer Computer) führt euch vom Museum aus in die bergbaulich geprägte Landschaft und erklärt bei einer Rallye, warum es hier so viele Teiche gibt oder wozu das Häuschen im Wasser dient.

Bergmanns Heil! Die Einfahrt in die Grube ist wahrlich eine Kunst

## Glasbläserei im Kunsthandwerkerhof

Bornhardtstraße 11, 38678 Clausthal-Zellerfeld. ✆ 05323/83638, Fax 82043. www.glasblaeserei.de. wiemers@glasblaeserei.de. **Bahn/Bus:** Bus 830 ab Goslar ZOB bis Thomas-Merten-Platz. **Auto:** Zellerfeld, von Goslar kommend 4. Straße rechts. **Zeiten:** Mo – Fr 9.30 – 13 und 14 – 18, Sa 9.30 – 16, So, Fei 11 – 17, Mai – Okt Do bis 21 Uhr, Führungen halbstündlich bis 1 Std vor Schließung. **Preise:** 2,50 €; Schüler ab 7 Jahre 1,50 €.

▶ Unglaublich, was hier ruckzuck aus Glas entsteht: Ein heißer Klumpen Glasmasse, hier gezogen, dort gebogen – schon steht ein Pferdchen da! Etwas mehr Zeit braucht eine Glasschale oder was die Glasmacher in Zellerfeld noch so aus ihrem Material zaubern. Etwa eine halbe Stunde dürft ihr zusehen und den Erläuterungen lauschen. Ihr erfahrt zum Beispiel, wie Luftbläschen ins Glas kommen oder wie Glas abkühlen muss, damit es nicht gleich wieder zerspringt. Spannend! Wer mag, kann sich an dem gläsernen Glockenspiel versuchen und darauf ein Lied spielen. Nach Voranmeldung dürfen Kinder ab 6 Jahre auch eine eigene Glaskugel blasen (ab 10.30 oder 16.30 Uhr, 12,50 €).

In dem **Kunsthandwerkerhof**, in dem früher Münzen geprägt wurden, gibt es zudem eine *Seidenmalerei*, eine *Goldschmiede* und die *Holz- und Glasspielerei*, in der es schöne Mitbringsel zu kaufen gibt.

## Mit dem Kahn durchs Silberbergwerk Lautenthals Glück

Wildemanner Straße 11 – 21, 38685 Lautenthal. ✆ 05325/4490, Fax 6979. www.lautenthals-glueck.de. info@lautenthals-glueck.de. **Bahn/Bus:** Bus 831, 832 ab Goslar ZOB. **Auto:** Direkt an der Durchgangsstraße. **Zeiten:** April – Okt täglich 10 – 17, Nov – März Di – So 10 – 15 Uhr (Ferien bis 17 Uhr). **Preise:** 9 €; Kinder bis 10 Jahre 5 €, bis 16 Jahre 6 €; Gruppen ab 20 Pers 7 €, Familien (2 Erw, 1 Kinder) 21 €, jedes weitere Kind

---

### Hunger & Durst

**Café Sti(e)lbruch im Kunsthandwerkerhof,** 38678 Clausthal-Zellerfeld. ✆ 05323/82077. www.cafe-stilbruch.harz.de. Mi – Mo 14 – 18 Uhr. Große Auswahl an köstlichen Kuchen und Torten!

### Happy Birthday!

Geburtstagsfeiern mit Imbiss und Überraschung 8,50 € pro Person.

4 €, 1 Erw und 1 Kind 12,50 €. **Infos:** Museumspädagogische Angebote: Erz finden über Tage 1,50 €, unter Tage mit Besichtigung des Maschinenraums 4 €.

▶ Das gibt es sonst nirgends: Im Silberbergwerk Lautenthals Glück dürft ihr unterirdisch Kahn fahren! Einst wurde in solchen Kähnen das geförderte Erz transportiert, heute dürfen sich die Besucher an einem Seil durch die schmalen Wasserstraßen ziehen. Eng ist es nicht nur hier, sondern auch in dem Stollen, in den die Grubenbahn Feuriger Elias 238 m in den Berg hineinfährt. Zu Fuß geht es in die Bergkapelle und über zahlreiche Treppen direkt zu den alten Abbaugebieten. Dabei erklärt der nette Grubenführer genau, wie hier bis 1930 die Erze aus dem Berg geholt wurden. Zuerst mit Meißel, später mit Bohrern, insgesamt über 4 Mio Tonnen Gestein in 400 Jahren Bergbau. Im Eingangsbereich rumpelt eine Fahrkunst, mit der die Kumpel einst in den Berg einfuhren. Das Freigelände zeigt Gruben- und Lorenbahnen sowie ein 15 m hohes Wasserrad, das die Fahrkunst antrieb.

## Besucherbergwerk 19-Lachter-Stollen Wildemann

38709 Wildemann. ✆ 05323/6111 (Tourist-Info), Fax 6112. www.19-lachter-stollen.de. webmaster@19-lachter-stollen.de. **Bahn/Bus:** Bus 831. **Auto:** Oberhalb Bohlweg. **Zeiten:** Führungen Mai – Okt Di – So 11, 14, 15.30, Nov – 24. Dez Sa 14, So 11, 25. Dez – 6. Jan täglich 11 und 14 Uhr, 7. - 31. Jan Di – So 11, Feb – April Di – So 11, 14 Uhr. **Preise:** 5 €, mit Kurkarte 4,50 €; Kinder 4 – 17 Jahre 3 € bzw. 2,50 €. **Infos:** Führungen um 15.30 Uhr nur ab 5 Pers.

▶ So sehen Führungen aus, die für Kinder spannend sind: Im 19-Lachter-Stollen erfahrt ihr hautnah, wie das Leben von gleichaltrigen **Jungen und Mädchen** früher war und schlüpft quasi in deren Rollen. 140 Jahre lang wurde der 19-Lachter-Stollen mit Schlägel und Eisen aus dem Berg gehauen, bis er endlich

 Nehmt eine **Taschenlampe** mit, dann könnt ihr euch auch während der Grubenbahnfahrt sehen!

**Das soll ein Frosch sein?**

*In vergangenen Jahrhunderten war* **Kinderarbeit** *in Bergwerken üblich. Kinder konnten auch in schmale Ritzen und niedrige Stollen kriechen, für die Erwachsene zu groß waren. Im Pochwerk zerkleinerten sie, meist Jungen, das Gestein. So trugen sie zum dringend benötigten Einkommen der Familien bei. Könnt ihr euch so ein hartes Leben vorstellen?*

Schulklassen können das **Bergbau- und Pochdiplom** erwerben! Mit Helm und Grubenlampe ausgestattet, dürft ihr mit Schlägel und Bohrfäustel arbeiten. Kosten: 2,50 € pro Person, mind. 50 €.

8,8 km lang war. Er diente dazu, das Wasser aus den Gruben abzuleiten. Gleichzeitig wurde aber auch Erz abgebaut, und mit der Zeit entwickelte sich ein vollständiges Bergwerk, das bis 1924 in Betrieb war. Besonders beeindruckend bei der Führung: der Blick in die gähnende Tiefe des Schachts Ernst August. Das Kehrrad mit seinen 9 m Durchmesser ist schon 100 Jahre alt und noch original erhalten.

## Museen und Stadtführungen

### Geosammlung Clausthal

Technische Universität Clausthal, Adolph-Roemer-Straße 2a, 38678 Clausthal-Zellerfeld. ✆ 05323/72-2737, 72-2586, Fax 72-2810. www.tu-clausthal.de. Office@geologie.tu-clausthal.de. **Bahn/Bus:** Bahn bis Seesen, Bus 838 bis Adolph-Roemer-Straße. **Auto:** Im Zentrum von Clausthal. **Zeiten:** Di – Fr 9.30 – 12.30 Uhr, Do auch 14 – 17 Uhr, So 10 – 13 Uhr, Fei geschlossen. **Preise:** 1,50 €; Kinder, Schüler, Studenten 1 €; Schulklassen 0,50 €.

▶ Mehrere Abteilungen umfasst die Geosammlung der technischen Universität, darunter eine riesige Mineraliensammlung. Aus aller Welt stammen die Mineralien wie Bergkristall, Türkis, Amethyst oder der bizarr aussehende Blätterspat. Einige Steine sind auch am Mikroskop-Drehtisch genau zu betrachten wie etwa Malachit oder der Rote Glaskopf. Sogar Meteoriten gibt es zu sehen. Interessant ist aber auch der Bereich der Erd- und Lebensgeschichte. **Fossilien** und dazu passende originalgetreue Modelle einer Ur-Libelle oder eines Riesenhundertfüßers sind von beeindruckender Größe.

 *Fossilien sind Abdrücke oder Versteinerungen von Lebewesen aus vorgeschichtlicher Zeit.*

### Brockenhaus

38879 Schierke. ✆ 039455/50005, Fax 50006. www.brockenmuseum.de. brockenhaus@t-online.de. **Bahn/Bus:** Brockenbahn. **Zeiten:** täglich 9.30 – 17

Uhr. **Preise:** 4 €; Kinder 6 – 16 Jahre 2 €, Schüler 3 €; Familien 8,50 €, Rentner 3,50 €, Behinderte 3 €, Schulklassen 1,50 €.

▶ Der Ritt auf dem Hexenbesen zum Brocken ist einer der Höhepunkte im Brockenhaus, das an seiner runden Kuppel gut zu erkennen ist. Was Hexen und Teufel hier überhaupt zu suchen haben, erfahrt ihr genauso wie die Geschichte des Brockens, der 28 Jahre lang nicht bestiegen werden durfte, weil die DDR hier Abhör- und Sendeanlagen installiert hatte. Heute darf die Natur sich wieder ausbreiten, viele Tiere und Pflanzen haben den Lebensraum zurückerobert. Welche das sind, seht ihr durch Guck-Löcher und in Auszieh-Schubläden. Den Raufußkauz oder Kleiber könnt ihr hier zum Zwitschern bringen. Die Kuppel mit der Original-Abhörtechnik ist über eine Wendeltreppe zu erreichen und von der Terrasse hat man bei klarem Wetter einen herrlichen Blick. Stärken könnt ihr euch in der **Cafeteria Hexenflug.**

*Im August 1961 wurde der Brocken, der im unmittelbaren Grenzgebiet der DDR zur BRD lag, zum militärischen Sperrgebiet erklärt und war somit für die Bevölkerung nicht mehr zugänglich. Der Gipfel wurde stark militärisch ausgebaut. Noch 1986 wurde die große Abhöranlage eingerichtet und war somit noch 3 Jahre im Einsatz.*

**Hunger & Durst**
**Cafeteria Hexenflug,** Brocken, 38879 Schierke. Täglich 9.30 – 17 Uhr.

### Sehen, hören, rennen

#### Bilderbuchkino in der Stadtbücherei Braunlage

Dr.-Kurt-Schroeder-Promenade 1, 38700 Braunlage. ✆ 05520/1209, Fax 940222. www.braunlage.net. stadtbuecherei@stadt-braunlage.de. **Bahn/Bus:** Bus 820, 850 bis Herzog-Wilhelm-Straße. **Auto:** B4, Zentrum. **Zeiten:** Bilderbuchkino jeden 3. Mo 15.30 – 16.15 Uhr, sonstige Öffnungszeiten: Mo – Mi 10 – 12 und 15 – 18 Uhr, Do 10 – 12 und 15 – 19 Uhr, Fr 10 – 12 Uhr. **Preise:** Eintritt frei.

**AKTIONEN UND FESTE**

## FESTKALENDER

| | |
|---|---|
| **Januar:** | Letztes Wochenende, St. Andreasberg: **Winterfest.** |
| **Januar/Februar:** | Ende Jan oder Anfang Feb, Sa, So, Braunlage: **Skispringen Continental Cup.** |
| | Ende Jan – Ende Feb, Wildemann: **Winter(s)pass.** |
| **Februar:** | Clausthal-Zellerfeld: **Schlittenhunderennen.** |
| | Letzter Sa, Braunlage, Eissporthalle: **Deutsche Meisterschaften im Setzbügeleisen-Schießen.** |
| **März/April:** | Gründonnerstag – Ostermontag, Wildemann: **Osterprogramm mit Osterfeuer.** |
| | Ostersamstag, Schulenberg, Lautenthal: **Osterfeuer.** |
| **April:** | 30., Altenau, Braunlage, Hahnenklee, Hohegeiß, Lautenthal, St. Andreasberg: **Walpurgisfeiern.** |
| **Mai – Okt:** | Jeden Do-Abend, Clausthal-Zellerfeld: **Oberharzer Bergbauernmarkt**, Bornhardtstraße, Zellerfeld. |
| **Mai:** | Mitte – Ende Mai, Sa, So, Clausthal-Zellerfeld: **Kunst- und Handwerkermarkt** im Kunsthandwerkerhof. |
| | Mitte – Ende Mai So, Wildemann: **Viehaustrieb.** |
| **Juni:** | So Anfang Juni, St. Andreasberg: **Wiesenblütenfest** mit Kuhaustrieb. |
| | St. Andreasberg: **Buchfinken-Gesangswettstreit.** |
| | Schulenberg: **Johannisfest.** |
| | Lautenthal: **Bergstadtfest.** |
| **Juli:** | Mitte Juli, Hohegeiß: **Lichterfest** mit Feuerwerk. |
| | Letzter Sa, Hahnenklee: **Sommerfest mit Feuerwerk.** |
| **August:** | 1. Wochenende, Braunlage: **Köhlertage.** |
| | 1. So, Clausthal-Zellerfeld: **Harzer Jodlerwettstreit.** |
| | 2. So, Buntenbock: **Vieh- und Weidetag,** Kuhaustrieb. |
| | Letzter So, Altenau, Clausthal-Zellerfeld, Wildemann: **Raderlebnistag,** autofreies Innerstetal. |
| **Oktober:** | St. Andreasberg: **Kunstausstellung.** |
| | 2. So, Braunlage: **Harzpokal-Skispringen** an den Brockenweg-Schanzen. |
| | Sa Mitte – Ende Okt, Hahnenklee: **Märchenfest** mit märchenhaftem Spielprogramm. |
| **Dezember:** | 1. – 4. Advent, Clausthal-Zellerfeld: **Weihnachtsmarkt.** Altenau: **Wintermarkt.** |

▶ Ob Mama Muh ein Baumhaus baut oder ein kleines Krokodil sich verliebt – die Geschichten, die in der Stadtbücherei Braunlage im Bilderbuchkino gezeigt werden, machen euch sicher viel Spaß! Im Anschluss wird gebastelt oder gemalt. Alle ab 4 Jahre können kommen!
Natürlich können auch Bücher und andere Medien ausgeliehen werden. Außerdem findet an jedem 1. Do und Fr im Monat ein Bücherflohmarkt statt. Regelmäßig kommt das *Harzburger Puppentheater* und hat den Froschkönig oder den Kasper im Gepäck.

**Minigolf** an der Harzburger Straße mit Mini-Car-Bahn. April – Okt täglich 10 – 18 Uhr. 2 €, mit Kurkarte 1,50 €, Kinder 1,20 €, Mini-Car 0,70 €.

### Walpurgisfeiern

Tourist-Information: ↗ Info & Verkehr. **Termin:** 30. April.

▶ Die meisten Walpurgisfeiern am 30. April finden traditionsgemäß im Oberharz statt. Auch für Kinder

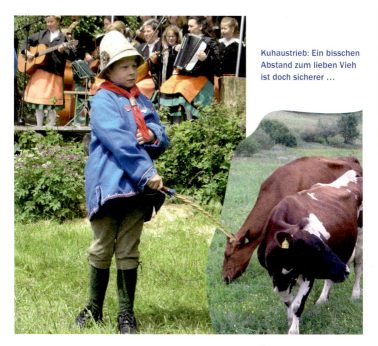

Kuhaustrieb: Ein bisschen Abstand zum lieben Vieh ist doch sicherer …

Der Harzer Verkehrsverband gibt alljährlich ein Faltblatt mit den Walpurgisfeiern im Harz heraus. Weitere Infos: ✆ 05321/ 34040. www.harzinfo.de, www.walpurgisnacht.harz-urlaub.de

ist das Angebot groß. In vielen Orten starten Umzüge der kleinen Hexen und Teufel, so in **Altenau, Braunlage, Hahnenklee, Hohegeiß** oder **Lautenthal**. In **St. Andreasberg** geht es im Kurpark hoch her. In **Wildemann** und **Clausthal-Zellerfeld** wird hexlich im Waldkurpark gefeiert.

## Schlittenhunderennen in Clausthal-Zellerfeld

38678 Clausthal-Zellerfeld. ✆ 05323/81024 (Tourist-Info), Fax 83962. www.clausthal-zellerfeld.de. info@clausthal-zellerfeld.de. **Bahn/Bus:** Bus 830 ab Goslar ZOB bis Wolfs Hotel. **Auto:** Park & Ride-Service ab Schützenplatz Clausthal (B241 Ortsausgang Richtung Buntenbock). **Termin:** ein Wochenende im Februar, Sa, So 10 – 17 Uhr. **Preise:** 5 €; Kinder bis 14 Jahre frei.

Auch im Unterharz gibt es tolle **Schlittenhunderennen**: **Hasselfelde:** 1. Januarwochenende, in der Westernstadt Pullman City II, www.pullmancity-2.de. **Benneckenstein:** Mitte Januar, www.benneckenstein.de.

▶ Ja, liegt Alaska jetzt im Harz? Hechelnde Huskys, Grönlandhunde und Alaskan Malamutes ziehen Schlitten durch die verschneite Bergwelt oberhalb der Bockswieser Höhe in Zellerfeld. Angefeuert werden die Schlittenhunde von ihrem Musher, dem Schlittenführer, und natürlich den hunderten von Besuchern, die das alljährliche internationale Schlittenhunderennen nicht versäumen wollen! Gespanne mit insgesamt etwa 300 Schlittenhunden kämpfen um die ersten Plätze.

# BAD GRUND – BAD SACHSA

RUND UM GOSLAR

OBERHARZ & BROCKEN

BAD GRUND – BAD SACHSA

RUND UM HALBERSTADT

WERNIGERODE – THALE

UNTERER HARZ

SÜDLICHES HARZVORLAND

INFO & VERKEHR

FERIEN-ADRESSEN

KARTEN & REGISTER

## SANFTE MILDE IM SÜDHARZ

Sanfter als der herbe Oberharz stellt sich der Südharz mit seiner einmaligen Gipskarstlandschaft dar. Typisch sind Erdfälle, Karstquellen, Höhlen, sanfte Kuppen und artenreiche Laubwälder. Auch das Klima ist milder, die Sonne scheint häufiger als in den regenreicheren höheren Lagen.

Gleich drei **Kurorte** finden sich im westlichen Südharz: Bad Grund, Bad Lauterberg und Bad Sachsa. Über die gesamte Breite des Karstgürtels, im Westen von Osterode, im Osten bis Sangerhausen, zieht sich der **Karstwanderweg.** Dies ist ein geologischer Lehrpfad, der an interessanten Punkten wie der Einhornhöhle bei Scharzfeld vorbeiführt und natürlich auch auf Kurzstrecken erwandert werden kann. Aber auch sonst hat der Südharz in diesem Bereich viel zu bieten: **Spaßbäder** gibt es in Osterode, Bad Lauterberg und Bad Sachsa, **Märchenparks** in Bad Grund und Bad Sachsa. Freunde der gefiederten **Tiere** kommen garantiert auf ihre Kosten: Greifvögel seht ihr im Harzfalkenhof, Wildvögel in Osterode, Auerhühner in Lonau. Und auf dem Iberg bei Bad Grund gibt es sogar im Sommer Schneeballschlachten!

Da hier bis 1990 die Grenze zur DDR verlief, findet ihr gleich zwei **Grenzlandmuseen:** eins in Tettenborn bei Bad Sachsa und eins in Teistungen zwischen Worbis und Duderstadt.

Südwestharz 1:25.000: Die Harzer Sonnenseite. Rad- und Wanderkarte. 3,50 €.

*Wandern im Harz,* Wanderkartenset, *Wandern im Westharz; Wandern im Ostharz.* Offizielle Karte des Harzklubs. 1:50.000, LGN. 12,90 €.

## Frei- und Hallenbäder

### Waldschwimmbad Scharzfeld
Bremkestraße 35, 37412 Scharzfeld. ✆ 05521/994700 (Verkehrsverein), Fax 994740 (Tourist Info). www.lonau-poehlde-scharzfeld.de. touristinfo@herzberg.de. **Bahn/Bus:** Bus 450 bis Sattlergasse. **Auto:** Von der Harzstraße in die Bremkestraße einbiegen. **Rad:** Nähe Harzrundweg. **Zeiten:** Mai – Sep Mo – Fr 13 – 19 Uhr, Sa, So, Ferien 11 – 19 Uhr. **Preise:** 2,50 €, 10er-Karte 20 €, mit Kurkarte 2 €, 10er-Karte

## TIPPS FÜR WASSERRATTEN

Eine extra Höhle für Mäuse? Die Walkenrieder sind wahre Tierfreunde!

16 €; Kinder 6 – 18 Jahre 1,50 €, 10er-Karte 12 €, mit Kurkarte 1 €, 10er-Karte 8 €; Familien 6 €.

▶ Beheiztes Freibad in ruhiger Lage mit drei Becken, Sprungbrett und kleiner Rutsche. Auf der Liegewiese auch ein Volleyballnetz und Schaukeln.

### Freibad Sieber

Runde Wiesen 40, 37412 Sieber. ✆ 05585/411, Fax 322 (Verkehrsverein). **Bahn/Bus:** Bus 451. **Auto:** Mitten im Ort, Parkplätze am Tiefenbeek. **Zeiten:** Mai – Sep täglich 11 – 19 Uhr. **Preise:** 3 €, mit Kurkarte 2,50 €; Kinder 6 – 18 Jahre 2 €, mit Kurkarte 1,50 €.

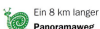

Ein 8 km langer **Panoramaweg** führt rund um Sieber, am Freibad vorbei. Los geht es z.B. am Wanderparkplatz Goldenke oder Tiefenbeek.

▶ Das solarbeheizte Freibad von Sieber liegt neben dem gleichnamigen Flüsschen. Es ist nicht sehr groß, aber für eine schöne Erfrischung an heißen Sommertagen genau das Richtige! Ein Plantschbecken und eine Spielecke mit Schaukeltieren ist für die kleinen Wasserratten vorhanden. Am Kiosk versorgt ihr euch mit Eis und Snacks.

### Vitamar

Masttal 1, 37431 Bad Lauterberg. ✆ 05524/850665, Fax 85069960. www.vitamar.de. info@vitamar.de. **Bahn/Bus:** Bus 450 bis Vitamar. **Auto:** Hauptstraße, Ausschilderung. **Rad:** Über Sebastian-Kneipp-Promenade, auch in der Nähe vom Harzrundweg. **Zeiten:** Mo – Fr 9 – 22 Uhr, Mi schon ab 7 Uhr, Sa, So 9 – 21 Uhr. **Preise:** 1 Std 3,50 €, 2 Std 6,50 €, 3 Std 9 €, Tageskarte 10,50 €; Kinder 4 – 18 Jahre, Schüler, Studenten 1 Std 2,75 €, 2 Std 5 €, 3 Std 7 €, Tag 8 €; Familien (2 Erw, 2 Kinder) 1 Std 7,50 €, 2 Std 14 €, 3 Std 20 €, Tag 26 €, jedes weitere Kind unter 16 Jahre 2 – 4,60 €.

**Happy Birthday!**
Kinder bis 14 Jahre erhalten an ihrem Geburtstag freien Eintritt!

1. Sa im Monat 15 – 17 Uhr Kinderspielnachmittag!

▶ Im Vitamar kommen kleine und große Besucher voll auf ihre Kosten. Mit Schwung saust es sich die Steilrutsche hinab und gleich danach durch die Erlebnisrutsche Black Hole mit ihren Sound- und Lichteffekten. Alle 45 Minuten geht es im Wellenbad hoch her. Wildwasserkanal, Außenschwimmbecken und Whirlpools sorgen für weitere nasse Abwechslung.

Die Kleinsten vergnügen sich derweil mit Delfinrutsche, dem spritzigen Seehund und Fontänendüsen.

## Erlebnisbad Salztal-Paradies

Talstraße 28, 37441 Bad Sachsa. ℅ 05523/950-902, Fax 945-080. www.salztal-paradies.de. info@salztal-paradies.de. **Bahn/Bus:** Bus 470, 471, 472. **Auto:** Marktstraße, Kirchstraße. **Rad:** Am Harzrundweg. **Zeiten:** Mo – Fr 9 – 22 Uhr, Sa, So 8 – 22 Uhr. **Preise:** 1 Std 3,40 €, Tageskarte 10,50 €; Kinder 4 – 18 Jahre 2,60 €, Tag 8 €; Familien (2 Erw, 2 Kinder bis 16 Jahre) Tageskarte 26 €. **Infos:** MiniMaxiCard (1 Erw, 1 Kind) für Erlebnisbad und Eislaufhalle und 1 Essen im Restaurant Family IN 29 €, jede weitere Person 14,50 €, ohne Essen 19 € (weitere Person 9 €), nur Bad mit Essen 25 € (12,50 €).

▶ Die Kinderhits im Salztal-Paradies sind das Wellenbad, die 100 m lange Reifenrutsche und der Wildwasserkanal. Grotten, Whirlpools sowie Schwimmer-, Außen- und Kinderplantschbecken sind weitere Bestandteile des Erlebnisbades. Kein Problem, hier einen ganzen Tag zu verbringen!

### Happy Birthday!
Mehrere Angebote zum Kindergeburtstag, z.B. 2 Stunden schwimmen mit Wasserolympiade und gedeckter Tisch, 11,10 € pro Kind. Buchung unter ℅ 05523/950907.

### Hunger & Durst
**Restaurant Family IN,** ℅ 05523/950907. Täglich 11 – 22 Uhr.

## Bergschwimmbad Wieda

Im Silberbachtal, 37447 Wieda. ℅ 05586/999785, 1528, Fax 971041 (Herr Granatowsky). www.freibad-wieda.de. **Bahn/Bus:** Bus 472 bis Silberbach. **Auto:** Über Silberbachstraße. **Rad:** Vom Harzrundweg in Walkenried Richtung Wieda. **Zeiten:** Mai – Aug 10 – 19 Uhr. **Preise:** 2,50 €, 12er-Karte 20 €, ab 18 Uhr 1 €; Kinder bis 18 Jahre 1 €, mit Ferienpass 0,50 €, 12er-Karte 10 €; Familien 5 €, Ermäßigung mit Harzgastkarte und für Mitglieder des Fördervereins, Familiensaisonkarte 125 €.

▶ Großes Freibad mit Sprunganlage, kleinem Bereich für Nichtschwimmer mit Rutsche, Plantschbecken. Im Kiosk könnt ihr euch günstig mit Eis, Getränken und einem Imbiss versorgen. Außerdem gibt es ein Volleyballnetz. Anfang der Sommerferien wird ein gro-

### Happy Birthday!
Geburtstagskinder haben freien Eintritt! Auch die Feier eures Geburtstags wird gern ausgerichtet.

ßes Piratenfest gefeiert! Schwimmkurse werden angeboten und die Schwimmabzeichen werden vom DLRG abgenommen.

### Waldschwimmbad im Kunzental

Kunzental 1, 37449 Zorge. ✆ 05586/971223, Fax 20255. **Bahn/Bus:** Bus 455. **Auto:** Über Hohegeißer Straße. **Rad:** Vom Harzrundweg in Ellrich über Zorger Landstraße. **Zeiten:** Mai – Aug 10 – 19 Uhr. **Preise:** 2,50 €, mit Kurkarte 2,20 €, 10er-Karte 18 €, mit Kurkarte 15 €; Kinder bis 17 Jahre 1,50 €, 10er-Karte 10 €.

▶ Ruhig gelegenes Waldschwimmbad beim Restaurant **Waldhaus Forellenbach.** Großes Schwimmerbecken mit Sprunganlage, 2 Plantschbecken. Basketballkorb, Fußballtor. Kiosk mit großem Angebot an Speisen.

### Aloha Aqualand Osterode

Schwimmbadstraße 1, 37520 Osterode. ✆ 05522/ 9064-15, 9064-44 (Infotelefon), Fax 9064-55. www.aloha.osterode.de. aloha.osterode@t-online.de. **Bahn/Bus:** Bus 440, 460, 462, 464 bis Mitte/Stadthalle, Stadtbus bis Schwimmbad. **Auto:** B243 Seesen – Herzberg, Ausfahrt Osterode-Zentrum, rechts, 1. rechts. **Rad:** Nähe Harzvorland-Radweg/R1. **Zeiten:** Mo 13 – 22 Uhr, Di, Mi Fr 6 – 22 Uhr, Do 9 – 22 Uhr, Sa 9 – 20, So 8 – 20 Uhr, Freibad Mitte Mai – Mitte Sep 8 Uhr bis Einbruch der Dunkelheit. **Preise:** 1 Std 2,70 €, 2,5 Std 4,20 €, 4 Std 5,20 €, Tag 6,20 €, nur Freibad Tag 4 €; Kinder 3 – 14 Jahre 1 Std 1,70 €, 2,5 Std 2,70 €, 4 Std 3,20 €, Tag 3,70 €, nur Freibad Tag 2,50 €; Jugendliche 15 – 17 Jahre 1 Std 2,20 €, 2,5 Std 3,20 €, 4 Std 3,70 €, Tag 4,20 €, nur Freibad Tag 3 €; Familien (2 Erw, 2 Kinder) 1,5 Std 7,80 €, 2,5 Std 10,80 €, 4 Std 12,80 €, Tag 15,30 €, nur Freibad Tag 10 €.

▶ Jauchzend schießen Kinder durch die 85-m-Rutsche, um anschließend im Erlebnisbecken unterzutauchen. Hier warten der rasante Strömungskanal,

---

### Hunger & Durst
**Waldhaus Forellenbach,** Kunzental, ✆ 05586/ 971017. Di – So 10.30 – 14 und ab 17 Uhr geöffnet.

### Happy Birthday!
Spritzig Geburtstag feiern? Als rote Korsaren und schwarze Seeteufel geht ihr auf die Suche nach dem verlorenen Schatz von König Aloha oder ihr nehmt an einer Seeräuber-Olympiade teil. Das Angebot gilt Di, Do, Fr 15 – 16 Uhr und Fr 16.30 – 17.30 Uhr. 12,50 € plus Eintritt pro Person, max. 14 Kinder, das Geburtstagskind hat freien Eintritt.

Schwallduschen und Massagedüsen auf euch, im 25-m-Schwimmbecken könnt ihr vom 3-m-Brett springen und im Extrabecken auf allerlei Matten herumtoben. Die Minis vergnügen sich derweil im Plantschbecken mit kleiner Rutsche, Strandbank oder Wasserkanone bei angenehmen 32 Grad. Wenn ab Mitte Mai die Sonne lacht, öffnet auch das **Freibad** seine Pforten. Sprungturm, breite Edelstahlrutsche, Wasserpilz und Spielplatz werden euch bestimmt gefallen!

Jeden ersten Dienstag im Monat wartet ein besonderes Highlight auf euch: der **Spaßnachmittag** von 15.30 – 17.30 Uhr für alle Freischwimmer ab 7 Jahre. Schafft ihr es, über den schwimmenden Wasserlaufsteg zu balancieren? Zu cooler Musik wird gerutscht und in Riesenreifen um die Wette gepaddelt.

 Wolltet ihr schon immer mal abtauchen und seid mindestens 14 Jahre alt? Dann kommt doch zum **Schnuppertauchen,** jeden 2. Sa im Monat, 14 – 17 Uhr (Okt – Mai). Unter Anleitung von erfahrenen Tauchlehrern des *Diveclubs Northeim* erhaltet ihr einen Schnelllehrgang in Theorie und Praxis, bezahlen müsst ihr nur den Eintritt ins Bad.

## Baden und Boot fahren

### Baden und mehr im Juessee

37412 Herzberg. ✆ 05521/73720 (Freibad), Fax 852111 (Tourist-Info). Im Zentrum, von der Fußgängerzone über Sommergasse. **Bahn/Bus:** Bus 450. **Auto:** B27, Juesholzstraße. **Rad:** Direkt am Harzrundweg. **Zeiten:** Mai – Sep 11 – 19.30 Uhr. **Preise:** 3 €; Kinder 6 – 18 Jahre 2 €; Familien 7 €.

▶ Mitten in Herzberg liegt der Juessee. Er ist aus zwei Erdfällen entstanden und nun ein schönes Naherholungsgebiet. Hier könnt ihr schwimmen, angeln oder tauchen. Ein Stück ist abgeteilt für das Freibad, davon wieder ein Abschnitt für die Nichtschwimmer. Es gibt eine Rutsche und eine Sprunganlage.

Am letzten August-Wochenende findet das Herzberger **Juessee-Fest** statt! Dort gibt es ein tolles Kinderfest, Live-Musik, eine Sport-Revue, einen Volks-Triathlon und – als Höhepunkt – die Papierboot-Regatta! In die Boote passen 2 oder mehr Kinder. »Ankommen oder aufweichen?« lautet dann immer die spannende Frage!

### Wiesenbeker Teich

37431 Bad Lauterberg. **Auto:** Butterbergstraße Richtung Bad Sachsa, links in Wiesenbek bis Campingplatz oder nochmals links über Teichstraße. **Rad:** Harzrundweg. **Zeiten:** Mitte Mai – Mitte Sep 10 – 17 Uhr. **Preise:** Bootsverleih: je 30 Min Tretboot 2 – 4 Pers 5 – 6 €, Elektroboote 6 – 7 €, Ruderboot 4,50 €; Freibad: 2,50 €, Kinder 1,50 €, Familien (2 Erw, 1 Kind) 5 €, jedes weitere Kind 1 €.

▶ Der Wiesenbeker Teich entstand wie viele der Harzer Seen als Folge des Bergbaus. Heute liegt er wunderschön von Wald umgeben. Für eine Runde um den See sollte man etwa eine halbe Stunde einplanen. Dabei kommt ihr auch zum Campingplatz, der ein **Freibad im See** betreibt und Tret-, Elektro- und Ruderboote verleiht. Hierzu gehören ein Kiosk und ein Restaurant. Ihr könnt auch Pool-Billard spielen, kickern, Trampolin springen oder im Plantschbecken spritzen.

**Hunger & Durst**
**Dombrowskys Baude im Campingpark Wiesenbeker Teich,** ↗ Ferienadressen, Bad Lauterberg. ✆ 05524/2510. www.wiesenbekbaude.de. 10 – 22 Uhr, Di Ruhetag.

### Waldschwimmbad Priorteich

37445 Walkenried. ✆ 05525/2324, 1354 (Tourist-Info), Fax 20255. info@walkenried.de. **Bahn/Bus:** Bahn bis Walkenried, zu Fuß über Sachsaer Weg, am Affenteich vorbei. **Auto:** Parkplatz Priorteich an der Straße von Bad Sachsa nach Walkenried rechts, Fußweg 400 m. **Rad:** Harzrundweg führt am Südufer vorbei. **Zeiten:** Juni – Aug täglich 10 – 19 Uhr. **Preise:** 1 €; Schüler 0,50 €; Familien 2,50 €.

▶ In einem See zu schwimmen, ist ein besonderes Erlebnis. Das Wasser kann zwar ganz schön kalt sein, ist aber garantiert nicht gechlort. Fische, Schwäne und Frösche teilen das Revier mit den Badenden. Ein Nichtschwimmerbereich ist gekennzeichnet. Ein Steg führt auf den See hinaus, an dessen Ende ihr auch per Sprungbrett ins prickelnde Nass gelangt.

**Hunger & Durst**
Snacks, Getränke und Eis erhaltet ihr am Kiosk!

### Bootsverleih am Schmelzteich

Bismarckstraße, 37441 Bad Sachsa. ✆ 05523/3009-0 (Tourist-Info), Fax 3009-49. touristik@badsachsainfo.de. Im Kurpark. **Bahn/Bus:** Bus 470, 471, 472. **Auto:** Zum Zentrum. **Rad:** Am Harzrundweg. **Zeiten:** Mitte April – Okt bei gutem Wetter, April, Mai und Sep, Okt 10 – 18 Uhr, Juni – Aug 10 – 20 Uhr. **Preise:** 2-Sitzer 3 €, 3-Sitzer 4 €, 4-Sitzer 5 € je halbe Std.

▶ Am Kurpark von Bad Sachsa findet ihr den Schmelzteich, wo ihr im Sommer Tretboot fahren könnt. Sogar eine große gelbe Ente steht als schwimmender Untersatz bereit.

**Minigolfplatz**, Bismarckstraße. Familie Obermann, ✆ 05523/1632. Juni – Aug 10 – 19 Uhr, April, Mai, Sep, Okt 11 – 18 Uhr, 2 €, Kinder 1,50 €. Hier ist auch ein Spielplatz in der Nähe.

## Radeln und Skaten

### Radtour von Herzberg nach Sieber

**Länge:** 14 km, keine starken Anstiege, verläuft anfangs auf der Straße. **Bahn/Bus:** Bahn bis Herzberg. **Rad:** am Harzrundweg.

▶ Diese Radtour führt von Herzberg nach Sieber, wo der ↗ *Freizeitpark Große Wiesen* auf fröhliche Eroberer wartet. Am **Juessee** geht es los: Über die Juesholzstraße und die Andreasberger Straße geht es zur Landstraße nach Sieber. Nach etwa 2 km beginnt der Waldweg, auf dem ihr nun ohne störenden Autoverkehr nach **Sieber** gelangt. Nach ausgiebigem Toben und Spielen oder einem Besuch im ↗ *Freibad* radelt ihr auf der gleichen Strecke zurück nach **Herzberg.**

### Radtour von Walkenried nach Bad Sachsa

**Länge:** 18 km, wenige leichte Steigungen. **Bahn/Bus:** Bahn bis Walkenried. **Rad:** Harzrundweg.

▶ Die Radtour beginnt am ↗ **Kloster von Walkenried,** dem ihr natürlich erstmal einen Besuch abstatten könnt. Über Steinweg und Harzstraße radelt ihr dann auf dem Radweg neben der Zorger Straße weiter. Ihr überquert nach etwa 2 km vorsichtig die Straße und folgt nun dem Weg nach links, der idyllisch am *Brei-*

## RAUS IN DIE NATUR

tenbach entlang bis zur Straße Zorge – Wieda führt. Biegt hier nach links ab. Bei leichtem Anstieg erreicht ihr den nächsten **Parkplatz,** wo mehrere Wege abzweigen. Ihr nehmt den rechts abwärts führenden Weg Richtung Bad Sachsa über den Langenberg. Schließlich überquert ihr die Straße Walkenried – Wieda und fahrt 200 m geradeaus. An der Kreuzung geht es schräg links weiter, auf dem Sandweg. Auf der rechten Seite liegen nun die **Rosenteiche,** die wie die vielen anderen Seen rund um Walkenried von Mönchen angelegt wurden. An der Walkenrieder Straße angekommen, fahrt ihr rechts nach **Bad Sachsa.** Der Ort ist in wenigen Minuten erreicht, wenn ihr an der nächsten Kreuzung rechts in die Bahnhofstraße radelt. Wie wäre es jetzt mit einem Eis?

**Zurück** geht es dann wieder über die Walkenrieder Straße. Dort, wo ihr auf dem Hinweg auf die Straße gestoßen seid, biegt ihr nun rechts ein und gleich wieder links. Durch die *Blumenbergsköpfe* geht es bergauf, dann wird es wieder eben. Links blitzt der **Priorteich** durch die Bäume. Im Sommer ist hier Baden angesagt! Der Weg am Priorteich vorbei bringt euch direkt zum **Bahnhof von Walkenried,** von wo aus ihr der Ausschilderung zum Kloster folgt.

### Skaten am Sösestausee

**Länge:** einfach 4 km, zurück auf gleicher Strecke oder mit dem Bus 462 (1 Haltestelle). **Bahn/Bus:** Bus 462. **Auto:** Parkplatz am Vorbecken. **Rad:** Vom Harzrundweg in Osterode über Scheerenberger Straße.

▶ Eine schöne, fast ebene Skate-Strecke findet ihr am Südufer des Sösestausees. Hier gibt es einen *Fischereilehrpfad.* Wer mag, kann also Pausen einlegen, ein bisschen lesen und einiges über die schwimmenden Tierchen erfahren. Zurück geht es über die gleiche Strecke oder mit dem Bus.

---

**Hunger & Durst**
**Eiscafé San Marco,** Marktstraße 11, 37441 Bad Sachsa. ℂ 05523/2539. www.sanmarco-bad-sachsa.de. Täglich ab 9 Uhr. 28 leckere Eissorten stehen zur Auswahl.

*1931 wurde der Staudamm fertiggestellt, 25 Mio Kubikmeter Wasser passen in den Stausee. Das entspricht etwa 100 Mio Badewannen voll Wasser!*

# Wandern und Spazieren

## Wanderung zum Bismarckturm

37431 Bad Lauterberg. **Länge:** 5 km, Auf- und Abstieg zum Teil steil, ab 8 Jahre, Weg 12L. **Bahn/Bus:** Bahn oder Bus 450 bis Postplatz; dann über Hauptstraße, Brauhardt-Gasse und Kummelweg zum Lönsweg. **Auto:** Parkplatz Stadtmühle (gebührenpflichtig).

▶ Am Lönsweg, beim Wanderheim des Harzklubs, beginnt der Aufstieg zum Bismarckturm von Bad Lauterberg. Folgt der Ausschilderung und bald könnt ihr den tollen Blick auf Bad Lauterberg genießen! Der Hausberg sieht von hier richtig niedrig aus! Am Futterhäuschen direkt vor dem Fenster der **Gaststätte** tummeln sich in der kalten Jahreszeit die Meisen. Das ganze Jahr über stromern Katzen umher und im Gehege klettern Max, Moritz und Kati – drei Waschbären. Als elternlose Babys kamen sie zu Familie Pues und wurden hier liebevoll groß gezogen.
Wenn ihr für den Rückweg bereit seid, folgt ihr einfach dem Weg auf der anderen Seite der Gaststätte. Im Kummelweg kommt ihr wieder heraus und seid am Ausgangspunkt eurer Wanderung angelangt.

## Von Steina zum Wiesenbeker Teich

37441 Bad Sachsa-Steina. **Länge:** 7 km, Rundwanderung. **Bahn/Bus:** Bus 471 bis Steina. **Auto:** Steinaer Straße von Bad Sachsa, am Kirchplatz rechts ins Oberdorf und die Steinatalstraße, Parkplatz an der Waldschänke. **Rad:** Der Harzrundweg führt durchs Steinatal.

▶ An der **Waldschänke** beginnt der Wanderweg Richtung Wiesenbeker Teich mit der Markierung Grünes Dreieck. Bis zur Schutzhütte geht es am Ahrendsberg bergauf, anschließend hinab bis zum *Wiesenbeker Teich*. Am Campingplatz befindet sich ein Freibad, am Damm ein Bootsverleih. Nach Überqueren der **Staumauer** kommt ihr an der inzwischen geschlossenen Gaststätte vorbei und folgt weiter dem Weg um den See herum (Markierung: Rotes Dreieck). Ein Wald-

### Hunger & Durst
**Waldgaststätte Bismarckturm,** Bismarckturm 1, 37431 Bad Lauterberg. ✆ 05524/80661. Täglich 9 – 20 Uhr. Hüttenfrühstück 9 – 11 Uhr, Milchreis, Kartoffelpuffer, Schnitzel, leckere Torten.

*Im Harz sollen der Legende nach* **Moosweiblein** *leben, die sich über und über mit Moos bedecken und auf Gänsefüßen gehen. Sie sind besonders gutherzig zu Fremden und Wandernden – vielleicht habt ihr Glück und seht eins!*

**Hunger & Durst**
**Waldschänke Steina,**
Steinatalstraße 7,
37441 Bad Sachsa-
Steina. ✆ 05523/
953727. Mi – Mo
11.30 – 20 Uhr.

pfad bringt euch bis zur **Schutzhütte Hohe Tür.** Nach Überschreiten des *Steinaer Baches* folgt ihr diesem nach rechts und bleibt immer an seiner Seite, am kleinen *Steina-Stausee* vorbei, bis ihr wieder an der **Waldschänke** angekommen seid.

## Von Walkenried zum Sachsenstein und der Ruine Sachsenburg

**Länge:** 8 km, gemütliche Rundwanderung mit wenigen leichten Anstiegen. **Bahn/Bus:** Vom Bhf zu Fuß über die Gleise und hinter dem Höllteich rechts. **Auto:** Richtung Neuhof, Parkplatz hinter den Gleisen nach dem Ortsausgang links, zu Fuß über die Straße. **Rad:** Am Harzrundweg, Straße Richtung Neuhof.

▶ Abwechslungsreich führt diese Wanderung durch Wald und Wiesen, zu schönen Aussichtspunkten, Zwergenwohnungen und der Ruine der Sachsenburg. Am **Höllteich** vorbei geht es in den Wald, wo sich der Weg gleich gabelt. Unbedingt rechts den schmalen Weg nehmen! Durch herrlichen Wald geht dieser *Höllsteinklippenweg* bis zur **Sachseneiche,** einem imposanten 850 Jahre alten Baum. Hier tretet ihr aus dem Wald heraus und wandert am Waldrand entlang. Wieder zwischen Bäumen rechts – immer Richtung Sachsenburg gehen! Von der *Helbinghütte* (Schutzhütte) bietet sich ein Abstecher zum *Sachsenstein* an (200 m). Der Berg fällt hier ganz steil ab. Das könnt ihr später, von der Burgruine aus, richtig gut sehen. Zurück an der Schutzhütte geht es hinunter bis zur **Zwergenschmiede** und dem **Zwergenhaus** mit Kamin! Diese kleinen Höhlen sind entstanden, weil das Wasser den Gips ausgelaugt hat. Weiter geht's rechts an der Bahn entlang und scharf links, durch die Drehkreuze über die Gleise, dann wieder links

Lässt sich hängen: Zapfen der Fichte (Rottanne)

🦉 *Beim Wandern seht ihr immer wieder Tannenzapfen – pardon, es handelt sich hier im Harz ja um Fichtenzapfen. Sehen diese zerrupft aus, hat sich ein Specht über sie hergemacht. Die Samen in den Zapfen schmecken aber auch Eichhörnchen gut. Sie nagen die Zapfen rundum ab. Steht nur noch ein ganz schmaler Mittelteil vom Zapfen, war es das Werk einer Maus.*

Aufrecht stehend: Zapfen der Edel-Tanne

und schon ist die **Sachsenburg** erreicht bzw. das, was von ihr übrig geblieben ist. Sie wurde schon 1074 zerstört. Die Aussicht ins Tal ist von hier aus gigantisch! Geht dann zurück zur letzten Verzweigung und links am Fischteich vorbei. Kurz vor der Straße wandert ihr scharf rechts hinauf (Grünes Dreieck). Die kleinen Berge hier heißen *Blumenbergsköpfe*. Ihr müsst nun immer nur geradeaus gehen, am **Priorteich** vorbei und am *Affenteich* entlang bis zum Sachsaer Weg, der euch zum **Bahnhof** bringt.

Hallo? Wohnt da wer? Die Zwergenschmiede

## Vom Hübichenstein zum Iberg

37539 Bad Grund. **Länge:** 6 km. **Bahn/Bus:** Bus 838 bis Hübichenstein. **Auto:** B242, Parkplatz am Hübichenstein.

▶ Bei einer Wanderung auf den Iberg kann ein Besuch in der *Tropfsteinhöhle* ein wunderbares Highlight sein. Gleich zu Beginn könnt ihr den *Hübichenstein* besteigen, auf der anderen Straßenseite geht dann die Wanderung los. An der *Neuen Winterberghöhle* vorbei geht ihr bis zur Wegkreuzung Spinne, folgt dort dem Forstweg (Roter Punkt, 1M) bis zum Schweinebraten. Nein, kein Grill erwartet euch hier, es handelt sich auch hier nur um eine Kreuzung mehrerer Wege. Rechts geht es weiter zum ↗ **Höhlenerlebniszentrum.** Nach der Führung geht es vom Parkplatz aus hinauf bis zum **Albertturm.** 33 m hoch ist dieser und

Am **Priorteich** gibt es ein Waldschwimmbad, wie wäre es mit einer Erfrischung?

### Hunger & Durst

**Waldgaststätte Albertturm,** Auf dem Iberg, ✆ 05327/1535. 10 – 18 Uhr, Fr Ruhetag.

## HÜBICH ...

▶ Zwerge, Gnome und Elfen hausten hier am Hübichenstein, zwei Felsnadeln von mehr als 50 m Höhe. Ihr König war Hübich. Wer seinen Stein bestieg, den bannte er an seinem Felsen fest. So jedenfalls sagt es die Legende. Heute könnt ihr unbesorgt eine Spitze besteigen und über die Baumwipfel auf Bad Grund blicken. Den Adler, der seit 1897 auf dem höheren Felsen sitzt, seht ihr hier ganz aus der Nähe, wenn auch nur von hinten. König Hübich gilt als Schutzpatron der Stadt Bad Grund, weil er immer hilfsbereit zu Armen und Unterdrückten gewesen sein soll. ◀

## ... KÖNIG DER UNTERWELT

Juni – Aug finden am Albertturm **Schneeballschlachten** statt! Ja, ihr habt richtig gelesen! Seit mehr als 100 Jahren wird dort in einer Höhle im Winter Schnee eingelagert. Daraus wird ein Schneemann gebaut, ehe ihr im T-Shirt eure Schneebälle losschicken dürft. So 16 Uhr, möglichst um 15.30 Uhr da sein! Infos in der **Waldgaststätte Albertturm.**

Vom Hübichenstein aus bieten sich Spaziergänge im nahen ↗ Arboretum an. Im ↗ Märchental von Bad Grund erfahrt ihr mehr über König Hübich.

ihr könnt die Fernsicht genießen (0,40 €, Kinder 0,20 €). Ein kleiner Spielplatz und eine weitere Aussichtsplattform sind auch vorhanden. Nach ausgiebiger Rast kehrt ihr am westlichen Hang zur Winterberghöhle und von dort zum Ausgangspunkt zurück.

### Natur & Umwelt erforschen

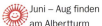

### Heinz-Sielmann-Natur-Erlebniszentrum

Gut Herbigshagen, 37115 Duderstadt. ✆ 05527/914-101, Fax 914-100. www.sielmann-stiftung.de. info@sielmann-stiftung.de. **Bahn/Bus:** Bus 161 bis Rote Warte. **Auto:** Duderstadt, Rote-Warte-Straße, links Ausschilderung folgen. **Rad:** Weser-Harz-Heide-Radweg. **Preise:** Kosten der Tagesangebote 4,50 – 12 €, Camps 70 – 100 € für 8- bis 10-Jährige und 10- bis 12-Jährige.
▶ Wollt ihr Sielmanns Natur-Ranger werden? Die Kinder und Jugendlichen setzen sich in ganz Deutschland für bedrohte Arten wie Fledermäuse und Schmetterlinge ein oder für schützenswerte Lebensräume. Ob und wo es in eurer Nähe eine Gruppe der Natur-Ranger gibt, erfahrt ihr im *Gut Herbigshagen.* Dort im Natur-Erlebniszentrum könnt ihr den Schulbauernhof besuchen, euch als Schulklasse zum

»Kleinen Landwirt« ausbilden lassen oder in den Ferien an einem tollen Programm teilnehmen. Fledermausnacht, Spurensuche, Schmiedewerkstatt oder Überleben im Wald heißen die Naturerlebnis-Tagesangebote.

### Einhornhöhle

37412 Scharzfeld. ✆ 05521/997559, Fax 997558. www.einhornhoehle.de. mail@einhornhoehle.de.
**Bahn/Bus:** Bhf Scharzfeld oder Bus 450, Fußweg je 20 Min. **Auto:** B27/243 über Herzberg, ausgeschildert. **Rad:** Harzrundweg, Am Brandkopf, Im Rott. **Zeiten:** April – Okt Di – So 10 – 17, Weihnachtsferien 11 – 15 Uhr; Führungen stündlich bis 1 Std vor Schließung. **Preise:** 6 €; Kinder bis 5 Jahre 1 €, 6 – 16 Jahre 4 €.

▶ Einhornhöhle – das klingt verwunschen und märchenhaft. Tatsächlich glaubte man lange Zeit, dass die Knochen, die hier gefunden wurden, vom sagenhaften Einhorn stammten. Erst viel später fand man heraus, dass die Knochen von vielen anderen Tieren wie dem Höhlenbären, Höhlenlöwen oder Wolf herrührten. Einige versteinerte Bärenknochen dürft ihr während der Führung auch selbst in die Hand nehmen. Lebenden Tieren werdet ihr dagegen kaum begegnen, obwohl hier einige Arten ihr Zuhause haben: Fledermäuse, Kröten und Frösche, Asseln und Käfer, ja, sogar Füchse und Dachse graben sich ihre Gänge

### Hunger & Durst

**Haus Einhorn – Wanderbaude,** 37412 Herzberg. ✆ 05521/ 997559. Wie Einhornhöhle. Imbiss und Kiosk, im Sommer auch mit Terrasse.

---

▶ Das wohl edelste Fabeltier ist das Einhorn, ein pferdeähnliches, weißes Wesen mit einem langen, gedrehten Horn auf der Stirn. Es gilt als Inbegriff des Guten, lebt allein im Wald und **DAS EINHORN** ist ein bisschen eitel: Gern betrachtet es sein Spiegelbild in einem See. Das Horn wird als besonders kostbar angesehen und soll heilende Kräfte besitzen. Wenn das Einhorn sein Horn in einen vergifteten Bach hält, wird das Wasser wieder klar und sauber. Darum wurde das Einhorn von den Menschen gejagt. Schon die alten Griechen berichteten vom Einhorn. ◀

🐌 In *Scharzfeld* gibt es noch eine zweite Höhle (kostenfrei) zu besichtigen: die **Steinkirche**. Im Mittelalter wurde sie als Kirche ausgebaut und genutzt. Von der Einhornhöhle führt der Karstwanderweg dorthin (3 km). Kürzer ist der Weg zur **Burgruine Scharzfels** (1 km).

🐌 Gegenüber vom Rhumequellen-Parkplatz führt ein **Radweg nach Pöhlde**. Dort gab es einst eine Pfalz und auf dem Rotenberg eine Fluchtburg. Angeblich erhielt Herzog Heinrich während der Vogeljagd hier die Nachricht seiner Wahl zum deutschen König. Daher rührt noch heute der Name: König Heinrichs Vogelherd. Heinrich der Vogler, so sein Beiname, lebte 876 – 936 und war Herrscher über das Ostfrankenreich.

in die Einhornhöhle. Übrigens waren Menschen schon lange vor euch hier: Der Neandertaler hatte hier eine Art Werkstatt, wie 1985 Funde belegen. Nachdem ihr den Weg durch den niedrigen Eingangsstollen, den Weißen Saal, den Schiller-Saal und die Leibniz-Halle zurückgelegt habt, gelangt ihr in die berühmte *Blaue Grotte*. Durch den alten Natureingang fällt Licht in die Höhle und taucht sie in ein wunderschönes Licht, das je nach Tageszeit und Wetter die unterschiedlichsten Farben annimmt. Manchmal schimmert sie tatsächlich blau.

## Rhumequelle

37434 Rhumspringe. www.karstwanderweg.de/rhumequelle. **Bahn/Bus:** Bus 454 von Herzberg. **Auto:** An der Straße Herzberg – Duderstadt. **Rad:** Harzvorlandradweg.

▶ Eine der größten und schönsten Quellen Europas ist die Rhumequelle bei Rhumspringe. Bis zu 5000 Liter pro Sekunde schüttet die Karstquelle aus! Um herauszufinden, woher so viel Wasser stammen mag, hat man schon vor 100 Jahren Farbstoffe in die Flüsse *Sieber* und *Oder* getan – und siehe da, das Wasser der Rhumequelle kam nach vielen Stunden ebenfalls gefärbt heraus. Damit war bewiesen, dass auch Oder und Sieber unterirdisch die Quelle speisen. Das türkisblaue Wasser befindet sich in einem 30 mal 20 Meter großen Quelltopf und ist das ganze Jahr über gleichbleibend 8 – 9 Grad warm. Seltene Tier- und Pflanzenarten leben in der Quelle und um sie herum. Im Auenquellwald sind Pirol, Eisvogel und Quellenschnecke zu Hause.

So kam die Rhumequelle zu ihrem Namen: Einst erblickte ein junger Mann namens Romar im Wald die Nixe Ruma. Beide entbrannten in Liebe zueinander, doch ihre Väter verboten ihr Beisammensein. Rumas Vater verfluchte seine Tochter, weil sie sich mit einem Sterblichen eingelassen hatte, und verbannte sie in eine Höhle. Nach vielen Jahren konnte sie sich

▶ **Karst** besteht aus Kalkstein, der sich in Urzeiten durch Ablagerungen im seichten Wasser des Meeres gebildet hat und daher viele verschiedene chemische Bestandteile besitzt. Diese Mineralien, z.B. Dolomit oder Magnesiumkarbonat, machen das Gestein durch Poren und Risse wasserdurchlässig, Regenwasser kann also tief in das

**$CACO3 + CO2 + H2O = CA(HCO3)2$**

eigentlich harte Gestein eindringen. Das Wasser ($H_2O$) enthält aus der Luft aufgenommenes oder von Baumwurzeln produziertes Kohlendioxid ($CO_2$) und wird zu Kohlensäure ($H_2CO_3$). Diese Säure wandelt das schlecht lösliche Kalziumkarbonat (Kalk) in das wasserlösliche Kalziumhydrogenkarbonat ($CaCO_3$). Das ist der Beginn einer bizarren Landschaftsformung: Das Kalkgestein wird so bis in tiefe Zonen regelrecht ausgehöhlt. Die Folge sind Karsthöhlen, oder – oberirdisch zu sehen – Rinnen und durch eingestürzte Höhlen verursachte Dellen. Eine spektakuläre Karsterscheinung ist bei Flüssen zu erkennen: An manchen Stellen verschwinden sie in ganzer Größe plötzlich mitten im Gebirge. An anderer Stelle treten sie dann als mächtige Karstquelle wieder ans Tageslicht, wie z.B. an der Rhumequelle. ◀

endlich befreien und kam als Wasserstrom ans Licht. Diese Stelle wurde ihr zu Ehren Ruma genannt, woraus sich der Name Rhumequelle ableitete.

### Wildfütterung am Stöberhai
**Waldgasthaus Historischer Bahnhof Stöberhai,** Waldhaus 1, 37447 Wieda. ✆ 05586/8008055, Fax 962548. www.historischer-bahnhof-stoeberhai.de. d.hoffmeier@t-online.de. **Bahn/Bus:** Bus 472 bis Wieda-Waldstraße. **Auto:** L106 von Wieda 1,5 km Richtung Braunlage, Parkplatz dort oder weitere 1,2 km bis zum Parkplatz unterhalb der Gaststätte. **Zeiten:** Restaurant Di – So 11 – 22 Uhr, Wildfütterung täglich, im Winter etwa um 17 Uhr, im Sommer etwa 22 Uhr.

▶ Zwischen Braunlage und Walkenried verkehrte einst die Südharz-Eisenbahn, genau gesagt von

### Hunger & Durst
**Quellen-Restaurant,** gegenüber vom Parkplatz, An der Rhumequelle 7, 37434 Rhumspringe. ✆ 05529/449. www.rhumequelle-quellenrestaurant.de. 11.30 – 21 Uhr, Di Ruhetag. Hier gibt es leckere Windbeutel und Waffeln.

Vom Parkplatz am nördlichen Ortsausgang von Wieda kommt ihr wandernd über den Weg mit der Markierung Gelbes Dreieck (12M) zum Bahnhof Stöberhai. **Länge:** 2,5 km.

1899 bis 1963. In dem ehemaligen Bahnhof befindet sich heute eine **Waldgaststätte,** in der ihr nicht nur lecker essen könnt, sondern aus den Fenstern heraus auch bei der Wildfütterung zuschauen könnt. Da kommen jeden Abend Hirsche, Wildschweine und Füchse zur Futterstelle, manchmal sogar ein Dachs (Tipp: Spurensuche ↗ Löwenzahn Entdeckerpfad).

## HöhlenErlebnisZentrum Iberger Tropfsteinhöhle

An der Tropfsteinhöhle 1, 37539 Bad Grund.
✆ 05327/829391, Fax 829496. www.hoehlenerlebniszentrum.de. info@hoehlen-erlebnis-zentrum.de. **Bahn/ Bus:** Bus 838 bis Hübichenstein, Fußweg 10 Min. **Auto:** B242 (Harzhochstraße). **Zeiten:** Di – So 10 – 17 Uhr, Juli, Aug, Okt auch Mo 10 – 17 Uhr. **Preise:** 7 €; Kinder 6 – 16 Jahre 6 €; Familien 18 €.

▶ Im 2008 eröffneten HöhlenErlebnisZentrum besichtigt ihr nicht nur die Iberger Tropfsteinhöhle, sondern auch das Museum *im* Berg und das Museum *am* Berg. Der neue Zugangsstollen, der eigens in den Berg gesprengt wurde, wurde als **Museum im Berg** geschaffen. Dort sieht man auch gleich in einer Installation, wo man sich befindet: in einem Korallenriff!

Kaum zu glauben, aber wahr! Vor etwa 370 Mio Jahren bedeckte nämlich ein Meer diese Region, in dem Korallen lebten. Diese bauten ein Riff auf, das sich mit der Auffaltung des Gebirges vor 350 – 250 Mio Jahren nach oben hob. Kohlensäure löste dieses kalkhaltige Gestein auf und Höhlen entstanden. Und wo Kalk sich löst, entstehen Tropfsteine, so auch in der Iberger Tropfsteinhöhle zu sehen. Angeblich soll ja der Zwergenkönig Hübich hier hausen, wenn er nicht gerade auf dem Hübichenstein weilt. Ihr werdet ihn sehen: Seine Majestät thront auf einem Stalagmit in der größten Höhle, neben ihm der versteinerte Wasserfall. Doch auch die Zwerge haben Spuren hinterlassen: Eine Orgel und einen Backofen, sogar mit

**Achtung!**
Da der Iberg »zerlöchert wie ein Schweizer Käse« ist, darf man beim Wandern die Wege nicht verlassen.

Brötchen drin! Wunderbare Gebilde hinterlassen die Kalksteine und ihr könnt eurer Fantasie freien Lauf lassen.

Vor oder nach der Führung habt ihr Gelegenheit, das **Museum am Berg** zu besichtigen. Dort wurde die *Lichtensteinhöhle* original nachgebaut. 40 Skelette aus der Bronzezeit (3000 – 1000 v.Chr.) hat man in dieser kleinen Höhle bei Förste im Südharz vor einigen Jahren entdeckt, mitsamt ihrem erhaltenen Erbgut. Darüber konnte ein Stammbaum erstellt werden, der bis zu heute in der Gegend lebenden Nachfahren reicht! Ihr könnt viele Fundstücke aus der Höhle anschauen und erfahrt, wie die Menschen damals lebten.

Am Iberg wurde auch Bergbau betrieben. Um das tief liegende Eisenerz zu erreichen, nutzten die Bergleute die schon vorhandenen Höhlen und gelangten so ins Berginnere. Auf dem Weg zur Höhle oder zum Albertturm (↗ Wanderung zum Hübichenstein) seht ihr die Folgen des Bergbaus noch heute: Trichterförmige Vertiefungen, **Pingen** genannt, Stollenmundlöcher und **Halden**.

### Spaziergang im Arboretum

37539 Bad Grund. www.bad-grund-harz.de. **Länge:** 1 – 5 km, kinderwagenfreundlich. **Bahn/Bus:** Bus 838 bis Arboretum. **Auto:** Parkplatz am Platanenweg. **Preise:** Eintritt frei.

▶ Solche exotischen Bäume bekommt ihr bestimmt selten zu Gesicht. Der *Momiji* zum Beispiel ist ein japanischer Fächerahorn. Tausend Baumarten und Gehölze wachsen im **Arboretum** von Bad Grund! Das Gelände ist so groß, dass man bei jedem Besuch Neues entdecken kann. Und die Bäume sehen ja auch immer anders aus! Ihr könnt zwi-

© Annette Sievers

 *Von der Decke hängende zylindrische oder kegelförmige Tropfsteine heißen Stalaktiten, vom Boden hochwachsende Tropfsteine Stalagmiten und durchgehende Säulen werden als Stalagnaten bezeichnet.*

 *Eine Pinge ist eine trichterförmige Vertiefung im Boden, die ursprünglich vom tagebauartigen Schürfen stammt, später auch von Geländeeinbrüchen. Eine Halde ist ein künstlich aufgeworfener Hügel, meist aus wertlosem Material (bergmännisch: taubes Gestein)*

 *Ein Arboretum ist eine große Sammlung von verschiedenen, oft exotischen Gehölzen. Die wachsen dort nicht in Pflanzkübeln, sondern frei.*

Japanischer Rotahorn

schen verschiedenen Wegen wählen mit so tollen Namen wie Appalachenweg, Himalajapfad, Mammutbaumweg oder Japanischer Blütenweg. Drei Rundgänge mit Längen von 0,8 km, 2,6 km und 4,7 km sind ausgeschildert.

## Tierparks und Gärten

### Auerhuhngehege Lonau

**Bahn/Bus:** Bus 451. **Auto:** Ab Dorfgemeinschaftshaus 1 km zu Fuß. **Rad:** Vom Harzrundweg in Herzberg über Lonauer Straße. **Zeiten:** frei zugänglich. **Infos:** Nationalpark Harz, Rangerstation Lonau im Dorfgemeinschaftshaus, 37412 Lonau, ✆ 05521/72653, www.nationalpark-harz.de.

 Die Rangerstation Lonau bietet Führungen mit dem Ranger oder Tiererlebnisse der anderen Art an, bei der ihr Fledermäusen auf die Spur kommt.

▶ Im Auerhuhngehege von Lonau werden diese Vögel und ihre Verwandten, das *Birkhuhn* und das *Haselhuhn,* aufgezogen und dann wieder ausgewildert. Auerhühner sind in Europa so selten geworden, dass sie auf der Roten Liste bedrohter Tierarten geführt werden. In Deutschland dürfen die großen, dunkelgrau bis schwarz gefiederten Vögel auch nicht mehr gejagt werden. So stellte man vor einigen Jahren sicher, dass diese schönen Hühnervögel nicht aussterben. Besonders auffallend ist das Balzverhalten des Auerhahns, der von März bis Juni von Bäumen aus Ausschau nach einer Henne hält und dabei seine Schwanzfedern steil zu einem Fächer aufstellt. Damit will er den Hennen imponieren. Auf Schautafeln wird erklärt, wie die Tiere leben und wie der Mensch dabei helfen kann, dass die Population nicht wieder zurückgeht.

Hinter dem Dorfgemeinschaftshaus beginnt ein schmaler Pfad, der euch zunächst durch die Wiesen, dann bergauf durch den Wald führt. Am Waldrand könnt ihr geradeaus oder rechts gehen, beide Pfade führen auf einen breiteren Weg. Von hier sind es noch 400 m bis zum Gehege.

## Harzfalkenhof

Auf dem Katzenstein, 37441 Bad Sachsa. ✆ 05523/3291, Fax 999744. www.sachsa-online.de/Tourismus/Natur/Harzfalkenhof. **Auto:** Bismarckstraße, rechts Katzentalstraße. **Zeiten:** täglich 10 – 17 Uhr, Flugvorführungen Mai – Okt bei gutem Wetter 11 und 15 Uhr. **Preise:** 5 €; Kinder bis 13 Jahre 3,50 €.

▶ Im Sturzflug holt sich *Kibo* seine Beute aus dem Wasser, während *Oskar* seine sogar im Flug fängt. Um wen es sich hier handelt? Um zwei Bewohner des Harzfalkenhofs: Kibo ist ein Schreiseeadler, Oskar ein Schwarzmilan. Während der Flugvorführungen auf dem Katzenstein erlebt ihr vielleicht auch *Elvis,* den Truthahngeier, oder *Bertie,* den Mäusebussard. Knapp über den Köpfen der Besucher landen die schönen Vögel bei Falkner *Joachim Klapproth,* der Interessantes über das Leben der Tiere zu berichten weiß. Nach dem anschließenden Rundgang werdet ihr Mäusebussard und Habicht unterscheiden können, einen Gaukler erkennen und wissen, wo die Schneeeule herstammt. Falken, Habichte, Geier, Eulen, Adler und Bussarde sind in den Volieren untergebracht.

Bewacht seine Schützlinge mit Adleraugen: Joachim Klapproth mit einem Turmfalken auf der behandschuhten Hand

🦉 *3 Wappentiere sind im Falkenhof zu Hause – welche sind es und zu welchen Ländern gehören sie?*

## Waldvogelstation Osterode

Klaus Dietrich, 37520 Osterode. ✆ 0171/8907805. **Bahn/Bus:** Bus 462 bis Sösetal, Forsthaus. **Auto:** Osterode Richtung Sösestausee (B498), Parkplatz rechts, 600 m Fußweg. **Rad:** Vom Harzrundweg in Osterode über Scheerenberger Straße. **Zeiten:** April – Okt täglich 10 – 18 Uhr. **Preise:** 3 €; Kinder 6 – 14 Jahre 1,50 €.

▶ Stockenten kennt wohl jeder – die Ente trägt schlichtes Braun, der Erpel hell- und dunkelbraunes Federkleid, Kopf und Hals sind grün – aber wie sieht eine Mandarinente aus oder eine Löffelente? Diese und etwa 50 andere, zum größten Teil einheimische Vogelarten beherbergt die Vogelstation Osterode in herrlicher Lage mitten im Wald. Viele Vogelarten sind selten geworden, andere nachtaktiv, sodass man sie in freier Natur kaum zu sehen bekommt. Hier könnt ihr sie ganz in Ruhe beobachten. Störche, Eichelhäher oder Pfaue dürfen sogar mit dem Futter, das ihr am Eingang erhaltet, verköstigt werden. Vielleicht dankt es euch die Rabenkrähe mit ein paar Worten? Lasst euch überraschen!

Besonders im Frühling hat *Klaus Dietrich,* der Leiter der Vogelstation, oft Jungvögel zu Gast. Wenn eine kleine Meise aus dem Nest gefallen ist oder ein Mini-Waldkauz von Spaziergängern gefunden wurde, päppelt er die Kleinen auf, bis sie für sich selbst sorgen können. Auch kranke oder verletzte Vögel werden aufgenommen, gesund gepflegt und anschließend wieder ausgewildert.

## Abenteuer- und Erlebnisparks

### Freizeitpark Große Wiesen

37412 Sieber. ✆ und Fax 05585/322. www.sieber-harz.de. info@sieber-harz.de. **Bahn/Bus:** Bus 451. **Auto:** Mitten im Ort, Parkplätze am Tiefenbeek beim Freibad. **Rad:** Siebertal. **Preise:** Minigolf, Boccia, Shuffleboard-Schach 2 €, Tischtennisschläger 1 €; Kinder bis 14 Jahre 1 €.

▶ Wer bei Freizeitpark an Achterbahn und Karussell denkt, ist im Falle von Siebers Großen Wiesen auf dem Holzweg. Hier stehen gemeinsame Spiele an erster Stelle und die größte Attraktion ist der tolle Abenteuerspielplatz. Die Hangrutsche dürfte mit ihren 50 m die längste im Harz sein. Wer sich hier noch nicht müde geturnt hat, geht zum Minigolf, spielt Tischtennis, Shuffleboard-Schach oder Boccia. Die Spielgeräte sind allesamt am Kiosk auszuleihen.

Durch die Großen Wiesen führt ein 1,2 km langer Lehrpfad entlang dem Flüsschen, das dem Ort **Sieber** seinen Namen gab. Auf 18 Tafeln erfahrt ihr alles zum Lebensraum Fluss, den Tieren, die hier leben, und der Geschichte des Siebertals. Startpunkt ist das Haus der Jugend.

## Märchenpark Bad Sachsa

Familie Barke, Katzentalstraße, 37441 Bad Sachsa.
✆ 05523/3434, Fax 3444. **Bahn/Bus:** Bahn bis Bad Sachsa, Bus 455 oder 458 bis Hindenburgstraße, zu Fuß zum Kurhaus und über Onkel- oder Tantenweg. **Auto:** Über Bismarckstraße. **Zeiten:** Di – So 10 – 18, Winter 10 – 17 Uhr. **Preise:** 2 €; Kinder bis 10 Jahre 1 €.

▶ Romantisch fließt ein Bach durch den Märchengrund von Bad Sachsa, einem der ältesten Märchenparks Deutschlands. Auf gleich drei Bühnen in einem Felsen wird die Geschichte von Schneewittchen erzählt. Das Haus von Rotkäppchen steht mitten im Wald, oh, da kommt ja schon der Wolf! Hoffentlich geht das gut aus! Hinter der Märchengrundmühle, in der der Müller fleißig arbeitet, sind Hänsel und Gretel unterwegs. Das Hexenhaus sieht fast wie ein Schloss aus Lebkuchen aus!

Blick in die gute Stube von Rotkäppchens Großmutter

*Der Märchenpark in Bad Sachsa wurde schon 1910 gegründet!*

## Sagen- und Märchental Bad Grund

Harzhochstraße (B242), 37539 Bad Grund.
✆ 05327/829603. **Bahn/Bus:** Bus 838 bis Hübichenstein, Fußweg 10 Min. **Auto:** Direkt an der B242, Parkplatz Iberger Tropfsteinhöhle. **Zeiten:** Mai – Okt Di – So 10 – 17 Uhr. **Preise:** 1,50 €; Kinder ab 3 Jahre 1 €.

▶ Emsig bohren die kleinen Bergmänner Löcher und beladen niedliche Loren mit Erz. Die geschnitzten Figuren werkeln in einem detailgetreuen Querschnitt durch ein Bergwerk und können so wunderbar bei ihrer Arbeit beobachtet werden. Auch Märchenfans kommen in Bad Grund auf ihre Kosten, denn vier dieser verzauberten Geschichten werden auf Drehbühnen erzählt. Wie Schneewittchen zu den Zwergen kommt, ist ebenso zu sehen wie Dornröschens Schicksal und wie sie nach hundertjährigem Schlaf endlich von ihrem Prinzen erlöst wird. In Bad Grund darf natürlich die Geschichte von König Hübich und seinem Felsen nicht fehlen. Der echte *Hübichenstein* steht am Ortseingang und ein Naturpfad führt bis an die Spitze.

@ Unter www.bad-grund-harz.de/Anno/huebich.html könnt ihr mehrere Geschichten von König Hübich lesen, der einst als Zwerg getarnt viele gute Taten vollbrachte.

# Wintersport und -spaß

## Skigebiet Heibek bei Bad Lauterberg

✆ 05524/92040 (Tourist-Info), 931130 (Skiwart Klaus Mirus), Fax 5506. www.lskw.de. klaus.mirus@lskw.de. **Auto:** Ausschilderung ab Bahnhofstraße. **Zeiten:** Sa, So 10 – 16 Uhr, Mi 17 – 20 Uhr. **Preise:** Einzelfahrt 0,50 €, 12er-Karte 5 €, Halbtageskarte 7 €, Tageskarte 10 €, Mondscheintarif 8 €.

▶ Auch im Südharz ist Abfahrtsski möglich! Das *Skigebiet Heibek* liegt nördlich von Bad Lauterberg. Ein Schlepplift bringt die Skifahrer auf den **Heikenberg,** der Schwierigkeitsgrad der Piste ist leicht und daher besonders für Anfänger geeignet.

Kinderskikurs So 10 – 12 Uhr nach Voranmeldung, 15 €.

## Skizentrum Ravensberg Bad Sachsa

✆ 05523/3009-0 (Tourist-Info), 30990 (Lift), Fax 3009-49. www.sportzentrum-ravensberg.de. touristik@bad-sachsainfo.de. **Bahn/Bus:** nur Taxi. **Auto:** Gipfel mit Pkw erreichbar (Winterreifen!). **Zeiten:** 10 – 16 Uhr bei Schnee. **Preise:** Halbtages- 10 €, Tageskarte 15 €, 60-Punkte-Karte 19 €; Kinder bis 17 Jahre Halbtageskarte 6 €, Tageskarte 11 €, 60-Punkte-Karte 10 €.

▶ Ein Doppelschlepplift, ein Schlepplift und ein Ponylift bringen Skifahrer auf den **Ravensberg.** Neun Abfahrten von leicht bis schwierig bei einem Höhenunterschied bis zu 200 m warten auf euch und eure Fahrkünste. 750 m lang ist die längste Piste. Etwas schwieriger wird es am *Riesenslalomhang*. An Lift 2 finden Snowboarder einen *Freestyle-Parcours* mit Schanzen und Rampen.

Parallel zur Ravensbergstraße verläuft die 300 m lange *Rodelbahn*.

**Verleih, Ski- und Snowboardschule:** Schneeladen im Untergeschoss des Freizeit- und Spielhauses im Kurpark. Mo – Fr 15 – 18, Sa 10 – 14, bei Liftbetrieb täglich 8.30 – 17 Uhr. ✆ 05523/300925. Anmeldung Skikurse ✆ 05586/971056.

## Hunger & Durst

**Berghof Ravensberg,** Ravensberg 1, 37441 Bad Sachsa. ✆ 05523/2145. Di – So 9.30 – 17.30 Uhr. Schaukel hinter der Sonnenterrasse.

## Eislaufhalle Salztal-Paradies

Talstraße 28, 37441 Bad Sachsa. ✆ 05523/950902, Fax 9450-80. www.salztal-paradies.de. info@salztal-paradies.de. **Bahn/Bus:** Bus 470, 471, 472. **Auto:** Marktstraße, Kirchstraße. **Rad:** Harzrundweg. **Zeiten:**

Okt – April Mo 14 – 19, Di – Sa 10 – 22, So 9 – 22 Uhr, Mai, Jun, Sep Di 18 – 20, So 14 – 16 Uhr, Jul, Aug Di, Do 18 – 20 Uhr. **Preise:** 3,60 €; Kinder 4 – 18 Jahre 3,10 €; Familien 10,50 €. **Infos:** Schlittschuhverleih 2,60 €, Aufschlag Eisdisco 0,50 €.

▶ Wenn ihr genug habt vom Kufenschwingen, könnt ihr ins nasse Element wechseln, denn das Erlebnisbad gehört mit zum Komplex des ↗ Salztal-Paradieses. Oder lieber ab zum Bowling? Auch kein Problem!

Bei der **Eisdisco** könnt ihr zu fetziger Musik Schlittschuh laufen, und zwar Fr und Sa 19 – 22 Uhr. Sa ab 16 Uhr Kinderdisco!

## Skigebiet Mühlwiesen in Lerbach

✆ 05522/4447 (Tourist-Info), 74633 (Skilift Bügener), Fax 502734. www.osterode.de. touristinfo@osterode.de. **Bahn/Bus:** Bus 440 von Osterode oder Clausthal-Zellerfeld ZOB bis Grubenweg, 5 Min Fußweg. **Auto:** B241. **Zeiten:** Mo – Fr 13 – 18 Uhr, Mi, Fr bis 22 Uhr, Sa, So 9 – 18 Uhr. **Preise:** 5er-Karte 3,50 €, 10er-Karte 6 €, Halbtages- 8,50 €, Tageskarte 13 €; Kinder, Schüler, Studenten 12er- 6 €, Halbtageskarte 8 €.

▶ Nördlich von Lerbach befindet sich an den Mühlwiesen ein mittelschwerer Skihang mit Schlepplift. Die Länge beträgt 310 m, der Höhenunterschied 100 m.

*Harzer Skischule Lerbach,* ✆ 05522/4810, *Ski- und Snowboardschule* sowie Verleih über Manfred Stricker, ✆ 05522/919194.

## Bahnen und Bergwerke

### Mit dem Sessellift auf den Hausberg

Schulstraße, 37431 Bad Lauterberg. ✆ 05524/4838, Fax 4838. **Zeiten:** April – Nov täglich 10 – 20 Uhr, Dez – März nach 10.30 – 18 Uhr. **Preise:** Berg und Tal 4 €, Berg oder Tal 2,50 €; Kinder unter 6 frei.

▶ Ein Sessellift bringt euch in Bad Lauterberg auf den 422 m hohen **Hausberg.** Dort könnt ihr im **Burgrestaurant** auf den Ort hinunterblicken oder zu einer Wanderung aufbrechen. Ihr könnt über die gewundene Straße und den Weinberg zurück ins Zentrum gehen oder aber zum **Kummelberg** mit dem *Bismarckturm* wandern.

# HANDWERK UND GESCHICHTE

### Hunger & Durst

**Burgrestaurant,** Hausberg 4, 37431 Bad Lauterberg. ✆ 05524/2180, www.berggaststaette-hausberg.de. Di – So 10 – 17 Uhr. Mit Terrasse.

☀ An der Augenquelle (hinter dem Sportplatz an der Lutterstraße) gibt es einen großen **Grillplatz** mit drei überdachten Grillstationen sowie einem Spielplatz mit Wippe, Klettertürmen und Torwand. Toilette vorhanden! Anmeldung über Tourist-Info im Haus des Gastes, ✆ 05524/92040.

*Eine Haspel ist eine Seilwinde.*

## Happy Birthday!
Geburtstag im Knesebecker Schacht: Mit Gummistiefeln gerüstet, befahrt ihr einen unterirdischen Wasserlauf. Zum Abschluss erhaltet ihr das Wasserläufer-Diplom! Kosten: 49 € plus Eintritt, für 6 – 12 Kinder. Anmeldung unter ✆ 05327/2858 oder 8298012.

## Museumsbergwerk Scholmzeche
Kurpark (Wilhelmibrücke), 37431 Bad Lauterberg. ✆ 05524/92040 (Tourist-Info), Fax 5506. www.badlauterberg.de. info@badlauterberg.de. **Bahn/Bus:** Bus 450 bis Postplatz, Fußweg 10 Min. **Auto:** Parken im Zentrum, z.B. am Haus des Gastes. **Rad:** Harzrundweg. **Zeiten:** April – Okt Di, Fr, Sa 15 Uhr, Nov – März Fr, Sa 15 Uhr. **Preise:** 3 €, mit Kurkarte 2 €; Kinder 1 €; Gruppen bis 20 Pers 30 €, Schüler 20 €.

▶ Eigentlich sind es zwei Stollen, die in diesem Bergwerk »befahren« werden, wie die Bergleute sagen, auch wenn sie gehen. Die Scholmzeche ist ein Eisenstein-Suchstollen, in dem Lampen, Gestein und Loren zu sehen sind. Durch einen Gang ist er verbunden mit dem Stollen *Aufrichtigkeit,* in dem man im 17. Jahrhundert Kupfer förderte. Allerhand über den Bergbau in dieser Zeit erfahrt ihr während einer Führung. Eine Besonderheit ist das *Gerenne,* das auf der Stollensohle freigelegt wurde. Es handelt sich um einen kleinen Suchschacht, aus dem das Gestein in Eimern an einer **Haspel** gefördert wurde. Wenn genügend Wasser vorhanden ist, stellt der Bergführer den Nachbau eines kleinen Kunstrades an. Die Glocke zeigte den Bergleuten früher an, dass das Rad noch lief und somit auch die Wasserpumpen!

## Bergbaumuseum Knesebecker Schacht
Knesebeck 1, 37539 Bad Grund. ✆ 05327/2858, 2826 (Büro), Fax 8298010. www.bad-grund-harz.de. knesebeckschacht@t-online.de. **Bahn/Bus:** Bus 838 bis Knesebecker Weg. **Auto:** Zufahrt von der Clausthaler Straße. **Zeiten:** April – Okt Di – So 11 und 14, Nov – März Do und So 11 und 14 Uhr. **Preise:** 5 €, mit Kurkarte 4 €; Kinder 6 – 12 Jahre 2,50 €, mit Kurkarte 1,50 €; Familien 13 €, mit Kurkarte 10 €.

▶ Der Knesebecker Schacht in Bad Grund ist das Harzer Bergwerk, das am längsten in Betrieb war: Bis 1992 wurde hier Erz gefördert, versetzt vor allem mit Blei und Silber. Hoch überragt der 47 m hohe Hydrokompressorenturm die Anlagen. Mit dem 1912 errichteten Turm wurde Druckluft für die Maschinen erzeugt. Ein Teil der Führung findet auf dem Außengelände statt, wo viele dieser gewaltigen Maschinen stehen, die einst unten im Schacht als Arbeitsgeräte eingesetzt wurden. Kaum vorstellbar, dass so riesige Muldenkipper oder Bohrhämmer in mehreren hundert Metern Tiefe wie auf Straßen fuhren und über Serpentinen andere Sohlen erreichten! Wie die Entwässerung im Berg funktionierte, wird anhand von Modellen und Zeichnungen im Museumsgebäude erklärt. Unter Tage geht es schließlich durch den niedrigen Stollen zur *Steigerbucht* und der ehemaligen *Kehrradstube*. Vielleicht dürft ihr, zurück an der Erdoberfläche, noch mit dem Streckenfahrrad die Schienen entlang sausen? Damit kamen Handwerker blitzschnell zu den Maschinen, wenn etwas kaputt war.

Mit ein bisschen Schwung wird's gehen: Auf dem Streckenfahrrad

## Burgen und Klöster

### Burgruine Scharzfels

www.herzberg.de. Fußweg vom Bhf Richtung Norden (Hasenwinkel) oder von der Einhornhöhle 1 km. **Preise:** Eintritt frei.

▶ Mächtig erhebt sich die Ruine der Burg Scharzfels auf einem gewaltigen Dolomitfelsen. Wie groß die Anlage einst war, ist heute kaum noch zu ermessen, doch der Aufstieg über die steile Treppe lohnt sich. Nicht nur der Blick auf die Harzberge ist wunderschön, hier kann man sich herrlich in Ritter und Burgfräulein hinein versetzen.

Erbaut wurde die Burg im 10. Jahrhundert, bewohnt von den Grafen von Scharzfeld, später den Grafen von Hohnstein. Dann wurde sie als Jagdschloss ge-

**Hunger & Durst**
**Burggaststätte Scharzfels,** 0173/8950725. 10 – 20 Uhr, im Winter bis zur Dämmerung, Di Ruhetag. Große Terrasse.

nutzt und nach dem Siebenjährigen Krieg (1756 – 1763) von den Franzosen zerstört. Ende des 17. Jahrhunderts gab es sogar eine Gefangene: Die Hofdame der Kurprinzessin von Hannover war Mitwisserin vom Verhältnis ihrer Herrin mit dem Grafen von Königsmarck ... Als das herauskam, wurde Eleonore in der Burg gefangen gehalten, bis sie zwei Jahre später, in einer dunklen Nacht des Jahres 1697, von einem Herzberger Dachdecker befreit wurde, indem er sie an der steilen Außenmauer abseilte.

### ZisterzienserMuseum Kloster Walkenried

Steinweg 4a, 37445 Walkenried. ✆ 05525/9599064, Fax 9599066. www.kloster-walkenried.de. info@kloster-walkenried.de. **Bahn/Bus:** Bahn bis Walkenried, 10 Min Fußweg; Bus 472 bis Bhf. **Auto:** Im Ort ausgeschildert. **Rad:** Harzrundweg. **Zeiten:** Di – So 10 – 17 Uhr, Führungen: Sommer (Osterferien – Herbstferien) Di – So 11.30, 14 Uhr, Winter eingeschränkt. **Preise:** 5 €, Gruppen ab 10 Pers 4 €; Schüler 6 – 16 Jahre 4 €, Gruppen ab 10 Pers 2 €; Familien 13 €. **Infos:** Audioguide im Eintritt enthalten! Führung 2 €.

▶ Könnt ihr euch vorstellen, wie hier einst die Mönche durch den Kreuzgang wandelten? Im Zisterziensermuseum dürft ihr sogar selber mal in eine weiße Kutte schlüpfen. Die neue Ausstellung hat nämlich auch für Kinder viel zu bieten. So könnt ihr die Klappen suchen, hinter denen Bruder Conrad vom Klosterleben berichtet, oder bei einer Führung die roten Elemente finden, die auf besondere Plätze im Kloster aufmerksam machen. Über interaktive Modelle oder die großen Gebetswürfel erfahrt ihr alles über das Leben der Zisterzienser und die Geschichte des Klosters Walkenried. Zu besichtigen sind neben dem Kreuzgang das Brunnenhaus, der Brüdersaal und der Kapitelsaal, der heute als Kirche genutzt wird. Bekannt ist das Kloster besonders durch die hoch aufragenden Ruinen der ehemaligen gotischen Klosterkirche. Diese sind von außen zugänglich. Im **Kloster-**

### Happy Birthday!

Im Kloster Walkenried könnt ihr Geburtstag feiern! Drei Programme stehen zur Auswahl: Kleine Mönche auf Zeit, Beten und Arbeiten, Mit Brief und Siegel. Kosten: ab 37,80 € plus 2 € Eintritt je Kind und eventuellen Materialkosten.

*Ganz schön durchsichtig: Ruine der Klosterkirche Walkenried*

**café** mit Kaffeegarten gibt es selbst gebackenen Kuchen (täglich 10 – 18 Uhr)!

## Museen und Stadtführungen

### Rundgang durch Duderstadt
✆ 05527/841200, Fax 503661. www.duderstadt.de. gaesteinfo@duderstadt.de.

▸ Mehr als 600 Fachwerkhäuser reihen sich in Duderstadts Innenstadt aneinander. Auch das **Rathaus** aus dem 14. Jahrhundert ist ein Fachwerkbau, jedoch auf massivem Unterbau. Nicht verpassen solltet ihr das *Glockenspiel* am Westturm des Rathauses, es erfolgt um 9, 11, 13, 15, 17 und 19 Uhr. Die skurrile Figur des *Anreis* (Plattdeutsch für Andreas) zeigt sich dann den Zuschauern. Der Anreis ist eine hölzerne Büste des Festungsbaumeisters Andreas, der im Jahr 1506 vom Duderstädter Rat beauftragt wurde, den noch heute erhaltenen Ringwall auszubessern. Zu dieser Arbeit wurden auch die Bauern der umliegenden Dörfer herangezogen. Da er die Bauern stets bei der Arbeit antrieb, machte sich Andreas bei diesen sehr unbeliebt. Der Zorn der Bauern galt auch bald den Bürgern Duderstadts, den Auftraggebern des Baumeisters. Sie wurden von den Bauern fortan nur noch »Anreischken« genannt. Die gewitzten Bürger der Stadt ließen darauf eine Büste des Andreas fertigen, die im Turm des Steintors aufgestellt und mit einem Uhrwerk gekoppelt wurde. Zum Stundenschlag trat nun die Figur aus einer Luke heraus und nickte den zum Markt kommenden Bauern zu. So wurden sie stets an den Baumeister und ihre Abhängigkeit von der Stadt erinnert. Die Bauern richteten es jedoch bald so ein, dass sie nie zur vollen Stunde in der Stadt erschienen. Dann stellten sie sich vor den Turm mit der verschlossenen Luke und hänselten die Bürger: »Anreis, kumm erut met en Speite, et sit en Itschke in er Goten, stek in dot!«

Das **Rathaus** ist zur Besichtigung geöffnet Mo – Fr 9.30 – 16.30, Do bis 18 und Sa 10 – 12.30 Uhr. Eintritt 1,50 €, Schüler ab 10 Jahre 0,90 €, Familien 3 €.

### Hunger & Durst
**Café am Rathaus,** Marktstraße 65, 37115 Duderstadt. ✆ 05527/ 71000. Mo – Sa 8 – 18 Uhr, So 8.30 – 18 Uhr.

*Wie sollte diese Stadt nur heißen? Darüber stritten sich zwei Brüder, bis schließlich der eine zum anderen sagte: »Gib Du der Stadt den Namen!«*

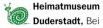 **Heimatmuseum Duderstadt,** Bei der Oberkirche 3, ✆ 05527/2539. April – Okt, Di – Fr, So 11 – 16, Sa 14.30 – 16.30 Uhr, 1,50 €. Eintritt Schüler ab 10 Jahre 0,75 €, Familien 2,50 €.

Schaut euch auch mal das Dach des **Westerturms** an, eines der alten Stadttore: Der Turm ist in sich verdreht. Rund um die Altstadt führt der komplett erhaltene Ringwall, der der Stadt einst Schutz bieten sollte. Auch das **Heimatmuseum** ist einen Besuch wert. Es zeigt altes Handwerk und besitzt einen schönen Garten.

### Grenzlandmuseum Eichsfeld

Duderstädter Straße 5, 37339 Teistungen. ✆ 036071/97112, Fax 97998. www.grenzlandmuseum.de. **Bahn/Bus:** Bus 1 von Duderstadt oder Worbis. **Auto:** Zwischen Worbis und Duderstadt an der B247 gegenüber der Teistungenburg. **Zeiten:** Di – So 10 – 17 Uhr. **Preise:** 2,50 €; Kinder bis 14 Jahre 1,50 €; Senioren 1,50 €, Familien 6,50 €. **Infos:** Führungen können für Gruppen ab 15 Pers gebucht werden.

▶ Zwischen Duderstadt und Worbis wurde am ehemaligen Grenzübergang 1995 ein **Museum** eingerichtet, das die Geschichte der innerdeutschen Grenze und der deutschen Teilung darstellt. Im einstigen Zollverwaltungsgebäude sowie im Mühlenturm erfahrt ihr viel über das Leben in der DDR – auch das der Kinder. Viele Jungen und Mädchen waren zunächst bei den Jungen Pionieren, dann in der FDJ (Freie Deutsche Jugend) organisiert, am Ende der 8. Klasse erhielten sie die Jugendweihe. Das Fest war die sozialistische Alternative zur Konfirmation.

Im Außengelände führt ein 4,7 km langer **Grenzlandweg** auch zu den ehemaligen Sperranlagen, die auf einer Länge von 300 m größtenteils im Original erhalten blieben. Dazu gehören Beobachtungsbunker, eine Hundelaufanlage, der Kolonnenweg und der rekonstruierte Signalzaun.

### Hunger & Durst

Die gläserne Brücke über der B247 führt zur **Teistungenburg** mit einem Spielplatz und *Victor's Badewelt*. Burgtreff und Biergarten öffnen im Sommer Sa, So 10 – 18 Uhr.

### Museum Schloss Herzberg

Schloss 2, 37412 Herzberg. ✆ 05521/4799, Fax 854090. www.museum-schloss-herzberg.de. touristinfo@herzberg.de. **Bahn/Bus:** Bahn bis Herzberg-

Schloss oder Bus 450 bis Schützenstraße. **Auto:** Zufahrt bis zum Schloss oder Treppenaufgang. **Rad:** Nähe Harzrundweg. **Zeiten:** April – Okt Di – So 10 – 13 und 14 – 17, Nov – März Di – Fr 11 – 13 und 14 – 16, Sa, So 11 – 13 und 14 – 17 Uhr, 10. - 24. Dez geschlossen. **Preise:** 2 €; Kinder 6 – 18 Jahre und Schüler 1,50 €; Familien 5 €.

▶ Fachwerkhäuser sieht man ja öfter mal, aber ein Fachwerk-Schloss? In Herzberg steht eins, das Welfenschloss, das 1510 im Stil der **Renaissance** erbaut wurde. Die Welfen waren vor allem im 12. Jahrhundert ein mächtiges Adelsgeschlecht, das sich in mehrere Linien aufteilt. Im Herzberger Schloss lebte die Grubenhagener Linie. Im Innenhof sind kunstvolle Schnitzereien zu sehen. Im Schloss-Museum sind mehrere Ausstellungen untergebracht. Dabei darf die Geschichte des Schlosses und seiner Bewohner natürlich nicht fehlen. In Herzberg gab es aber auch eine Gewehrmanufaktur, eine berühmte Orgelwerkstatt und Mühlen, über die ihr im Schloss informiert werdet. Neu gestaltet wurde die Forstausstellung. Für Kinder gibt es allerlei auszuprobieren: Lupen, Messinstrumente oder Gewichte. Auch Filme sind an Computer-Terminals zu sehen.

### Kinderland- und Spielzeugmuseum Bad Lauterberg

Haus des Gastes, Ritscherstraße 4, 37431 Bad Lauterberg. ✆ 05524/92040 (Tourist-Info), Fax 5506. www.badlauterberg.de. info@badlauterberg-harz.de. **Bahn/Bus:** Bahn oder Bus 450 bis Postplatz, Fußweg 10 Min. **Auto:** Im Zentrum am Kurpark. **Rad:** Am Harzrundweg. **Zeiten:** Di – So 14.30 – 17 Uhr, Do, Sa, So auch 10.30 – 12 Uhr. **Preise:** 2,20 €, mit Harzgastkarte 1,65 €; Kinder 0,50 € (ab 3. Kind einer Familie frei).

▶ Großes und kleines Spielzeug aus hundert Jahren (etwa 1860 – 1960) gibt es hier zu sehen. Süße Puppenstuben, altes Blechspielzeug, Bücher aus Omas Kiste, lebensgroße Puppen, Baukästen und Gesell-

### Hunger & Durst

**Restaurant und Café im Welfenschloss,** Schloss 2, 37412 Herzberg. ✆ 05521/986986. www.welfenschloss.com Mi – Sa 11 – 23, So 11 – 17 Uhr. Mit Plätzen im Hof.

*Renaissance: ital. Kunst- und Baustil etwa 1400 – 1600. Das französische Wort bedeutet übersetzt Wiedergeburt und bezieht sich auf die Antike. Vor allem Symmetrie, betont durch Portikus und Säulen, spielte eine wichtige Rolle.*

### Hunger & Durst
**Eiscafé Venezia,** Wissmannstraße 49, 37431 Bad Lauterberg.
✆ 05524/852345.
Mo – Sa ab 9 Uhr, So ab 10 Uhr. An der Durchgangsstraße, aber leckeres Eis!

*Kupferschiefer entstand vor knapp 300 Mio Jahren. Die darin enthaltenen Fossilien, darunter der Quastenflosser, sind besonders gut erhalten. Quastenflosser gehören zu den Knochenfischen und sind ein bekanntes Beispiel für ein lebendes Fossil.*

schaftsspiele werden euch ins Staunen bringen und eure Großeltern in nostalgischen Erinnerungen schwelgen lassen. Im Haus des Gastes gibt es außerdem die frei zugänglichen Ausstellungen *Hirsche im Harz* und *Mineralien.*

## NatURzeitmuseum
Am Kurpark 6, 37441 Bad Sachsa. ✆ 05523/3009-0, 3003-14 (Stadt Bad Sachsa), Fax 3003-51. www.naturzeitmuseum.de. **Bahn/ Bus:** Bus 470, 471, 472 bis Kurpark. **Auto:** Zentrum. **Rad:** Harzrundweg. **Zeiten:** Mo – Fr 9 – 12 und 14 – 17 Uhr, Sa 9 – 12 Uhr. **Preise:** 2,50 €; Kinder bis 12 Jahre 1 €.

▶ War der Ravensberg ein Vulkan und gab es einmal Saurier in Bad Sachsa? Bei einer Reise durch die Zeit bekommt ihr im NatURzeitmusuem Antworten auf diese spannenden Fragen. Während die Meereswelten euch auf den Grund des **Kupferschiefermeeres** zu den **Quastenflossern** führen, zeigen die Geowelten, wie die Landschaft im Südharz entstand. Dioramen, Modelle und große Fotos bringen auch die Feuerwelten und Wüstenwelten anschaulich näher. Führungen werden donnerstags um 15 Uhr und samstags um 10 Uhr angeboten. Die Fossilien in der Ausstellung stammen übrigens aus dem **Schwiebachtal.** Dort könnt ihr auf einem 5 km langen Naturlehrpfad mit 20 Stationen noch mehr erfahren. Startpunkt ist der Bahnhof (Richtung Neuhof, Bahnhofstraße).

## Grenzlandmuseum Tettenborn
Hinterstraße 1a, 37441 Bad Sachsa-Tettenborn.
✆ 05523/999773, Fax 999773. www.gm-badsachsa.de. **Bahn/Bus:** Bus 471 bis Tettenborn Neuhofer Straße. **Auto:** Im Ort Richtung Neuhof, vor Ortsende rechts; von Bad Sachsa kommend über Neuhof. **Rad:** Direkt am Harzvorlandradweg. **Zeiten:** So 10 – 12, Mi 13 – 16 Uhr, Sonderführungen ab 10 Pers nach Absprache. **Preise:** 2,50 €; Kinder 10 – 16 Jahre 1,50 €.

▶ Nur wenige Meter südlich von Tettenborn verlief bis 1990 die deutsch-deutsche Grenze. Der Verein Grenzlandmuseum hat es sich zur Aufgabe gemacht, die Unmenschlichkeit dieser Grenze zu dokumentieren und somit nicht in Vergessenheit geraten zu lassen. In vielen Stunden fuhren die Vereinsmitglieder durch die ehemalige DDR und trugen zusammen, was sie finden konnten. Alle Exponate ihres Museums sind somit Originale, angefangen bei Orden und Uniformen über Haushaltswaren bis zu Minen und Kalaschnikows – natürlich entschärft. Besonders interessant sind die großen Objekte: Ein Ballon nimmt die Mitte eines Raumes ein. Eine Familie aus Suhl in Thüringen wollte mit ihm fliehen, doch der Versuch scheiterte. Wie der Grenzsignalzaun funktionierte und welche Fallen eingebaut waren, um DDR-Flüchtlinge zu fangen, wird während der Führung eindrucksvoll erklärt und vorgeführt. Die Führungsstelle eines Beobachtungsturms wurde komplett eingerichtet. Was bei ausgelöstem Alarm dort passierte, ist zu sehen und in einem nachgestellten Tondokument auch zu hören.

## Hier tickt's: Uhrenmuseum

Elisabethstraße 14, 37539 Bad Grund. ✆ 05327/1020, Fax 829342. www.uhrenmuseum-badgrund.de. info@uhrenmuseum-badgrund.de. **Bahn/Bus:** Bus 838 bis Kurzentrum. **Auto:** An der Clausthaler Straße. **Zeiten:** Di – So 10 – 18 Uhr. **Preise:** 5 €; Kinder 6 – 13 Jahre 3,50 €.

▶ Überall tickt es, bewegen sich Pendel hin und her oder ruft ein Kuckuck. Wo? Im Uhrenmuseum von Bad Grund. Da gibt es Kuckucksuhren, Standuhren, Armbanduhren, Kirchturmuhren, Sanduhren und besondere Raritäten wie die **Augenwender-Schnapp-Uhr,** die Astronomie-Kaminuhr oder die Bilderuhr. Unglaublich, wie viele verschiedene Zeitmesser es gibt! In einer Uhrmacherwerkstatt könnt ihr die kleinen Werkzeuge sehen, die man zur Reparatur benötigt.

@ Museen und Gedenkstätten zur deutschen Nachkriegsgeschichte in ganz Deutschland findet ihr unter www.nachkriegsmuseen.de.

@ Weitere Grenzmuseen und Informationen zur innerdeutschen Grenze findet ihr unter www.grenzerinnerungen.de.

*Noch nie etwas von einer Augenwender-Schnapp-Uhr gehört? Das sind bestimmte Uhren, bei denen sich die Augen einer Person, die auf der Uhr gestaltet ist, im Takt bewegen. Zusätzlich bewegt sich zur halben und vollen Stunde der Mund und schnappt nach der Zeit. Die Augenwender-Schnapp-Uhr im Uhrenmuseum stammt etwa von 1830.*

## Hunger & Durst

**Antik-Café,** im ersten Stock des Uhrenmuseums, ✆ 05327/3006. Di – So 10 – 18 Uhr. Selbst gebackene Torten, antikes Mobiliar.

## FESTKALENDER

**Februar:** So vor Rosenmontag, Bad Grund: **Kinderfasching.**

**März/April:** Gründonnerstag – Ostermontag, Bad Sachsa: **Buntes Osterprogramm** mit Osterfeuer in Steina und Tettenborn am Sa, Ostereiersuchen und Fackelzug am So.

Sa vor Ostern, Bad Grund, Bad Lauterberg (auf dem Heikenberg), Lerbach (Ober- und Unterdorf), Walkenried (Geiersberg), Wieda und Zorge: **Osterfeuer.**

**April:** 30., Bad Sachsa und Bad Grund: **Walpurgisfeiern** mit Kinderprogramm.

**Mai:** 1., Bad Grund: **Viehaustrieb** ab 14 Uhr durch den Ort zum Teufelstal.

Osterode: **Altstadtfest.**

**Juni:** 2. Wochenende, Herzberg: **Welfenspectaculum,** Fest im Welfenschloss.

24., Bad Grund: **Johannisfest** mit Kinderfest und geschmücktem Johannibaum.

**Juli/August:** Duderstadt: **Kultursommer,** mit Musik, Theater, Kinderaktionen, Höhenfeuerwerk zum Abschluss.

**August:** 3. oder 4. Wochenende, Herzberg: **Juesseefest,** mit Kinderfest und Papierboot-Regatta.

**September:** Herzberg: **Internationales Kinderfest** vom Verein für Wirtschaft und Handel in der Innenstadt.

**Dezember:** Sa vor dem 1. Advent – 23. Dez, Duderstadt: großer **Weihnachtsmarkt** in der Unteren Marktstraße, täglich 11 – 19 Uhr.

Sa vor dem 1. – 2. Advent, Herzberg: **Weihnachtsmarkt** auf dem Marktplatz.

Fr vor dem 1. – 4. Advent, Osterode: Großer **Weihnachtsmarkt,** auf dem Kornmarkt, tägl. 11.30 – 19, Sa ab 10 Uhr.

Sa vor dem 3. Advent, Bad Lauterberg: **Weihnachtsmarkt.**

3. Advent Fr – So, Bad Sachsa: **Weihnachtsmarkt.**

Sa vor dem 4. Advent, Tettenborn: **Weihnachtsmarkt.**

Zwischen Weihnachten und Silvester, Steina: **Weihnachtsmarkt.**

# RUND UM HALBERSTADT

**RUND UM GOSLAR**

**OBERHARZ & BROCKEN**

**BAD GRUND – BAD SACHSA**

**RUND UM HALBERSTADT**

**WERNIGERODE – THALE**

**UNTERER HARZ**

**SÜDLICHES HARZVORLAND**

**INFO & VERKEHR**

**FERIEN-ADRESSEN**

**KARTEN & REGISTER**

## TIERPARKS, SEEN UND SCHÄTZE

**Ein riesiger Dom mit einem riesigen Schatz ist das Pfund, mit dem Halberstadt im nordöstlichen Harzvorland wuchern kann. Größter Anziehungspunkt für Touristen jedoch ist die Fachwerkstadt Quedlinburg. Eine Fahrt mit der Bimmelbahn oder ein Besuch beim hiesigen Domschatz macht auch Kindern Spaß.**

Aber auch **Halberstadt** und **Aschersleben** sind lohnende Ziele für die ganze Familie. Beide Orte haben schöne Tierparks, Aschersleben sogar ein Planetarium. Herrliche Naherholungsgebiete sind der *Halberstädter See* sowie das *Abenteuerland Königsaue* bei **Schadeleben**. Nicht verpassen solltet ihr einen Besuch in der Glasmanufaktur **Derenburg**!

## Frei- und Hallenbäder

## TIPPS FÜR WASSERRATTEN

### Freibad Unter der Alten Burg

Unter der Alten Burg, 06449 Aschersleben. ℡ 03473/6037, 2636, Fax 2637. www.aschersleben.de. bwhasl@freenet.de. **Auto:** Über Vogelsang, Unter den Brücken, gleich rechts Unter der Alten Burg. **Rad:** Am Radwanderweg Welbsleben – Aschersleben, bis Welbsleben Harzrundweg. **Zeiten:** Mitte Mai – Aug täglich 10 – 19 Uhr. **Preise:** 3 €, ab 18 Uhr 2 €; Kinder 6 – 18 Jahre 1,50 €, ab 18 Uhr 1 €.

▶ Modernes Freibad in ruhiger Lage südlich des Tierparks, mit großer Wasserfläche und ausgedehnter Liegewiese. Um das Schwimmerbecken mit Sprunginsel und Rutsche wachsen bunte Blumen und Pflanzen – das sieht hübsch aus! Außerdem gibt es Basketballkörbe, eine Tischtennisplatte, ein Volleyballnetz und einen Fußballplatz.

### Sealand Halberstadt

Freizeit- und Sportzentrum Am Sommerbad, Gebrüder-Rehse-Straße 12, 38820 Halberstadt. ℡ 03941/6878-0, 6878-10 (Bad), Fax 6878-22. www.fsz-halberstadt.de. gido.maak@fsz-halberstadt.de. **Bahn/Bus:**

Heiße Sache: Hier entsteht in der Glasmanufaktur Derenburg eine Vase – und ihr könnt dabei sein!

Stadtbus 12, 15 ab Hbf. **Auto:** Harmonie- und Westerhäuser Straße, rechts in Spiegelsbergenweg, Gebrüder-Rehse-Straße links. **Rad:** Über Harzvorland-Radwanderweg nach Halberstadt. **Zeiten:** Mo – Fr 7.30 – 22 Uhr, Sa, So, Fei 10 – 22 Uhr. **Preise:** 1 Std 4 €, 2,5 Std 6 €, Tag 9 €, Mittagstarif Mo – Fr 12 – 15 Uhr 8 € (inkl. Sauna), Feierabendkarte 6 €; Kinder 4 – 15 Jahre 2,5 Std 4 €, Tag 6 €, Feierabendkarte 4 €; Familien 20 €.

▶ Fröhliche Juchzer beweisen immer wieder, wie beliebt die Riesenrutsche im Sealand Halberstadt ist. Für Überraschungen sorgt der schwarze Mittelteil der Rutsche mit seinen Lichteffekten. Ein weiteres Highlight in dem modernen Bad ist das Erlebnisbecken mit Strömungskanal, Schwalldusche, Sprudlern, Whirlpool und angrenzendem Außenbecken. Im Plantschbecken erfreuen sich die kleineren Gäste an der Minirutsche oder dem Wasser spuckenden Fridolin. Junge Hüpfer zieht es eher zum Sportbecken mit der Sprunganlage und dem 1-m- und dem 3-m-Brett. Auf einer Länge von 25 m könnt ihr natürlich auch eure Ausdauer trainieren.

Im Sommer ist im **Außenbereich** ein kleines Plantschbecken geöffnet und eine große Liegewiese lädt zum Sonnenbad. Auch ein Spielplatz ist vorhanden. Im **Bistro** bekommt ihr Salat, Pommes oder auch eine Soljanka!

### Sommerbad Osterwieck

An der Ilse 4a, 38835 Osterwieck. ✆ 039421/75530, Fax 72263 (Tourist Info). www.osterwieck.de. **Bahn/Bus:** Bus 203, 219. **Auto:** Über Ernst-Thälmann-Straße. **Rad:** Ilse-Radwanderweg. **Zeiten:** Mitte Mai – Mitte Sep täglich 10 – 19.30 Uhr, 10 – 11 Uhr nur Schwimmen. **Preise:** 2,50 €; Kinder 6 – 16 Jahre 1,25 €.

▶ Freibad am Ortsrand, wo die Ilse fließt. Nichtschwimmer- und Schwimmerbecken, Sprunganlage mit 5-m-Turm. Viel Spaß habt ihr garantiert auf der Schwimm- und Badeinsel, auf und von der ihr springen und hüpfen könnt. Außerdem gibt es Tischten-

---

@ Unter www.russlandjournal.de/rezepte/suppen-und-eintoepfe/soljanka.html findet ihr leckere **Soljanka-Rezepte** zum Nachkochen! Hmmh!

### Hunger & Durst
**Waldhaus Osterwieck**, Im Fallstein 1, 38835 Osterwieck. ✆ 03942/6180. www.waldhaus-osterwieck.de. Di – So 11.30 – 21 Uhr. Tiergehege, Spielplatz.

nisplatten, zwei Beachvolleyball-Felder, ein Kleinfußball-Feld, Minigolf, eine Schaukel und eine große Liegewiese.

**Eine Nacht im Sommerbad:** Gruppen unter Aufsicht können sich zum Campen anmelden.

## Baden und Boot fahren

### Seeland: Wasserspaß am Concordiasee

Seeland GmbH, Seepromenade 1, 06449 Schadeleben. ✆ 034741/91341, Fax 91343. www.seeland.de. info@seeland.de. **Bahn/Bus:** Bus 411. **Auto:** Von Quedlinburg über Gatersleben nach Schadeleben, dort Ausschilderung Seeland Yachthafen/Badestrand. **Rad:** Europaradweg R1 bis Schadeleben oder Radweg von Aschersleben. **Zeiten:** Bootsverleih Sa, So 10 – 20 Uhr, Verleih bis 19 Uhr; Schiffsrundfahrten Mitte Mai – Mitte Okt 11, 13, 15, 17 Uhr, Mitte Okt – Anfang Jan nur an Wochenenden. **Preise:** Tretboot 1 Std 7 €, Ruderboot 6 €; Rundfahrt 5 €; Kinder 5 – 14 Jahre Rundfahrt 2,50 €, So in Begleitung der Eltern oder Großeltern nur 1 €; Schüler 0,50 € Ermäßigung.

▶ Im Tertiär vor 65 Mio Jahren versanken ganze Wälder in einer sumpfigen Senke, die sich durch geologische Verschiebungen gebildet hatte. Dann kam die Eiszeit, erdrückte den Sumpf samt Bäumen zu Braunkohle und hinterließ schließlich einen 8 km langen See. Dieser verlandete im Mittelalter, wurde im 15.

**EIMERWEISE KOHLE**

Jahrhundert wieder freigelegt, um 150 Jahre später wieder trocken gelegt zu werden. 1828 wurden die Braunkohlelager entdeckt und nach und nach ausgebeutet. Gruben entstanden, Dörfer wurden verlegt, Riesen-Bagger fraßen sich durch die Landschaft. So ging es bis 1996. Zurück blieb eine kahle Mondlandschaft. Die ehemalige **Grube Concordia** füllte sich langsam mit Wasser. Zu langsam, wie die Leute hier meinten und bildeten beim **I. Seelandfest** 1998 eine kilometerlange Eimerkette, um Wasser aus der Solke in die Grube zu kippen! Keine Bange: Bei der jährlichen Wiederholung des Seelandfestes im August wird Flüssiges nur noch in Kehlen gegossen. ◀

### Hunger & Durst
**Gaststätte Arche Noah,** ✆ 034741/789601. April – Okt täglich 10 – 22 Uhr, im Winter Di – Fr ab 11.30 Uhr. Mit Außenterrasse und Imbiss.

▶ Dass zwischen Nachterstedt, Schadeleben und Neu Königsaue viele Jahre lang Braunkohle abgebaut wurde, ist heute kaum noch zu sehen. Seit mehreren Jahren wird hier ein Naherholungsgebiet geschaffen, in dessen Zentrum der immer noch wachsende Concordiasee liegt. Am Badestrand könnt ihr euch ins Wasser stürzen und zur Badeplattform schwimmen, unter die Sonnensegel in den Schatten legen oder Beachvolleyball spielen. Tret- und Ruderboote können am Steg entliehen werden. Sogar ein Personenschiff verkehrt auf dem See. Viermal täglich bricht es zu einer einstündigen Rundfahrt auf.

### Halberstädter See
✆ 03941/687851, Fax 687820. www.fsz-halberstadt.de. gido.maak@fsz-halberstadt.de. **Auto:** Magdeburger Straße (B81), Quenstedter Straße, Rote Föhr. **Rad:** Harzvorland-Radwanderweg nach Halberstadt. **Zeiten:** Mai – Sep Mo – Fr 9 – 21 Uhr, Sa, So 8 – 21 Uhr. **Preise:** 2 €, 10er-Karte 15,40 €; Kinder 4 – 15 Jahre 1 €, 10er-Karte 7,60 €.

▶ Der Halberstädter See ist ein Paradies für kleine und große Wasserratten. Vom schönen Sandstrand aus startet ihr ins kühle Nass und könnt euch so richtig austoben. Wer doch lieber auf dem Trockenen weilt, kann dem Spielplatz einen Besuch abstatten oder sich statt in auf das Wasser wagen: Beim Bootsverleih gibt es nicht nur Tret- und Ruderboote, sondern auch Kanus zu leihen. Fußball, Volleyball oder Tischtennis stehen ebenfalls zur Verfügung.

**Bootsverleih:** Tretboot 3,50 €, Ruderboot oder Kanu 2,50 €.

## RAUS IN DIE NATUR

Vergesst nicht, einen **Picknickkorb** und Badesachen mitzunehmen!

## Radeln wie der Teufel

### Kleine Fahrradtour von Quedlinburg zur Teufelsmauer
**Länge:** 12 km. **Bahn/Bus:** Bahn bis Quedlinburg. **Rad:** Harzvorland-Radwanderweg, bis Neinstedt Markierung HVR.

▶ Zur bizarren Teufelsmauer radelt ihr bei dieser Tour. Los geht's am **Bahnhof** in Quedlinburg: Über den Harzweg, links in die Stresemannstraße, gleich wieder rechts in den Rambergweg, den Gernröder Weg überqueren und ein kleines Stück weiter in den Neinstedter Feldweg einbiegen. Dieser gehört zum *Harzvorland-Radwanderweg*. Nun habt ihr eine schöne gerade Strecke vor euch, die euch schnurstracks nach Neinstedt bringt. Überquert an der Quedlinburger Straße rechts die *Bode* und schon seht ihr links einen **Parkplatz** mit Tischen und Bänken für euer Picknick! Einen Abstecher zu Fuß solltet ihr von hier aus zur Teufelsmauer unternehmen. Toll, wie die Felsen hier aus der flachen Umgebung ragen! Auf dem Weg kommt ihr an einer Badestelle in der Bode vorbei. Hier tummeln sich die Neinstedter gern an heißen Sommertagen.

Zurück fahrt ihr die gleiche Strecke oder aber durch **Neinstedt** und dort über die Straße An der Schwedenlinde (Harzrundweg) zur Suderöder Chaussee (stark befahren!) und auf dieser durch *Quarmbeck* zurück nach Quedlinburg. Möglich ist es auch, nach Queren der Bahnlinie auf den Feldweg links einzubiegen und nach erneutem Queren der Bahn wieder rechts. So stoßt ihr schließlich wieder auf den Neinstedter Feldweg.

*Der Sage nach wollte der Teufel eine Mauer um den Harz ziehen, um sie als sein Reich zu kennzeichnen. Vor dem ersten Hahnenschrei sollte der Bau fertig sein und so begann er mitten in der Nacht mit seinem Werk. Da kam ein Bauer des Wegs, erschrak fürchterlich angesichts der hohen Mauer und ließ seinen Korb mit dem Hahn fallen. Der krähte natürlich vor Schreck. Der Teufel glaubte, es sei schon Morgen und er habe sein Werk nicht vollendet. Aus lauter Wut warf er Felsbrocken auf die schon fertigen Abschnitte – so entstand die Teufelsmauer.*

## Wandern und Spazieren

### Spaziergang in den Spiegelsbergen
www.hbs-online.info/spiegelsberge. **Länge:** beliebig, kinderwagentauglich. **Bahn/Bus:** Bus 12, 15 bis Kirschallee. **Auto:** Über Hans-Neupert-Straße und Kirschallee zum Parkplatz. **Rad:** Harzvorlandradweg. **Preise:** Eintritt frei (außer Tiergarten Halberstadt).
▶ Könnt ihr euch vorstellen, dass die Hügel im Süden von Halberstadt einst nahezu kahl waren und Schafen zum Weiden dienten? 1761 kaufte Freiherr

🦉 *Das Riesenweinfass* hat 1596 Fassbaumeister Michael Werner aus Landau für Herzog Heinrich Julius gezimmert. Es fasst 137.000 Liter – da passt eine ganze Schulklasse rein! Michael Werner hatte schon Erfahrung mit solchen Prunk- und Angeberaufträgen, denn er zimmerte auch das berühmte Fass von Heidelberg, von dem es aber heute nur noch einen Nachbau gibt.

### Hunger & Durst
**Jagdschloss,** In den Spiegelsbergen 6, 38820 Halberstadt. ✆ 03941/583995. www.jagdschloss-halberstadt.de. Di – So ab 11 Uhr. Kinderkarte.

@ Die Kinder des Ortes haben viel Interessantes über Langenstein zusammengetragen. Ihr könnt die Sage von Grusli oder dem Gläsernen Mönch nachlesen und Bilder von den letzten Höhlenbewohnern sehen: www.langenstein-harz.de.

von Spiegel das Gelände und gestaltete einen Landschaftspark, der bis heute seinen Reiz nicht verloren hat. Im südlichen Bereich liegt der ↗ *Tiergarten,* dessen Besuch zu jeder Jahreszeit lohnt. Viel zu entdecken ist aber auch während des **Rundgangs:** Höhlen und Grotten, das Spiegel-Mausoleum oder das älteste *Riesenweinfass* Deutschlands im Keller des Jagdschlosses des Freiherrn. Hier ist heute ein gehobenes **Restaurant-Café** gleichen Namens mit schönem Wintergarten zu finden. Nicht weit entfernt blickt man vom Aussichtspunkt Belvedere über die Wipfel der Bäume. An der Jahnwiese wird im Winter gerodelt, im Sommer wartet der Spielplatz auf Eroberer.

Wie wäre es noch mit einem Abstecher zum **Bismarckturm?** Dieser Aussichtsturm liegt nördlich der Jahnwiese auf dem höchsten Punkt der Spiegelsberge, dem 170 m hohen *Blankenburger Kopf.* Der Turm ist täglich 10 – 18 Uhr zu besteigen, sodass ihr aus 22 m Höhe eine tolle Aussicht genießen könnt (freier Eintritt).

## Spaziergang in Langenstein: Höhlen und die Ruine der Altenburg

www.langenstein-vorharz.de. **Länge:** 3 km, steinig, nicht kinderwagentauglich. **Bahn/Bus:** Bus 252, 261 bis Kindergarten, Dorfstraße folgen bis Ölmühlenteich (oder: Aufstieg neben Haus Nr. 14 Quedlinburger Straße). **Auto:** B81 Blankenburg – Halberstadt. **Rad:** Harzvorlandradweg. **Infos:** Verwaltungsgemeinschaft Harzvorland-Huy, Bahnhofstrasse 210, 38822 Schachdorf Ströbeck. ✆ 039427/960-100, info@harzvorland-huy.de, www.harzvorland-huy.de.

▶ Langenstein ist bekannt für seine **Höhlen,** die im 12. Jahrhundert aus dem Sandsteinfelsen oberhalb des Ortes geschlagen und dann bis ins 20. Jahrhundert als Wohnungen genutzt wurden. Vom Ort aus ist der Berggipfel mit dem Wetterpfahl gut zu sehen. Dort geht es hin!

Die Dorfstraße führt bis zum **Ölmühlenteich,** in dem einst das Seeungeheuer Grusli gelebt haben soll. Hier führt ein schmaler Pfad bergauf zu den Höhlen. Ursprünglich wurden sie wohl für Wachpersonal und Pferde der nahen Burg angelegt, doch dann zu Wohnzwecken umgebaut. So gab es früher auch Türen, die man aber im Sommer offen stehen ließ, um genug Licht einzulassen. Im Winter heizte man den Sandstein mit einem eisernen Ofen auf. Erst 1916 zog der letzte Höhlenbewohner aus.

An einem Torbogen und anderen Mauerresten der **Altenburg** vorbei geht es schließlich auf die Bergkuppe. Welch ein schöner Blick über den Ort! Auf einer Bank könnt ihr euch ausruhen oder ein kleines Picknick veranstalten.

## Natur und Umwelt erforschen

### Planetarium Aschersleben

Auf der Alten Burg 40, 06449 Aschersleben. ✆ 03473/ 2592, Fax 699069 (Tierpark). www.sternfreunde-aschersleben.de. info@sterndfreunde-aschersleben.de. Im Tierpark. **Bahn/Bus:** Bahn bis Aschersleben, Bus 22. **Auto:** B185 (Zollberg), Über den Brücken, Hohlweg, Askanierstraße bis zum Ende. **Rad:** Radweg von Welbsleben führt unterhalb des Tierparks entlang. **Zeiten:** Veranstaltungen für Familien finden häufig So um 15 Uhr statt, genaues Programm im Internet. **Preise:** 3 €, Kombikarte mit Tierpark 6 €; Kinder bis 18 Jahre 2 €, Kombikarte mit Tierpark 3,50 €; Familien (2 Erw, 3 Kinder) 8 €, Schulklassen 1 €, Gruppen ab 15 Pers 2,50 €, Kindergruppe 1,50 €.

▶ Wollt ihr wissen, wie der Sternenhimmel im Sommer aussieht, warum Saturn der Herr der tausend Ringe ist oder welche kosmischen Katastrophen im Weltall passiert sind? Dann kommt ins Planetarium nach Aschersleben und erfahrt mehr darüber! Die Vorführungen machen der ganzen Familie Spaß.

### Hunger & Durst
**Schäferhof Langenstein,** Quedlinburger Straße 28a, Langenstein. ✆ 03941/ 613841. www.schaeferhof-langenstein.de. Restaurant und Café täglich 11 – 22 Uhr, Hofladen Mo – Fr 9 – 17, Sa 8 – 13 Uhr. Denkmalgeschützter Hof, Einkehr und Handwerkliches rund ums Schaf.

**Astro-Club** Mo 17.30 – 19 Uhr (außer in den Ferien).

Auch für jüngere Kinder ist ein spezielles Programm vorgesehen.

Wenn ihr euch für Astronomie und Raumfahrt interessiert und mindestens die 5. Klasse besucht, könnt ihr auch den **Astro-Club** besuchen! Sterne beobachten, an Projekten mitarbeiten, durch Teleskope in den Himmel schauen – das und viel mehr könnt ihr mit gleichgesinnten Kindern und Jugendlichen ausprobieren.

## Pferde und andere Tiere

### Reiterhof Stübig

Hahnstraße 11a, 38871 Abbenrode. ✆ 039452/88452, Handy 0170/2327433. www.reiterhof-stuebig.com. reiterhof-stuebig@web.de. **Bahn/Bus:** Bus 260, 283, 877. **Auto:** B6 bis Abbenrode, Osterwiecker Straße, Lange Straße. **Rad:** Radweg von Wiedelah. **Zeiten:** Di – So 9 – 18 Uhr. **Preise:** Ponyreiten 8 – 12 €.

▶ Dina, Arabella, Orchidee und weitere 50 Ponys und Pferde erwarten euch im Ponyhof Stübig. Ponyreiten oder Ausritte auf dem Pferderücken sind die Angebote dieses schön gelegenen Hofes.

### Exotisches im Tierpark Aschersleben

Auf der Alten Burg 40, 06449 Aschersleben. ✆ 03473/3324, Fax 699069. www.zoo-aschersleben.de. office@zoo-aschersleben.eu. **Bahn/Bus:** Bahn bis Aschersleben, Bus 22. **Auto:** B185 (Zollberg), Über den Brücken, Hohlweg, Askanierstraße bis zum Ende. **Rad:** Radweg von Welbsleben führt unterhalb des Tierparks entlang. **Zeiten:** April – Sep 9 – 19 Uhr, März, Okt 9 – 18 Uhr, Nov – Feb 9 – 17 Uhr. **Preise:** 4 €; Kinder 4 – 18 Jahre 2 €, Ponyreiten 1 €; Familien 10 €, Gruppen Erw 3, Kinder 1,50 €.

Hinter dem Tierpark-Café befinden sich der **Spielplatz** und ein **Streichelgehege**. Im Juni gibt es ein Kinderfest.

▶ Im Tierpark von Aschersleben werdet ihr Bewohnern begegnen, die in anderen Zoos eher selten sind. Da gibt es die Brazza-Meerkatze und das Lisztäffchen mit wilder Mähne, die Salzkatze und den Ozelot, die Streifenhyäne und die Oman-Falbkatze, den Großen Mara und den Chinesischen Muntjak. Im Tropenhaus erwarten euch Kaimane, Anakondas und Indische Riesenflugfüchse. Im Nachttierhaus wird die Nacht zum Tag und ihr seht nachtaktive Flughunde und Leguane. Mehrere Vogelvolieren und ein Affenhaus sind frei begehbar, sodass ihr den Tieren direkt in die Augen blicken könnt. Wie heute zum Glück üblich, bemüht man sich auch in Aschersleben um artgerechte Haltung mit genügend großem Auslauf. So haben die Sibirischen Tiger Puhdy und Tanja sowie die weißen Tiger Karim und Kiara viel Platz, ebenso die Brillenbären. Dort dürft ihr aber nicht rein …

*60 Vogelarten sind in Deutschland vom Aussterben bedroht, 190 in Europa und 1200 weltweit! Wenn ihr mehr darüber erfahren wollt, besucht das ↗ Heineanum in Halberstadt!*

## Tiergarten Halberstadt

Spiegelsberge 4, 38820 Halberstadt. ✆ 03941/24132, Fax 448016. www.halberstadt.de. tiergarten@halberstadt.de. **Bahn/Bus:** Bus 12, 15 bis Kirschallee. **Auto:** Über Hans-Neupen-Straße und Kirschallee zum Parkplatz. **Rad:** Radweg zwischen Blankenburg und Halberstadt. **Zeiten:** April – Sep 9 – 19 Uhr, Okt – März

Weißstorch

Da brat mir doch einer einen Storch! Wir sind Kronenkraniche, keine Weißstörche!
Das Erdmännchen kann sich da nur wundern

Zum **Kinderfest** im Juni und **Tiergartenfest** im August wird die Show »Die lustige Tierschule« mit Kakadu, Graupapagei, Aras und Mäusen vorgeführt! Schulklassen können sie für ihren Besuch buchen, der Preis ist im Eintritt enthalten!

@ Auf der Internetseite des Tiergartens könnt ihr euch einen Überraschungs-Gutschein herunterladen (unter dem Menüpunkt Tiere).

Am ↗ **Concordiasee**, knapp 2 km weiter, gibt es einen Badestrand, einen Bootsverleih und sogar Schifffahrten. Der Parkbon gilt auch hier.

9 – 17 Uhr. **Preise:** 3 €; Kinder 5 – 14 Jahre 1 €, Rentner und Ermäßigungsberechtigte 1,50 €; Familien (2 Erw, 1 Kind, alle weiteren Kinder frei) 6 €.

▶ Mitten in dem wunderschönen ↗ *Landschaftspark Spiegelsberge* liegt der 10 Hektar große Tiergarten, der 400 Tiere 85 verschiedener Arten beherbergt. Auf und ab führen die Wege, vorbei an Hängebauchschweinen, süßen Bennett-Kängurus, wuscheligen Erdmännchen, Wolf, Puma und Frettchen. Im Streichelgehege warten nicht nur Ziegen, sondern auch Schafe, Schweine, Esel und Ponys. Die Meerschweinchen bewohnen eine Nachbildung der Spiegelsberge mit ihren historischen Gebäuden. Ob sie auch ein eigenes Mini-Riesenfass im Keller haben? In der **Waldschänke** gibt es Gutes für den Magen, dahinter liegt gleich der Spielplatz. Viele kleine Spiele und Quizfragen zu Natur und Umwelt lockern den Rundgang auf und machen der ganzen Familie Spaß.

## Abenteuer- und Erlebnisparks

### Abenteuerland Königsaue

06449 Schadeleben. Seeland GmbH, Seepromenade 1, ✆ 034741/91341. www.seeland.de. info@seeland.de. **Bahn/Bus:** Bus 411. **Auto:** Von Quedlinburg über Gatersleben, durch Schadeleben durch, an der abknickenden Vorfahrt geradeaus, Ausschilderung Seeland Abenteuerland, Parkplatz 2 €. **Rad:** R1 bis Schadeleben oder Radweg von Aschersleben. **Zeiten:** April – Okt 10 – 20 Uhr. **Preise:** Eintritt frei.

▶ Südlich von Schadeleben findet ihr den größten Kinderspielplatz von Sachsen-Anhalt! Tolle Spielgeräte gibt es hier, eine Burganlage, eine Seilbahn, ein Piratenschiff, ein Wackelauto, eine Seillandschaft, diverse Schaukeln und Wippen. Sehr beliebt ist der Tarzanschwinger, eine Tellerschaukel, auf der ihr hoch hinaus kommt. Ihr könnt auch Tischtennis, Basketball oder Riesenschach spielen. Oder ihr versucht, im Buchsbaum-Labyrinth einen Ausgang zu finden! Am Kiosk mit Imbiss könnt ihr euch mit Getränken und Essbarem versorgen und dieses auf einem der Picknickplätze verzehren.

### Geburtstagsfete auf der Kontiki

Verein für ganzheitliche Erlebnispädagogik, Feldmark links der Bode 15b, 06484 Quedlinburg. ✆ und Fax 3946/515575, 515200. Handy 0160/6694202. www.kontiki-ev.de. Kontiki-QLB@t-online.de. **Bahn/Bus:** Bus 227 bis Münchenhof. **Auto:** Ditfurter Weg, Ritteranger, Himmelsbrücke. **Zeiten:** Täglich 9 – 18 Uhr; jeweils ab 15 Uhr: Mo Mitmachzirkus, Mo, Fr Reiten, Di Klettern an der Indoorwand, Do alte Handwerkstechniken. **Preise:** Offene Angebote kostenlos.

▶ Der Verein Kontiki hat eine breite Palette von Angeboten für Gruppen, Schulklassen, Kindergeburtstage oder Familienfeste auf Lager. Auf dem Gelände vor den Toren Quedlinburgs gibt es ein Indianerdorf mit Feuerstelle, eine Kletterwand, Tischtennis und Billard sowie eine Reihe von Tieren: Pferde, Esel, Schweine, Ziegen, Hühner, Hunde, Katzen, Kaninchen und Meerschweinchen. Kremserfahrten können ebenso gebucht werden wie Tagesprogramme. Ihr könnt Kanu fahren oder euch als Zirkusartisten versuchen. Übernachtungsmöglichkeiten bestehen im Haus oder in Tipis.

*Kon-Tiki hieß einst das Floß des norwegischen Wissenschaftlers und Abenteurers Thor Heyerdahl, mit dem er nach Polynesien segelte. Der Verein hat sich nach ihm benannt, weil Heyerdahl einiges möglich gemacht hat, was zuvor unmöglich schien – so wie der Verein auch.*

## Bahnen und Betriebe

### Mit der Bimmelbahn durch Quedlinburg

Quedlinburger Bimmelbahn, Neuer Weg 22, 06484 Quedlinburg. ✆ und Fax 03946/918888. Handy 0172/3743609. www.quedlinburger-bimmelbahn.de. info@quedlinburger-bimmelbahn.de. **Bahn/Bus:** Bahn bis Quedlinburg, Bus 1, 9, 11, A, B. **Auto:** Parkplatz Carl-Ritter-Straße. **Rad:** Nähe Harzvorland-Radwanderweg. **Zeiten:** ab Marktplatz April – Okt täglich 10 – 16

## HANDWERK UND GESCHICHTE

Die spannende Detektivgeschichte »Die Jagd nach dem roten Edelstein« spielt in Quedlinburg. Das Bilderbuch ist direkt beim Verlag unter www.letterado-verlag.de oder in der Tourist-Info erhältlich, 14,95 €.

Uhr zur vollen Stunde, Dez – März bei Bedarf 11 – 15 Uhr, Dauer 45 Min. **Preise:** 5,50 €; Kinder bis 10 Jahre 2,50 €; Gruppen ab 30 Pers 1 € Ermäßigung.

▶ Es rumpelt zwar ganz ordentlich über das Kopfsteinpflaster, doch bei der Fahrt mit der Bimmelbahn lernt ihr in 45 Minuten ganz Quedlinburg kennen und müsst nicht einmal laufen! Vom historischen Marktplatz geht es zunächst durch die Altstadt mit ihren engen Straßen und unzähligen Fachwerkhäusern, für die die Stadt so bekannt ist. Ganz genau erklärt der Fahrer die verschiedenen Merkmale und Schmuckelemente aus früheren und späteren Zeiten. Die Bahn passiert den Schlossberg und fährt weiter Richtung Neustadt. Keine Bange – Plattenbauten aus DDR-Zeiten sind hier nicht das Ziel. Die Häuser der Neustadt sind einfach nur ein bisschen neuer als die der Altstadt!

### Hier geht's um die Wurst

Würstchen- und Konservenfabrik, Große Ringstraße, 38820 Halberstadt. ✆ 03941/31204, Fax 31111. www.halberstaedter.de. info@halberstaedter.de.
**Bahn/Bus:** Bus 12 (nur Mo – Fr), 15. **Auto:** B79, Wilhelm-Trautewein-Straße, links. **Preise:** 6 € inklusive Eintopf. **Infos:** Gruppen-Anmeldung über Halberstadt Information, Hinter dem Rathaus 6, ✆ 03941/551815.

Familien können sich in der Würstchenfabrik anmelden und sich einer kleineren Gruppe bei der Führung anschließen.

▶ Würstchen in Dosen werden schon seit 1883 in Halberstadt hergestellt. Wie das genau geschieht, erfahrt ihr bei einer Führung durch die Würstchen- und Konservenfabrik. Natürlich werdet ihr mit Schutzkleidung versorgt, denn es darf ja kein Schmutz in die Fabrik gelangen. Am Drehtisch werden die vielen, vielen Würstchen in Dosen verpackt. Im firmeneigenen Museum seht ihr alte Maschinen, Urkunden und Auszeichnungen sowie das Sortiment der Produkte.

### Glasmanufaktur Harzkristall

Im Freien Felde 5, 38895 Derenburg. ✆ 039453/680-0, Fax 680-25. www.harzkristall.de. info@harzkristall.de. **Bahn/Bus:** Bus 252 von Halberstadt oder Wernigerode. **Auto:** B81 von Blankenburg – Halberstadt, Ausschilderung folgen. **Rad:** Am Holtemme-Radweg. **Zeiten:** Führungen stündlich Mo – So 10.30 – 15.30 Uhr; Glasmarkt Mo – So 10 – 18, Jan – März 10 – 17 Uhr. **Preise:** 3 €, nur Zuschauertribüne 1 €; Kinder 6 – 16 Jahre 1,50 €; Schüler, Studenten 1,50 €, Familien (2 Erw, 3 Kinder) 7 €.

▶ Die multimediale Führung durch die Glasmanufaktur dauert eine halbe Stunde und macht Groß und Klein Spaß! Woraus besteht Glas eigentlich und wo wurde es erfunden? Nachdem diese Fragen anschaulich geklärt wurden, geht es in den Bereich, in dem abends die Bestandteile des Glases zusammengemischt und zum Schmelzen gebracht werden. Die Geschichte der Glashütte wird in einem Film dargestellt und einige Gegenstände aus der langen Produktionsgeschichte gezeigt. Schließlich führt der Weg direkt zu den Glasbläsern. Vor den Augen der Besucher entstehen Rosenkugeln, Vasen oder Lampen – toll!

Der große lichtdurchflutete Verkaufs- und Ausstellungsraum bietet gute Beispiele, was man alles aus Glas herstellen kann. Im Weihnachtsland werden auch im Sommer Christbaumkugeln verkauft. Im Außenbereich warten ein toller Spielplatz, eine Terrasse und eine Open-Air-Bühne. Im **Bistro** gibt es Kuchen, Eis und Snacks.

Regionale Produkte gibt es auf dem **Bauernmarkt in Derenburg** von März bis Dez immer Sa 8 – 13 Uhr zu kaufen, direkt an der Hauptverkehrsstraße, in wettergeschützten Hallen.

## Burgen, Schlösser und Kirchen

### Konradsburg Ermsleben

Auf der Konradsburg, 06463 Ermsleben. ℗ 034743/92564, Fax 92563. www.konradsburg.com. kontakt@konradsburg.com. **Auto:** Von Ermsleben etwa 3 km über Konradsburger Straße. **Rad:** Welbslebener Straße, Rathweiden. **Zeiten:** April – Okt 10 – 17, Nov – März 10 – 16 Uhr. **Preise:** Eintritt frei.

👀 *Romanik: etwa 1000 – 1250, typisch sind Rundbögen, dickes Mauerwerk, kleine Fenster und Türen, wenig Verzierungen. Weitere romanische Bauwerke im Harz sind die Stiftskirchen in Gernrode und Quedlinburg.*

### Hunger & Durst
**Galerie-Café,** Auf der Konradsburg, 06463 Ermsleben. ✆ 034743/392563. Nur Sa, So. Bei schönem Wetter kann man im Hof sitzen.

▶ Schon im 12. Jahrhundert wurde die Konradsburg in ein Benediktinerkloster umgewandelt. Denn die Burgherren bauten sich nicht weit entfernt die Burg Falkenstein und zogen dorthin. Baugeschichtlich gehört die Konradsburg bzw. das Kloster der **Romanik** an. Von der einstigen Basilika sind nur der Hohe Chor und die darunter liegende Krypta erhalten geblieben. Seit dem 18. Jahrhundert wurde die Anlage landwirtschaftlich genutzt und weitere Gebäude und Ställe entstanden. Zeitweise wurde sogar die Krypta als Stall genutzt! Da war das Kloster schon aufgelöst und preußische Staatsdomäne geworden. Im Ostflügel der Klausur (Bereich, der nur für einige Mönche zugänglich ist) befinden sich heute das **Galerie-Café** sowie das **Brunnenhaus** mit der Schauanlage eines Eselstrades. Ein Esel musste im Kreis laufen und dabei das Wasser nach oben befördern.

Die Konradsburg war schon dem Verfall preisgegeben, bis sich in den 1980er Jahren eine Berliner Studentengruppe für ihren Erhalt einsetzte. Der heutige Förderverein ist sehr aktiv: Ostermarkt, Walpurgis, Burgfeste, Halloween und Burgweihnacht könnt ihr besuchen. Für Schulklassen werden individuelle Programme zusammengestellt.

### Stiftskirche St. Servatii und Domschatz zu Quedlinburg
Schlossberg 1, 06484 Quedlinburg. ✆ 03946/709900, 3552. www.quedlinburg.de. **Bahn/Bus:** Bus A, B bis Kaiser-Otto-Straße. **Auto:** Parkplatz Schenkgasse. **Rad:** Harzvorland-Radweg. **Zeiten:** Mai – Okt Di – Sa 10 – 17.30, So, Fei 12 – 17.30, Nov – März Di – Sa 10 – 15.30, So, Fei 12 – 15.30, April Di – Sa 10 – 16.30, So, Fei 12 – 16.30 Uhr. **Preise:** 4,50 €, Krypta 1,50 €; Kinder ab 6 Jahre 3 €, Krypta 1 €; Kombiticket Dom und Schloss 7 €, Kinder 4,50 €. **Infos:** Führungen ab 10 Pers, in der Regel um 11 (So 12 Uhr), 13, 15 Uhr; alternativ wird eine Ton-Bild-Schau angeboten; ein Faltblatt erklärt die Stücke aus dem Domschatz.

Überragend: Quedlinburgs Stiftskirche

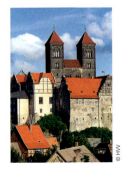

▶ Groß und imposant erhebt sich der Quedlinburger Schlossberg über den Fachwerkhäusern der Stadt. Auf den Sandsteinfelsen am Fuße des Berges lässt es sich toll klettern, doch auch der Aufstieg zu **Schloss** und **Stiftskirche** lohnt sich. Während einer Führung wird alles genau erklärt und auf interessante Details hingewiesen. Hättet ihr sonst bemerkt, dass sich im Mittelschiff von St. Servatius immer zwei Säulen mit einem Pfeiler abwechseln? Das nennt man *Niedersächsischen Stützenwechsel* und ist eine Besonderheit des Doms. Schaut euch auch die vielen Verzierungen daran an! Erkennt ihr Adler, Taube, Lamm und Fisch? Sie stehen symbolisch für den Heiligen Geist und das Christentum. Der Großteil

*Im Evangeliar stehen die Botschaften der Evangelisten Matthäus, Markus, Lukas und Johannes. Diese Textbücher waren im Mittelalter wertvoll verzierte, dicke Bücher – natürlich mit der Hand geschrieben!*

## DER DOMSCHATZ VON QUEDLINBURG

▶ Wie stellt ihr euch einen Schatz vor? Gold, Silber, Schmuck und Münzen? Nun, der Domschatz von Quedlinburg ist eine ganz andere Art von Schatz, aber er ist dennoch Millionen von Euro wert und war sogar jahrelang verschollen. Im Zweiten Weltkrieg (1939 – 45) nämlich wurde der Schatz in Höhlen versteckt, um ihn vor Zerstörung und Plünderung zu schützen. Doch ein amerikanischer Soldat fand ihn, stahl einige der wertvollsten Dinge und schickte sie per Feldpost in seine Heimat Texas. Über 40 Jahre lang galten zwölf Stücke aus dem Schatz als verschollen. Erst als die Erben des Soldaten nach dessen Tod versuchten, ein **Evangeliar** zu verkaufen, wurde der Kunstraub aufgedeckt und zehn der gestohlenen Stücke kehrten 1993 nach einem Vergleich nach Quedlinburg zurück. Nach wie vor unauffindbar sind ein kleines Kreuz und ein Bergkristallfläschchen.

Zu den bedeutendsten und wertvollsten Gegenständen aus dem Domschatz gehören die **Reliquiare.** Es handelt sich dabei um Behälter für Reliquien, das sind Teile vom Körper oder von Gewändern von Heiligen. Das können Haare sein, ein Zahn oder ein Stück Stoff. Diese wurden in kostbaren Elfenbeinkästchen oder anderen kleinen Truhen aufbewahrt, eben den Reliquiaren. ◀

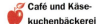
**Café und Käsekuchenbäckerei Vincent,** Schlossberg 13, ✆ 03946/811970. Di – So 11 – 18 Uhr.

*Eine Krypta ist eine Grabanlage, die sich unter dem Altarraum vieler Kirchen befindet.*

des Baus stammt aus dem 12. Jahrhundert und zählt zu den bedeutendsten romanischen Kirchen in Deutschland. Im hinteren Teil der Kirche befindet sich der *Hohe Chor* (1320 im gotischen Stil umgebaut), der in der Tat ungewöhnlich hoch liegt. Grund dafür ist die darunter liegende Krypta, in der *Heinrich I.,* der Vogler (936 gestorben) und seine Frau *Mathilde* (986 gestorben) begraben wurden. Rechts und links vom Chor befinden sich die Schatzkammern mit den unvorstellbar wertvollen Reliquiaren, Evangeliaren, einem Bischofsstab oder einem Elfenbeinkamm.

## IMMER WIEDER HEINRICH!

▶ Heinrich hießen einige deutsche Könige und Herzöge. Was heute so altmodisch klingt, war ein beliebter Name im Mittelalter! **Heinrich I.** (Regierungszeit 919 – 936) ist eng mit Quedlinburg verbunden. Am Vogelherd (auch Finkenherd) soll er die Nachricht erhalten haben, dass er zum deutschen König gewählt wurde. Damit war er der erste König aus sächsischer Familie. Die *Quitilingaburg* baute er zu einer der bedeutendsten Pfalzen aus. Heinrich I. wurde dann auch in der Stiftskirche von Quedlinburg beigesetzt. Die nachfolgenden drei Könige hießen alle Otto und werden darum die Ottonen genannt. Ab dem Jahre 1002 und bis 1024 regierte wieder ein **Heinrich,** der somit der Zweite war. Er war der letzte sächsische Herrscher und verlegte seine Pfalz Werla nach Goslar. **Heinrich III.** (1039 – 1056), ein Franke und Salier, erkor Goslar sogar zu seinem bevorzugten Aufenthaltsort. Nachdem er bei einem Jagdunfall ums Leben gekommen war, wurde sein Herz in der St.-Ulrichs-Kapelle beigesetzt. Sein Sohn, **Heinrich IV.,** wurde mit erst 6 Jahren sein Nachfolger und deutscher König! 1073 vertrieben ihn die Sachsen von der Harzburg. 1077 trat er den berühmten Gang nach Canossa zu Papst Gregor VII. an. Die Besetzung hoher Kirchenämter wollten die Päpste für sich beanspruchen, Heinrich kam als Bittsteller zu Gregor, um den von diesem auferlegten Kirchenbann zu lösen. Heinrich IV. büßte stark an Macht ein und wurde schließlich 1105 von seinem Sohn **Heinrich V.** abgelöst. ◀

## Schloss Quedlinburg

Schlossberg 1, 06484 Quedlinburg. ℂ 03946/ 905681, Fax 905689. www.quedlinburg.de. qtm@quedlinburg.de. **Bahn/Bus:** Bus A, B bis Kaiser-Otto-Straße. **Auto:** Parkplatz Schenkgasse. **Rad:** Harzvorland-Radweg. **Zeiten:** April – Okt täglich 10 – 18, Nov – März Sa – Do 10 – 16 Uhr. **Preise:** 4 €; Kinder 6 – 18 Jahre 2,50 €; Familien 9 €.

▶ Das Quedlinburger Schloss beherbergt das **Stadt- und Schlossmuseum.** Eine Reise durch die Zeit führt von der Ur- und Frühgeschichte über das Mittelalter bis zu den Prunkgemächern des 17. und 18. Jahrhunderts. In den ehemaligen Empfangs- und Gesellschaftsräumen des Damenstifts kann man sich gut vorstellen, wie die Adligen einst lebten.

Der *Raubgrafenkasten* sieht zwar nicht spektakulär aus, doch soll in ihm der Regensteiner Graf Albrecht II. im 14. Jahrhundert mehrere Wochen gefangen gehalten worden sein – wegen fortgesetzten Landfriedensbruchs. Das hölzerne Gefängnis war auf dem Quedlinburger Marktplatz ausgestellt, bis der Graf einlenkte und die Bedingungen der Stadt akzeptierte.

Die Ausstellung »Auf den Spuren der Ottonen« ist im Kellergewölbe untergebracht. Hier erfahrt ihr so manches über die Geschichte Quedlinburgs.

## Dom und Domschatz zu Halberstadt

Domplatz 16a, 38820 Halberstadt. ℂ 03941/24237, Fax 621293. www.dom-und-domschatz.de. mail@dom-und-domschatz.de. **Bahn/Bus:** Stadtbus 11, 12, Straßenbahn 1, 2 ab Bhf bis Fischmarkt, Holzmarkt oder Hoher Weg. **Auto:** City. **Rad:** Harzvorlandradweg, Sternstraße, Westendorf, Domplatz. **Zeiten:** Mai – Okt Mo – Sa 10 – 17, So, Fei 11 – 17 Uhr, Domschatz Mo geschlossen; Nov – April Di – Sa 10 – 16, So 11 – 16 Uhr. **Führungen:** Mitte April – Okt Di – Fr 10, 14 Uhr nur Domschatz, 11.30, 15.30 Uhr Dom und Domschatz; Sa, So, Fei 11.30, 15.30 Uhr Dom und Domschatz, 14

 Mit der **Kulturkarte** könnt ihr neben dem Schloss auch das Klopstockhaus und das Fachwerkmuseum besichtigen (8,50 €). Oder lieber das **Schlossbergticket:** Dom, Schloss und Klopstockhaus oder Fachwerkmuseum 7 € (Kinder 4,50 €).

### Hunger & Durst

**Café am Finkenherd,** Schlossberg 15, 06484 Quedlinburg. ℂ 03946/ 810373. www.cafe-am-finkenherd.de. Täglich 10 – 19 Uhr, im Winter 11.30 – 17 Uhr.

 *Der Dom zu Halberstadt gehört zu den wichtigsten gotischen Baudenkmälern Deutschlands. Um 1260 wurde mit dem Bau des Langhauses begonnen, das nicht nur lang, sondern auch beeindruckend hoch ist: 27 m! Für mittelalterliche Baumeister eine schwindelerregende Leistung.*

Uhr nur Domschatz. Nov – April Di – So 11.30, 14.30, Mo ganzjährig nur Dom 11.30 und 14.30 Uhr. **Preise:** Eintritt Dom frei, Domschatz mit oder ohne Führung 6 €; Kinder bis 16 Jahre frei, Schüler, Studenten 4 €. **Infos:** E-Guide 1 €.

▶ 100 m lang ist der **Dom St. Stephanus** in Halberstadt und birgt einen der bedeutendsten Domschätze Europas. Die kostbaren Reliquiare, mittelalterlichen Gewänder und Wandteppiche oder der alte Wärmapfel sind mit oder ohne Führung zu besichtigen. Ihr könnt auch einen elektronischen Guide leihen.

## Museen und Stadtführungen

### Museum für Glasmalerei und Kunsthandwerk

Word 28, 06484 Quedlinburg. ✆ 03946/810653. www.quedlinburg.de. qtm@quedlinburg.de. **Lage:** Im Zentrum. **Auto:** B6. **Rad:** Harzvorland-Radweg. **Zeiten:** Mai – Dez Di – Fr 10 – 17 Uhr, Sa 11 – 18 Uhr. **Preise:** 2 €; Kinder 6 – 14 Jahre 1,30 €, Kindergruppen 1,50 € mit Führung; Familien 5 €.

▶ Wie wird Licht verschluckt? Welche Farbe hat das Sonnenlicht? Wie sehen wir Farben? Im Erlebnisbereich des Glasmuseums werden alle diese Fragen beantwortet und ihr dürft ganz viel selbst ausprobieren. Drehscheiben und Verzerrspiegel laden zu Lichtexperimenten ein und erklären nebenbei, was subtraktive und additive Farbmischung ist. Ein Glasmuseum zeigt natürlich auch, wie und woraus Glas eigentlich hergestellt wird. In der Schauwerkstatt befindet sich der Arbeitsplatz des Blei- und Kunstglasers mit seinem Werkzeug wie Glasschneider oder Bleizug. Einen weiteren Schwerpunkt bildet die Glasmalerei.

 Kindergruppen können sich zu einer Führung anmelden und anschließend ein hübsches Mobile aus Glasstückchen basteln. Die Zeiten erfahrt ihr direkt im Museum, die Kosten betragen dann 4 € pro Person.

## Mitteldeutsches Eisenbahn- und Spielzeugmuseum

Blasiistraße 21, 06484 Quedlinburg. ✆ und Fax 03946/ 3751, 9019526. www.eisenbahn-spielzeug-museum.de. info@eisenbahn-spielzeug-museum.de. **Bahn/Bus:** Stadtverkehr Quedlinburg. **Auto:** Im Zentrum Nähe Marktplatz. **Rad:** Harzvorland-Radweg. **Zeiten:** April – Okt und Dez Mo – Sa 10 – 17 Uhr, Nov, Jan – März Mo – Sa 10 – 16 Uhr, ganzjährig So 11 – 16 Uhr. **Preise:** 3,50 €; Kinder ab 3 Jahre 2 €.

▶ Im Mittelpunkt des Spielzeugmuseums stehen die historischen Modelleisenbahnen unterschiedlicher Spurweite. Ein Raum wurde so hergerichtet, als wäre es das Zimmer eines Sammlers. An drei Anlagen dürft ihr selbst die Knöpfe drücken und die Bahnen fahren lassen. Es gibt aber auch Puppen, Teddys, Spiele, Kinderbücher und viel weiteres Spielzeug zu entdecken. In zwei Spielecken könnt ihr malen, euch mit tollem Holzspielzeug beschäftigen oder die Gartenbahn anschauen, die zu jeder vollen Stunde draußen ihre Runde dreht.

## Stadtführung durch Quedlinburg

Quedlinburg-Tourismus-Marketing GmbH, Markt 2, 06484 Quedlinburg. ✆ 03946/9056-24, Fax 9056-27. www.quedlinburg.de. qtm@quedlinburg.de. **Bahn/Bus:** HEX, Selketalbahn. **Auto:** B6. **Rad:** Harzvorland-Radweg. **Zeiten:** täglich 14 Uhr, April – Okt auch 10 Uhr. Nachtwächter-Führung April – Okt Mi – Sa 20.30 Uhr, Dez Fr und Sa 18 Uhr, alle ab Quedlinburg-Information. **Preise:** 5 €, Nachtwächter-Führung 6 €; Kinder 6 – 14 Jahre 2,50 €, mit dem Nachtwächter 3 €.

In der Tourist-Info erhaltet ihr für 3,50 € eine Schatzkarte von Quedlinburg. Wer das Rätsel richtig löst, bekommt sogar einen Finderlohn!

▶ Die Stadtführung durch Quedlinburg dauert 90 bis 120 Minuten und erfordert darum etwas Ausdauer! Dafür werdet ihr aber einiges zu sehen bekommen, was euch sonst bestimmt nicht aufgefallen wäre. Vom Markt bis zum Schlossberg führt der Gang durch die Altstadt. Die Geschichte Quedlinburgs und die unterschiedlichen Bauweisen und Merkmale der Fachwerkhäuser stehen dabei u.a. auf dem Programm. Spannend ist es natürlich auch, abends mit einem historischen Nachtwächter durch die Straßen zu ziehen (75 – 90 Min).

### Rundgang in Halberstadt

Halberstadt Information, Hinter dem Rathause 6, 38820 Halberstadt. ℂ 03941/551815, Fax 551089. www.halberstadt.de. **Bahn/Bus:** ↗ Halberstadt. **Zeiten:** Mo – Fr 9 – 18, Sa 10 – 13, Mai – Okt Sa bis 14 und So 10 – 13 Uhr.

▶ Einen Rundgang durch Halberstadt beginnt man am besten auf dem lang gestreckten **Domplatz** mit dem hoch aufragenden *Dom*. Rund um den Platz lagen einst 44 Kurienhäuser, in denen die Domherren wohnten. In den letzten erhaltenen Kurienhäusern sind das *Städtische Museum,* das *Heineanum* und das *Gleimhaus* untergebracht. Gegenüber vom Dom befindet sich die romanische **Liebfrauenkirche,** die mit ihren vier Türmen besonders auffällig ist (täglich 10 – 17 Uhr, Führungen 13.30 Uhr). Nördlich der Kirche wohnte im **Petershof** der Halberstädter Bischof, heute befindet sich im Nordflügel eine wunderschöne Bibliothek. Über die Peterstreppe führt der Weg zum *Jüdischen Museum.* Folgt man der **Bakenstraße** weiter, geht es an alten Fachwerkhäusern vorbei. Diese sind eine Seltenheit in Halberstadt, da im April 1945 bei einem Bombenangriff unglaublich viel zerstört wurde. Im **Schraube-Museum** in der ehemaligen Voigtei sind keine Schrauben zu besichtigen, dafür aber die Wohnkultur zu Urgroßmutters Zeiten (Voigtei 48, ℂ 03941/551430, Di – Fr 14 – 17 Uhr und 1. und 3. Wochenende im Monat, Sa, So 11 – 16 Uhr). Die Straßen *Johannesbrunnen* und *Tränketor* führen zurück zum Domplatz.

An der Ostseite des Doms geht ihr zum Hohen Weg, wo schon die **Martinikirche** zu sehen ist. Die Aussichtsplattform zwischen den Türmen ist nur zu besonderen Anlässen und Feiertagen geöffnet (1 €). Im

Langer Lulatsch: Der Roland von Halberstadt

Kirchenschiff könnt ihr ein Modell von Halberstadt anschauen.

Hinter der Martinikirche beginnt die **Fußgängerzone.** Zwischen Holz- und Fischmarkt findet ihr bestimmt ein Café zum Erholen! Vielleicht schaut ihr euch dann noch das **Rathaus** an, das erst 1998 wieder aufgebaut wurde, jedoch nach alten Plänen. Davor steht ein Roland.

### Museum Heineanum: Alle Vögel sind schon da

Vogelkundemuseum, Domplatz 36/37, 38820 Halberstadt. ✆ 03941/551461, Fax 551469. www.heineanum.de. heineanum@halberstadt.de. **Bahn/Bus:** Straßenbahn 1, 2, Stadtbus 11, 14, 15 bis Holzmarkt. **Auto:** Parkplatz Martinikirche oder Düsterngraben. **Rad:** Holtemme-Radweg. **Zeiten:** Di – Fr 9 – 17, Sa, So 10 – 17 Uhr. **Preise:** 5 €; Kinder bis 16 Jahre frei, Schüler 4 €; Kombiticket für Städtisches Museum, Heineanum und Schraube-Museum, Gültigkeit 1 Jahr.

▶ Wie sieht der Göttervogel aus Neuguinea aus? Oder der Helmvanga aus Madagaskar? Ein Quetzal? Hat ein Kiwi Ähnlichkeit mit der gleichnamigen Frucht? All das und viel mehr erfahrt ihr im Heineanum, benannt nach Ferdinand Heine, der mit seiner Vogelsammlung den Grundstock für dieses ganz besondere Naturkundemuseum legte.

Den Auftakt bilden zwei Saurierskelette, die in der Nähe von Halberstadt gefunden wurden. Aus den Sauriern entwickelten sich die Vögel, deren Urform der Archäopteryx ist. Ein Modell zeigt, wie er aussah: ein Vogel mit Zähnen! Viele Vögel, die bei uns leben, werden in ihren Lebensräumen wie Wald, Wiesen und Feldern gezeigt. Alle sind per Knopfdruck auch zu hören! Manche Überraschung gibt es bei den Vögeln aus aller Welt, viel Lehrreiches in den Informationen über Federn und Flug oder Eier und Nester.

*Der Halberstädter Roland ist aus Stein und 4,20 m hoch. Er ist nach dem Bremer Roland der zweitälteste in Deutschland. Im Harz könnt ihr euch auf Roland-Tour begeben, denn auch Quedlinburg, Nordhausen und Neustadt haben einen Roland. Sie symbolisierten im Mittelalter den Besitz des Markt-, Münz- und Zollrechts sowie der Gerichtsbarkeit einer Stadt.*

*Ferdinand Heine (1809 – 1894) war Gutsbesitzer. Seine Sammlung ausgestopfter Vögel war Mitte des 19. Jahrhunderts eine der bedeutendsten in Europa.*

Ur- und Frühgeschichte des Harzer Vorlandes sowie die Geschichte von Halberstadt spielen die Hauptrolle im **Städtischen Museum Halberstadt.** Domplatz 36, Halberstadt. ✆ 03941/551474. Di – Fr 9 – 17 Uhr, Sa, So 10 – 17 Uhr. Erw 5 €; Kinder bis 16 Jahre frei; Kombitickets.

www.schachver-ein-stroebeck.de, www.stroebecker-schach-laedchen.de.

## Schachmuseum im Schachdorf Ströbeck

Platz am Schachspiel 97, 38822 Schachdorf Ströbeck. ✆ 039427/99850, Fax 96473. www.schachmuseum-stroebeck.de. schachmusem@gmx.de. **Bahn/Bus:** Bus 212, 219. **Auto:** B79, Abzweig zwischen Apenstedt und Halberstadt. **Rad:** Am Harzvorland-Radwanderweg. **Zeiten:** Di, Mi, Fr, So 10 – 12 Uhr, Di, Mi, Fr auch 13 – 16 Uhr, Do 13 – 18 Uhr, Sa 14 – 17 Uhr. **Preise:** 2 €; Kinder 6 – 14 Jahre 1 €. **Infos:** Kooperation mit dem Domschatz in Halberstadt: Bei Besuch beider Institutionen ist der zweite Eintritt ermäßigt.

Beim **Schachfest** am letzten Mai-Wochenende könnt ihr ein Lebend-Schachspiel mit Kindern und Jugendlichen aus dem Ort sehen!

▶ Kinder aus Ströbeck lernen meist schon im Kindergarten Schach, spätestens aber in der Grundschule, denn das Spiel auf dem karierten Brett ist hier Pflichtfach! Schon seit Jahrhunderten wird das Schachspiel in dem Dorf gepflegt und das ist überall zu sehen. Der Marktplatz heißt *Platz zum Schachspiel* und ist als überdimensionales Schachbrett gepflastert. An den Fachwerkhäusern findet ihr Schachbretter und sogar die Wetterfahne auf dem Kirchturm ist kariert. Im Schachmuseum erfahrt ihr alles zur Geschichte von Ströbeck und zum Schach als Unterrichtsfach. Es gibt Schachbretter aus verschiedenen Ländern wie Peru, China oder Kirgisien. Im Innenhof dürft ihr bei schönem Wetter auch selbst zu König,

Jetzt aber Finger aus der Nase und aufgepasst! Die Ströbecker Schachfiguren sind vor dem Spiel noch etwas unaufmerksam …

Dame und Türmen greifen. Dort ist auch ein Spielplatz!

### Gedenkstätte Langenstein-Zwieberge

Vor den Zwiebergen 1, 38895 Langenstein. ✆ 03941/567324, Fax 30248. www.stgs.sachsen-anhalt.de. Info-Langenstein@stgs.sachsen-anhalt.de. **Bahn/Bus:** Bus 252 bis Langenstein-Rathaus und 3 km zu Fuß. **Auto:** B81, Abfahrt Langenstein. **Rad:** Am Harzvorlandradweg. **Zeiten:** Mo – Fr 9 – 15.30 Uhr, Sa, So 14 – 17, Nov, Jan – März 14 – 16 Uhr. **Preise:** Eintritt frei.

▶ Eine grüne Wiese, umgeben von Bäumen, in denen Vögel zwitschern – idyllisch wirkt die Landschaft. Und doch ist es bedrückend, auf die weite Lichtung zu schauen. Denn hier standen einst die Baracken des **Konzentrationslagers Langenstein-Zwieberge**, eine Außenstelle des *KZ Buchenwald*. Heute führt ein 2 km langer Rundweg um das Gelände. In seinem Verlauf liegen das Mahnmal von 1949, Reste von Baracken, der ehemalige Appellplatz, ein Massengrab und die Todeskiefer.

Das Lager wurde 1944 für 2000 Gefangene errichtet, später pferchte man über 5000 Menschen hinein. Die Häftlinge kamen aus 23 Ländern und waren zwischen 13 und 70 Jahre alt. Durch die extrem schlechten Lebensbedingungen starben täglich Gefangene, von denen die meisten in Massengräbern verscharrt wurden. Als die amerikanischen Soldaten das Lager erreichten, fanden sie dort noch etwa 1400 größtenteils schwer kranke Menschen vor.

Im Ausstellungsgebäude wird eindringlich dokumentiert, welche Qualen die Häftlinge im Lager zu erleiden hatten. Es war eingerichtet worden, weil die Gefangenen in den nahen Thekenbergen Stollen graben sollten. In diese unterirdischen Räume sollte die Flugzeugproduktion verlegt werden, da viele überirdische Werke bombardiert worden waren. Der 2,2 km lange Leidensweg führt dorthin. Ein Teil wurde für Besucher zugänglich gemacht.

 Von Halberstadt führt der **Harzvorlandweg** über die Spiegelsberge nach Langenstein.

 *In sogenannten Konzentrationslagern wurden Menschen eingesperrt, die dem jeweiligen Regime unbequem oder nur suspekt waren. Die ersten Internierungslager dieser Art gab es in den Kolonialkriegen: 1838 wurden Cherokee Indianer zwangsinterniert, 1895 wurden von den Spaniern Lager auf Kuba und 1901 von den Engländern während des Burenkrieges in Südafrika errichtet. Unter der Nazi-Herrschaft entstanden 1933 die ersten »KZ« der Deutschen, bis 1944 gab es tausende von Vernichtungs-, Konzentrations- und Außenlagern. In diesen KZ wurden die Menschen nicht nur systematisch erniedrigt und durch unmenschliche Behandlung und harte Arbeit gequält, sondern auch millionenfach planmäßig ermordet.*

# AKTIONEN UND FESTE

## Spiel & Spaß

### Nordharzer Städtebundtheater

Spiegelstraße 20a, 38820 Halberstadt. ✆ 03941/6965-65, Fax 442652. www.harztheater.de. info@harz-theater.de. **Theater Quedlinburg,** Marschlinger Hof 17/18, 06484 Quedlinburg, ✆ 03946/9622-22, Fax -20. **Bahn/Bus:** Bus 12, 14, 15. **Auto:** B79 oder B81, zwischen beiden verläuft die Spiegelstraße. **Rad:** Harz-

## FESTKALENDER

| | |
|---|---|
| **März/April:** | Sa vor Ostern, Langenstein: **Ostermarkt** auf dem Schäferhof. |
| | Sa vor Ostern, Langenstein (Sportplatz), Halberstadt (Tiergarten): **Osterfeuer.** |
| | Ostersonntag, Halberstadt: **Osterfest** im Tiergarten. |
| | Ostersonntag, Quedlinburg: **Kaiserprozession**, Kaiserzug der frühen deutschen Herrscherpaare durch die Stadt. |
| **April:** | 30. April, Konradsburg Ermsleben: **Walpurgisfeier,** mit Walpurgisfeuer und Feuershow. |
| **Mai/Juni:** | Pfingsten, Quedlinburg: **Kaiserfrühling,** mittelalterliches Spektakel auf dem Schlossberg mit Musik, Tanz und Ritterspielen. |
| **Juni:** | Mitte Juni, Ermsleben: **Burgsommerfest** auf der Konradsburg. |
| **Juli:** | 2. Wochenende, Halberstadt: **Sommerfest.** |
| **August:** | Halberstadt: **Tiergartenfest,** mit buntem Bühnenprogramm und Tierparade. |
| **September:** | 1. Wochenende, Halberstadt: **Altstadtfest.** |
| | Langenstein: **Erntefest** auf dem Schäferhof. |
| **Oktober:** | Ende Okt, Ermsleben: **Halloween für Kinder** auf der Konradsburg. |
| **Dezember:** | Halberstadt und Quedlinburg: **Weihnachtsmarkt.** |
| | Sa vor und am 1. Advent, Langenstein: **Christkindlmarkt auf dem Schäferhof.** |
| | 2. und 3. Adventswochenende: Quedlinburg: **Advent in den Höfen.** |

vorland-Radweg. **Preise:** Schauspiele 14 – 18 €; Kinder und Jugendliche 11 – 14 €, Kindervorstellungen 8 €.
▶ Das Nordharzer Städtebundtheater spielt nicht nur in seinen beiden Häusern in *Halberstadt* und *Quedlinburg,* sondern auch im *Bergtheater Thale,* auf der *Waldbühne Altenbrak,* im *Wasserschloss Westerburg* und im *Kloster Drübeck.* Auf dem Spielplan stehen zahlreiche Stücke für Kinder und Jugendliche. Märchen wie »Hans im Glück« oder »Des Kaisers neue Kleider« werden genauso aufgeführt wie moderne Jugendstücke, zum Beispiel »Der Kick«. Kinderoper, Insektenkrimi oder ein Märchen-Ballett locken sogar Theatermuffel hinter dem Ofen hervor!
Außerdem: Schülerkonzerte, Ferienkurse, Jugendclub-Theater für alle ab 14 Jahre.

### Filzen und Töpfern auf dem Schäferhof
Quedlinburger Straße 28a, 38895 Langenstein. ✆ 03941/613841, Fax 614686. www.schaeferhof-langenstein.de. MerinoeV@aol.com. **Bahn/Bus:** Bahn bis Langenstein und 20 Min Fußweg oder Bus 252, 261 und 10 Min zu Fuß. **Auto:** B81 Blankenburg – Halberstadt bis Abzweig Langenstein. **Rad:** Am Harzvorland-Radwanderweg. **Zeiten:** Restaurant und Café täglich 11 – 22 Uhr, Hofladen Mo – Fr 9 – 17 Uhr, Sa 8 – 13 Uhr. **Preise:** 6 €; Kinder 4 €.
▶ Auf dem Schäferhof in Langenstein werden nicht nur Schafe und Ziegen gehalten, es gibt auch tolle Angebote für Kindergruppen bis 10 Personen. Familien können sich ebenfalls für das Filzen und Töpfern anmelden! Da könnt ihr aus Schafwolle Armbänder oder Bälle filzen oder verschiedene Techniken des Töpferns erlernen.
Natürlich könnt ihr dem Schäferhof auch einfach so einen Besuch abstatten, vielleicht nach einer Besichtigung der ↗ Langensteiner Höhlen? Im **Hofladen** gibt es gesunde Lebensmittel und viele Produkte aus Schafwolle zu kaufen. Im **Restaurant und Café** könnt ihr anschließend gut essen.

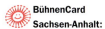 **BühnenCard Sachsen-Anhalt:** Kostet 12 € (Erw 24 €), gilt eine Spielzeit und gibt Ermäßigungen bis zu 40 %. Dies gilt auch für die Waldbühne Altenbrak, die Theater in Dessau und Magdeburg sowie das Opernhaus in Halle.
**Schülerticket:** 4 Bonuskarten für 20 €, eintauschbar in 4 Eintrittskarten, eine Spielzeit lang.

Auf dem **Ostermarkt,** beim **Erntedankfest** und zum **Christkindlmarkt** wird auf dem Schäferhof gefeiert, kommt doch vorbei!

# Weihnachtsmärkte

### Hunger & Durst
**Café Zum Roland**, Breite Straße 2 – 6, ✆ 03946/4532. www.cafe-roland.de. Täglich 10 – 22 Uhr. Café über sieben Fachwerkhäuser!

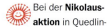 Bei der **Nikolausaktion** in Quedlinburg könnt ihr am Tag vor Nikolaus beim Lampionumzug einen geputzten Stiefel abgeben und der Nikolaus füllt ihn über Nacht!

### Hunger & Durst
**Café Kaiser**, Finkenherd 8, 06484 Quedlinburg. ✆ 03946/515552. www.cafe-restaurant-kaiser.de. 10 – 19 Uhr, Di Ruhetag. Mehr als 25 Waffelspezialitäten! Im Garten ist ein Hühnerhof.

## Quedlinburger Weihnachtsmarkt und Advent in den Höfen

www.adventsstadt.de. **Auto:** Parkplatz An den Fischteichen/Kleers (3 €). **Termin:** Weihnachtsmarkt 1. – 4. Advent So – Do 10 – 20, Fr, Sa 10 – 22, Advent in den Höfen 2. und 3. Advent, Sa 11 – 20, So 11 – 19 Uhr.
**Infos:** Ein Infoblatt gibt es bei der Quedlinburg-Information, Markt 2, ✆ 03946/905624, Fax 905629, qtm@quedlinburg.de, www.quedlinburg.de.

▶ Im Dezember verwandelt sich der Quedlinburger Marktplatz in ein weihnachtliches Wunderland. Wie herrlich, hier vor der Kulisse von Fachwerkhäusern und Rathaus, dem Duft von gebrannten Mandeln zu folgen und in den geschmückten Buden nach schönen Geschenken Ausschau zu halten. Jeden Mittwoch und Sonntag kommt der Weihnachtsmann um 14.30 Uhr. Puppentheater, ein Lampionumzug und musikalische Darbietungen gehören genauso zum Programm wie die Nikolausaktion.

Wer am zweiten oder dritten Adventswochenende in Quedlinburg ist, kommt außerdem in den Genuss vom *Advent in den Höfen*. Die schönsten Innenhöfe öffnen ihre Pforten und bieten kleine Kostbarkeiten zum Verkauf, sei es kulinarischer, sei es kunsthandwerklicher Art.

## Weihnachtsmarkt Halberstadt

**Termin:** 1. – 4. Advent Mo – Fr 10 – 19, Sa 10 – 20, So 11 – 19 Uhr. **Infos:** ↗ Info & Verkehr.

▶ Fast jeden Nachmittag kommt der Weihnachtsmann mit seiner Pferdekutsche auf den Halberstädter Weihnachtsmarkt gefahren. Könnt ihr ein Gedicht aufsagen? Dann dürft ihr Platz nehmen in der Kutsche und in den großen Sack greifen! Zwischen Holz- und Fischmarkt könnt ihr auch mit der Kindereisenbahn fahren und die größte Weihnachtspyramide im Harz bewundern.

# WERNIGERODE – THALE

**RUND UM GOSLAR**

**OBERHARZ & BROCKEN**

**BAD GRUND – BAD SACHSA**

**RUND UM HALBERSTADT**

**WERNIGERODE – THALE**

**UNTERER HARZ**

**SÜDLICHES HARZVORLAND**

**INFO & VERKEHR**

**FERIEN-ADRESSEN**

**KARTEN & REGISTER**

# MÄRCHENHAFTE SCHLÖSSER UND BURGEN

Zwischen dem Fallstein und dem Huy im Norden liegt eine Ebene, ehe sich die Harzberge erheben und mit ihr einige Städte. Wie hingegossen schmiegen sich diese Orte an den nordöstlichen Harzrand, ein jeder mit einer sehenswerten Perle:

**Wernigerode** mit seinem Märchenschloss, **Blankenburg** mit seiner Burg Regenstein, **Thale** mit dem wunderschönen Bodetal und den aussichtsreichen Höhen Hexentanzplatz und Rosstrappe, wo ihr schön wandern könnt, sowie die kleineren Gemeinden **Gernrode** und **Ballenstedt**. Bei Regen locken das Bau-Spiel-Haus in Thale genauso wie die Kuckucksuhrenfabrik von Gernrode. In **Ilsenburg** könnt ihr sehen, wie Eisen gegossen wird, in Wernigerode den leckeren Baumkuchen probieren!

*Radwander- und Wanderkarte Ostharz, Bodetal und Umgebung*, Dr. Barthel, 1:35.000. 4,90 €.

# TIPPS FÜR WASSERRATTEN

Hinter dem Freibad liegt der Gondelteich mit **Bootsverleih** (Ruderboote) und kleinem Spielplatz.

## Frei- und Hallenbäder

### Sommerbad Thale
Blankenburger Straße, 06502 Thale. ✆ 03947/2732, www.thale.de. info@thale.de. **Bahn/Bus:** Bus 10, 253 bis Kahlenbergstraße. **Auto:** Am Ortsausgang Richtung Timmenrode, Parkplatz 200 m rechts. **Rad:** Harzrundweg/R1 bis Thale, Brückenstraße. **Zeiten:** Mai – Sep Mo 13 – 19 Uhr, Di – So 10 – 19 Uhr. **Preise:** 1,50 €; Kinder 3 – 16 Jahre 0,70 €.

▶ Großzügiges Gelände mit 6-bahnigem Schwimmerbecken mit Rutsche und Sprunganlage. Nichtschwimmer- und Plantschbecken, Volleyballfeld, Basketballkörbe und große Liegewiese.

### Waldhofbad Wernigerode
Waldhofstraße 4, 38855 Wernigerode. ✆ 03943/632868, Fax 907068. www.wernigerode.de. info@stadt-wernigerode.de. **Bahn/Bus:** Bus 257, 258, 260, 262, 288, 877, Citybus 1 bis Plemnitzstift, 4 bis Westerntor. **Auto:** Nähe Westerntor und Zentrum. **Rad:** Nähe Holtemmeradweg und Harzrundweg. **Zeiten:**

### Hunger & Durst
**Altes Bootshaus,**
✆ 03947/62115.
www.altes-bootshaus-thale.de. Mi – So 11 – 22 Uhr, Mo 14 – 22 Uhr, Di Ruhetag.

Walpurgis in Thale: Auf dem Hexentanzplatz wollen auch die Teufel mitspielen

Mai – Sep 10 – 17 Uhr, bei schönem Wetter bis 20 Uhr. **Preise:** 2,50 €; Kinder 2 – 18 Jahre 1,50 €.

▶ Im Zentrum in der Nähe vom Westerntor gelegen, bietet sich das Waldhofbad für eine Abkühlung nach einem Stadtbummel geradezu an. Ins Schwimmerbecken geht es per Sprung vom 3- oder 1-m-Brett, zu den Nichtschwimmern führt die quietschegelbe Rutsche über mehrere Windungen.

### Ludwigsbad Ilsenburg

Schickendamm 6, 38871 Ilsenburg. ✆ 039452/84-127 (Stadtverwaltung Herr Jana), Handy 0172/7547587 (Frau Maak). **Bahn/Bus:** Bus 288. **Auto:** Über Marktplatz, Buchbergstraße. **Rad:** Am Ilse-Radwanderweg und Harzrundweg/R1. **Zeiten:** Mai – Sep 10 – 18 Uhr, Juli, Aug bis 19 Uhr. **Preise:** 2,50 €; Kinder 5 – 18 Jahre 1,30 €; Familien 5,50 €.

Mit der **Harzgastkarte** erhaltet ihr zweimal kostenlosen Eintritt, eure Eltern natürlich auch!

▶ Beliebt im Ilsenburger Freibad, das mitten im Ort liegt, ist die neue Kletterburg. Größere Kids toben sich lieber auf dem Beachvolleyballfeld oder an der Tischtennisplatte aus. Aber nicht das Baden vergessen! Eine Rutsche geht ins Nichtschwimmerbecken, viel Spaß gibt es mit dem aufblasbaren Seestern. Für die kleinen Besucher ist natürlich ein Plantschbecken vorhanden. Wer das Schwimmen lernen will, ist im Kursus von Frau Maak gut aufgehoben.

**RAUS IN DIE NATUR**

## Radeln und Skaten

### Radtour rund um Wernigerode

**Länge:** 25 km, Start am Westerntor, leichte Rundtour für Familien. **Bahn/Bus:** Schmalspurbahn bis Westerntor. **Rad:** Harzrundweg/R1.

*Radwandern & Mountainbiken* mit 10 Touren. Für 2,50 € bei der Tourist-Info in Wernigerode erhältlich.

▶ Diese familienfreundliche Radtour kommt ohne größeren Steigungen aus und führt die Radler zu den Klöstern in Drübeck und Ilsenburg. Wer vom Drahtesel auf den Pferderücken umsteigen will, hat am Ende der Tour Gelegenheit dazu.

ber die Ilsenburger Straße fahrt ihr Richtung Darlingerode (Waldbad!) und weiter bis Drübeck. Der Fuß- und Radweg verläuft straßenbegleitend. In **Drübeck** könnt ihr die *Klosterkirche* anschauen. Das Benediktiner-Nonnenkloster wurde im 10. Jahrhundert gegründet und gilt als bedeutendes romanisches Bauwerk. Heute befindet sich in ihm ein evangelisches Zentrum. Kirche und der schöne Garten können frei besichtigt werden (Kirche 6.30 – 19 Uhr). Anschließend könnt ihr im **Klostercafé** einkehren.

Weiter geht es nach **Ilsenburg,** wo das *Kloster* oder die ↗ *Fürst-Stolberg-Hütte* zu einer Besichtigung einladen.

Auf dem Gelände des heutigen Klosters stand einst eine königliche Jagdpfalz, die Heinrich II. im Jahr 1003 der Halberstädter Kirche schenkte. So kam es zur Gründung des Klosters St. Peter und Paul (Mo 10 – 14.30 Uhr, Di – Fr 10 – 15 Uhr, Sa, So 13 – 15 Uhr, Eintritt frei).

Auch Ilsenburg besitzt ein Freibad, das ↗ *Ludwigsbad*. Am Veckenstedter Weg trefft ihr auf den *Ilse-Radwanderweg*. Diesem folgt ihr bis **Veckenstedt,** wo an der Straße nach Schmatzfeld (Wernigeröder Straße) rechts der *Alte Stadtweg* beginnt. Auf einer Brücke geht es über die B6, dann kreuzt ihr die Hasseröder Straße bis zur **Charlottenlust.** Hier müsst ihr ein kurzes Stück bergauf radeln! Hunger und Durst könnt ihr in **Lindes Kutscherstube** stillen, am Wochenende auch auf Ponys reiten. Geradeaus aber geht es wieder bergab nach **Wernigerode.**

## Auf dem Ilse-Radwanderweg nach Osterwieck

**Länge:** 32 km Rundtour auf überwiegend ebenen Strecken, eine leichte Steigung zwischen Osterwieck und Schauen. **Bahn/Bus:** Bahn bis Ilsenburg. **Rad:** Harzrundweg/R1.

▶ Start und Ziel ist der Marktplatz in **Ilsenburg.** Ihr radelt von hier zunächst durch die Marienhöfer Straße

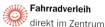

**Fahrradverleih** direkt im Zentrum von Wernigerode bei Bad-Bikes: Breite Straße 22, ✆ 03943/626868. Auch Kinderfahrräder. Kosten: Cityrad 7,50 € am Tag.

## Hunger & Durst

**Klostercafé,** Klostergarten 6, 38871 Drübeck. ✆ 039452/94330. www.kloster-druebeck.de. Täglich 14 – 17.30 Uhr.

*Die Charlottenlust ist eine vorgelagerte Befestigungsanlage, ein sogenanntes Vorwerk. Graf Christian Ernst zu Stolberg-Wernigerode errichtete es 1728 bis 1733 auf dem Lustberg und benannte es nach seiner Frau.*

@ Weitere Radtouren gibt es unter www.brockenbiker.de oder www.radtouren-sachsen-anhalt.de.

und die Hochofenstraße. Nach der Fahrt über die *Ilsebrücke* geht es links. Parallel zum Veckenstedter Weg bringt euch der Ilse-Radwanderweg immer am Flüsschen entlang nach **Veckenstedt** und schließlich nach **Wasserleben** und **Berßel.** Ihr folgt dort der Straße Richtung *Schauen* und biegt nach den Bahngleisen rechts nach **Osterwieck** ab. Noch einmal rechts und ihr gelangt ins Zentrum des Ortes mit den schönen Fachwerkhäusern. In Osterwieck gibt es auch ein schön gelegenes Freibad. Zurück lenkt ihr eure Drahtesel anfangs genauso, bleibt aber dann auf dem Weg und fahrt geradeaus nach **Schauen** und dort weiter nach **Stapelburg** durch das Waldgebiet *Schauener Holz*. Nach Queren der B6 über eine Brücke fahrt ihr rechts und an der nächsten Ampelkreuzung links. Über die Harzburger Straße gelangt ihr wieder zum Marktplatz in **Ilsenburg.**

## Wandern und Spazieren

### Wanderung durchs Bodetal: Von Thale bis Treseburg

**Länge:** 11 km Streckenwanderung, Rückfahrt, aber nur Mai – Okt, mit Bus 264 ab Rübezahl; Variante 4 km.
**Bahn/Bus:** Bahn bis Thale, Busfahrplan ↗ Info & Verkehr. **Auto:** Großparkplatz Bodetal. **Rad:** Harzrundweg.

▶ Von der **Talstation** der Thaler Seilbahnen führt diese Wanderung bis nach Treseburg. Ihr folgt einfach dem *Goetheweg* und bleibt immer am Fluss – dann seid ihr richtig! Rauschend fließt die Bode vorbei, rasch verengt sich das Tal. Die erste Brücke heißt Katersteg und führt zur Gaststätte **Kleiner Waldkater.** Schaut mal in die durch ein Gitter verschlossene Höhle gegenüber der Brücke und ruft etwas hinein! Dies ist nämlich ein Schallloch. Viele Jahrzehnte wurden hier hinein Böllerschüsse abgegeben, um die »Fremden zu belustigen«! Am *Siebenbrüderfelsen* vorbei ist nach weiteren 800 m die *Königsruhe* mit der

**Hunger & Durst**
**Kleiner Waldkater,** Kleiner Waldkater 1, 06502 Thale. ✆ 03947/2826. www.kleiner-waldkater.de. Täglich 10 – 22 Uhr. Hier könnt ihr den Gestiefelten Kater oder Fischers Fritze verspeisen.

Jungfernbrücke erreicht. Seht ihr die Hochwassermarkierung von 1925? Damals riss das reißende Wasser vor Silvester zwei Brücken weg! Am **Gasthaus Königsruhe** vorbei gelangt ihr über Holzstege zur *Teufelsbrücke.* Die steilen Felswände bilden hier die einzige Klamm im Harz. Im Bodekessel fließt das Wasser besonders wild und hat Strudeltöpfe gebildet. Im weiteren Wegverlauf seht ihr eine *Schieferhalde,* die *Gewitterklippen* und die *Sonnenklippen,* bis ihr schließlich das idyllische **Treseburg** erreicht.

**Kurzvariante** ohne Busfahrt: Bis zur Teufelsbrücke und dem Bodekessel, dort umkehren und an der Königsruhe über die Brücke, bis zum Katersteg auf dieser Seite der Bode und zurück. **Länge:** 4 km.

### Wanderung zur Rosstrappe

**Länge:** 8 km Rundwanderung, steile Abschnitte, teils steinige und wurzelige Wegstrecken. **Bahn/Bus:** Bahn bis Thale. **Auto:** Großparkplatz Bodetal.

▶ Die sagenhafte Rosstrappe ist Ziel dieser Wanderung. Eine etwa 50 cm tiefe Vertiefung im Fels des Berges sieht aus wie der Abdruck eines riesigen Hufs und führte wohl zur Entstehung der Sage um das Mädchen, das auf der Flucht vor Riese Bodo mit ihrem Pferd über das Tal sprang.

An der **Talstation** der Seilbahnen von **Thale** beginnt der Weg, links fließt die Bode und gemütlich geht es los. Das ändert sich bald, denn zwischen *Hirschgrund* und *Teufelsbrücke* kommt der Abzweig, der in Serpentinen hinauf führt. *Schurre* wird dieser Weg genannt, der oben auf den Verbindungsweg zwischen Parkplatz (mit Bergstation der Seilbahn) und Rosstrappe stößt. Über 18 Kehren schlängelt sich der Pfad durch ein wildes Geröllfeld. Oben angekommen ist es nicht mehr weit bis zur Rosstrappe. Immer schmaler wird der Felsen, der wie eine Rippe in der Landschaft steht und am Ende zu drei Seiten steil abfällt. Aber keine Sorge, Geländer sichern alles ab. Wer mag, wirft einen Cent in die Vertiefung – dabei

### Hunger & Durst
**Gasthaus Königsruhe,** Hirschgrund 1, 06502 Thale. ✆ 03947/2726. www.koenigsruhe.de. März – Okt täglich 10 – 20 Uhr, Nov – Feb Mi – So 10 – 20 Uhr.

Ein *Geologischer Führer durch das Bodetal* ist bei der Tourist-Info Thale für 1,50 € erhältlich. Mit Sagen aus dem Bodetal und Erklärungen zu Felsformationen.

## WIE DIE BODE ZU IHREM NAMEN KAM

▶ Einst wurde die wunderschöne Prinzessin Brunhilde von dem Riesen Bodo zur Frau begehrt. Sie jedoch wies den ungestümen Verehrer ab und floh vor ihm auf ihrem Pferd. Bodo verfolgte die Königstochter durch die grünen Harzwälder. Plötzlich stockte Brunhildes Ross und blieb stehen: Vor ihnen lag ein gähnender Abgrund. Bodo aber war schon bedrohlich nah. Was nun? Beherzt trieb das Mädchen ihr Pferd zum Sprung an – und erreichte die gegenüberliegende Seite. Tief grub sich beim Aufschlag der Huf des Rosses in den Felsen ein. Noch heute ist der Abdruck zu sehen und gab dem ganzen Felsen seinen Namen: Rosstrappe. Brunhildes goldene Krone aber fiel während des Sprungs in die Tiefe und versank im Strudel des reißenden Flusses im Tal. Bodo setzte wie wild der Prinzessin nach, doch er stürzte in den Abgrund. Zur Strafe wurde er in einen schwarzen Hund verwandelt und muss nun für alle Zeiten Brunhildes Krone bewachen. Der Fluss aber erhielt nach ihm seinen Namen: Bode. ◀

**Hunger & Durst**
**Berghotel Rosstrappe,** Rosstrappe 1, 06502 Thale. ✆ 03947/3011. www.berghotel-rosstrappe.de. Täglich 10 – 18 Uhr, März – Okt bis 22 Uhr. Biergarten.

darf man sich etwas wünschen! Zurück geht es nun bis zum Parkplatz, wo ihr im **Berghotel Rosstrappe** eine Pause einlegen könnt. Von hier führt der *Präsidentenweg* (Markierung: Grüner Balken) zur *Bülowhöhe* und zurück ins **Bodetal** – ein steiler Abstieg, anfangs erneut über Serpentinen.

### Vom Sternhaus zur Viktorshöhe

**Länge:** gesamt 10 km, Hin- und Rückweg auf derselben Route, nicht kinderwagentauglich. **Bahn/Bus:** Selketalbahn bis Sternhaus/Ramberg (nicht Sternhaus/Haferfeld!). **Auto:** Parkplatz am Sternhaus, an der Straße zwischen Gernrode und Mägdesprung.

▶ Sternförmig gehen die Straßen vom zentralen **Gasthaus Sternhaus** in alle Richtungen. Ihr folgt dem **Bärweg,** der mit dem Grünen X markiert ist und am *Bremer Teich* vorbeiführt. Hier besteht die Möglichkeit zur Abkühlung im frischen Nass und einer Rast. Über den Staudamm zieht der Weg dann zum **Bären-**

**denkmal.** Es erinnert an die Erlegung des letzten Harzer Bären in den hiesigen Wäldern im Jahr 1705! An der Kreuzung wendet euch nach links, an der nächsten rechts hinauf zur **Viktorshöhe.** Wenn ihr die Aussicht genug genossen habt, folgt der Rückweg an der Granitklippe *Kleine Teufelsmühle* vorbei wieder bergab, diesmal über die breite Stromleitungsschneise, bis ihr wieder auf den Hinweg stoßt.

### Hunger & Durst
**Sternhaus,** Sternhaus 1, 06507 Gernrode.
✆ 039485/273.
www.sternhaus-harz.de.
Di – So ab 11 Uhr.

## Von der Plessenburg durchs Ilsetal
**Länge:** 10 km bergab. **Bahn/Bus:** Bus 288 Mitte Mai – Okt ab Wernigerode Hbf, Ilsenburg, Ilsetal oder Drei-Annen-Hohne (Di, Do, Sa, 4 x täglich), Fahrplan ↗ Info & Verkehr. **Auto:** Parkplatz Blochhauer südlich des Ortes am Übergang Mühlenstraße/Ilsetal, unterhalb des Schlosses. **Rad:** Harzrundweg/R1 direkt am Ilsetal.

▶ Diese Wanderung beginnt mit einer gemütlichen Busfahrt zur **Plessenburg.** Im einst fürstlichen *Jagdhaus* (erbaut 1775) der Fürsten zu Stolberg-Wernigerode befindet sich eine **Waldgaststätte.** Hier ist Startpunkt des Wanderweges, der durch ein Rotes Dreieck gekennzeichnet ist und hinab zum Ilsetal führt. An den rauschenden Ilsefällen vorbei zieht der Pfad zum *Großen Sandtal* und zum *Zanthierplatz.* Bald ist das **Waldhotel am Ilsestein,** ↗ Wanderung Ilsestein, erreicht. Von hier ist es nicht weit bis zur Bushaltestelle am Eingang des Ilsetals.

### Hunger & Durst
**Gaststätte Plessenburg,** 38771 Ilsenburg.
✆ 03943/607535.
www.plessenburg.de.
Mai – Okt täglich 10 – 18 Uhr, Nov – April 10 – 17 Uhr, Mi Ruhetag.

Rauschend: Die Ilse im späten Herbst

## Zum Armeleuteberg
**Länge:** 4 km Rundwanderung, nicht kinderwagentauglich. **Bahn/Bus:** Bhf Westerntor, 700 m zur Salzbergstraße. **Auto:** Wernigerode, Parkplatz an der Salzbergstraße. **Rad:** Holtemmeradweg oder Harzrundweg/R1 bis Wernigerode.

▶ Die Salzbergstraße mündet in einen Waldweg, der durch das Salzbergtal

### Hunger & Durst
**Waldgasthaus Armeleuteberg,** 38855 Wernigerode. ✆ 03943/632279. Mai – Okt 10 – 18 Uhr, Nov – April Mi – So 10 – 17 Uhr. Auch Kindergerichte: Kartoffelpuffer, Milchreis, Nudeln, Schnitzel.

*Lepra ist eine Infektionskrankheit und schon in der Antike bekannt gewesen. In Europa war Lepra vor allem im 13. Jahrhundert weit verbreitet, viele Menschen starben daran. Seit dem 16. Jahrhundert gibt es Lepra bei uns nicht mehr. In Teilen Afrikas und Asiens aber infizieren sich auch heute noch Menschen mit der Krankheit. Man kann diese zwar inzwischen gut mit einem Antibiotikum heilen, aber leider gibt es das Medikament in ärmeren Ländern nicht immer. Bei einem Leprakranken sterben langsam alle Nerven und Organe ab.*

führt. Etwa 2 km führt er bergauf bis zum **Waldgasthaus Armeleuteberg.** Ursprünglich hieß der gleichnamige Berg *Petersberg,* doch im 15. Jahrhundert schenkte der damalige Graf zu Stolberg und Wernigerode den Berg einem Hospital, das von da an seine **Lepra**-Kranken hier unterbrachte, die armen Leute, also die Bedauernswerten. Davon ist heute natürlich nichts mehr zu sehen und ihr könnt euch nach einer Stärkung aufmachen zum 12 m hohen **Kaiserturm.** Von oben bieten sich grandiose Ausblicke auf das Schloss von Wernigerode und die grünen Wälder. Auf der gegenüberliegenden Seite des Turms führt ein schmaler Weg wieder hinab zum Salzbergtal.

### Wandern zur Steinernen Renne und dem Ottofelsen
**Länge:** 10 km Rundwanderung, Variante ohne Ottofelsen 7 km. Stetig bergauf, teils felsiger Weg, Rückweg stets bergab, gutes Schuhwerk erforderlich, für sportliche Kinder ab 8 Jahre. **Bahn/Bus:** Bahn bis Steinerne Renne, Zufahrt zum Bhf hinunter und geradeaus. **Auto:** Über Friedrichstraße (Stadtteil Hasserode), rechts Freiheit, links Bielsteinchaussee bis zum kleinen Parkplatz, zu Fuß über die Schienen, an der Batteriefabrik vorbei und immer geradeaus, rechts fließt die Holtemme.
**Rad:** Holtemmeradweg oder Harzrundweg/R1 bis Wernigerode.

▶ Die Stromschnellen und Wasserfälle der Steinernen Renne und der 34 m hohe Ottofelsen bei Wernigerode sind ein lohnendes Ziel für einen schönen Ausflug. Zunächst mäßig, dann steiler werdend, führt der recht steinige Weg bergauf. Richtig abenteuerlich wird es, wenn er sich zu einem felsigen, schmalen Pfad verengt und rechts wieder das Flüsschen auftaucht, das nun *Steinerne Renne* heißt. Über riesige Felsen fließt das Wasser und bildet mehrere kleine Wasserfälle, den größten erreicht ihr an der gleichnamigen **Waldgaststätte.** Nach einer Stärkung geht ihr über die Brücke zurück und gleich weiter aufwärts

Richtung Ottofelsen. Nach 400 m mündet der Steig auf einen breiten Schotterweg, der nach 1 km auf eine Weggabelung trifft, an der es rechts 100 m durch den Wald zum **Ottofelsen** geht. Dieser Granitbrocken ragt zwischen den Bäumen hervor und von oben habt ihr einen tollen Blick bis zum Brocken und auf der anderen Seite nach Wernigerode. Der Weg hinauf führt allerdings über ziemlich steile Leitern! Vielleicht begegnet ihr auch ein paar Kletterern, die den Ottofelsen mit Seilen und Haken erklimmen.

Zurück auf dem breiten Weg geht ihr weiter in Richtung Wernigerode, an der Bergwachthütte vorbei. Links fließt nun das *Braune Wasser*. Wenn ihr schließlich die Eisenbahnunterführung seht, biegt ihr links ab auf den naturkundlich-geologischen **Lehrpfad**. Dieser Bahnparallelweg führt immer an den Schienen entlang bis zum Ausgangspunkt der Wanderung.

**Variante:** Etwas kürzer ist der Rückweg, wenn ihr nach Erreichen des Schotterwegs in den links einmündenden Hippelhangweg einbiegt. Er führt direkt zurück.

## Wandern zum Ilsestein

**Länge:** 6 km, Rundwanderung, teils steilere Anstiege, nicht kinderwagentauglich. **Bahn/Bus:** Bus 288. **Auto:** Parkplatz Blochhauer südlich des Ortes am Übergang Mühlenstraße/Ilsetal, unterhalb des Schlosses. **Rad:** Harzrundweg/R1.

▶ Der Ilsestein von **Ilsenburg** ist ein Granitfelsen, der sich »lang und keck« aus dem Ilsetal erhebt. So jedenfalls sah es *Heinrich Heine* bei seiner Harzreise 1824. Ziemlich lang ist er wirklich und ziemlich hoch auch, sodass auf der einen Seite wunderbar der Brocken zu sehen ist, auf der anderen Seite tief unten das Ilsetal und in der Ferne Ilsenburg.

Los geht die Wanderung am **Blochhauer:** Über die Brücke nach rechts und 1,2 km recht steil den Berg hinauf. Von der Schutzhütte aus führt ein 1,3 km langer, breiterer Weg bis zur **Gaststätte Zum Ilsestein,**

### Hunger & Durst

**Hotel Steinerne Renne,** Steinerne Renne 67, 38855 Wernigerode. ✆ 03943/607533. www.hotel-steinerne-renne.de. Täglich 10 – 18 Uhr.

*Findet ihr im Wald Spitzen von Fichtenzweigen? Spechte und Fichtenkreuzschnabel zwicken sie im Frühling von den Bäumen ab, um die frischen Knospen zu fressen.*

*Heinrich Heine (1797 – 1856) war ein deutscher Dichter. Bekannt wurde er durch seine Reisebilder, ein Werk, in dem er auch seine Harzreise beschreibt. Zu Ehren des 150. Todestages des Dichters galt 2006 als Heine-Jahr.*

### Hunger & Durst
**Waldgasthaus Zum Ilsestein**, ✆ 01577/1896939. www.ilsestein.de. Di – So 10 – 17 Uhr, im Sommer bis 18 Uhr. Mit Terrasse.

### Hunger & Durst
**Waldhotel Am Ilsestein,** Ilsetal 9, 38871 Ilsenburg. ✆ 039452/9520. www.waldhotel-ilsenburg.de. Restaurant mit Biergarten täglich geöffnet. Spielecke und Spielplatz, zwei Esel hinter dem Haus.

*Wie kamen Großvater- und Großmutter-Felsen zu ihrem Namen? Man erzählt sich, dass sich dort, wo die Felsen stehen, einst eine germanische Kultstätte befand, wo der germanische Gott Wotan als »großer Vater« verehrt wurde. Daraus entwickelte sich dann die Bezeichnung Großvater und in Analogie dazu bei dem benachbarten Felsen Großmutter.*

hinter der der gleichnamige Felsen auf eure Eroberung wartet! Wer nach einer Erfrischung noch fit ist, geht noch die 800 m zu den *Paternosterklippen,* alle anderen treten den Rückweg zunächst auf dem gleichen Weg an. Wieder bei der Schutzhütte angelangt, bleibt ihr nun aber auf dem breiten Weg und somit auf dem Naturlehrpfad, der euch ab hier begleitet. Beim **Waldhotel Am Ilsestein** (mit Restaurant) wohnen die Esel Max und Moritz, vielleicht stattet ihr ihnen einen Besuch ab? Durchs Ilsetal geht es zurück zum Ausgangspunkt, wobei ihr vor dem Parkplatz noch auf einen Spielplatz stoßt!

### Auf der Teufelsmauer
**Länge:** 8 km Rundwanderung, Hinweg felsig, teils schmal und durch steile Stufen zu besteigen, für trittsichere Kinder ab etwa 8 Jahre. **Bahn/Bus:** Bus 253, 261, 263 bis Oberer Schnappelberg. **Auto:** Parkplatz Schnappelberg (gebührenpflichtig) beim Kleinen Schloss an der Hasselfelder Straße (B81) Richtung Nordhausen. **Rad:** Harzrundweg.

▶ Eine abenteuerliche Wanderung entlang der Teufelsmauer erwartet euch zwischen Blankenburg und Timmenrode. Vom **Schnappelberg** aus führt der Wanderweg mit dem Blauen Punkt über den Großvaterweg und neben der gleichnamigen **Gaststätte** zur **Teufelsmauer.** Ihr geht am Südhangweg ein Stück nach links und dann rechts zu dem erkletterbaren **Großvater,** neben ihm die **Großmutter.** Hier beginnt auch der Kammweg, ein Felssteig, der schon 1853 angelegt wurde. An manchen Stellen geht es ganz schön steil abwärts, meist sind sie mit Geländern gesichert. Tolle Namen tragen die seltsamen Felsgebilde wie die *Hohe Sonne, Turnerfelsen, Schweinekopf* oder *Teufelskessel.*

Am **Hamburger Wappen** ist die Ostseite erreicht. Der Felsen sieht tatsächlich aus wie die Türme im Hamburger Wappen. Gegenüber an der Steilwand trainieren oft Kletterer ihr Können. Die Höhle diente wohl

Erst geht's auf dem Kammweg der Teufelsmauer aufi – dann ist man oben!

einst als Pferdestall für die *Kucksburg*. Das ist eine kleine mittelalterliche Wehranlage, zu der ihr kommt, wenn ihr noch 5 Minuten weiter ostwärts geht. Zurück an der Verzweigung weist ein Weg rechts hinunter zum **Helsunger Krug.** Wer gleich zurückkehren möchte, geht über den Südhangweg und kommt wieder beim Großvater heraus.

## Natur & Umwelt erforschen

### Harzplanetarium Wernigerode

Walter-Rathenau-Straße 9, 38855 Wernigerode. ✆ und Fax 03943/602096, Handy 0175/4476540 oder 0170/8082710. www.harzplanetarium.de. kontakt@harzplanetarium.bildung-lsa.de. **Bahn/Bus:** Bus 257, 258, 262, 265 bis Stadtgarten, Fußweg über Burgberg. **Auto:** Parkplatz Bachstraße/Nöschenröder Straße. **Rad:** Holtemmeradweg oder Harzrundweg/R1

### Hunger & Durst

**Gaststätte am Großvater,** Blankenburg, ✆ 03944/363928. www.hotel-grossvater.de. Täglich ab 11 Uhr. Omelett, Strammer Max, Pfannkuchen! Spielplatz.

### Hunger & Durst

**Helsunger Krug,** Blankenburg. ✆ 03944/353061. www.helsunger-krug.de. Ab 11 Uhr geöffnet, Di Ruhetag. Biergarten mit Spielplatz.

Die unendlichen Weiten des Weltraums, die Dimensionen unseres Sonnensystems – auf dem **Planetenweg** in Wernigerode lernt ihr sie kennen; Beginn Bahnhofstraße bei den Altstadt-Passagen.

Am Parkplatz Blochhauer befindet sich eine **Mountainbike-Anlage.** Über zahlreiche Hügel und Wälle könnt ihr hier kurven – aber bitte nur mit Schutzkleidung!

Die **Klosterkirche** mit ihren einmaligen Überresten eines verzierten Estrichbodens ist einen Besuch wert. Mo 10 – 14.30, Di – Fr 10 – 15, Sa, So 13 – 15 Uhr, Eintritt frei.

bis Wernigerode. **Zeiten:** Termine werden im Internet veröffentlicht. **Preise:** 2 €; Kinder bis 16 Jahre 1 €.

▶ 5000 Sterne kann das Zeiss-Planetariumsgerät an die Decke der Kuppel im Harzplanetarium werfen – beeindruckend! Während einer der Vorführungen seht ihr Sternbilder wie den Großen Wagen, den Bärenhüter oder Orion. Etwa eine Stunde dauert die Reise durch Raum und Zeit, dann seid ihr wieder auf der Erde gelandet.

### Naturlehrpfad Ilsenburg

**Länge:** 5,5 km Rundwanderung, nicht kinderwagentauglich. **Bahn/Bus:** Bus 288. **Auto:** Richtung Ilsetal, Mühlenstraße, Parkplatz Am Blochhauer. **Rad:** Harzrundweg/R1.

▶ Am Blochhauer beginnt und endet der Ilsenburger Naturlehrpfad. Wenn ihr wissen wollt, was ein Rasselbock ist, warum manche Bäume so merkwürdige Knicke haben oder wie die Ilse früher genutzt wurde, dann solltet ihr euch auf den Weg machen!
Hinter der Brücke steht eine Tafel, die den Verlauf des Pfads anzeigt. Ihr könnt euch nun entscheiden, ob ihr zuerst am *Gesteinslehrpfad und Spielplatz* durch das Ilsetal wandert oder nach links den steilen Weg zum *Schloss und Kloster St. Peter und Paul* wählt, ↗ Radtour rund um Wernigerode.

## Pferde und andere Tiere

### Lindes Ponyhof

Dieter Linde, Charlottenlust 69, 38855 Wernigerode. ✆ 03943/632566, 606343, Fax 630079. Handy 0172/8021824. www.lindes-kutscherstube.de. info@lindes-kutscherstube.de. **Auto:** Über Ilsenburger Straße und Veckenstedter Weg. **Rad:** Radweg Wernigerode – Veckenstedt.

▶ Mögt ihr Pferde und wollt gern mal Kutsche fahren? Mit Dieter Lindes Planwagen habt ihr verschiedene

Möglichkeiten. Zum Schloss geht es in etwa 20 Minuten ab Marktplatz (3,50 €, Kinder bis 10 Jahre 2 €, Rückfahrt 2 €, Kinder 1 €). Wenn ihr eine ganze Kutsche mieten wollt, könnt ihr mit 2 bis 5 Personen durch die Gegend fahren, und zwar für 60 € pro Stunde. Eine Schlittenfahrt im Winter ist ein ganz besonderes Erlebnis. Kosten: 60 € für 4 Personen. Für die Fahrt zum Brocken zahlen Erwachsene 22 €, Kinder bis 10 Jahre 11 € (Ostern – Okt ab Schierke, Parkplatz Am Thälchen).

### Tierpark Hexentanzplatz

Hexentanzplatz 4, 06502 Thale. ✆ 03947/2880, Fax 91960. www.tierpark-thale.de. TierparkThale@aol.com. **Bahn/Bus:** Bus 18. **Auto:** Kabinenbahn Thale oder Richtung Friedrichsbrunn zum Parkplatz Hexentanzplatz (gebührenpflichtig). **Rad:** Harzrundweg/R1 bis Thale. **Zeiten:** Mai, Sep, Okt 9 – 18 Uhr, Juni – Aug 9 – 19 Uhr, Nov – Jan 10 – 16 Uhr, Feb – April 9 – 17 Uhr. **Preise:** 4 €; Kinder 2 – 12 Jahre 2,50 €, Schüler 3 €; Familien 9 €.

▶ Viele einheimische Tiere wie Rot- und Damwild oder Mufflons gibt es im Tierpark am Hexentanzplatz zu sehen. Milan, Uhu, Schleiereule und Tannenhäher bevölkern die Volieren. Einer der Höhepunkte ist das Wolfsrevier, in dem ihr die Vorfahren unserer Hunde von einem Steg aus gut beobachten könnt. Im Bärenwald haben Mascha und Jonas richtig viel Platz. Die Fischotter und die Luchse sollen bald in neue Gehege umziehen. Viel Spaß macht es auch, den Wildschweinen beim Suhlen und Grunzen zuzusehen.

### Wildpark Christianental

38855 Wernigerode. ✆ 03943/25295, Fax 502943. www.christianental-wernigerode.de. info@christianental-wernigerode.de. **Bahn/Bus:** Citybus 2, Bus 257, 258, 262, 265 bis Christianental. **Auto:** Über Mühlental (Richtung Elbingerode), kleiner Parkplatz. **Rad:** Harzrundweg/R1 bis Wernigerode, dann Richtung Mühlen-

Bei Lindes könnt ihr Sa und So 14 – 17 Uhr für 2 € 15 Minuten auf **Ponys** durch den Wald reiten!

### Hunger & Durst

**Kutscherstube,** Charlottenlust 69, 38855 Wernigerode. ✆ 03943/632566. In der Kutscherstube des Ponyhofs gibt es von Ostern – Nov täglich 14 – 18 Uhr Kaffee und Kuchen.

In der **Tierparkschule** werden verschiedene Projekte für Schulklassen angeboten. Nach Voranmeldung auch Tierparkführungen oder Tierparkquiz.

tal. **Zeiten:** ganzjährig geöffnet, Streichelzoo nur Mo – Fr 7 – 16 Uhr. **Preise:** Kasse des Vertrauens.

▶ Ein kleines Juwel ist der Wildpark im Christianental. Viele verschiedene Tiere bekommt ihr hier zu sehen. Vögel wie Fasane, Waldohreulen, Kolkraben, Eichelhäher oder Schneeeulen bewohnen die Volieren. In einem großen Gehege leben Dam- und Rotwild sowie Mufflons friedlich miteinander. Iltis, Marder, Luchs und Wildkatze sind weitere Bewohner. Im Streichelzoo leben Ziegen und das Kamerunschaf. In der **Waldgaststätte** könnt ihr gemütlich sitzen und schmausen oder auf dem Spielplatz nebenan toben. Schaut euch auch die beiden riesigen Mammutbäume an! Verpasst nicht das große Greifvogelgehege und die Wildschweine, die etwas versteckt hinter der Gaststätte ihr Zuhause haben. Im Frühjahr seht ihr vielleicht Frischlinge!

### Der Kleine Harz und mehr im Bürgerpark Wernigerode

Kurtsstraße 11, 38855 Wernigerode. ℂ 03943/4089-120, Fax 4089-1019. www.wernigeroeder-buergerpark.de. info@wernigeroeder-buergerpark.de. **Bahn/Bus:** Ab Hbf Citybus 1 und 4 bis Im langen Schlage/Dornbergsweg. **Auto:** Parkplätze am Eingang Dornbergsweg. **Rad:** Dornbergsweg. **Zeiten:** Mai – Sep 9 – 19, April, Okt 10 – 18, Dez – März 10 – 16.30 Uhr, Miniaturenpark nur Mai – Mitte Okt. **Preise:** nur Park 2 €, Jahreskarte 20 €, mit Miniaturenpark 6 €; Kinder 6 – 16 Jahre 1 €, Jahreskarte 10 €, mit Miniaturenpark 4 €, alle mit Jahreskarte 3 €; Familien (2 Erw, 2 – 4 Kinder) 16 €.

▶ Den ganzen Harz überblicken kann man seit Mai 2009 im Wernigeröder Bürgerpark. Dort ist ein Miniaturenpark entstanden, der als »Kleiner Harz« mehr als 50 Gebäude im Maßstab 1:25 zeigt. Zwerggehölze und Eisenbahnstrecken, auf denen die Schmalspurbahn und die Rübelandbahn verkehren, verleihen dem Areal ein authentisches und lebendi-

---

**Hunger & Durst**
**Waldgaststätte Christianental,** Christianental 43, 38855 Wernigerode. ℂ 03943/25171. Täglich 10 – 20 Uhr. Kinderkarte mit Hefeklößen, Fischstäbchen, Pommes.

Neuer **Indoorspielplatz** in Wernigerode ab Herbst 2009: *JuxxWorld,* Im langen Schlage.

ges Aussehen. Vier Miniaturen könnt ihr gleichzeitig im Original sehen – also Augen auf!

Der **Bürgerpark** hat übrigens noch mehr zu bieten: 78 Gärten, 5 Teiche, ein Zauberwäldchen, eine Mineralienschlucht, ein Tiergehege, einen Aussichtsturm und mehrere Spiellandschaften. Im Parkrestaurant im Schafstall gibt es leckere Snacks und Erfrischungen.

## Ritterlicher Adler- und Falkenhof auf Burg Regenstein

38889 Blankenburg. ✆ 03944/61290 (Burg), Fax 61290. Handy 0160/92704199. www.blankenburg.de. Falkenhof.BurgRegenstein@freenet.de. **Auto:** B6/B81 (Neue Halberstädter Straße). **Rad:** Nähe Harzrundweg/R1. **Zeiten:** Flugschau Osterferien – Okt täglich 10.30 und 15 Uhr (bei schlechtem Wetter nur Vortrag im Gebäude). **Preise:** 5 €; Kinder bis 7 Jahre 1 €, 7 – 16 Jahre 3,50 €; Gruppen ab 5 Pers 3,50 €, Kinder 2 €, ab 10 Pers 3 €, Kinder 1,50 €.

▶ Wer traut sich, Felix, den Zwerggänsegeier, zu füttern? Oder einen Lannerfalken ein Stück weit zu tragen? Während der Vorführung des **Falkners** auf Burg Regenstein erlebt ihr Habichte, Bussarde und Adler hautnah. Ihr erfahrt einiges zur Geschichte der Falknerei und seht, wie sich Maxima ihre Beute aus dem Wasser holt, denn sie ist eine Weißkopfseeadler-Dame. Die Bartkäuze Max und Moritz sind so zahm, dass sie sogar auf eurem Arm sitzen und ihr sie streicheln dürft. Toll!

Wie ein echter Falkner: Den Raubvogel auf der eigenen Hand halten!

*Ein Falkner betreibt Jagd mit Greifvögeln wie Falken, Habichten, Adlern oder Sperbern. Das ist sehr schwierig, weil sich Vögel nur sehr schlecht an die Zusammenarbeit mit einem Menschen gewöhnen. Viele Falkner züchten die Vögel auch, um sie später auszuwildern.*

## Abenteuer- und Erlebnisparks

### Bau-Spiel-Haus Thale

Otto-Schönermark-Straße 1, 06502 Thale. ✆ 03947/ 778899, Fax 779077. www.bau-spiel-haus.de. info@bau-spiel-haus.de. **Bahn/Bus:** Bahn bis Thale, Stadtverkehr Thale. **Auto:** Blankenburg Richtung Thale,

Wer ist zuerst oben? Erstürmung des Klettervulkans im Bau-Spiel-Haus

### Happy Birthday!
Im Bau-Spiel-Haus könnt ihr Geburtstag feiern, z.B. auf der Kreativ-Bau-Stelle (3 € pro Pers) oder dem Sport-Spiel-Platz (2 €). Dazu sind buchbar Partykorb (12 €) oder Kuchen (9,50 €).

dort Richtung Friedrichsbrunn, Steigerweg, rechts Otto-Schönermark-Straße. **Zeiten:** täglich 10 – 19 Uhr (außerhalb der Ferien nur Di – So). **Preise:** 3,50 €; Kinder 1 – 18 Jahre 5 €; ab 17 Uhr 2,50 €.

▶ Nach Herzenslust klettern, rutschen, kickern, toben – das ist die Maxime im Bau-Spiel-Haus in Thale und gilt für Groß und Klein gleichermaßen. Denn auch Mama, Papa, Oma und Opa dürfen alles ausprobieren und ihren Spaß haben! Stundenlang kann man hier die Riesenwellenrutsche hinuntersausen, den Kletterberg bezwingen, auf dem Trampolin springen, am Kicker seine Fußballkünste unter Beweis stellen oder Tischtennis spielen. Die ganz Kleinen vergnügen sich im Riesensandkasten mit zahlreichem Zubehör oder flitzen auf diversen Fahrzeugen herum. Mit großen Bausteinen werden waghalsige Konstruktionen ersonnen und zwischendurch ist immer ein Bällchenbad drin.
Locker könnt ihr hier den ganzen Tag verbringen, auch für Verpflegung ist gesorgt. Besonders beliebt: die Pizza zum Selbstbelegen (klein 3 €, groß 6 €). Wer lieber woanders essen möchte, kann mit dem Tagesstempel anschließend wiederkommen!

### Kletterwald Thale
Goetheweg, 06502 Thale. ✆ 037439/Fax 44401. Handy 0176/96609538. www.thale.kletterwald-erleben.de. info@kletterwald-ost.de. **Bahn/Bus:** Bahn bis Thale. **Auto:** Seilbahnparkplatz. **Rad:** Harzrundweg. **Zeiten:** April, Okt täglich 10 – 19 Uhr, Mai – Sep 9 – 20

Uhr. **Preise:** 15 €; Kinder 5 – 12 Jahre 9 €, Schüler bis 17 Jahre 12 €; Familien 20 % Ermäßigung. **Infos:** Nutzungsdauer 2 Std.

▶ Klettern, schwingen und hangeln könnt ihr im 2008 eröffneten Kletterwald in Thale, wenn ihr mindestens 5 Jahre alt und 1,10 m groß seid. Der Kinderparcours befindet sich in einer Höhe von 1,50 m. Drei weitere Parcours (blau, grün, rot) verlaufen in bis zu 8 m Höhe und sind für Kinder ab 9 Jahre und einer Größe ab 1,40 m geeignet. Dabei bezwingt ihr Elemente wie Burmabridge, Flying Fox oder Charlie Chaplin. Per Seilbahn geht es sogar direkt über die Bode, die unten entlang plätschert. Bevor es los geht, erhalten alle Kletterer nicht nur die richtige Ausrüstung, sondern auch eine ausführliche Einweisung in deren Handhabung. Ein schwarzer Parcours führt die Erwachsenen in 12 bis 15 m Höhe durch den Wald, im Anschluss sausen sie eine 50 m lange Seilbahn hinab. Für die Jüngsten bis 5 Jahre gibt es einen Kleinkinderparcours, der kostenlos genutzt werden kann.

### Funpark Thale

Seilbahnen Thale, Goetheweg 1, 06502 Thale. ✆ 03947/2500, Fax 2645. www.seilbahnen-thale.de. info@seilbahnen-thale.de. **Bahn/Bus:** Bahn bis Thale. **Auto:** Seilbahn-Parkplatz. **Rad:** Harzrundweg/R1 bis Thale. **Zeiten:** Ostern – Okt täglich 9.30 – 18 Uhr. **Preise:** 1 Chip 0,50 €, 12 Chips 5 €.

▶ Direkt bei der Talstation der Seilbahnen zum Hexentanzplatz und zur Rosstrappe befindet sich der zweigeteilte Funpark. Alle Attraktionen sind mit jeweils einem oder zwei Chips zu bedienen. Da gibt es im **Funpark I** den Nautic-Jet, mit dem ihr von einer Rampe ins Wasser fliegt, Luna Loop, in dem ihr zu zweit wilde Drehungen absolviert, die Kindereisenbahn für die Kleineren und vieles mehr. Besonders beliebt ist das Bungee-Trampolin, auf dem man angeschnallt in tolle Höhen springt. Kostenlos ist das

Das größte Wasserrad der Welt dreht sich seit 2005 in Thale. Es ist Teil eines **Schau-Wasserkraftwerks,** Führungen für Gruppen ab 15 Pers nach Voranmeldung. 2,50 €, Kinder 1,70 €.

**Tollhaus,** ein Spielhaus mit Rutsche und Hüpfburg. Ein Stück weiter führt kurz vor der Kabinenseilbahn-Station links ein Weg zum **Funpark II** mit dem Hexenbesen, Bumper-Booten, Trampolinen, einem Kletterturm und Mini-Autos. Geht ihr am Goetheweg an der Seilbahnstation vorbei, findet ihr außerdem den **Minigolfplatz** (2,50 €, Kinder 1,50 €).

## Wintersport und -spaß

### Rodeln rund um Wernigerode

▶ Wie im Westharz könnt ihr auch im nordöstlichen Harz das Kribbeln im Bauch spüren, wenn der Schlitten rasant über die Piste düst. In **Altenbrak** geht es 500 m hinab. Die Naturrodelbahn befindet sich in der *Celle.* **Ilsenburg** hat eine Rodelwiese von ebenfalls 500 m Länge *(Amtswiese),* eine weitere Rodelbahn befindet sich im *Suental* beim Berghotel. Wer in **Wernigerode** auf Schlittenfahrt gehen will, findet im *Papental* eine Rodelwiese. Im Skigebiet im **Zwölfmorgental** ist eine weitere Rodelbahn, die von der ehemaligen Gaststätte Harburg Richtung *Schanzenhaus* führt. Eine 200 m lange Bahn gibt es im *Schlosspark* von **Blankenburg.**

### Skisport in Wernigerode

🍎 Warme Zipfelmützen verkauft Christel Reinsdorf im **Kunsthof,** Marktstraße 1, Nähe Rathaus, 38855 Wernigerode. ✆ 03943/605546. Täglich 11 – 17 Uhr. Sie hat die gestrickten Mützen mit Schlaufe und Holzknopf erfunden und patentieren lassen.

Ski-Klub Wernigerode, Zwölfmorgental 30, 38855 Wernigerode. ✆ 03943/267688 (1. Vors. Peter Lösler), 633035 (Tourismus GmbH), Fax 632040. www.sk-wernigerode.de. info@sk-wernigerode.de. **Auto:** Nöschenröder Straße stadtauswärts, rechts Degener Straße, Zwölfmorgental bis zur Schanzenanlage mit 2 Parkplätzen. **Zeiten:** bei ausreichend Schnee täglich 10 – 16 Uhr. **Preise:** Einzelfahrt 1 €, Halbtageskarte 8 €, Tageskarte 15 €; Kinder bis 18 Jahre Einzelfahrt 0,50 €, Halbtageskarte 4 €, Tageskarte 7,50 €.

▶ Kaum bekannt ist der Skihang im Zwölfmorgental von Wernigerode. Nicht weit vom hier ansässigen

Skisprungzentrum mit mehreren Schanzen ist der Skihang am Armeleuteberg nach fünf Minuten Fußweg zu erreichen. Ein Schlepplift führt zur 400 m langen Piste. Außerdem steht ein Übungslift zur Verfügung. Und das Tolle ist: Die Anlagen hier sind weit weniger überlaufen als die im Westharz.

## Bahnen und Betriebe

### Seilbahnen Thale: Zum Hexentanzplatz und zur Rosstrappe

Goetheweg 1, 06502 Thale. ✆ 03947/2500, Fax 2645. www.seilbahnen-thale.de. info@seilbahnen-thale.de. **Bahn/Bus:** Bahn bis Thale, Bus 18. **Auto:** Seilbahnparkplatz oder Richtung Friedrichsbrunn zum Parkplatz Hexentanzplatz (gebührenpflichtig). **Rad:** Harzrundweg. **Zeiten:** Ostern – Okt täglich 9.30 – 18 Uhr, 1. – 6. Nov und 25. – 31. Dez täglich 10 – 16.30 Uhr, Jan Sa, So, Fei 10 – 16.30 Uhr, Feb – Ostern täglich 10 – 16.30 Uhr. Harzbob im Winter 11 – 16 Uhr. **Preise:** Berg oder Tal 3 €, einfach 4,50 €. Sessellift 2,50 €. Harzbob 2 €, 6er-Karte 10 €; Kinder 4 – 14 Jahre einfach 2 €, Berg und Tal 3 €. Sessellift 1,50 €. Harzbob: 1,50 €, 6er-Karte 7 €; Familien (2 Erw, 3 Kinder) einfach 8,50 €, Berg und Tal 13 €. Schulklassen bis 14 Jahre 1,60 €, Berg und Tal 2,60 €, Sessellift 7,50 €. Kombitickets für Seilbahn und Harzbob. **Infos:** Harzbob, ✆ 03947/949322.

▶ Direkt hinter Thale steigen die Berge steil an, durchschnitten von dem tiefgelegenen, zerklüfteten Bodetal. Auf der einen Seite führt der Sessellift auf die Rosstrappe, auf der anderen die Kabinenseilbahn auf den Hexentanzplatz. Hoch über den Wipfeln der Bäume schwebt ihr in die Höhe und habt einen tollen Ausblick in die Tiefe unter euch. Oben angekommen gibt es einiges zu entdecken.

Auf dem **Hexentanzplatz** befinden sich der *Tierpark*, das *Harzer Bergtheater* und der *Harzbob*. 1000 m

# HANDWERK UND GESCHICHTE

🐌 Mountainbiker erwartet nach der Fahrt mit dem Sessellift zur Rosstrappe eine 2 km lange Strecke mit Jumps, Gaps und Tables. Die Bergfahrt mit Bike kostet 2,50 €.

weit sausen die Rennschlitten den Berg hinab, neun Kurven und vier Sprünge sorgen für den richtigen Nervenkitzel. Aber keine Bange, die Geschwindigkeit kann hier jeder selbst bestimmen, ob rasant mit 40 Stundenkilometern oder ganz gemächlich im Schritttempo. Gerodelt wird allein oder zu zweit, sodass auch kleinere Fahrgäste mitgenommen werden können. Wer unten angekommen ist, wird automatisch per Lift wieder rauf gezogen und dann kann der Spaß von neuem beginnen!

In der *Walpurgishalle* (April – Okt 9 – 17 Uhr, 2 €, Kinder 0,50 €) sind Gemälde zu sehen, am Eingang steht ein Opferstein, der in der Nähe gefunden wurde. Wunderbare Ausblicke ins Tal öffnen sich immer wieder.

Das ist auch von der **Rosstrappe** aus der Fall. Die eigentliche Rosstrappe ist ein tiefer Abdruck im Fels, der aussieht wie der eines Hufs. Ihn soll Brunhildes Pferd hinterlassen haben bei der Flucht vor dem Riesen Bodo. Ein etwa 20-minütiger Fußweg führt von der Bergstation dorthin. Im Sagenpavillon könnt ihr euch multimedial über die Sagenwelt von Thale informieren (1 €, Kinder 0,50 €).

## Kuckucksuhren im Harz

Harzer Uhrenfabrik, Lindenstraße 7, 06507 Gernrode. ☏ 039485/543-0, Fax 543-22. www.harzer-kuckucks-uhren.de. info@harzerkuckucksuhren.de. **Bahn/Bus:** Bus 10, 17, 31, 32. **Auto:** Marktstraße, Clara-Zetkin-Straße, Bergstraße. **Rad:** Nähe Harzrundweg. **Zeiten:** täglich 9 – 17 Uhr. **Preise:** 1 € pro Person (Münzdurchlass).

▶ Wie kommt bloß der Kuckuck in die Uhr? Wer auf diese Frage eine Antwort sucht, wird in Gernrode fündig! Denn hier, in der Harzer Kuckucksuhrenfabrik, kann die Produktion vom Holzzuschnitt über die Montage bis zur fertigen Uhr genau und schräubchennah beobachtet werden. Kuckucksuhren in allen Größen und Formen werden hier hergestellt und können na-

Kuckuck: Das größte Wetterhaus der Welt

türlich auch gekauft werden. Nun aber ab nach draußen, denn dort zeigt sich alle 15 Minuten der Harzmichel. So wurde der Kuckuck getauft, der in der größten Kuckucksuhr außerhalb des Schwarzwalds wohnt und seinen Ruf anstimmt. 14,50 m misst die Uhr in der Höhe und steht ebenso im Guinness-Buch der Rekorde wie das Riesenwetterhaus am anderen Giebel.

## Schaubacken: Wie Baumkuchen entsteht

Baumkuchenhaus Nr. 1, Neustadter Ring 17, 38855 Wernigerode. ✆ 03943/632726, Fax 632683. www.harzer-baumkuchen-friedrich.de. harzer-baumkuchen@gmx.net. **Bahn/Bus:** Citybus 4 bis Neustadter Ring. **Auto:** Ilsenburger Straße, Hasaeröder Straße, hauseigener Parkplatz. **Rad:** Holtemme-Radweg, Ilsenburger Straße, Hasaeröder Straße. **Zeiten:** Café Mo – Sa 10 – 18, So 12 – 17 Uhr, Schaubacken Fr, Sa 14 – 16 Uhr. **Preise:** Schaubacken kostenlos.

▶ Kuchen in die Form und ab in den Ofen? So einfach geht das beim Baumkuchen nicht! Der biskuitähnliche Teig wird Schicht für Schicht gebacken. Damit das Ganze am Ende wirklich wie ein Baum aussieht, befindet sich der Kuchen auf einer sich drehenden Walze. Alle drei Minuten wird erneut Teig darüber gegeben und gebacken. Im **Café Friedrich** dürft ihr dabei zusehen und natürlich auch mal probieren … mmmh! Im Ausstellungsraum sind diverse Walzen und Baumkuchenarten aus Schweden oder Polen zu sehen. Im Café könnt ihr außerdem köstlichen Baumkuchen mit weißer Schokolade oder Nougat, mit oder ohne Ringe, als Halbringe oder mit Marzipanfüllung erstehen. Platz nehmt ihr übrigens in

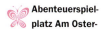 **Abenteuerspielplatz Am Osterberg** (Kurpark) mit tollem Blick auf Gernrode!

*Der Ire Hugh Beaver wettete gern. Darum ließ er die statistische Abteilung seiner Brauerei das Guinness-Buch zusammenstellen, in dem steht, wie der schnellste Vogel heißt oder wie groß der größte Kuckuck ist etc.*

Naschen erlaubt: Baumkuchen-Schaubacken

zwei riesigen gläsernen »Baumkuchen«. Von dort haben eure Eltern euch auf dem Spielplatz im Blick.

### Fürst-Stolberg-Hütte: Eisenguss zum Zugucken

Schmiedestraße 17, 38871 Ilsenburg. ✆ 039452/2494, Fax 8180. www.fuerst-stolberg-huette.de. info@fuerst-stolberg-huette.de. **Bahn/Bus:** RE, HEX. **Auto:** B6, Hochofenstraße, links Karl-Marx-Straße, rechts über die Schienen auf das Gelände der Radsatzfabrik. **Rad:** Harzrundweg oder Ilseradweg. **Zeiten:** Mo – Fr 10 und 14 Uhr. **Preise:** 5 €; Kinder 6 – 14 Jahre 2,50 €.

▶ Auf 1500 Grad muss Eisen erhitzt werden, damit es flüssig wird! Zu sehen ist das in der Fürst-Stolberg-Hütte in Ilsenburg, in der schon seit 1530 Gegenstände aus Eisen gegossen werden. Damals wurde im Harz selbst noch Eisenerz gewonnen, heute kommt das Roheisen aus anderen Ländern wie Brasilien oder Russland. Während der einstündigen Führung wird gezeigt, wie das Eisen flüssig gemacht und in eine Form gegossen wird, aber auch wie so eine Form eigentlich hergestellt wird. Von der großen Halle geht es zur Nachbearbeitung. Je nach Verwendungszweck wird das Eisen gewachst oder lackiert. Im Ausstellungsraum könnt ihr dann sehen, was so alles aus Eisen hergestellt wird.

### Mit der Wernigeröder Bimmelbahn zum Schloss

Marktstraße 9, 38855 Wernigerode. ✆ 03943/604000, Fax 633885. Handy 0173/3614726. www.wernigeroeder-bimmelbahn.de. info@wernigeroeder-bimmelbahn.de. **Zeiten:** Mai – Okt 9.30 – 17.50 Uhr alle 20 Min, letzte Rückfahrt vom Schloss 18.10 Uhr, Nov – April 10.30 – 17.15 Uhr alle 45 Min, letzte Fahrt zum Schloss 16.30 Uhr (Sa, So 17.45), letzte Rückfahrt vom Schloss 16.45 Uhr (Sa, So 18.10 Uhr). **Preise:** Hin- und Rückfahrt 4,50 €, einfache Fahrt 3 €; Kinder 4 – 14 Jahre 2 €, einfache Fahrt 1 €.

▶ Das Schloss von Wernigerode ist ganz schön weit oben, da lässt man sich doch gerne hinfahren! Die Wernigeröder Bimmelbahn startet täglich an der Blumenuhr hinter dem Rathaus im Zentrum.

## Burgen und Schlösser

### Schloss Wernigerode
Am Schloss 1, 38855 Wernigerode. ✆ 03943/553030, Fax 553055. www.schloss-wernigerode.de. **Bahn/Bus:** Stadtbus 2, 3 bis Breite Straße, Fußweg 15 Min. **Auto:** Parkplatz Anger, Schlossbahn; ab Rathaus Bimmelbahn oder Kutsche; Parkplatz Nöschenroder Straße, zu Fuß über Burgberg. **Rad:** Holtemme-Radweg. **Zeiten:** Mai – Okt 10 – 18, Nov – April Di – Fr 10 – 16, Sa, So 10 – 18 Uhr. **Preise:** 5 €; Kinder 6 – 14 Jahre 2 €, Schüler 4 €; Familien 12 €, Turm- und Gewölbeführung 1 €, Audioguide 2,50 €.

▶ Unübersehbar erhebt sich das Schloss über der Stadt Wernigerode und schaut aus, als würde Dornröschen persönlich dort wohnen. Zahlreiche Türme, runde und eckige, große und kleine, geben dem Bau sein bezauberndes Aussehen. Der Weg hinauf führt nur zu Fuß, mit der Bimmelbahn oder der Pferdekutsche. Wer den Aufstieg bewältigt hat, wird mit einem wundervollen Blick auf die Stadt und das Umland belohnt.

An der Schlossarchitektur könnt ihr Stilelemente aus den verschiedenen Ausbaustufen der ursprünglich im 12. Jahrhundert errichteten Burg erkennen. So zum Beispiel zwei gotische Bogenfenster oder den Treppenturm aus der Renaissance. Nach dem **30-jährigen Krieg** kamen barocke Elemente hinzu, als Graf Ernst zu Stolberg-Wernigerode die Burg zu einem Residenzschloss in Form einer Rundburg ausbauen ließ. Graf Otto schließlich, Vizekanzler von Bismarck, fügte 1862 – 1885 weitere, historisierende Elemente hinzu. Das sind Bauten, die nur so tun als ob sie

### Hunger & Durst
**Schlosscafé,** Am Schloss 1, 38855 Wernigerode. ✆ 03943/553044. Das Café befindet sich im Schloss und hat die gleichen Öffnungszeiten. Kindergerichte und -eisbecher.

*Wisst ihr, wann der 30-jährige Krieg stattfand? Und wie lange er dauerte …?*
1618 – 1648

aus alten Zeiten stammten. So auch die drei Parkanlagen Lustgarten, Tiergarten und die Terrassengärten.

Im Inneren des Schlosses entfaltet sich der Glanz dieser vergangenen Epochen. Mehr als 40 Räume sind in zwei Rundgängen zu besichtigen und vermitteln vor allem einen Eindruck davon, wie die Adligen und Reichen um 1900 gelebt haben.

### Burg und Festung Regenstein

Postfach 85, 38889 Blankenburg. ✆ und Fax 03944/61290. www.blankenburg.de. touristinfo@blankenburg.de. **Bahn/Bus:** Bus 253, 261 bis Regenstein, Fußweg 15 Min. **Auto:** B6/B81 (Neue Halberstädter Straße), Am Platenberg. **Zeiten:** April – Okt täglich 10 – 18, Nov – März vorbehaltlich Mi – So 10 – 16 Uhr. **Preise:** 2,60 €, mit Kurkarte 2,10 €; Kinder 6 – 18 Jahre und Schüler 1,30 €, mit Kurkarte 1 €.

▶ Schon von weitem sind die Felsen zu sehen, in die einst die Burg Regenstein hineingebaut wurde. Im Mittelalter befand sich hier eine Wohnburg der Grafen von Regenstein, später bauten preußische Truppen die Anlage zu einer Festung aus. Durch ihre Lage auf dem hoch aufragenden Sandsteinfelsen mit steilen Abhängen bot sie beste Verteidigungsmöglichkeiten, davon könnt ihr euch selbst überzeugen! Zu Burg und Festung gehörten Gebäude und Ställe aus Holz und Stein, mächtige Toranlagen sowie in den Sandstein gehauene Räume. In diesen *Sandsteinhöhlen* lebte man damals, dort befanden sich die Hofstube und die Burgkapelle. Die markanten Punkte der Anlage sind mit Nummern für die mittelalterliche Burg und Buchstaben für die preußische Festung gekennzeichnet. Am *Verlorenen Posten* (D) soll einst ein Wachmann mitsamt seinem Schilderhäuschen bei einem Sturm abgestürzt sein – schon etwas gruselig, oder?

Auf der Regenstein geht's zurück ins Mittelalter

An Ostern kommen die **Wikinger** auf die Burg Regenstein und im Juli finden **Ritterspiele** statt!

Am Eingang zur Burg befindet sich auch der Zugang der **Falknerei!**

# Museen und Stadtführungen

## Hüttenmuseum Thale

Walter-Rathenau-Straße 1, 06502 Thale. ℗ 03947/72256, Fax 71256. www.huettenmuseum-thale.de. huettenmuseum-thale@t-online.de. **Bahn/Bus:** Bahn bis Thale, Fußweg 3 Min. **Auto:** Großparkplatz Bodetal, 3 Min Fußweg. **Rad:** Harzvorland-Radweg/R1. **Zeiten:** Mai – Okt Di – Fr 9 – 17 Uhr, Sa, So 10 – 18 Uhr, Nov – April Di – So 9 – 17 Uhr. **Preise:** 1,50 €; Kinder ab 6 Jahre 0,50 €, Schüler 1 €.

▶ Wie gewinnt man eigentlich Eisen und wie wird es weiter verarbeitet? Das Hüttenmuseum in Thale gibt auf solche Fragen eine Antwort. Modelle von einem Rennofen, einem Hohen Ofen, ein Vorläufer unserer modernen Hochöfen, und einem so genannten Frischfeuer zeigen anschaulich die Entwicklung der Verhüttung. Die spätere Technik wird an zumeist beweglichen Modellen gezeigt bis hin zur Walzenstraße oder dem Blechwalzenwerk. Ein Abschnitt des Museums befasst sich mit den Umweltproblemen, die durch die jahrhundertelange Produktion entstanden sind.

Im Außengelände sind große Industriemaschinen zu bestaunen wie die Hydraulische Ziehpresse oder die Dampfspeicherlok.

*Luft, Wasser, Boden und natürlich auch der Mensch litten unter der Belastung durch die Verhüttung. Durch Verbrennungsprozesse gelangten Metalle in die Umwelt und überall setzte sich Ruß ab, der Mensch und Umwelt schadete.*

## Museum für Luftfahrt und Technik

Gießerweg 1, 38855 Wernigerode. ℗ 03943/633126, 632790 (Büro), Fax 632793. www.luftfahrtmuseum-wernigerode.de. info@luftfahrtmuseum-wernigerode.de. **Bahn/Bus:** Citybus 4, Bus 260 bis Veckenstedter Weg. **Auto:** B244, Ilsenburger Straße, rechts Veckenstedter Weg, am 1. Kreisel links. **Rad:** Nähe Holtemme-Radweg. **Zeiten:** Mo, Di 10 – 15 Uhr, Mi – So 10 – 17 Uhr. **Preise:** 3,50 €; Kinder 5 – 15 Jahre 2 €.

▶ Am liebsten würde man ja auf den Pilotensitz der *North American Sabre* klettern und einfach abheben ... Das ist zwar nicht möglich, aber die vielen

Hubschrauber und Flugzeuge anzuschauen, die hier im Museum für Luftfahrt und Technik zu finden sind, ist auch spannend! Die meisten Exponate stammen aus den 40er bis 60er Jahren und sind heute in der Luft nicht mehr zu sehen. Pilotenanzüge und -helme, Instrumentenbretter und Schleudersitze begeistern technikinteressierte Kids besonders.

### Harzmuseum Wernigerode

Klint 10, 38855 Wernigerode. ✆ 03943/654454, Fax 654497. www.wernigerode.de. harzmuseum@t-online.de. Im Zentrum, hinter dem Rathaus. **Bahn/Bus:** Citybus 1, 2, 3 bis Markt. **Auto:** Zentrum. **Zeiten:** Mo – Sa 10 – 17 und Adventssonntage 14 – 17 Uhr. **Preise:** 2 €; Kinder 7 – 17 Jahre und Schüler 1,30 €.

Kostenlosen Eintritt ins Harzmuseum und in 100 andere Attraktionen im Harz erhaltet ihr mit der **Harz-Card.** Für 48 Stunden kostet sie 27 € (Kinder 5 – 14 Jahre 17 €), für 4 Tage 45 € (Kinder 25 €), bei Letzterer ist sogar die Fahrt zum Brocken inklusive. Mehr unter www.harzcard.info.

▶ Erst im Jahre 2001 wurde das Harzmuseum mit neuer Konzeption wieder eröffnet. Ein Teil der Ausstellung widmet sich den naturwissenschaftlichen Besonderheiten des Harzes als höchstes Mittelgebirge Norddeutschlands. Die bergbaulichen Modelle wie Pferdegaipel oder Wasserrad mit Fahrkunst sind sogar in Bewegung zu sehen. Der Clou des Museums: Weitere Informationen zu allen Themen erhaltet ihr über alte Telefone, jedes sieht anders aus! Auch über die Tiere und Pflanzen im Harz erfahrt ihr eine Menge. Toll sind auch die Vogelstimmen auf Knopfdruck. Völlig unterschiedlich klingen Kiebitz, Pirol oder Eisvogel.

Der zweite Teil des Museums widmet sich der Geschichte Wernigerodes von seinen Anfängen im 9. Jahrhundert über die mittelalterliche Entwicklung der Zünfte am Beispiel der Zinngießer und Büchermacher bis heute.

### Mahn- und Gedenkstätte Wernigerode

Veckenstedter Weg 43, 38855 Wernigerode. ✆ und Fax 03943/632109. www.wernigerode.de. info@wernigerode-tourismus.de. **Bahn/Bus:** Citybus 1, 4 bis Zaunwiese. **Auto:** B244, Ilsenburger Straße, rechts Veckenstedter Weg, nach dem 1. Kreisel auf der linken Seite. **Zeiten:** Mo – Fr 8 – 15 Uhr, Führungen nur nach Voranmeldung. **Preise:** Eintritt frei.

▶ Auf dem Gelände der heutigen Gedenkstätte befand sich ab 1941 ein Zwangsarbeiterlager, dessen Häftlinge in den nahen Rautalwerken Motoren und andere Teile für die Rüstungsindustrie herstellen mussten. Bei den Gefangenen handelte es sich um Kriegs- und politische Gefangene. Diese Menschen stammten aus allen von der Wehrmacht besetzten Ländern Europas, auch Frauen und Mädchen waren darunter. Später kamen aus dem Konzentrationslager Buchenwald jüdische Gefangene hinzu.

Ab 1943 wurde das Zwangsarbeiterlager zur Außenstelle des KZ Buchenwald. Der Eingang mit Wachturm, die Baracken und der Appellplatz mit dem Ehrenmal erinnern eindringlich an diese Zeit. Auch der Alltag im Lager wird bedrückend deutlich: In einer der Baracken sind die Krankenstation und die enge Unterkunft auf dreistöckigen Holzplanken zu sehen. Eine Ausstellung in fünf Räumen informiert über die Zwangsarbeit, die KZ-Außenkommandos hier am Veckenstedter Weg sowie an der Steinernen Renne und den Todesmarsch der Häftlinge, als die Amerikaner näher rückten und die Nazis das Lager räumen ließen. Von 500 Gefangenen überlebten 57 diese Tortur.

Hanna Mandel, *Beim Gehen entsteht der Weg:* Eine ungarische Jüdin, 1944 nach Auschwitz verschleppt, erzählt vom Lagerleben, dem Entkommen aus der Hölle, dem Tod all ihrer Verwandten und dem Leben mit dieser Vergangenheit später mitten in Deutschland. Für Erwachsene, aber ein unglaublich starkes Buch. Argument Verlag, ISBN 978-3-88619-484-1, 19,90 €.

### 1000 Schritte rund ums Rathaus

Wernigerode Tourismus GmbH, Marktplatz 10, 38855 Wernigerode. ✆ 03943/5537835, Fax 5537899. www.wernigerode-tourismus.de. info@wernigerode-tourismus.de. **Zeiten:** täglich 10.30 Uhr, Nov – März alle 14 Tage auch Sa 14 Uhr. **Preise:** 4 €, mit Kurkarte 3,60 €; Kinder 6 – 14 Jahre 2 €, mit Kurkarte 1,60 €.

▶ Die Geschichte Wernigerodes und natürlich die ganz besonderen Häuser der Stadt stehen auf dem Programm während der Führung »1000 Schritte rund ums Rathaus.« Wie aus dem bunten, einstigen *Spel-*

Die bunten Fachwerkhäuser von Wernigerode locken viele Besucher hierher, andere fühlen sich eher von den Lokalen auf dem Marktplatz angezogen

### Hunger & Durst
**Café am Markt,** Marktplatz 6 – 8, 38855 Wernigerode. ✆ 03943/261690. www.café-wiecker.de. Mo – Sa ab 8 Uhr, So ab 9 Uhr. Hier könnt ihr Kuchen, Torten und Eis schmausen oder etwas von der Kinderkarte wählen.

*hus* ein **Rathaus** wurde, wird ebenso erklärt wie die vielen geschnitzten Figuren. Der **Marktbrunnen** mit den Löwenköpfen ist den Wohltätern der Stadt gewidmet. Das **Schiefe Haus** im Klint sieht arg einsturzgefährdet aus, doch keine Angst – Fachwerk hält und hält und hält! Nach der rund einstündigen Führung könnt ihr die Hinweise des Stadtführers befolgen und weitere Besichtigungen vornehmen, z.B. das *Krummel'sche Haus* (Breite Straße 72) mit Holzschnitzereien über die ganze Fassade, das *Kleinste Haus* (Kochstraße 43), das *Westertor* und natürlich das ↗ **Schloss Wernigerode** oben auf dem Agnesberg, das Neuschwanstein des Harzes. Ihr könnt auch eine Stadtrallye veranstalten: Unter www.wernigerode-tourismus.de findet ihr im Download-Bereich spannende Aufgaben.

### Hütten- und Technikmuseum Ilsenburg
Marienhöfer Straße 9b, 38871 Ilsenburg.
✆ 039452/2222, Fax 802923. www.ilsenburg.de. bibliothek.ilsenburg@gmx.de. **Bahn/Bus:** Bahn bis Ilsenburg, zu Fuß über Hochofenstraße in die Marienhöfer

Straße. **Auto:** Bis Zentrum fahren, Parkplätze z.B. in der Pfarrstraße. **Rad:** Harzvorland-Radweg/R1. **Zeiten:** Mo, Di, Do, Fr 13 – 16 Uhr, Sa 14 – 16.30 Uhr. **Preise:** 2 €; Kinder ab 6 Jahre und Schüler 1 €.

▶ Das Museum befindet sich in einem ehemaligen Herrenhof aus dem 18. Jahrhundert. Dies war früher der traditionelle Wohnsitz der Erbgrafen zu Stolberg. Zum Schutz des alten Parketts müssen alle Besucher zumindest bei feuchtem Wetter große Schlappen anziehen – und dann geht's los. Der Hit für Kinder sind die vielen Funktionsmodelle, die fast alle beweglich sind und von euch in Gang gesetzt werden dürfen: Da gibt es den Ilsenburger Hochofen, eine Wasserpumpe, eine Drahthütte mit Wasserradantrieb, eine Fahrkunst oder eine Sägemühle, die allesamt zu Leben erwachen. Anschaulich wird auf diese Weise erklärt, wie etwa Eisenerzförderung und die Weiterverarbeitung vor sich gingen. Interessant ist auch die Sonderausstellung zur Grenzöffnung zwischen Stapelburg und Bad Harzburg. Ein alter Grenzpfosten, ein Modell der Grenze, Fotos und alte Uniformen zeigen anschaulich ein Stück deutsch-deutsche Geschichte. Weitere Bereiche des Museums: Gemälde der Romantik, insbesondere von Ilsenburger Malern, Eisenkunstguss, Köhlerei und Forstwirtschaft.

## Bühnenbretter & Lehrstühle

### Harzer Bergtheater Thale
Hexentanzplatz, 6502 Thale. ✆ 03947/2324, 949002, Fax 949001. www.harzer-bergtheater.de. Harzer-Bergtheater@t-online.de. **Bahn/Bus:** Bus 18 oder mit Kabinenseilbahn zum Hexentanzplatz, 5 Min Fußweg. **Auto:** Thale Richtung Friedrichsbrunn. **Zeiten:** Sommerspielzeit Mai – Sep, Kindervorstellungen meist um 11 und 15 Uhr. **Preise:** Kindertheater 8,50 – 10,50 €, Musiktheater, Schauspiel 14,50 – 19,50 €;

### Hunger & Durst
**Eiscafé Tasin,** Marienhöfer Straße 9a, 38871 Ilsenburg. ✆ 039452/8372. Täglich 10 – 18 Uhr, im Sommer erweitert. Im Hinterhof des Museums!

## AKTIONEN UND FESTE

Kinder bis 14 Jahre die Hälfte, Schüler ab 14 Jahre 30 % Rabatt; Familien 20 – 30 €.

▶ Wenn Mowgli vor Shir Khan die Flucht ergreift, dann halten alle großen und kleinen Zuschauer den Atem an und fiebern mit, ob der Junge es schafft, dem Tiger zu entkommen. Hinter der ältesten Natur-

## **FESTKALENDER**

| | |
|---|---|
| **Januar:** | Neujahr, Wernigerode: Sonderzug der Schmalspurbahnen zum **Neujahrsbrunch** beim Brockenwirt. |
| **März/April:** | Ostern, Wernigerode: **Sonderzug mit dem Osterhasen.** |
| **April:** | 30., Thale, Ilsenburg, Blankenburg: **Walpurgisfeiern.** Wernigerode: **Walpurgiszug der Schmalspurbahnen.** |
| **Mai:** | 2. So, Wernigerode: **Wildparkfest** im Christianental. Mitte, Ilsenburg: **Forellenfest** mit Aussetzen der Forellen durch »Bischof Buko« in den Forellenteich. |
| **Juni:** | Mitte, Wernigerode: **Rathausfest.** Mitte, Ilsenburg: **Schützen- und Ilsefest.** |
| **Juli:** | Letztes Wochenende, Blankenburg: **Ritterturnier** auf Burg Regenstein. |
| **August:** | Wernigerode: **Schlossfestspiele**, Konzerte, Oper, Kinder- und Familienprogramm über mehrere Wochen. Letztes Wochenende, Blankenburg: **Altstadtfest.** |
| **Dezember:** | Fr vor dem 1. Advent – Weihnachten, Wernigerode: **Weihnachtsmarkt** und **Nikolaussonderzug.** 2. Adventswochenende, Wernigerode: **Weihnachtsmarkt** im Schloss. 2. Advent Fr – So, Ilsenburg: **Weihnachtsmarkt.** 2. – 3. Adventswochenende, Blankenburg: **Sternthaler Weihnachtsmarkt.** 3. Advent, Gernrode: **Advent im Stiftshof.** 4. Adventswochenende, Bad Suderode: **Weihnachtsmarkt.** 4. Advent Fr – So, Thale: **Weihnachtsmarkt.** 26. Dez, Wernigerode: Sonderzug zum **Weihnachtsbrunch** beim Brockenwirt, ↗ Oberharz & Brocken. |

bühne Deutschlands fällt der Blick ins grüne Tal und bildet eine einzigartige Kulisse. Die Zuschauerreihen ziehen sich den Hang hinauf und sorgen überall für gute Sicht und optimale Akustik. Spannend geht es nicht nur beim Dschungelbuch zu, sondern auch bei Pippi Langstrumpf, Peter Pan oder Robin Hood. Das Nordharzer Städtebundtheater spielt von Mai bis September jede Saison neue und interessante Stücke. Das aktuelle Programm wird euch gern zugeschickt.

Das **Harzer Bergtheater** gibt auch Vorstellungen in der *Baumannshöhle* von Rübeland.

### KinderHochschule Harz

Hochschule Harz, Friedrichstraße 57 – 59, 38855 Wernigerode. ✆ 03943/6590, Fax 659899. www.hs-harz.de. info@hs-harz.de. **Bahn/Bus:** Bus 1, 4. **Auto:** Richtung Hasserode. **Zeiten:** 4 x im Jahr Sa 10 – 12 oder 14 – 16 Uhr. **Preise:** Eintritt frei. **Infos:** Für Kinder zwischen 8 und 12 Jahre.

▶ Wollt ihr wie echte Studenten an die Uni gehen? Dann solltet ihr die KinderHochschule besuchen. Ihr erhaltet einen Junior-Studentenausweis. Wer regelmäßig kommt, klettert auf seiner »Karriereleiter« nach oben und erhält nach den Auszeichnungen Bronze, Silber, Gold und Genie eine Überraschung. Worum es geht bei der Kinderuni? Zum Beispiel darum, was Physik mit Musik zu tun hat, warum mein Zahn weh tut oder wie man eigentlich einen Film schneidet. Spannend!

## Weihnachten

### Weihnachtsmarkt in Gernrode

✆ und Fax 039485/354 (Stadt-Information). www.gernrode.de. kontakt@gernrode.de.

▶ Eine schöne Kulisse für den Advent im Stiftshof bildet die Kirche St. Cyriakus in Gernrode am 3. Adventssonntag. Der Tag beginnt mit einem Gottesdienst, es folgen die Ankunft des Weihnachtsmanns,

Weihnachtsbeleuchtung in Wernigerode

eine Führung durch die Kirche und musikalische Darbietungen. Natürlich gibt es auch viele schöne Dinge zu kaufen. Wer selbst basteln mag, darf auch aktiv werden.

### Weihnachtsmarkt Wernigerode

✆ 03943/633035 (Tourismus GmbH), Fax 632040.
www.wernigerode.de. info@wernigerode-tourismus.de.

▶ Zur Adventszeit stehen **Marktplatz** und **Nicolaiplatz** ganz im Zeichen von Weihnachten. Ob Schmalzkuchen, gebrannte Mandeln oder Bratwurst, die leckersten Düfte ziehen an der Nase vorbei und bringen die Qual der Wahl. Neben kulinarischen Leckerbissen finden sich Stände mit handwerklichen Arbeiten. Ein kulturelles Programm mit Märchenstunden, Bläserensembles und Kinderchor rundet den Markt ab.

Am 1. Adventswochenende findet ein kleiner Weihnachtsmarkt im festlich geschmückten **Innenhof des Schlosses** statt. Glasbläser zeigen ihr Können, der Nikolaus und eine Märchenfee kommen und ein nostalgisches Kinderkarussell dreht seine Runden.

### Sternthaler Weihnachtsmarkt Blankenburg

✆ 03944/2898 (Kurverwaltung), Fax 63102.
www.blankenburg.de. touristinfo@blankenburg.de.

▶ Weihnachtsmann und Märchentante gehören zum festen Bestandteil des Sternthaler Weihnachtsmarktes in Blankenburg. Vom 1. bis zum 2. Adventswochenende ist rund um den Marktplatz allerlei los. Der historische Nikolausexpress dampft von Blankenburg nach Halberstadt in die Spiegelsberge und zurück. Vorverkauf über: Blankenburger Lokschuppen, Lange Straße 42, ✆ 03944/369440.

# UNTERER HARZ

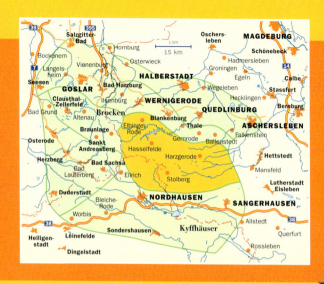

**RUND UM GOSLAR**

**OBERHARZ & BROCKEN**

**BAD GRUND – BAD SACHSA**

**RUND UM HALBERSTADT**

**WERNIGERODE – THALE**

**UNTERER HARZ**

**SÜDLICHES HARZVORLAND**

**INFO & VERKEHR**

**FERIEN-ADRESSEN**

**KARTEN & REGISTER**

## VOM MITTELALTER BIS ZUM WILDEN WESTEN

Unterharz wird der sachsen-anhaltinische Teil des Harzes auch genannt. Im Gegensatz zum Oberharz ist das Gebirge hier flacher und wird eher von Laub- und Mischwäldern als von Fichten geprägt. Große Städte sucht man hier vergebens, dafür gibt es viele kleine Orte, die mit außergewöhnlichen und interessanten Attraktionen aufwarten können.

Die **Rübelander Tropfsteinhöhlen** sind davon die bekanntesten. Aber auch das **Kuriositätenmuseum** in Güntersberge, die **Harzköhlerei** Stemberghaus, der **Rabensteiner Stollen**, die **Alte Münze** in Stolberg, **Burg Falkenstein** und natürlich **Pullman City II** in Hasselfelde sind einen Besuch wert. Wunderschöne Naturerlebnisse bietet das **Selketal**, durch das auch die Schmalspurbahn fährt. **Schierke** und **Drei-Annen-Hohne** gehören noch zum Nationalpark Hochharz und liegen am westlichen Ende des Gebiets höher als die anderen Orte. Beide sind Ausgangspunkte für eine Brockenfahrt, in Schierke gibt es zudem eine tolle Sommerrodelbahn, in Drei-Annen-Hohne den Entdeckerpfad.

Kompass-Karten, *Ostharz*, 1:50.000. 6,95 €.

## Frei- und Hallenbäder

### Freizeitbad Albertine

Neudorfer Weg 1a, 06493 Harzgerode. ✆ 039484/41002, Fax 32421 (Tourist-Info). www.harzgerode.de. stadtinfo@harzgerode.de. **Bahn/Bus:** Selketalbahn; Bus 34 bis Augustenstraße. **Auto:** B242 (Neue Straße), links Neudorfer Weg. **Rad:** Radweg von Neudorf. **Zeiten:** So – Do 10 – 19 Uhr, Fr, Sa 10 – 20 Uhr. **Preise:** 4 €, ab 13 Uhr 3 €, ab 17 Uhr 2 €; Kinder 3 – 14 Jahre 2 €, ab 13 Uhr 1 €, ab 17 Uhr 0,50 €; Familien 10 €, ab 13 Uhr 7 €, ab 17 Uhr 5 €, Ermäßigungen mit Kurkarte.

▶ Einfach riesig! Auf 53.454 qm findet ihr die Albertine, ein neues Freibad mit Edelstahlbecken. 25 m lang ist das Schwimmbecken mit 5 Bahnen, im Er-

## TIPPS FÜR WASSERRATTEN

Traumberuf: Lokführer! Bei einer Fahrt mit der Harzer Schmalspurbahn durchs Selketal könnt ihr schon mal Dampfluft schnuppern

lebnisbecken gibt es einen Wasserpilz, eine Schwalldusche, Sprühpoller, einen Gegenstromkanal, Bodenluftsprudler und eine Sitzbank mit Massagedüsen. Die 65 m lange Riesenrutsche ist natürlich ein besonderes Spektakel. Im Plantschbecken erwartet euch das Nashorn Bubu! Außerdem: Kinderspielplatz, Beachvolleyball- und Minigolf-Anlage.

### Freizeitbad Thyragrotte

Thyratal 5a, 06547 Stolberg. ✆ 034654/92110, 92113, Fax 92117. www.stadt-stolberg.de. thyragrotte@t-online.de. **Bahn/Bus:** Bahn bis Stolberg. Bus 38, 495 bis Bhf. **Auto:** An der Hauptstraße nach Rottleberode. **Zeiten:** So – Do 10 – 21 Uhr, Fr, Sa 10 – 22 Uhr. **Preise:** 1 Std 3,10 €, 3 Std 9,20 €, Tag 15,40 €; Kinder 3 – 16 Jahre 1 Std 2,60 €, 3 Std 7,70 €, Tag 10,30 €; Familien (2 Erw, 3 Kinder) 1 Std 8,70 €, 3 Std 26,10 €, Tag 35,80 €. **Infos:** Nachzahlung je halbe Std 1,60 €, Kinder 1,30 €, Familien 4,50 €.

▶ Die breite Wellenrutsche ist eine der umlagerten Wasserattraktionen in der Stolberger Thyragrotte. Außerdem gibt es einen Strömungskanal, der über das Außenbecken führt, Sprudel und Wasserduschen, einen Whirlpool und ein Plantschbecken mit Mini-Elefanten-Rutsche. Im Sommer ist im Außengelände ein weiteres Becken geöffnet. Über die rote Rutsche gelangt ihr nach ein paar Windungen ins erfrischende Nass.

### Waldfreibad Elend

Am Waldbad, 38875 Elend. ✆ 039455/51205, Fax 58740. www.harz.eu. info@harz.eu. **Bahn/Bus:** Schmalspurbahn bis Elend oder Bus 257 bis Ortsmitte. **Auto:** B27, Bahnhofstraße. **Rad:** Radweg von Drei-Annen-Hohne. **Zeiten:** Juni – Aug Mo – Fr 14 – 18 Uhr, Sa, So 10 – 18 Uhr, während der Sommerferien täglich 10 – 19 Uhr. **Preise:** 2,50 €, mit Kurkarte 2 €; Kinder 0 – 17 Jahre 1,50 €, mit Kurkarte 1 €; Familien (2 Erw, 4 Kinder) 8 €, mit Kurkarte 6 €. **Infos:** Liegestuhl 3 €.

---

**Happy Birthday!**
Freier Eintritt für Geburtstagskinder!

**Hunger & Durst**
Die **Gaststätte Thyragrotte,** ✆ 034654/92110, ist auch von außen erreichbar. Falls Oma oder Papa nicht schwimmen wollen, können sie hier auf euch warten. Öffnungszeiten wie das Bad.

Ende Juli oder Anfang August findet das **Waldbadfest** mit Wasserkistenrennen statt!

▶ Am Waldrand von Elend liegt gar nicht elend das traumhafte Freibad. Schwimmbecken, Rutsche und Kinderbecken mit Wasserpilz locken ins kühle Nass. Der Beachvolleyballplatz fordert zu sportlichen Wettkämpfen heraus, auf der großen Liegewiese geht es gemütlicher zu.

### Harzbad Benneckenstein

Fischwiese 1, 38877 Benneckenstein. ✆ und Fax 039457/2522. www.harzbad-benneckenstein.de. kv-benneckenstein@t-online.de. **Bahn/Bus:** Bus 261, 277 bis Benneckenstein. **Auto:** Oberstadt, Burgstraße, Lindenbleek, links Fischwiese. **Zeiten:** Di – Do 14 – 20 Uhr, Fr 14 – 21 Uhr, Sa, So 10 – 18 Uhr, in den Ferien Mo – Do 11 – 20 Uhr, Fr 11 – 21 Uhr. **Preise:** 2 Std 4 €, Tag 6,50 €; Kinder 3 – 17 Jahre 2 Std 2,50 €, Tag 3,50 €; Familien (2 Erw, 2 Kinder) 2 Std 10 €, Tag 17 €, Ermäßigung mit Kurkarte.

Schwimmkurse 65 €.

▶ Ins Harzbad Benneckenstein lockt mutige Kinder vor allem die 50 m lange Rutsche. Aber natürlich könnt ihr auch einfach eure Bahnen schwimmen. Ein Kleinkindbereich, Wasserspiele, Sauna und Cafeteria sind vorhanden. Im Sommer lockt eine Liegewiese nach draußen.

### Bergschwimmbad Altenbrak

Zellstraße, 38889 Altenbrak. ✆ 039456/205 (Kurverwaltung), Fax 50550. www.altenbrak.de. altenbrak@bo-detal.de. **Bahn/Bus:** Bus 263. **Auto:** Über Rolandseck. **Zeiten:** Mai – Sep Mo – Fr 10 – 18 Uhr, Sa, So und in den Ferien täglich 10 – 19 Uhr (witterungsbedingte Änderungen möglich). **Preise:** 2,50 €, mit Kurkarte 1,60 €, 10er-Karte 18 €, mit Kurkarte 12 €; Kinder bis 16 Jahre 1 €, mit Kurkarte 0,80 €, 10er-Karte 6 €, mit Kurkarte 4 €, Jugendliche 17 – 21 Jahre 1,60, 10er-Karte 12 €.

▶ Schönes großes Freibad oberhalb des Ortes mit ausladender Liegewiese, 3 Becken für Plantscher, Nichtschwimmer und Schwimmer. Tischtennisplatte.

✺ Auf der **Waldbühne** am Rolandseck finden im Sommer Aufführungen statt, z.B. die Operette »Der Vogelhändler« oder das Schülerkonzert »Karneval der Tiere«. **Infos:** Tourist-Info, ✆ 039456/205.

*Die **Hermanns-
höhle** und die
Baumannshöhle werden
die Rübenländer Tropf-
steinhöhlen genannt.*

## Hunger & Durst
**Eiscafé No. 1,** Blankenburger Straße 27, 38889 Rübeland. ✆ 039454/49252. www.numero-1.de. Sommer und Ferien täglich 11 – 18 Uhr. Besondere Eiskreationen, Kuchen und Shakes.

Ein Besuch auf der **Burg Hohnstein** lässt sich im Sommer gut mit einem Freibad-Ausflug verbinden.

## Spaßbad Bodeperle
Blankenburger Straße 6, 38889 Rübeland. ✆ 039454/49142. www.ruebeland-harz.de. bodeperle@web.de. **Bahn/Bus:** Bus 258, 265. **Auto:** B27 Richtung Kreuztal, Hüttenrode. **Zeiten:** Juni – Aug täglich 10 – 18 Uhr, bei schönem Wetter bis 20 Uhr. **Preise:** 3 €; Kinder 5 – 16 Jahre 1,50 €.

▶ In diesem Freibad schwimmt ihr im Höhlenwasser der **Hermannshöhle!** Das wird nämlich aufgefangen und aufbereitet. Außerdem ist es dank sonniger und geschützter Lage eines der wärmsten Freibäder der Region. Es erwarten euch ein neues Edelstahlbecken mit breiter Wellenrutsche, ein großer Nichtschwimmerbereich, ein Schwallpilz und ein Kinderbecken.

## Waldbad Neustadt
✆ 036331/46277 (Tourist-Info), Fax 6282. www.neustadt-harz.de. info@neustadt-harz.de. **Bahn/Bus:** Bus 23 bis Neustadt. **Auto:** Über Osteröder Straße, Ausschilderung Burg Hohnstein/Waldbad. **Rad:** Neustadt liegt am Harzrundweg, im Ort über Burggasse, Schafgasse. **Zeiten:** Mai – Sep täglich 10 – 20 Uhr. **Preise:** 2,50 €, 12er-Karte 25 €; Kinder 3 – 16 Jahre 1,50 €, 12er-Karte 15 €; mit Kurkarte 0,50 € Ermäßigung.

▶ Am Fuße der Burg Hohnstein liegt das Neustädter Freibad mit dem Charme der 50er Jahre. Zwei Ecken wurden für Nichtschwimmer abgeteilt, in eine davon gelangt ihr auch rutschend. Auf der gegenüberliegenden Seite geht das auch springend, aus 1 oder 3 m Höhe. Durch eine Hecke getrennt liegt abseits vom Trubel das kleine Plantschbecken. Im hinteren Bereich findet ihr das Beachvolleyballfeld, den Basketballkorb und den Spielplatz. Auch Tischtennis könnt ihr in den Schwimmpausen spielen.

## Freibad Niedersachswerfen: Sommer-Sonne-Wonne-Bad

Am Kirchberg 1, 99762 Niedersachswerfen.
✆ 036331/42421, Fax 42072 (Gemeinde). www.niedersachswerfen.de. info@niedersachswerfen.de.
**Bahn/Bus:** Schmalspurbahn. **Auto:** Zufahrt zwischen Bhf Niedersachswerfen-Ost und Herkulesmarkt. **Rad:** Radweg von Neustadt und Rüdigsdorf. **Zeiten:** Mai – Sep täglich 9 – 20 Uhr. **Preise:** 3,30 €, 10er-Karte 25,60 €; Kinder 4 – 16 Jahre und Schüler 2,30 €, 10er-Karte 15,30 €.

▶ Eines der modernsten und schönsten Freibäder der Gegend besitzt der kleine Ort Niedersachswerfen zwischen Ilfeld und Nordhausen. 2001 eröffnet, hat es fast 1000 qm Wasserfläche. Im großen Nichtschwimmerbecken wecken ein Wasserpilz, Whirl-Liegen, Massagedüsen und Bodensprudler die Sommer-Badelust. Die Attraktion ist natürlich die Wasserrutsche mit einer Länge von 47 m. Im Schwimmerbecken befindet sich die Sprunganlage mit 1-m-Brett und 3-m-Plattform. Das Plantschbecken besteht aus zwei ineinander übergehenden Becken. Außerdem warten auf euch ein Volleyballnetz, Spielplatz, Kiosk sowie eine große Liegewiese.

## Waldbad Ilfeld

Fischbachtal, 99768 Ilfeld. ✆ 036331/46264, Fax 32035 (Tourist Info). www.ilfeld.de. info@suedharztouristik.de. **Bahn/Bus:** Bus 231. **Auto:** An der B4 nördlich von Ilfeld. **Rad:** Am Harzrundweg. **Zeiten:** Mai – Sep Mo – Fr 10 – 20 Uhr, Sa, So 9 – 19 Uhr. **Preise:** 2 €, 12er-Karte 20 €; Kinder 3 – 16 Jahre 1 €, 12er-Karte 10 €.

▶ Das solarbeheizte Freibad liegt idyllisch am Wald und besitzt ein Schwimmer- und Nichtschwimmerbecken, eine kleine Rutsche, Sprungbretter in 1 und 3 m Höhe und ein Plantschbecken. Für Ballspiele stehen ein Volleyballnetz, ein Basketballkorb und zwei Tischtennisplatten zur Verfügung.

## Baden und Boot fahren

### Waldseebad Hasselfelde

Am Waldseebad, 38899 Hasselfelde-Rotacker. ✆ 039459/71291, 71369, Fax 76055. www.hasselfelde.de. info@hasselfelde.de. **Bahn/Bus:** Bus 261 bis Waldseebad. **Auto:** B81 Richtung Nordhausen, Ortsteil Rotacker, Parkplatz gegenüber. **Rad:** von Hasselfelde über Kirschenberg. **Zeiten:** Mai – Sep täglich 9 – 20 Uhr. **Preise:** 2,50 €; Kinder bis 16 Jahre 1 €, Jugendliche 1,50 €.

▶ Reines Quellwasser speist den See, dessen gesamte Fläche zum Baden freigegeben ist. Ein Nichtschwimmerbereich ist abgeteilt. Es gibt eine Sprunganlage mit 3- und 5-m-Brett sowie mehrere Startblöcke, an Land einen Beachvolleyballplatz.

### Bootsverleih Wendefurth

Mo und Fr 2 Stunden rudern, nur 1 Stunde bezahlen!

Jürgen Klinger, Am Stausee 2, 38889 Wendefurth. ✆ und Fax 03944/352916. Handy 0171/4082972. www.wendefurther-bootsverleih.de. klinger-bootsverleih@t-online.de. **Bahn/Bus:** Bus 261. **Auto:** B81 von Blankenburg, rechts abbiegen in die Straße Am Stausee. **Zeiten:** April – Okt täglich ab 9 Uhr, Mi 11 und Do 15 Uhr Floßfahrt. **Preise:** Ruderboot 4 Pers oder Paddelboot 2 Pers 1/2 Std 4 €, 1 Std 6 €, 2 Std 9 €, Tag 20 €, Wassertreter 2 Pers 5 – 12 €, 4 Pers 6 – 17 €, Floßfahrt 2 Std (ab 20 Pers) 7 €.

#### Hunger & Durst

**Gaststätte Zum Hecht,** Am Stausee 2, 38889 Wendefurth. ✆ 03944/352916. www.wendefurther-bootsverleih.de. April – Okt täglich ab 9 Uhr.

▶ Von der schwimmenden **Gaststätte Zum Hecht** könnt ihr mit Ruderbooten oder Wassertretern den Wendefurther Stausee erkunden. Jeden Mi um 11 Uhr und jeden Do um 15 Uhr könnt ihr auch auf dem großen Floß mitfahren.

### Boot fahren in Stiege

*In Stiege wurde im Mittelalter Kupfer abgebaut!*

✆ und Fax 039459/71229. www.stiege-harz.de. tourist-information-stiege@t-online.de. Am Unteren Teich/Schulteich. **Bahn/Bus:** Selketalbahn, Bus 265. **Auto:** B242. **Zeiten:** Mai – Okt täglich 10 – 18 Uhr.

**Preise:** 1 Std Ruderboot 2 €, Tretboot 5 €; Kinder bis 12 Jahre Ruderboot 1 €.

▶ Der kleine Ort Stiege wird dominiert von seinem großen See mitten im Ort. Da liegt doch eine Rudertour nah! Der See entstand im 14./15. Jahrhundert durch den Bergbau. Offiziell heißt er der *Untere Teich,* wird aber auch gern *Schulteich* genannt, da die Schule direkt am Wasser liegt. Nicht weit entfernt befindet sich ein Spielplatz, in der anderen Richtung das **Restaurant Haus am See.**

### Hunger & Durst
**Haus am See,** Lange Straße 2, 38899 Stiege. ✆ 039459/7480. www.hausamsee-stiege.de. Täglich 10 – 22 Uhr. Mit Seeterrasse.

# Radeln

## Radtour von Drei-Annen-Hohne nach Wernigerode
**Länge:** einfach 20 km, überwiegend bergab, teils leichte Steigungen; für bremssichere Kinder. **Bahn/Bus:** Bahn zwischen Wernigerode und Drei-Annen-Hohne. **Auto:** Parkplatz in Drei-Annen-Hohne, von Wernigerode mit der Bahn zurück.

▶ Überwiegend abwärts verläuft diese Radtour und ist somit auch für Familien geeignet. Pausen am *Schaubergwerk,* eventuell mit einer Führung verbunden, und am *Armeleuteberg* bieten sich an und sorgen für Abwechslung.

In Drei-Annen-Hohne geht es los. Über die schmale Teerstraße geht es über 5 km bis nach **Elbingerode.** Dort stößt die Brockenstraße, auf der ihr gerade radelt, auf die B27. Hier links abbiegen, am Markt erneut links und weiter über Pfarrstraße und Wernigeroder Straße Richtung Schaubergwerk Büchenberg. Hier geht es etwas bergauf, also Kräfte sammeln und in die Pedale getreten! Schon rollt ihr wieder bergab, doch aufgepasst: Links folgt der Abzweig durchs **Kalte Tal** zum Kaiserturm. Eine leichte Steigung ist zu bewältigen, an der Kreuzung weiter rechts Richtung Armeleuteberg. Nach dem Parkplatz und dem Försterplatz geht es rechts hinauf zum **Armeleu-**

## RAUS IN DIE NATUR

**Achtung!**
Teils führt die Radtour an Straßen entlang, hier ist besondere Vorsicht geboten!

teberg. Das kleine Stück dürft ihr ruhig schieben, denn es ist hier recht steil! Wer mag, kann vom ↗ **Gasthaus Armeleuteberg** die 500 m zum *Kaiserturm* gehen und diesen besteigen. Zurück am Abzweig geht es zügig und recht steil abwärts nach Wernigerode. Wer immer der Straße folgt, landet am Bahnhof Westertor und kann dort in die Schmalspurbahn nach Drei-Annen-Hohne steigen. In der Nähe vom Westerntor findet ihr auch das *Waldhofbad*.

## Wandern und Spazieren

### Wanderung zum Josephskreuz

**Länge:** 2,5 km, kinderwagentauglich, jedoch stetig bergauf. **Preise:** Josephskreuz 2 €, mit Kurkarte 1,50 €; Kinder bis 16 Jahre und Schüler 1,50 €.

▶ Noch ein Rekord im Harz: Das höchste eiserne Doppelkreuz der Welt steht auf dem Auerberg bei Stolberg. Der kürzeste Weg dorthin führt über 1,2 km ab dem Parkplatz beim **Hotel Schindelbruch.** Stetig aufwärts zieht sich zunächst ein schmaler Pfad, anschließend ein breiter Weg. Vorbei geht es dabei an zahlreichen Liederstationen. Kennt ihr *Hoch auf dem gelben Wagen* oder *Horch, was kommt von draußen rein?* Vielleicht schafft ihr es ja, das ein oder andere Lied zu singen?

**Hunger & Durst**
**Naturresort Schindelbruch,** Schindelbruch 1, 06547 Stolberg.
℡ 034654/8080.
www.schindelbruch.de.
Täglich ab 7 Uhr. Großer Spielplatz, Terrasse, Kindergerichte.

*Das Josephskreuz wurde 1896 wie der Pariser Eiffelturm aus Stahl erbaut, ist 38 m hoch, wiegt 123 Tonnen und wird von 100.000 Nieten gehalten. 200 Stufen führen zur Aussichtsplattform. Benannt ist es nach Graf Joseph von Stolberg.*

Anfassen verboten: Fingerhut ist giftig

Bald seht ihr das meergrüne **Gipfelkreuz.** Die Eisenkonstruktion erinnert unwillkürlich an den Pariser Eiffelturm. Von oben habt ihr einen schönen Ausblick, auf der einen Seite zum Brocken, auf der anderen zum Kyffhäuser. Im **Bergstübl** und am Kiosk gibt es Ver-

pflegung. Oder ihr wandert zurück zum Hotel Schindelbruch. Auf der Sonnenterrasse dort lässt es sich herrlich sitzen, für Kinder gibt es einen schönen großen Spielplatz.
Ein weiterer, nur minimal längerer Weg führt vom **Forsthaus Auerberg** zum Kreuz, auch den Markt in Stolberg kann man als Ausgangspunkt wählen (hin und zurück etwa 8 km).

### Von Elend zu den Schnarcherklippen

**Länge:** 6 km Rundwanderung, nicht kinderwagentauglich. **Bahn/Bus:** Schmalspurbahn (Harzquerbahn) bis Elend. **Auto:** Parkplatz an der B27 Richtung Braunlage.
▶ Der kleine Ort **Elend** ist Ausgangspunkt dieser Wanderung zu den aussichtsreichen **Schnarcherklippen**. Angeblich sollen sie bei starkem Südwestwind Schnarch-Geräusche von sich geben – hört ihr etwas? Mit 6 km Länge und einem zu bewältigenden Höhenunterschied von 100 m ist die Wanderung auch für weniger wanderfreudige Kinder zu schaffen. Der Rundweg, so heißt die Straße, überquert oberhalb von Elend die Gleise der Harzquerbahn, bis rechts der Gestellweg zu den Schnarcherklippen führt. Die kleinere der beiden Klippen könnt ihr über Eisenleitern besteigen. Der lohnende Abstecher zu dem noch etwas höheren *Barenberg* dauert nur wenige Minuten. An der *Mauseklippe* vorbei bringt euch der Weg bis fast nach Schierke, durchs schöne Elendstal, immer an der Kalten Bode entlang und zum Start zurück. Vielleicht ist es warm genug für eine Abkühlung im Waldfreibad von Elend?

### Vom Netzkater zum Poppenbergturm

**Länge:** gesamt 8 km, beide Strecken auf derselben Route, nicht kinderwagentauglich. **Bahn/Bus:** Schmalspurbahn bis Netzkater. **Auto:** B4 Braunlage – Nordhausen, in Netzkater B81 Richtung Hasselfelde, nach 100 m rechts, Parkplatz am Rabensteiner Stollen. **Rad:** Radweg Ilfeld – Eisfelder Talmühle.

**Hunger & Durst**
**Bergstübl Josephskreuz,** ✆ 034654/476. www.bergstuebl-josephskreuz.de. Ostern – Okt täglich 9 – 19 Uhr, Dez – Ostern Di – So und in den Ferien 9 – 18 Uhr.

**Hunger & Durst**
**Forsthaus Auerberg,** Auerberg 1, 06547 Stolberg. ✆ 034654/8060, Fax 80640, www.auerberg-harz.de. hotel.forsthaus-auerberg@t-online.de. Auch vegetarische Gerichte. Mai – Okt täglich 12 – 18 Uhr, Nov – April Mo, Fr Ruhetage.

*Wisst ihr, wie der Ort zu seinem Namen kam? Benediktinermönche kamen im 11. Jahrhundert hierher, in »fremdes Land«, auf Mittelhochdeutsch ali lanti, woraus sich schließlich das Wort »Elend« ableitete.*

UNTERER HARZ

Vom Parkplatz Tisch ist der Poppenbergturm in 1,5 km erreicht. Zufahrt von Netzkater Richtung Hufhaus.

### Hunger & Durst
**Hotel Hufhaus/Harzhöhe,** 99768 Ilfeld. ✆ 036331/48125. www.hotelhufhaus.de. Täglich ab 11 Uhr. Ihr könnt Minigolf spielen (2 €, Kinder 1,50 €) oder nach Anmeldung reiten (ab 5 €/30 Min) oder Kutsche fahren (7 €/45 Min).

*Das Wasser der Selke betrieb ab dem 15. Jahrhundert verschiedene Mühlen wie z.B. Getreidemühlen und Lehmmühlen zur Herstellung von Ziegeln.*

Nur 1,2 km entfernt liegt die **Burgruine Anhalt,** zu der sich eine Wanderung anbietet.

### Hunger & Durst
**Selkemühle,** ✆ 039484/2341. www.selkemuehle.de. Täglich 10 – 20 Uhr.

▶ Am Bahnhof Netzkater befindet sich auch das ↗ **Besucherbergwerk Rabensteiner Stollen,** dem ihr gleich einen Besuch abstatten könnt. Die Wanderung führt euch nach 4 km auf den 600 m hohen **Poppenberg.** Oben befindet sich ein 33 m hoher Turm aus einer Stahlgitterkonstruktion, der 1894 erbaut und 1994 restauriert wurde. Von oben reicht der Blick an manchen Tagen sogar bis zum Thüringer Wald! Um dorthin zu gelangen, folgt ihr der Markierung Blaues X. Steil geht es in Serpentinen hinauf zum *Dreitälerblick.* Hier oder am nächsten Rastplatz *Brockenblick* bieten sich kleine Pausen mit hervorragender Sicht an. Nach der Wegespinne ist es nur noch ein kurzes Stück und der **Poppenbergturm** ist erreicht. Den Rückweg tretet ihr auf derselben Route an.

## Natur & Umwelt erforschen

### Natur pur im Selketal
Selkemühle 1, 06493 Mägdesprung. ✆ 039484/ 2341, Fax 747189. www.selkemuehle.de. info@selkemuehle.de. **Bahn/Bus:** Bus 15 aus Harzgerode oder Alexisbad. **Auto:** 5 km von Mägdesprung Richtung Selketal. **Zeiten:** täglich 10 – 20 Uhr.
▶ Mitten im Wald liegt im **Selketal** das Hotel Selkemühle. Im **Hotel-Restaurant** mit großem Biergarten gibt es so tolle Sachen wie Drachenschuppen, Bärenknochen, Zauberstäbchen mit Magiersud oder den himmlischen Prinzessinnenteller. Naschkatzen greifen vielleicht lieber zu Selketalern oder Pferdeäpfeln. Die schmecken hier nämlich köstlich! Auf dem Spielplatz der Selkemühle könnt ihr euch austoben, auch Ponyreiten wird angeboten (Ponyreiten 45 Min 9 €, Reiten 45 Min 10 €). Durch die schöne Lage mitten in der Natur könnt ihr so manche Tierart erleben: röhrende Hirsche im Herbst, rufende Käuzchen bei Nacht oder Feuersalamander bei Regen!

## Löwenzahn Entdeckerpfad

38875 Drei-Annen-Hohne. **Bahn/Bus:** Schmalspurbahn bis Drei-Annen-Hohne, Bus 257, 288. **Auto:** B27 von Elend oder von Elbingerode über Alte Waldbreite und Brockenstraße, vom Parkplatz geht ihr über die Schienen geradeaus in den Wald, der Pfad beginnt auf der linken Seite. **Infos:** Nationalpark-Haus Drei-Annen-Hohne, direkt beim Großparkplatz, ℂ 039455/8640.

▶ Das ist ein Lehrpfad nach Kindergeschmack! Zum 25-jährigen Jubiläum der Sendung Löwenzahn mit *Peter Lustig* wurde der Entdeckerpfad im Mai 2005 eröffnet. Etwa eine Dreiviertelstunde solltet ihr für ihn einplanen. Findet ihr alle Tierspuren am Beginn des Weges? An der riesigen Eule hört ihr vielleicht sogar das Gras wachsen und auf dem Barfußpfad heißt es »Schuhe aus!« für besondere Tasterlebnisse. Lasst euch an den weiteren Stationen überraschen!

@ www.tivi.de.

An der Eiche mit der Träumerbank könnt ihr ein **Picknick** einplanen, Tisch und Bänke sind vorhanden.

### FÄHRTEN LESEN

▶ Der **Dachs** wohnt in einer Höhle, die er im Wald in die Erde gräbt. Er polstert sie an den tiefsten Stellen mit Moos aus, damit er auf weichem Untergrund liegen kann. Im Winter hält er eine Winterruhe. Auch im Sommer werdet ihr ihn kaum zu Gesicht bekommen, denn er ist nachts aktiv und schläft am Tag. Der Dachs ist ein Allesfresser, er hat einen extrem kräftigen Kiefer. Auch der **Fuchs** gräbt Baute, die viele Fluchtröhren haben, damit er den Hunden der Jäger entkommen kann. Ihr könnt einen Dachsbau daran erkennen, dass es rundherum ganz sauber ist – der Fuchs dagegen ist sehr unordentlich, er lässt seine Essensreste vor dem Bau liegen. ◀

Dachs

Spuren von Fuchs (rot), Hund (grün) und Dachs (braun)

## Rübelander Tropfsteinhöhlen

Blankenburger Straße, 38889 Rübeland. ℗ 039454/ 49132 (Verwaltung), 49208 (Baumannshöhle), 49110 (Hermannshöhle), Fax 53475. www.harzer-hoehlen.de. **Bahn/Bus:** Bus 258, 265 von Wernigerode. **Auto:** Wenige Parkplätze an der Hauptstraße, weitere am Ortseingang. **Zeiten:** Juli, Aug 9 – 17.30, Sep, Okt, Feb – Juni 9 – 16.30, Nov – Jan 9 – 15.30 Uhr, ab Nov nur Baumannshöhle geöffnet, Führungen nach Bedarf alle 30 Min, Dauer 45 – 60 Min. **Preise:** 7 €; Kinder 4 – 16 Jahre 4,50 €; Familien (2 Erw, 3 Kinder) 20 €; Kombikarte für beide Höhlen oder eine Höhle und Schaubergwerk Büchenberg 12 €, Kinder 7,50 €, Familien 32 €.

▶ Gleich zwei **Tropfsteinhöhlen** haben den kleinen Ort Rübeland berühmt gemacht. Ob der Bergmann *Friedrich Baumann* die nach ihm benannte Höhle wirklich schon 1536 entdeckt hat, bleibt fraglich … Sicher ist jedoch, dass sie schon 1668 unter Naturschutz gestellt wurde. In der 2008 neu erbauten Vorhalle befindet sich nun eine Ausstellung zur Höhlengeschichte. Durch wundersame und märchenhafte Gänge führt der Weg dann während der Führung. Im Goethesaal werden sogar Theaterstücke aufgeführt, der Säulensaal beherbergt die tollsten Gebilde und sogar Knochen vom Höhlenbären gibt es. Heutzutage überwintern Fledermäuse in den Höhlen, die im August oder September vielleicht auch zu sehen sind. Ansonsten leben in der Baumannshöhle nur noch winzige Höhlenkrebse und -asseln.

In der **Hermannshöhle** dagegen wohnen auch 13 Grottenolme, die einst hier ausgesetzt wurden. Wunderschön ist hier die Kristallkammer!

## Ziegen in Sophienhof

Dorfstraße 44, 99768 Ilfeld-Sophienhof. ℗ und Fax 036331/48235. www.ziegenalm.de. mail@ziegen-alm.de. **Bahn/Bus:** Bus 231 von Ilfeld oder Rothesütte. **Auto:** B4 bis Rothesütte, Sophienhofer Straße oder B81, Abfahrt nördlich Ilfeld-Netzkater. **Zeiten:** Almstu-

---

**Happy Birthday!**
Kindergeburtstag in der Hermannshöhle: 9 € pro Person, Geburtstagskind frei!

*So könnt ihr euch merken, wie die* **Tropfsteine** *heißen: Stalak**t**iten wachsen in die **Tie**fe, die Stalag**mi**ten also in die Höhe!*

be: Ostern – Okt Mi – Fr 12 – 18, Sa, So 10 – 18 Uhr, Nov – Ostern Do 12 – 18, Sa, So 10 – 18 Uhr.

▶ Viele, viele Ziegen sind auf der Alm in Sophienhof zu Hause. Zwischen April und Oktober tummeln sich die Paarhufer verschiedener Rassen auf der Weide, im Frühling sind natürlich auch süße Lämmer darunter. Im Wildgehege nebenan ist Damwild zu Hause. In der Almstube könnt ihr dann probieren, was so alles aus Ziegenmilch hergestellt wird. Nicht nur Käse gibt es da, sondern auch Eis!

## Abenteuer- und Erlebnisparks

### Sommer- und Winterrodelbahn Wippra

Wippraer Rodelbahn GmbH, Am Wolfstal, 06543 Wippra. ✆ 034775/20160, Fax 20682. www.wippra-harz.de/rodelbahn. rodelbahn@wippra-harz.de.
**Bahn/Bus:** Bahn bis Wippra oder Bus 422, 423, 498.
**Auto:** Wippra Richtung Sangerhausen, nach Ortsausgang links. **Rad:** Am Harzrundweg. **Zeiten:** Mitte März – Ende Okt täglich 10 – 18 Uhr. **Preise:** 2 €, 6er-Karte 10 €; Kinder 4 – 12 Jahre 1,50 €, 6er-Karte 7 €.

**Happy Birthday!**
Kindergeburtstag in Wippra: Rodeln den ganzen Tag und ein Essen inkl. Getränk, pro Person 10 €.

▶ Achtung, Geschwindigkeitsrausch möglich! 1000 m lang ist die Sommerrodelbahn in Wippra, über 10 Steilkurven und 6 Jumps, also Sprünge, saust ihr nach der 250 m langen Auffahrt gen Tal. Das ist klasse! Wie schnell ihr fahrt, bestimmt ihr natürlich selbst über die Bremse. Auch wenn ihr nicht gar so schnell braust, Spaß ist garantiert. Toll in Wippra: Im Café können die Eltern gemütlich auf euch warten, sodass ihr euch auf dem **Abenteuerspielplatz** oder am **Kletterfelsen** noch mal richtig austoben könnt. Hier gibt es auch einen Nautic-Jet (1 €, ab 10 Jahre).

### Brocken Coaster

Hagenstraße 6, 38879 Schierke. ✆ und Fax 039455/58901. www.brocken-coaster.de. Alpine-Coaster-Schierke@web.de. **Bahn/Bus:** Bus 257, 876 bis Hotel Heine.

Vielleicht kommt ihr mal im Herbst oder Winter zum Brocken-Coaster? Dann könnt ihr rodeln, auch wenn es schon dunkel ist. Die Bahn ist nämlich beleuchtet, sodass ihr wie an einer Leuchtspur entlang ins Tal saust.

**Auto:** An der Hauptstraße, Parkplatz Am Thälchen. **Zeiten:** ganzjährig täglich 11 – 18 Uhr. **Preise:** 2 €; Kinder bis 14 Jahre 1,50 €, 5er-Karte 7 €, 10er-Karte 12,50 €.

▶ Der 400 m lange Brocken Coaster ist eine besonders schöne Sommerrodelbahn, die im übrigen auch im Winter geöffnet ist. Durch ein herrliches Waldgrundstück schlängelt sich die Bahn hinab und vollzieht dabei als einzige Harzer Bahn einen 360-Grad-Kringel. Das Tempo könnt ihr selbst regulieren, Kinder ab 8 Jahre dürfen allein fahren. Und am Ende werdet ihr wieder hinaufgezogen und wollt bestimmt noch einmal … Im Café oder auf der Terrasse warten die Eltern derweil bei Cheeseburger, Pizza oder Bockwurst auf ihre hungrigen Sprösslinge.

## Pullman City II

Rosental 1, 38899 Hasselfelde. ✆ 039459/7310, Fax 73110. www.pullmancity-2.de. info@pullmancity-2.de.
**Bahn/Bus:** Schmalspurbahn bis Hasselfelde. **Auto:** B242. **Zeiten:** April – Okt 10 – 1 Uhr. **Preise:** 13 €, Senioren 10 €; Kinder 4 Jahre – 1,30 m Größe 6 €, ab 1,31 m – 16 Jahre 9 €; Bogenschießen 3 Pfeile 1 €, Ponyreiten 4 €, Goldwaschen 3 €, 1 Kutschfahrt für Kinder im Eintritt enthalten; Tonky-Karte (2 Erw, 2 Kinder bis 1,30 m) 31 €, Familien-Sunday-Special (2 Erw, alle Kinder am So) 30 €. **Infos:** Übernachtung möglich im Tipi, Blockhaus, Ranchhaus, Fort William oder Grand Silver Star Hotel.

Einer klein und giftig, zwei immer hinter ihm, der vierte lang und doof – keine Frage, die Daltons!

▶ Liegt der Wilde Westen etwa im Ostharz? Das kann man in Pullman City wirklich glauben! In der Main Street mit Saloon, Tea House und Sheriff-Büro begegnen euch Cowboys, Indianer, Pferde und Postkutschen. Eine ganze Westernstadt ist hier am Rande von Hasselfelde entstanden. Den ganzen Tag über finden Vorführungen statt: Da wird gezaubert, der Wunderdoktor hält seine Sprechstunde, Indianer zeigen ihre Reitkünste, Lassos werden geschwungen und Peitschen geschlagen. Am Nachmittag der Höhepunkt: die Buffalo Bill Show. Wie das Leben im Westen der USA im 19. Jahrhundert aussah, erlebt ihr hautnah, sogar Bisons werden durch die Stadt getrieben. Zwischen den Shows bleibt Zeit zum Goldwaschen, Ponyreiten, Bogenschießen, Hufeisenwerfen und für Kutschfahrten. Besucht auch das Fort und das Mandan Erdhaus. Hier erzählt euch ein Indianer, wie die Ureinwohner Amerikas wirklich lebten! Für dieses tolle Erlebnis solltet ihr unbedingt einen ganzen Tag einplanen!

**Happy Birthday!**
Geburtstagskinder erhalten gegen Vorlage des Ausweises freien Eintritt!

Fr und Mo zahlen alle nur den halben Eintrittspreis (mit Ausnahme von Feiertagen und Sonderveranstaltungen)!

Im bayerischen Passau könnt ihr Pullman City I besuchen.

## Wintersport und -spaß

### Skifahren im Unterharz

**ALEXISBAD:** *Kirschwiesenloipe,* 4 km, mittelschwer, Einstieg: Hotel Habichtstein Alexisbad.

**BENNECKENSTEIN:** 10 Loipen von 3 – 25 km Länge, z.B. *Giepenbach-Loipe,* Rundkurs, 7 km, leicht, Einstieg Parkplatz Richtung Tanne.

**FRIEDRICHSBRUNN:** *Seewiesenloipe,* 6 km, leicht, *Infang-Loipe,* 3 km, leicht, *Gondelteich-Ramberg-Loipe,* 11 – 14 km, mittelschwer; Abfahrt: Ski-Übungshang ohne Lift an der Klobenbergbaude am Südende des Ortes.

**HARZGERODE:** *Apfelberg-Loipe,* 4 km, leicht, Einstieg am Ortsausgang, Harzgeröder Apfelberg, *Klippenloipe,* 7 km, leicht, *Einsteigerloipe,* 2 km, leicht, Einstieg für beide Ortsausgang Parkplatz.

**HASSELFELDE:** mehrere Loipen 1 – 5 km Länge, Einstieg ab Bahnhof Schmalspurbahn, Parkplatz Radeweg oder Waldseebad.

UNTERER HARZ

Auf einem zugefrorenen See die Kufen zu schwingen ist ein besonderes Vergnügen und kostet nicht einmal Eintritt! Probiert es aus! In **Schierke**, **Stiege** und **Hasselfelde** findet ihr Natureisbahnen.

**SCHIERKE:** *Winterberger Loipe* und *Königsberger Loipe*, beide 16 km, mittelschwer, Einstieg Sandbrinkstraße.

**TANNE:** *Wiesenloipe*, 2,3 km, *Allerbachloipe*, 5,8 km, *Hühnerbalzloipe*, 6,2 km, *Heringstalloipe*, 7,1 km, Einstieg: Parkplatz Brockenbäcker (Lindenwarte).

### Rodeln im Unterharz

Eine Reihe von Rodelbahnen stehen zur Verfügung, sobald ausreichend Schnee liegt:

**BENNECKENSTEIN:** am Pfeiferberg;

**ELEND:** Alte Braunlager Straße (600 m) und Elendstal (1 km);

**DREI-ANNEN-HOHNE:** Rodelhang;

**FRIEDRICHSBRUNN:** 2 Rodelbahnen (80 und 150 m), am Brockenblick;

**GÜNTERSBERGE:** 2 Rodelhänge (40 und 200 m), Burgberg;

**HARZGERODE:** 700 m lang, am Alexisbader Fußweg zwischen Harzgerode und Alexisbad;

**HASSELFELDE:** Rodelhang im Kurpark und am Rabenstein gegenüber Kurpark;

**SCHIERKE:** 3 Rodelbahnen an der Alten Skiwiese Barenberg, vor der Kurverwaltung, an der Jugendherberge;

**STIEGE:** Rodelhang;

**STOLBERG:** Rodelbahn auf dem Wanderweg vom Friedhof zum Josephskreuz.

# HANDWERK UND GESCHICHTE

Der Freundeskreis Selketalbahn bietet Sonderfahrten mit dem Osterhasen und Teddybärtouren an!

## Bahnen und Betriebe

### Mit Dampf durchs Selketal

Harzer Schmalspurbahnen GmbH, Friedrichstraße 151, 38855 Wernigerode. ✆ 03943/558-0, Fax 558-148. www.hsb-wr.de. info@hsb-wr.de. **Infos:** Freundeskreis Selketalbahn, Ballenstedter Straße 22, 06507 Rieder, ✆ und Fax 39485/61661, www.selketalbahn.de, info@selketalbahn.de.

▶ Durch die urwüchsige Landschaft zwischen Gernrode und der Eisfelder Talmühle winden sich die von Dampfloks gezogenen Züge der **Selketalbahn.** Hinauf und hinunter geht es, an Felsen, Wiesen oder Teichen vorbei. Mit lautem Tuten kündigt sich die Bahn an und stößt ihre Dampfwolken aus.

**Haltepunkte** sind: *Gernrode, Sternhaus Haferfeld, Sternhaus Ramberg, Mägdesprung, Drahtzug, Alexisbad* (je nach Fahrplan mit Abstecher nach *Harzgerode*), *Silberhütte, Straßberg, Güntersberge, Friedrichshöhe, Albrechtshaus, Stiege* (mit Abstecher nach *Hasselfelde*), *Birkenmoor* und *Eisfelder Talmühle.* Seit 2006 gibt es von Gernrode Anschluss nach *Quedlinburg.*

An der Eisfelder Talmühle stößt die Selketalbahn auf den Verlauf der **Harzquerbahn.** Von hier könnt ihr weiter Richtung *Wernigerode* oder *Nordhausen* dampfen.

Unter Dampf: Das macht Spaß und lässt sich ganz praktisch kombinieren

## Grube Glasebach

Glasebacher Weg, 06493 Straßberg. ✆ und Fax 039489/226. www.grube-glasebach.de, www.strassberg-harz.de. post@grube-glasebach.de. **Bahn/Bus:** Q-Bus 33, 38 von Harzgerode bis Schule. **Auto:** Harzgerode, Silberhütte, in Straßberg Ausschilderung folgen. **Rad:** Radweg von Neudorf (Am Langenberg, links, gleich wieder rechts). **Zeiten:** April – Okt Di – Do 10 – 16, Sa, So 10 – 17 Uhr. **Preise:** 4,50 €; Kinder 5 – 16 Jahre 2,50 €, Befahrung erst ab 5 Jahre; Familien 11,50 €.

Vom Sternhaus Ramberg könnt ihr zur Viktorshöhe wandern, in Mägdesprung das Carlswerk besuchen oder in Güntersberge das Kuriositätenmuseum!

▶ Hier leuchtet es türkis, dort sind rötliche Mini-Terrassen zu sehen, anderswo glänzt es silbrig oder hellgrün. Eine solche Farbenvielfalt findet sich in der Grube Glasebach in Straßberg, dass die Besucher nur so staunen. Abgebaut wurde in diesem Bergwerk vor allem *Fluss-Spat,* ein Mineral, das eigentlich **Fluorit** heißt. Es bringt andere Metalle zum Fließen und wird darum auch Fluss-Spat genannt. Bei einem Rundgang unter Tage werdet ihr es zu sehen bekommen. Bis auf die 1. und 2. Sohle führt der Weg, durch

*Das Mineral Fluorit kennt ihr wahrscheinlich aus der Zahnpasta! Es wird eingesetzt, um den Zahnschmelz zu härten.*

enge Gänge und mit Ausblicken in die Tiefe wie in die Höhe und in schmale Öffnungen hinein. Das große Kunstrad mit 9 Metern Durchmesser pumpte einst das Wasser aus der Grube. Wie es sich langsam in Bewegung setzt, wird eindrucksvoll vorgeführt. Auch über Tage gibt es noch einiges zu entdecken in den Museumsräumen und im Außengelände mit pressluftbetriebenen Maschinen aus der jüngeren Abbauzeit. Bis 1990 wurde hier gearbeitet.

### Rappbodetalsperre

Harzer Urania, 38855 Wernigerode. ✆ 03943/632228, Fax 630147. www.harzer-urania-wernigerode.de. info@harzer-urania-wernigerode.de. **Bahn/Bus:** Bus 265 von Wernigerode. **Auto:** B81 zwischen Wendefurth und Hasselfelde, Abzweig Richtung Rübeland, Parkplatz hinter dem Tunnel. **Zeiten:** April – Okt täglich ab 9.30 Uhr am Infopunkt der Rappbodetalsperre. **Preise:** 1,50 €; Kinder bis 14 Jahre 0,50 €. **Infos:** Harzer Urania e.V., Schlachthofstraße 2, 38855 Wernigerode. Weitere Infos unter www.talsperren-lsa.de.

▶ Wer von Wendefurth kommend Richtung Rübeland fährt, befindet sich plötzlich auf der höchsten Staumauer Deutschlands. Sie ist 106 m hoch und über sie führt eine Straße. Die Rappbodetalsperre gehört zu einem weit verzweigten Talsperrensystem im Ostharz. Erbaut wurde es, um das Land vor Überschwemmungen zu schützen, denn durch Schneeschmelze und vielfach starken Regen kam es vorher häufig zur Überflutung ganzer Landstriche. Am Infopunkt – vom Parkplatz in wenigen Minuten zu erreichen – ist der Blick aufs Wasser erstklassig, dazu gibt es Informationen von Referenten oder auf Schautafeln.

### Schaubergwerk Büchenberg

Büchenberg 2, 38875 Elbingerode. ✆ 039454/42200, Fax 89485. www.schaubergwerk-buechenberg.de. info@schaubergwerk-buechenberg.de. **Bahn/**

**Hunger & Durst**
Achtung, nicht die Zunge verknoten! Das **Tzscherperessen** ist eine alte Tradition der Bergleute. Man traf sich meist zu Himmelfahrt und jeder brachte zu Essen mit, was seine Küche hergab, getragen in der Tzscherpe, einer Umhängetasche. Im Büchenberg könnt ihr solch ein Essen inkl. Führung buchen!

**Bus:** Bus 257, 258, 262, 265 von Wernigerode. **Auto:** B244 Wernigerode – Elbingerode, 2 km vor Elbingerode links. **Rad:** Von Elbingerode: Unter den Birken bis zum Funkmast, rechts über Eisensteinstraße. **Zeiten:** täglich Führungen um 10, 12, 14 und 16 Uhr. **Preise:** 6 €; Kinder 4 – 16 Jahre 4 €; Familien (2 Erw, 3 Kinder) 18 €; Kombikarte Schaubergwerk und eine der Rübelander Tropfsteinhöhlen 12 €, Kinder 7,50 €, Familien 32 €.

Ein bisschen mulmig zumute, aber lachend geht's ab in die Tiefe

▶ Das heutige Schaubergwerk war bis 1970 Abbaustätte für Eisenerz. Während der 90-minütigen Führung wird der Bergbau der 50er und 60er Jahre lebendig. Über eine 9 km lange Seilbahn wurden damals die Gesteinsbrocken nach Minsleben befördert, wo sie weiter verarbeitet wurden. Die alte Antriebsmaschine dieser einst längsten Industrieseilbahn Europas funktioniert noch genauso wie der Überkopflader oder der Schrapper, die den Besuchern vorgeführt werden. In einem geologischen Aufschluss funkeln die Gesteine in den verschiedensten Farben. Die Einfahrt, hier aber zu Fuß, erfolgt übrigens über den alten Seilbahnstollen. Zählt doch mal die Stufen! Der Zugang ist auch für Rollstuhlfahrer möglich. Dafür bitte anmelden.

> *Ein geologischer Aufschluss ist eine Stelle, an der man Gestein sehr gut erkennen kann, weil es nicht durch Boden oder Pflanzen bedeckt ist.*

### Besucherbergwerk Drei Kronen & Ehrt

Mühlental 13, 38875 Elbingerode. ✆ 039454/42910, Fax 48740. www.dreikronenundehrt.de. info@dreikronenundehrt.de. **Bahn/Bus:** Bus 258, 265 von Wernigerode. **Auto:** B27 Elbingerode – Rübeland, auf halber Strecke. **Zeiten:** Führungen 10, 11, 13, 15, 16 Uhr, Nov – April letzte Führung 15 Uhr. **Preise:** 9 €; Kinder

▶ Wenn ein Bergmann einfuhr, durfte er seinen Frosch nicht vergessen, nahm eventuell auch den Harzer Roller mit und ging dann zum Anbeißen. Wie bitte? Wer hier nur Bahnhof versteht, braucht sich nicht zu wundern, denn die Bergleute haben über Jahrhunderte eine ganz eigene Sprache entwickelt.

## VON FROSCH UND HARZER ROLLER

Das fängt schon bei der Begrüßung an. Guten Tag sagt hier niemand, der Bergmannsgruß lautet traditionell *Glück auf!* Wie auch immer er dann ins Bergwerk hinein gelangt, ob zu Fuß, mit der Grubenbahn oder auf Leitern, der Bergmann *fährt ein*. Die Leitern, über die die Männer bis ins 19. Jahrhundert hinein zu ihrem Arbeitsplatz gelangten, heißen darum auch *Fahrten*. *Frosch* nennt man übrigens die Grubenlampe, die der Bergmann mit sich in die dunkle Tiefe nahm. Der *Harzer Roller* ist ein im Harz gezüchteter Kanarienvogel. Er wurde mit in den Berg genommen. Wenn der Vogel zu flattern begann, wusste man: Gas ist in der Grube, so schnell wie möglich raus! *Anbeißen* bedeutet nichts anderes als Frühstücken. Und ein *Hunt* ist ein Grubenwagen, auf dem das Erz transportiert wurde. ◀

*Der seltsame Name des Besucherbergwerks ist eine Zusammensetzung aus den Namen zweier Gruben. »Ehrt« war wohl der Name eines Mannes, der einst die Rechte am Erzabbau besaß. »Drei Kronen« hingegen hieß eine Grube der Grafen zu Stolberg-Wernigerode. 1914 fasste man mehrere Gruben unter dem Namen* **Drei Kronen & Ehrt** *zusammen – welch Ehre für Herrn Ehrt!*

und Schüler bis 16 Jahre 4 €; Familien 22 €. **Infos:** Führungen ab 4 Pers und ab 5 Jahre.

▶ Zünftig mit Helm ausgerüstet, fahren die Besucher des Bergwerks **Drei Kronen & Ehrt** mit der Grubenbahn hinein in die Erde. Schwefelkies und Eisenerz wurden hier bis 1990 abgebaut. Viele Geräte der Bergbautechnik werdet ihr während einer Führung erleben und vorgeführt bekommen. Über Tage erwarten euch Ausstellungen über Bergbaugeschichte, Erzgewinnung und Mineralien.

### Führungen durch die Talsperre Wendefurth

Informationszentrum, Am Stausee, 38889 Wendefurth. ✆ 03944/942-230, Fax 942-200. www.talsperren-lsa.de. info@talsperren-lsa.de. **Bahn/Bus:** Bus 261 von Blankenburg. **Auto:** B81 von Blankenburg, rechts abbiegen in die Straße Am Stausee. **Zeiten:** April – Okt Mi 14, Sa 11 Uhr. **Preise:** 3 €; Kinder ab 6 Jahre und Schüler 2 €, Schulklassen 1 €. **Infos:** Talsperrenbetrieb Sachsen-Anhalt, Timmendorfer Straße 1a, 38889 Blankenburg.

▶ Insgesamt 1,5 Stunden müsst ihr veranschlagen, wenn ihr die Talsperre Wendefurth kennen lernen wollt. In einem Videofilm erfahrt ihr alles über die Geschichte der Talsperre und warum sie überhaupt erbaut wurde. Während der anschließenden Führung dürft ihr sogar in die Staumauer hinein!

### Harzköhlerei Stemberghaus

Stemberghaus 1, 38899 Hasselfelde. ✆ 039459/72254, Fax 73899. www.harzkoehlerei.de. stemberghaus@harzkoehlerei.de. Nördlich von Hasselfelde. **Bahn/Bus:** Bus 261, 265 von Wernigerode. **Auto:** B242, dann B81 (Blankenburger Straße). **Zeiten:** täglich 10 – 18 Uhr, April – Okt Aufbau traditioneller Erdmeiler. **Preise:** 1 €.

**Achtung!** Führungen finden nur ab mindestens 8 Personen statt.

Der Qualm beißt in den Augen: Köhlervorführung des Sternberghauses

▶ Holzkohle kennt ihr bestimmt vom Grillen, aber wie wird die eigentlich hergestellt? Aus Holz natürlich und in einer Kohlenbrennerei! Früher gab es im Harz viele solcher Köhlereien, heute ist das Stemberghaus bei Hasselfelde eine der letzten in ganz Deutschland. Normalerweise wird Holzkohle heute in Stahlkesseln hergestellt, doch in der Harzköhlerei baut man von April bis Oktober noch traditionelle Erdmeiler auf. Dafür werden luftgetrocknete Holzstücke dicht an dicht aufeinander geschichtet und mit einer nicht brennbaren Schicht

© Harzköhlerei Stemberghaus

**Köhlerfest** im August, **Waldweihnacht** im Dezember!

*Eine Hille-Bille ist ein Schlagbrett aus Holz, das Holzfällern und Köhlern als Signalgerät diente. Über weite Strecken konnten sie sich Informationen zusenden oder Alarm geben bei Feuer oder anderen Gefahren.*

Ende Dezember erstrahlt der Rabensteiner Stollen zum **Lichterfest**. 2000 Kerzen werden entzündet, auf dem Gelände dreht der Polarexpress seine Runden. 4 €, Kinder 2 €.

aus grünem Reisig, Erde und Gras abgedeckt. Dann wird der Meiler im Inneren angezündet und so entsteht dort allmählich Holzkohle. Das qualmt ganz schön! Wie die Holzkohle entsteht, ist wunderbar im dazugehörigen Museum zu sehen. Im Außengelände seht ihr eine Köte, eine **Hille-Bille,** Köhlerwerkzeuge und Meiler in verschiedenen Stadien. In der Ausstellung findet ihr ein Modell eines Köhlerplatzes und ihr könnt einen Videofilm anschauen. In der **Köhlerrast** könnt ihr euch kulinarisch versorgen, auch ein Spielplatz und ein Streichelzoo sind vorhanden.

### Steinkohlen-Besucherbergwerk Rabensteiner Stollen

99768 Ilfeld-Netzkater. ✆ 036331/48153, Fax 49802. www.rabensteiner-stollen.de. info@rabensteiner-stollen.de. **Bahn/Bus:** Bus 231 oder Schmalspurbahn. **Auto:** B4 Braunlage – Nordhausen, in Netzkater B81 Richtung Hasselfelde, nach 100 m rechts. **Rad:** Radweg parallel zur Selketalbahn, z.B. zur Eisfelder Talmühle. **Zeiten:** Di – So April – Okt 10 – 17, Nov – März 10 – 16 Uhr, Führungen stündlich bis 1 Stunde vor Schließung, Dauer knapp 1 Std. **Preise:** 5,80 €; Kinder 3 – 15 Jahre 2,80 €; Familien (2 Erw, 2 Kinder) 15,50 €, 3. und 4. Kind je 2,50 €. **Infos:** Grubenfahrt im Freigelände 0,50 €.

▶ Das einzige Steinkohle-Besucherbergwerk im Harz befindet sich in Ilfeld, direkt beim Schmalspurbahnhof mit dem netten Namen Netzkater. Mit einem Helm auf dem Kopf geht es durch einen schmalen Gang hinein in den Berg. Ihr seht niedrige Abbaustrecken und Kohleflöze, erfahrt aber auch, wie die Kohle überhaupt entstanden ist. Druckluftbetriebene Maschinen werden im Einsatz vorgeführt. Wenn der Bohrer sich ins Gestein fräst, ist das ganz schön laut!

Hat euch das Tageslicht wieder, könnt ihr euch auf dem Freigelände umsehen oder mit der Grubenbahn fahren.

## Burgen und Ruinen

### Flugshow auf Burg Falkenstein

✆ 034743/53559-0, Fax 53559-20. www.burg-falkenstein.de. falkenstein@dome-schloesser.de. **Bahn/Bus:** Bus 416, 418, 427 von Aschersleben bis Gartenhaus. **Auto:** Meisdorf oder Pansfelde bis Parkplatz am Gartenhaus, von dort 2 km Fußweg oder in der Saison ab 11 Uhr halbstündlich Bimmelbahn zur Burg (Hin- und Rückfahrt 4 €, Kinder ab 6 Jahre 1 €, ✆ 034743/8174). **Rad:** bis Meisdorf Harzrundweg/R1, dann an der Selke. **Zeiten:** April – Okt täglich 10 – 18 Uhr, Nov – März Di – So 10 – 16.30 Uhr, Falknerei Ostern – Okt bei günstiger Witterung Di – Fr 11, 15, Sa, So 11, 14, 16 Uhr. **Preise:** 4,50 €, Nov – März 4 €; Kinder 6 – 16 Jahre 2,70 €, Nov – März 2,20 €; Familien 11 €, Nov – März 10 €.

▸ Eine der besterhaltenen Burgen des Harzes erhebt sich hoch über dem Selketal. Im Inneren sind die alte Küche, der Rittersaal, die Burgkapelle und weitere Räumlichkeiten zu besichtigen. Höhepunkt eines Besuches ist die Vorführung des **Falkenhofs.** Adler, Bussard, Uhu und natürlich Falken sind im freien Flug zu sehen.

Projekte für Kindergruppen und Schulklassen werden im Amtshaus der Burg Mai – Okt angeboten: Mancherley Essen, Das Leben lernen, Ritterschlag oder Scriptorium. Anmeldung bei Frau Fischer, ✆ 034743/53559-15.

### Hunger & Durst

**Gaststätte Krummes Tor,** in der Burg, ✆ 034743/62012. Mo Ruhetag.

### Burgruine Hohnstein

99762 Neustadt. ✆ 036331/49049, Fax 49878. www.burghohnstein.de. info@burghohnstein.de. **Bahn/Bus:** Bus 23 bis Neustadt. **Auto:** Neustadt Richtung Ilfeld, rechts Ausschilderung, Parkplatz am Waldbad, 800 m zu Fuß bergauf. **Rad:** Harzrundweg, im Ort über Burggasse, Schafgasse. **Zeiten:** Di – So 11 – 22 Uhr. **Preise:** Eintritt frei. **Infos:** www.hohnsteiner-mittelalterverein.de.

▸ Eine der mächtigsten Burgruinen im Harz ist die der Burg Hohnstein. Hoch über Neustadt thront sie auf einem  **Porphyrkegel.** Um in den innersten Bereich zu gelangen, muss man durch 5 dicke Tore gehen, so gut war die Burg gesichert. Genützt hat es

*Porphyr* (griechisch purpurfarben) ist ein Gestein vulkanischen Ursprungs.

### Hunger & Durst
**Burggasthof Ruine Hohnstein,**
✆ 036331/49049. Di – So 11 – 22 Uhr.

 Am Bergsee am Ortsausgang Richtung Stiege/Hasselfelde könnt ihr schwimmen und Boot fahren, an der Straße liegt ein Eiscafé mit Terrasse im ersten Stock.

### Hunger & Durst
**Eiscafé Am Bergsee,**
Burgstraße 164, 06507 Güntersberge.
✆ 039488/79347.
www.eiscafe-guentersberge.de. Feb – Okt täglich 14 – 18 Uhr, Nov geschlossen, Dez, Jan nur Sa, So 14 – 18 Uhr. Spezialitäten wie den Waldpilz-Eisbecher!

am Ende alles nichts, denn im Dreißigjährigen Krieg (1618 – 48) wurde ein Großteil zerstört. Dennoch ist die Mächtigkeit der Anlage noch gut zu erkennen und der Ausblick vom obersten Turm grandios.
Erbaut wurde die Burg um 1120 durch Konrad von Sangerhausen, bewohnt von den Grafen von Hohnstein. Im Vorhof befindet sich seit 2001 der **Burggasthof** mit schöner Aussichtsterrasse.

## Museen & Feste

### Mausefallen- und Kuriositätenmuseum
Gabriele und Karl-Heinz Knepper, Klausstraße 138, 06507 Güntersberge. ✆ und Fax 039488/430.
www.mausefallenmuseum.de. maler-knepper@gmx.de.
**Bahn/Bus:** Q-Bus 31, 33 von Quedlinburg. **Auto:** B242, direkt an der Durchgangsstraße. **Rad:** Radweg von Straßberg parallel zur Selke. **Zeiten:** Sa, So 14 – 18 Uhr, weitere Termine nach telefonischer Voranmeldung.
**Preise:** 2,50 € pro Ausstellung (Mausefallen und Kabinett der stillen Örtchen); Kinder 3 – 13 Jahre 1,50 €, 14 – 17 Jahre 2 € pro Ausstellung.

▶ So seltsame Dinge habt ihr bestimmt noch nicht gesehen. Oder sind euch schon mal ein Wolpertinger oder ein Rasselbock begegnet? Eine Barttasse oder ein Staubsauger in Spritzenform? Und natürlich die Mausefallen, die dem Museum von *Karl-Heinz* und *Gabriele Knepper* seinen Namen gaben. Was haben sich unsere Vorfahren nicht alles einfallen lassen, um die kleinen Biester loszuwerden, die in der Speisekammer alles anknabberten! Ob Selbstschussanlage für Wühlmäuse oder Galgenfallen für ganze Mäusefamilien – ihr werdet staunen, was es da alles gibt. In der Galerie der stillen Örtchen dreht sich hingegen alles um einen ganz bestimmten Lokus. Eine Bildersammlung ergänzt die Toiletten und Kackstühle – ja, die heißen wirklich so. Bei dem launigen Vortrag gibt es garantiert was zu lachen.

## Museum Alte Münze

Niedergasse 19, 06547 Stolberg. ℗ 034654/85960, Fax 729 (Tourist-Info). www.stadt-stolberg.de, www.stolberger-museen.de. **Bahn/Bus:** Bahn bis Stolberg; Bus 38. **Auto:** Parkplatz Niedergasse. **Zeiten:** Mi – Fr 10 – 12.30 und 13 – 17, Sa, So 10 – 12 und 13 – 17 Uhr. Jeden 1. So im Monat und zu Stadtfesten: Münzprägung. **Preise:** 2 €; Kinder 6 – 16 Jahre 1,50 €.

▶ Münzen hat wohl jeder von euch schon häufig in der Hand gehabt: ein praktisches Zahlungsmittel seit vielen hundert Jahren. Anders als heute gab es früher viele **Münzprägestätten,** denn jede reichsfreie Stadt und jedes Herzogtum hatte das Recht, eigene Münzen zu prägen; manche Münzpräger mischten ihren Silbertalern billiges Blei unter. Die Stolberger Alte Münze war jedoch bekannt für die gute Qualität ihrer Münzen. Im 2004 eröffneten Museum erfahrt ihr, wie die Silberstücke einst hergestellt wurden und seht die Maschinen dazu. Da gab es Stanzen, Walzen, Hämmer zum Prägen und später ausgefeilte Maschinen wie den Balancier.

Im 1. Stock seht ihr Gedenkmünzen, Ausbeutetaler und – kurios – ein viereckiges Markstück! Die Stolberger Münzen trugen als Zeichen den Hirsch – hübsch, oder? In einem Raum erfahrt ihr alles über **Thomas Müntzer,** der in Stolberg geboren wurde.

## Bahnhofsmuseum Benneckenstein

Bahnhofstr. 23, 38877 Benneckenstein. ℗ 039457/41010. www.bahnmuseum-benneckenstein.ag.vu. **Bahn/Bus:** Harzer Schmalspurbahn, Bus 261, 265, 277. **Auto:** Nähe Bhf, im Ort Richtung Tanne. **Zeiten:** Di – Sa 10.15 – 16.15 Uhr, in den Ferien täglich. **Preise:** 2,50 €; Kinder 6 – 14 Jahre 1,50 €.

▶ Wenn ihr mit der Schmalspurbahn ab Benneckenstein losdampfen wollt, zum Beispiel zum Brocken oder nach Nordhausen, dann schaut doch bei der Gelegenheit im Bahnhofsmuseum vorbei. Eisenbahnfreunde haben hier alles zusammengetragen, was

*Heute gibt es in Deutschland nur noch 5 Münzprägestätten. Auf jeder Münze findet ihr einen ganz kleinen Buchstaben, der angibt, wo die Münze geprägt wurde: A = Berlin, D = München, F = Stuttgart, G = Karlsruhe und J = Hamburg. Ob eure Eltern das wissen?*

*Thomas Müntzer wurde 1489 in Stolberg geboren. 1506 ging er nach Leipzig, um Theologie zu studieren. Er wurde Anhänger von Martin Luther, war aber noch sozialkritischer als dieser. 1525 kämpfte er mit den Bauern in der Schlacht bei Frankenhausen, wurde jedoch gefangen genommen und enthauptet.*

 **Minigolf** und **Spielplatz** findet ihr im Kurpark von Benneckenstein.

sonst auf dem Schrott gelandet wäre: alte Schilder, eine Stellanlage, Fotos und Zeitungsausschnitte. Auf mehreren Modelleisenbahnanlagen rattern kleine Züge. Eine Anlage zeigt den Brocken in historischer Aufnahme. Mini-Eisenbahnen findet ihr sogar in einer Lampe und einer Bratpfanne, seht ihr sie?

### Uhrenmuseum in Treseburg
Rüdiger und Silke Fischer, Ortsstraße 11, 38889 Treseburg. ✆ und Fax 039456/56732. www.harztourist.de,

## FESTKALENDER

| | |
|---|---|
| **Januar:** | Anfang, Sa, So, Hasselfelde: **Schlittenhunderennen.** Sa, So, Benneckenstein: **Schlittenhunderennen.** |
| **Februar:** | 1. oder 2. So, Stolberg: **Winterfest** mit Spiel und Spaß für die ganze Familie. |
| **März/April:** | Sa vor Ostern, Güntersberge: **Ostereierkullern** mit lustigen Spielen am Bergsee. |
| **April:** | 30., Schierke, Stiege, Stolberg, Neustadt (Burg Hohnstein), Burg Falkenstein: **Walpurgisfeiern.** |
| **Mai:** | Tanne: **Kuhball** mit Festumzug und Reiten für Kinder. Harzgerode: **Kulturtage** in Schloss und Kirche. |
| **Mai/Juni:** | Pfingstmontag, Benneckenstein: **Finkenmanöver** mit Folkloreprogramm. Ende Mai, Anfang Juni, Hasselfelde: **Waldfest** mit Holzhackerwettstreit. |
| **Juli:** | Anfang, Hasselfelde: **Waldseebadfest** mit Neptuntaufe. 3. Wochenende, Güntersberge: **Heimatfest.** Wettelrode: **Tag des Bergmanns** im Röhrigschacht. Stiege: **Seefest.** Harzgerode: **Hüttentag** im Carlswerk Mägdesprung. Stolberg: **Waldfest** am Josephskreuz, Harzer Brauchtum, Folklore und Spezialitäten. Ende Juli, Harzgerode: **Rutschmeisterschaft** im Freibad Albertine. Rübeland: **Theater unter Tage**, Baumannshöhle. |

www.bodetal.com. Treseburg-Museum@t-online.de.
**Bahn/Bus:** Bus 263, 264. **Auto:** In Treseburg an der Durchgangsstraße Richtung Altenbrak. **Zeiten:** täglich 9 – 17 Uhr. **Preise:** 3 € ab 10 Jahre, 3,50 € mit Führung; Kinder 6 – 9 Jahre 2 €.

▶ Eine Zeitreise erwartet Besucher des Uhrenmuseums in Treseburg. Die Geschichte der Zeitmessung von den ersten Sonnenuhren bis zur präzisen Atomuhr von heute wird anschaulich und kindgerecht während der regelmäßigen kurzen Einführungen erklärt.

Die Tourist-Info Treseburg bietet eine Schatzsuche für Kinder an. Wer den Ratezettel richtig ausfüllt erhält ein Sagenbuch, einen Schlüsselanhänger oder einen Eisbecher.

| | |
|---|---|
| **August:** | 1. Wochenende, Hasselfelde: **Köhlerfest** an der Köhlerei Stemberg. |
| | 1. oder 2. Sa, Schierke: **Kurparkfest.** |
| | 2. Wochenende, Stolberg: **Lerchenfest,** historisches Stadtfest mit Händlern, Gauklern, Handwerkern. |
| | 3. Wochenende, Neustadt: Burg Hohnstein, **Burgfest.** |
| | Letzter Sa, Harzgerode: **Waldhoffest,** Silberhütte. |
| **September:** | Altenbrak: **Harzer Jodlerwettstreit.** |
| | 1. So, Benneckenstein: **Laurentiade,** Stadtfest mit Bootsrennen. |
| | Letzter Sa, Schierke: **Kuhball,** Kuhaustrieb mit Gaudi. |
| **Oktober:** | 1. Wochenende, **Burg Falkenstein,** mittelalterliches Burgfest. |
| **Dezember:** | Sa vor dem 1. Advent, Güntersberge: **Adventsmarkt.** |
| | 2. Advent, Sa, So, Benneckenstein, Hasselfelde, Stiege, Ilfeld: **Weihnachtsmärkte.** |
| | 2. Advent, Sa, So, Burg Falkenstein: **Burgweihnacht.** |
| | 3. Advent, Sa, So, Harzgerode und Stolberg: **Weihnachtsmärkte.** |
| | 4. Advent, Tanne: **Brockenbäckers Weihnachtsmarkt.** |
| | 4. Advent Sa, So, Neustadt: **Weihnachtsmarkt** auf dem Kirchplatz. |
| | Ende Dez, Ilfeld: **Lichterfest** im Rabensteiner Stollen. 2000 Kerzen beleuchten den Stollen, oben fährt der Polarexpress. |

🦉 *Zappler* sind Uhren mit einem kurzen Pendel, das vor dem Ziffernblatt schwingt.

Mehr als 500 Uhren sind ausgestellt, darunter auch besondere Exemplare wie die Kugellaufuhr, eine Globusuhr, eine Kirchturmuhr oder verschiedene **Zappler.** Fragen zur Funktionsweise der Uhren werden gern beantwortet. Ausführliche Vorträge mit Führung finden ab 8 Personen oder nach Voranmeldung statt.

### Walpurgis in Schierke

☏ 039455/310 (Kurbetrieb), Fax 403. www.schierke-am-brocken.de. info@schierke-am-brocken.de. **Termin:** 30. April. **Preise:** 12 €; Kinder bis 12 Jahre frei.

▶ Da die Walpurgisnacht durch die Nationalparkverordnung auf dem Brocken, dem eigentlichen *Blocksberg,* nicht gefeiert werden darf, weicht man hier nach Schierke aus. Am Nachmittag geht es los mit einem umfangreichen Kinderprogramm. Beim Festumzug über die Brockenstraße treiben die Teufel und Hexen allerlei Schabernack. Gen Abend beginnt das große Fest, das mit einem Höhenfeuerwerk um Mitternacht seinen krönenden Abschluss findet.

## DER TANZ DER HEXEN: WALPURGIS

▶ Jahrhunderte alt ist der Brauch, in der Nacht zum 1. Mai den Frühling zu begrüßen und die bösen Geister des Winters zu vertreiben. Von den Germanen übernahmen die Christen die Tradition und benannten das Fest nach der Heiligen Walburga, die an diesem Tag heilig gesprochen wurde. Im Harz ist diese Tradition äußerst lebendig und so wird die Walpurgisnacht in vielen Orten gefeiert.

Umzüge führen zu Festplätzen und viele Einheimische, aber auch Touristen, verkleiden sich als Hexen und Teufel. Angeblich versammeln sich diese auf dem **Blocksberg,** also dem Brocken, um dort den letzten Schnee mit ihren Besen wegzufegen. Auch in Goethes *Faust* versammeln sich die Hexen hier und singen: »Die Hexen zu dem Brocken ziehn, die Stoppel ist gelb, die Saat ist grün. Dort sammelt sich der große Hauf, Herr Urian sitzt oben auf. So geht es über Stein und Stock, es farzt (furzt) die Hexe, es stinkt der Bock.« ◀

# SÜDLICHES HARZVORLAND

**RUND UM GOSLAR**

**OBERHARZ & BROCKEN**

**BAD GRUND – BAD SACHSA**

**RUND UM HALBERSTADT**

**WERNIGERODE – THALE**

**UNTERER HARZ**

**SÜDLICHES HARZVORLAND**

**INFO & VERKEHR**

**FERIEN-ADRESSEN**

**KARTEN & REGISTER**

## KLEINER BRUDER KYFFHÄUSER

**Flach wird das Land südlich des Harzes – nur das Kyffhäusergebirge ragt heraus und bildet den Harz in klein ab. Dieser karstige Gebirgswulst zieht sich 19 km in die Länge, ist 7 km breit und seine höchste Erhebung, der Kulpenberg, ist 477 m hoch. Bekannt ist der Kyffhäuser jedoch wegen des aus allem hervorstechenden Kyffhäuser-Denkmals zu Ehren Friedrich I., genannt Barbarossa.**

Im nördlichen Bereich des Harzer Vorlandes geht die Grenze zwischen den Bundesländern Sachsen-Anhalt und Thüringen mitten hindurch. **Sangerhausen**, berühmt für sein Rosarium, gehört noch zu Sachsen-Anhalt, die anderen beiden größeren Städte **Nordhausen** und **Sondershausen** liegen auf Thüringer Boden. Von **Bad Frankenhausen** sind das Kyffhäuserdenkmal und die Barbarossahöhle schnell erreichbar. Eisenbahnfans müssen noch ein Stück weiter südlich fahren, um in **Wiehe** die weltgrößte Modelleisenbahnanlage zu besichtigen. Wer sich für Geschichte interessiert, begibt sich vielleicht lieber zur germanischen Siedlung in **Westgreußen** oder zur Wasserburg Heldrungen. Liebhaber der tierischen Vertreter besuchen die Affen in **Straußberg** oder die Bären in **Worbis.**

Kompass Karten
*Südharz, Naturpark Kyffhäuser*, 1:50.000.
6,95 €.
*Rad- und Wanderkarte Thüringer Harz*,
1:25.000. 3,50 €.

## Frei- und Hallenbäder

### Stadtbad Sangerhausen

Riestedter Straße 70, 06526 Sangerhausen.
✆ 03464/573833, Fax 558199 (Bädergesellschaft).
www.stadtbad-sangerhausen.de. **Bahn/Bus:** Bus 52, 53 bis Am Röhrgraben. **Auto:** B80 Richtung Halle, rechte Seite. **Rad:** Harzrundweg bis Wettelrode, durchs Helmstal nach Sangerhausen. **Zeiten:** Mai – Sep täglich 9 – 20 Uhr, bei sehr gutem Wetter bis 21 Uhr. **Preise:** 2 €; Kinder 3 – 17 Jahre 1 €.

▶ Sogar aus 5 m Höhe könnt ihr in Sangerhausens Freibad ins Wasser springen. Zur Übung stehen aber

## TIPPS FÜR WASSERRATTEN

Kreativwerkstatt: Gipsen und basteln in der Kunstschule Meyenburg

auch 3- und 1-m-Bretter bereit. Außerdem: Schwimmer- und Nichtschwimmerbecken, Plantschbecken, Volleyball, Tischtennis und eine große Liegewiese.

### Kyffhäuser-Therme

August-Bebel-Platz 9, 06567 Bad Frankenhausen. ☎ 034671/5123, Fax 51259. www.kyffhaeuser-therme.de. kur@bad-frankenhausen.de. Beim Schloss im Zentrum. **Bahn/Bus:** Bus 504, 507 – 509. **Auto:** B85, Ausschilderung folgen. **Rad:** Radweg von Kelbra. **Zeiten:** täglich 9 – 22 Uhr. **Preise:** 2 Std 7 €, 4 Std 8,50 €, Tag 11 €; Kinder bis 15 Jahre und Schüler 2 Std 5 €, 4 Std 6,50 €, Tag 7,50 €.

**Familientag** Mo und Fr: Kinder 4 €, Familie mit 1 Kind 15 €, mit 2 Kindern 17 €.

▶ Mehrere Solebecken sorgen hier für gesunden Badespaß, denn im Salzwasser zu baden, tut dem ganzen Körper gut! Zwei Solebecken sind im Innenbereich zu finden, eines außen. Hier gibt es Sprudelliegen, Massagedüsen, Wasserspeier und Bodensprudler. Wem das alles zu salzig ist, kann sich ins Erlebnisbecken zurückziehen. Im Wildwasserkanal könnt ihr alle Energien rauslassen! Auch die 50 m lange Rutsche bedeutet Spaß ohne Ende, denn wer will, kann gleich noch einmal … Im Plantschbecken geht das auch, nämlich auf der Minirutsche. Auch die Kleinen haben Sprudler, Qualler und Schiffchenkanal!

### Bergbad Sonnenblick

Cannabichstraße 23, 99706 Sondershausen. ☎ 03632/782559, Fax 782754 (Stadtverwaltung). www.sondershausen.de. info@sondershausen.de. **Bahn/Bus:** Bus 1, 4 bis Bergstraße. **Auto:** Über Güntherstraße, Bergstraße. **Zeiten:** Mai – Sep täglich 9 – 19 Uhr. **Preise:** 2 €; Kinder 4 – 16 Jahre 1 €.

▶ Wie der Name schon sagt, liegt dieses Freibad am Berg und zieht sich mit seinen Becken terrassenartig den Hang hinauf. Unterhalb des Eingangs liegt das Plantschbecken, darunter das große Becken mit Sprungbrettern und breiter Nichtschwimmerzone.

Hier könnt ihr durch einen Fisch hineinrutschen! Die große rote Rutsche endet in einem Extrabecken.

## Badehaus Nordhausen

Grimmelallee 40, 99734 Nordhausen. ℐ 03631/ 4799-0, Fax 4799-17. www.badehaus-nordhausen.de. team@badehaus-nordhausen.de. **Bahn/Bus:** Straßenbahn 2 bis Grimmel. **Auto:** Direkt an der B4. **Rad:** Radweg von Kelbra. **Zeiten:** Mo – Fr 8 – 22 Uhr, Sa, So 9 – 22 Uhr. **Preise:** 1,5 Std 5 €, 3 Std 7,50 €, Tag 10 €; Kinder ab 1 m Größe und bis 14 Jahre sowie Schüler 1,5 Std 3 €, 3 Std 4,50 €, Tag 6,50 €; Familien 3 Std 19,50 €. **Infos:** Zuschlag Sa, So 0,50 €, Familien 1,50 €, Guten-Morgen-Tarif Mo – Fr 8 – 12 Uhr 4 €, Aktiv am Mittag Mo – Fr 11 – 15 Uhr 9 €.

### Happy Birthday!

Kindergeburtstag im Badehaus? 3 Stunden feiern, Geburtstagskind frei, Gäste 8 €, Anmeldung unter ℐ 03631/ 4799-47.

▶ Hier treffen Alt und Neu auf wunderbare Weise zusammen, denn das Bad im Jugendstil von 1907 wurde 1999 – 2001 so umgebaut und erweitert, dass ein modernes Freizeitbad entstanden ist. Der Charme der Jahrhundertwende wird nun mit modernem Komfort verknüpft.

Das Familien- und Erlebnisbad wartet beispielsweise mit Strömungskanal, Massagedüsen, Plantsch- und Außenbecken auf. Das Gesundheitsbad präsentiert sich im Jugendstil, das Sportbad mit 25-m-Becken fortschrittlich. Hier ist auch der Zugang zur 58 m langen Röhrenrutsche mit Black Hole und Licht- und Toneffekten.

## Salza-Quellbad Nordhausen

Salzaquellweg, 99734 Nordhausen. ℐ 03631/4799-0 (Badehaus), Fax 4799-17. www.badehaus-nordhausen.de. team@badehaus-nordhausen.de. **Bahn/Bus:** Bus G. **Auto:** B4 Nordhausen – Magdeburg, über Freiheitsstraße, Goethe- und Kohnsteinweg, Straße der Opfer des Faschismus oder über Hauptstraße Richtung Herreden, rechts Salzaquellweg, Parkplatz an der Disco Alte Weberei. **Rad:** Harzvorland-Radweg. **Zeiten:** Mai – Sep Mo – Fr 11 – 19 Uhr, Sa, So und Ferien in Thüringen 10 – 19 Uhr. **Preise:** 2 €, ab 17 Uhr 1 €, 10er-Karte 18 €; Kinder ab 1 m Größe bis 14 Jahre 1 €, ab 17 Uhr 0,50 €, 10er-Karte 9 €.

▶ Die Salzaquelle entspringt nicht weit von hier, nach ihr wurde das Freibad benannt, die Salza selbst fließt rechts und links vorbei. Über eine Rutsche gelangt ihr ins Nichtschwimmerbecken, für die Kleinen unter euch ist ein Plantschbecken da. Spielgeräte und ein Beachvolleyballfeld sorgen für Abwechslung, ein Kiosk für das leibliche Wohl.

## Wasserspaß in Badeseen

### Strandbad Kelbra

Lange Straße 150, 06537 Kelbra. ℂ 034651/4529-0, Fax 4529-2. www.seecampingkelbra.de. info@seecampingkelbra.de. **Bahn/Bus:** Bus 495. **Auto:** Kelbra über Lange Straße oder Frankenhauser Straße und Jochstraße rechts, Südufer des Stausees. **Rad:** Am Harzvorland-Radwanderweg. **Zeiten:** Mai – Sep 10 – 22 Uhr. **Preise:** 2,50 €; Kinder bis 14 Jahre 1,50 €. **Infos:** Tretboot 8 €, Ruderboot 4,50 €, Surfbrett 4,50 € (jeweils pro Std), Surfbrett pro Tag 14 €, Strandkorb 2,50 €, Liege 2 €.

▶ Alles, was das Herz begehrt, gibt es hier am Stausee in Kelbra. Auf dem großen Gelände findet ihr einen Spielplatz, einen Streichelzoo, eine Rollschuh- und Skateboardbahn, einen Lagerfeuer- und Grillplatz, einen Boots- und Surfbrettverleih. Nicht zu vergessen natürlich den breiten Badestrand und die separate Wasserrutsche!

### Naturbad Bebraer Teiche

Greußener Straße 42, 99706 Sondershausen. ℂ 03632/782286, Fax 782754 (Stadtverwaltung). www.possen.de. info@possen.de. **Bahn/Bus:** Bus 1, 4, 6 ab Sondershausen. **Auto:** B4 Richtung Erfurt, am Ortsende rechte Seite. **Rad:** Über Feldstraße. **Zeiten:**

---

**Hunger & Durst**
**Café und Restaurant Vier Jahreszeiten,** Lange Straße 150, 06537 Kelbra. ℂ 034651/499277. Täglich ab 10 Uhr. Kinderkarte. Mit Sonnenterrasse.

Mitte Mai – Sep täglich 10 – 20 Uhr. **Preise:** 2 €; Kinder bis 14 Jahre 1 €. **Infos:** Liegestuhl 1,50 €, Sonnenschirm 1 €, Tretboot pro Person 1,50 €, Ruderboot pro Person 0,80 € (30 Min).

▶ Wer im Bebraer Teich rutschen will, muss erst mal in die Mitte des Sees schwimmen, denn dort befindet sich die rote Rutsche. Dann aber geht es mit Karacho hinein ins kühle Nass! An der Fontäne könnt ihr euch von oben nass spritzen lassen, ein Sprungbrett gibt es auch. Für Nichtschwimmer ist ein Bereich des Sees abgeteilt. Volleyballfeld, kleiner Spielplatz, Liegewiese und Kiosk stehen zur Verfügung.

### Bielener Kiesgewässer

99734 Nordhausen-Bielen. ✆ 03631/4799-0 (Badehaus), Fax 4799-17. www.badehaus-nordhausen.de. team@badehaus-nordhausen.de. **Bahn/Bus:** Bus K. **Auto:** Von Bielen (B80) über Marktstraße, hinter der Zorge (Fluss) rechts oder von der B4 (Helmestraße) über Uthleberweg. **Rad:** Helmestraße, Heringer Weg. **Zeiten:** Mai – Sep täglich 9 – 22 Uhr. **Preise:** 2 €, ab 19 Uhr 1 €, 10er-Karte 18 €; Kinder ab 1 m Größe bis 14 Jahre und Schüler 1 €, mit Nordhausen-Pass und ab 19 Uhr 0,50 €, 10er-Karte 9 €.

▶ An einem der Bielener Kiesgewässer, südöstlich von Nordhausen, wurde ein Strandbad eingerichtet. In dem großen See ist viel Platz zum Schwimmen und Plantschen, am Ufer gibt es Beachvolleyballfelder, eine Tischtennisplatte und Spielgeräte. An der **Strandgaststätte** könnt ihr euch mit Essen und Trinken versorgen.

## Wandern und Spazieren

### Von Tilleda zum Kyffhäuser

**Länge:** 8 km Rundwanderung, starke Steigung am Kyffhäuser, danach sanft bergab. Markierung: Weißes X auf schwarzem Grund. **Bahn/Bus:** Bus 514 von Sanger-

### Hunger & Durst

**Strandgaststätte,** Rothenburgstraße, 99734 Nordhausen. ✆ 03631/600710. Di – Fr 12 – 22 Uhr, Sa, So 11 – 22 Uhr. Snacks.

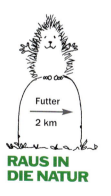

**RAUS IN DIE NATUR**

### Hunger & Durst

Einkehren könnt ihr im Freilichtmuseum Königspfalz sowie im Burghof Kyffhäuser am Parkplatz beim Denkmal, ↗ jeweils dort.

Vergesst nicht, ein paar leckere Sachen und Saft fürs Picknick einzupacken, unterwegs gibt es nämlich keine Einkehrmöglichkeit.

hausen. **Auto:** Parkplatz an der Königspfalz. **Rad:** Harzvorlandradweg.

▶ Am ↗ *Freilichtmuseum Tilleda* beginnt der ↗ *Barbarossaweg* (Markierung X), der am Barbarossaturm der Oberburg der Kyffhäuseranlage seinen Endpunkt findet. Vorher aber wandert ihr durch schöne Obstbaumwiesen, wo ein Lehrpfad über die Bäume informiert. Durch Buchenwald geht es nun aufwärts, am Rastplatz Rosengarten vorbei bis zur **Unterburg.** Diesen am besten erhaltenen Teil der Barbarossa-Burg solltet ihr unbedingt besuchen, zumal die Aussicht herrlich ist. Über die *Mittelburg* geht es dann zur **Oberburg** mit dem ↗ *Kyffhäuserdenkmal.* Plant genügend Zeit ein für die Besichtigung der Reichsburg und des Denkmals! Anschließend folgt ihr der Promenade Richtung unterem Parkplatz und dann dem Hauptwanderweg mit dem Blauen X Richtung Bad Frankenhausen. Er stößt auf den **Kaiserweg,** auf dem ihr links zurück nach Tilleda marschiert.

### Vom Kyffhäuser zur Ruine Rothenburg

**Länge:** 10 km Rundwanderung. **Bahn/Bus:** Bus 504 von Bad Frankenhausen. **Auto:** Unterer Parkplatz an der Kyffhäuserburg.

▶ Diese Wanderung bringt euch vom Kyffhäuserdenkmal zur weniger bekannten Ruine Rothenburg. Kapelle, Palas und Bergfried der einst imposanten Burganlage aus dem frühen 12. Jahrhundert sind noch erhalten. Als Baumaterial diente rötlicher Sandstein, daher wahrscheinlich ihr Name.

Folgt am Parkplatz dem Wanderweg mit dem Blauen X, der bald auf den Kaiserweg stößt. Hier wendet ihr euch links und geht vorbei am Fernsehturm auf dem *Kulpenberg,* mit 477 m die höchste Erhebung im Kyffhäusergebirge. Rechts geht es dem Roten Dreieck folgend zur **Rothenburg.** Nach einer Besichtigung der seit dem Aussterben der letzten Grafen von Rothenburg 1576 vor sich hindämmernden Ruine und eurer anschließenden Picknick-Pause geht es über den Rothenburgerstieg mit dem Blauen X zurück.

## Natur und Umwelt erforschen

### Europa-Rosarium Sangerhausen

Am Rosengarten 2a, 06526 Sangerhausen. ✆ 03464/58980, 572522, Fax 578739. www.europa-rosarium.de. info@europa-rosarium.de. **Bahn/Bus:** Bus 52, 53. **Auto:** A38 Ausfahrt 16 Sangerhausen Süd, B86, links Sotterhäuser Weg, Parkplätze an der Beyernaumburger Straße. **Rad:** Harzrundweg von Wettelrode. **Zeiten:** Mitte April – Mitte Okt täglich 8 – 19, Juni – Aug bis 20, Nov – März Mo – Fr 9 – 16, Sa, So 11 – 17 Uhr. **Preise:** Anfang bis Mitte April 2,50 €, Vor- und Nachsaison 5 €, Hauptrosenblüte (etwa Juni – Mitte Sep) 8 €, Nov – März Eintritt frei; Kinder 6 – 16 Jahre April – Mai und Mitte Sep – Okt 1,50 €, Juni – Mitte Sep 3 €; Familien (2 Erw, 1 Kind) Mai, Mitte Sep – Okt 10 €, Juni – Mitte Sep 16 €, jedes weitere Kind 1 €. **Infos:** Kombitickets mit Röhrigschacht oder Kyffhäuser-Denkmal.

▶ Mögt ihr Rosen? Dann solltet ihr einen Besuch im Europa-Rosarium in Sangerhausen nicht verpassen. Teerosen, Albarosen, die Schwarze Rose, Remontantrosen, Floribundarose, Kletterrosen und viele mehr wachsen in jedem Frühling zu einer herrlichen Pracht heran. Drei Cafés gibt es auch und einen kleinen Spielplatz. An der Kasse erhaltet ihr kostenlos das Rätsel »Entdecke das Zuhause des Rosenelfs«. Wer das Rosarium damit erkundet und die Lösung findet, erhält eine kleine Überraschung. Das ganze Jahr über gibt es zusätzliche Aktionen für Kinder. Ihr dürft euch beispielsweise als Detektive betätigen

Igel Karlinchen weiß, wie eine Rose riecht, jetzt bist du dran mit Schnuppern!

☀ Am letzten Juni-Wochenende wird das **Berg- und Rosenfest** gefeiert, mit Musik, Kultur und Feuerwerk. Alle zwei Jahre wird eine neue Rosenkönigin gewählt.

und herausfinden, wer die Grüne Rose stehlen wollte! Erkundigt euch nach den Terminen.

### Ökologiestation Sangerhausen
Am Rosengarten 2, 06526 Sangerhausen. ✆ und Fax 03464/674012. www.oekostation-sgh.de. info@oekostation-sgh.de. **Bahn/Bus:** Bus 52, 53 bis Rosarium. **Auto:** A38 Ausfahrt 16 Sangerhausen Süd, B86, links Sotterhäuser Weg, Parkplätze an der Beyernaumburger Straße. **Zeiten:** Ökostation Mo – Fr 8 – 16.30 Uhr, Termine im Internet. **Preise:** Kostenlos für die festen Termine, bei Buchungen für Gruppen 1 – 2 € pro Pers. **Infos:** Anmeldung erforderlich.

**Happy Birthday!**
Die Ökostation richtet auch Kindergeburtstage aus.

▶ Habt ihr Lust, Dachse zu beobachten? Oder wollt ihr lieber auf Amphibienexkursion gehen? Das und vieles mehr bietet die Ökologiestation an. Neben offenen Freizeitangeboten gibt es zahlreiche Programme für Schulklassen und andere Gruppen.

### Die Karsthöhle Heimkehle
Heimkehle 1, 06548 Uftrungen. ✆ 034653/305, Fax 72341. www.hoehle-heimkehle.de. info@hoehle-heimkehle.de. **Bahn/Bus:** Bus 495 von Sangerhausen bis Abzweig Heimkehle. **Auto:** Kelbra/Berga Richtung Stolberg, hinter Uftrungen nach circa 1 km links (vor Rottleberode). **Rad:** Harzrundweg. **Zeiten:** Mai – Okt Di – So 10 – 17, Nov – April Di – So 10 – 16 Uhr, Führungen ab 5 Pers und 3 Jahre. **Preise:** 4,50 €; Kinder 3 – 16 Jahre 2,10 €, Studenten 3 €.

▶ Eine der größten deutschen Karsthöhlen liegt im östlichen Südharz bei Uftrungen. Das gipshaltige Gestein wurde durch eindringendes Wasser gelöst, sodass über die Jahrhunderte große Hohlräume, Hallen und Tunnel entstanden. Etwa 700 von 1000 m sind heute bei einer Führung zu sehen. Der Weg verläuft von der *Herzyniahalle* am riesigen Natureingang vorbei, zum *Heimen-* und *Thyrasee,* durch den Riesentunnel zum *Großen Dom.* 22 m ist diese unterirdische Halle hoch! Als Höhepunkt der Führung erwartet die Besucher hier eine Lasershow. Nicht weniger interessant ist die **Gedenkstätte** im *Kleinen Dom*. Im Zweiten Weltkrieg befand sich in der Höhle eine Rüstungsfabrik, in der einige hundert Häftlinge des *Konzentrationslagers Dora* Fahrgestelle für Flugzeuge herstellen mussten. Die Betonflächen aus jener Zeit wurden später zum großen Teil wieder entfernt und 1954 wurde die Höhle wieder für Besucher geöffnet. Eine Ausstellung zur wechselvollen Geschichte der Heimkehle befindet sich im Ausgangsbereich.

## Barbarossahöhle

Mühlen 6, 06567 Rottleben/Kyffhäuser. ✆ 034671/54513, Fax 54514. www.hoehle.de. service@hoehle.de. **Bahn/Bus:** Bus 504 von Bad Frankenhausen (Karfreitag – Ende Okt). **Auto:** B85, in Bad Frankenhausen über Rottlebener Straße; von Kelbra kommend rechts Richtung Rottleben. **Rad:** Radweg an der Kleinen Wipper. **Zeiten:** April – Okt täglich 10 – 17, Nov – März Di – So 10 – 16 Uhr, Führungen zur vollen Stunde. **Preise:** 6 €; Kinder 4 – 16 Jahre 4 €. **Info:** Für ein Erinnerungsfoto auf Barbarossas Stuhl müsst ihr euch am Eingang die Fotoerlaubnis für 2 € holen.

▶ Der Sage nach schläft Kaiser Barbarossa im Kyffhäuser. Was lag da näher, als ihn in der Höhle nahe Rottleben zu vermuten, die Bergleute 1860 auf der Suche nach Kupferschiefer entdeckten? Tatsächlich werdet ihr hier Stuhl und Tisch von dem Rotbart zu Gesicht bekommen!

Die Barbarossahöhle ist die einzige **Anhydrit-Schauhöhle** Europas. Hier wachsen nämlich nicht Tropfsteine, sondern Gipslappen von der Decke. Besonders schön sind diese Formen in der *Gerberei* zu sehen. Wunderschön, wie sich die Gebilde in den glasklaren Seen spiegeln! An mehreren Stellen schauen Alabasteraugen auf euch herab – eine wahrlich zauberhafte Höhle.

## Hunger & Durst

**Restaurant Zur Heimkehle,** Heimkehle 2, 06548 Uftrungen. ✆ 034653/405. www.restaurant-heimkehle.de.vu. Täglich 11 – 18 Uhr. Mit kleinem Spielplatz.

*Die chemische Bezeichnung für Anhydrit ist Calciumsulfat (CaSO4). Anhydrit mit Wasser ergibt Gips. Verblüfft den Höhlenführer mit eurem Wissen!*

*Alabaster ist ein aus Sulfat, Kreide, Kalziumhydrat und Kristallwasser bestehendes Mineral, das fast wie Marmor aussieht. Da es sehr weich ist, wird es für die Herstellung von Kunstgegenständen wie Vasen und Skulpturen verwendet.*

## Hunger & Durst

**Gaststätte Barbarossahöhle,** Mühlen 6, 06567 Rottleben. ✆ 034671/54216. Täglich ab 10.30 Uhr, Nov – Jan Mo Ruhetag.

Die blonde Emma im Bärenpark Worbis freut sich über euren Besuch

🦉 *Wie viele Bärenarten fallen euch ein, bevor ihr in den Bärenpark geht, wie viele kennt ihr hinterher?*

@ Unterstützt wird der alternative Bärenpark von einer Stiftung, die ihr ebenfalls aktiv unterstützen könnt. Oder ihr ladet euch den Bären-Bildschirmschoner runter, www.baer.de.

## Tierparks und Gärten

### Der etwas andere Tierpark: Bärenpark Worbis

Duderstädter Straße 36a, 37339 Worbis. ✆ 036074/92966, 30553, Fax 30665. www.baer.de. worbis@baer.de. **Bahn/Bus:** Bahn bis Leinefelde, Bus 1. **Auto:** B247, am westlichen Ortsausgang Richtung Duderstadt kostenlose Parkplätze. **Zeiten:** täglich 10 – 19 Uhr, im Winter bis Einbruch der Dunkelheit. **Preise:** 6 €; Kinder 5 – 14 Jahre 4 €; Familien (2 Erw, 2 Kinder) 17 €, jedes weitere Kind 3 €.

▶ Bären im Zoo sind immer besonders umlagert. Zu schön ist es, die großen, scheinbar tapsigen Gesellen zu beobachten, besonders junge Bären sind beliebt. Leider wird oft verkannt, dass die Bären häufig in viel kleinen Gehegen leben müssen oder viel zu viele der süßen Babys eigens für den Publikumserfolg gezüchtet werden, sodass die alten Tiere abgeschoben werden. Der Bärenpark Worbis hat es sich zur Aufgabe gemacht, solchen schlecht behandelten Bären ein neues und artgerechtes Zuhause zu bieten. In einem riesigen Freigehege, das die Besucher durch einen Tunnel begehen, leben die blonde Emma, die Braunbären Max und Maika und die Schwarzbären Jimmy und Gonzo. Die beiden schwarzen Brüder arbeiteten früher in einem Zirkus.

Insgesamt 14 Bären teilen sich das Gehege mit einem Rudel Wölfe. Informationen rund um den Bär und viele Stationen für Kinder lassen euch bestimmt zu neuen Bärenschützern werden. Kein Bär auf der Welt sollte mehr als Tanz- oder Zirkusbär in winzigen Zwingern vor sich hin vegetieren müssen! An der Bären-Rennstrecke könnt ihr ausprobieren, ob ihr genauso schnell seid wie ein Bär, in der Bärenhöhle den Herzschlag von Meister Petz hören oder im Bärenland Überraschendes erleben.

Neben Bären leben in Worbis auch Meerschweinchen, Ziegen, Bienen, Schildkröten und Wellensittiche – natürlich alle artgerecht!

*Ein Besuch im Winter könnte zu einer Enttäuschung werden, wenn ihr auf Bären aus seid. Denn im Winter schlafen die Tiere zurückgezogen in ihren Höhlen – ganz so, wie es die Natur ihnen vorgibt.*

### Freizeit- und Erholungspark Possen

Possen 1, 99706 Sondershausen. ✆ 03632/782884, Fax 6659574. www.possen.de. info@possen.de.
**Bahn/Bus:** Bus 4 ab Sondershausen ZOB. **Auto:** Greußener Straße/B4 Richtung Erfurt, nach Ortsausgang links. **Rad:** Hachelbich, Klappental. **Zeiten:** frei zugänglich. **Preise:** Eintritt frei, Parkgebühr 2 €, Turm 1 € (Münzdurchlass).

▶ Das ehemalige **Jagdschloss** der *Fürsten von Schwarzenburg-Sondershausen* beherbergt heute eine Gaststätte und ist mit seinem weiten Gelände ein Ausflugsziel für die ganze Familie. Schon zu Zeiten von Fürst Günther wurde um 1730 ein Wildgarten angelegt, in dem Wildschweine und Damwild für den fürstlichen Speiseplan gehalten wurden. Ihnen könnt ihr auch heute begegnen, dazu mehreren Vogelarten, Meerschweinchen und Kaninchen. Die Bären sind aus ihrem alten Zwinger ausgezogen und wohnen

Nicht nur für Klassenfahrten ist man auf dem Possen gerüstet, ihr könnt auch eure Ferien hier verbringen. Reiterferien, **Pfadfinder-** oder **Outdoor-Abenteuer** stehen als Programme zur Auswahl.

### Hunger & Durst
**Jagdschloss Possen,** Possen 1, 99706 Sondershausen. ✆ 03632/782884. www.possen.de. Täglich 10 – 20, im Winter bis 18 Uhr.

Wächst in den Himmel: Europas höchster Fachwerkturm am Possen

👀 *Wisst ihr nach eurem Rundgang, woher die Kattas und die Totenkopfäffchen stammen?*

### Hunger & Durst
**Gaststätte Waldhaus,** Unterer Straußberg 6, 99713 Straußberg. ✆ 036334/53214. April – Okt täglich 11 – 18 Uhr.

jetzt in einem modernen Gehege. Auf dem Spielplatz könnt ihr euch austoben, während sich die Großen im **Restaurant** oder unter Bäumen in dem großen Biergarten niederlassen. Für Verpflegung sorgt auch der Kiosk nebenan oder ihr verzehrt euer Picknick auf den Sitzplätzen bei der Wiese. Ein Besuch im **Reiterhof** gehört für alle Pferdeliebhaber zu einem Possen-Ausflug dazu. Wer die Stufen nicht scheut, sollte außerdem Europas größten **Fachwerkturm** nicht versäumen. 1781 wurde er errichtet. Eigentlich wollte Fürst Christian Günther einen Blick auf die Stadt haben. Dafür reichen die 42 m Höhe zwar nicht, doch die Aussicht über die Bäume des Thüringer Waldes und Harzes ist den Aufstieg wert!

### Erlebnispark Straußberg: Affenwald und Sommerrodelbahn

Unterer Straußberg 6, 99713 Straußberg. ✆ 036334/53214, Fax 50120. www.affenwald.de. info@affenwald.de. **Bahn/Bus:** Bus 471. **Auto:** Von Sondershausen über Großfurra und Kleinfurra, von Nordhausen über B4 Richtung Erfurt, dann über Hain und Rüxleben. **Rad:** Radweg von Frauenberg. **Zeiten:** April – Okt 9 – 18 Uhr. **Preise:** Rodeln 2 €, 6er Karte 9 €, Affenwald 3,50 €; Kinder bis 13 Jahre 1,30 €, 6er Karte 6,50 €, Affenwald 2,50 €. **Infos:** Kinder unter 8 Jahre müssen in Begleitung rodeln.

▶ Habt ihr im Zoo schon mal Kattas oder Makis gesehen? Im **Affenwald** des Erlebnisparks Straußberg leben nicht nur diese beiden Lemuren-Arten, sondern auch Berberäffchen und Totenkopfaffen, die gar nicht so gruselig aussehen, wie es sich anhört. Zwei Gehege sind über einen Rundgang miteinander verbunden und frei begehbar. Über die Lebensweise der Affen vermitteln Tafeln Wissenswertes.

Die zweite Attraktion in Straußberg ist die 750 m lange **Rodelbahn.** Wer wieder an der Talstation angelangt ist, will bestimmt noch einmal …

## Reptilienzoo Nordhausen

Hallesche Str. 18/20, 99734 Nordhausen. ✆ 03631/ 902430, Fax 902429. www.zoo-nordhausen.de. info@zoo-nordhausen.de. **Bahn/Bus:** Bhf. **Auto:** direkt an der B4 südlich des Zentrums. **Zeiten:** täglich 10 – 18 Uhr, im Winter bis zur Dämmerung. **Preise:** 7 €; Kinder 4 – 14 Jahre 4 €; Familien (2 Erw, 2 Kinder) 18 €.

▶ 2008 eröffnete der Nordhäuser Reptilienzoo. In dem 1000 qm großen Reptilienhaus sind Gecko, Chamäleon, Leguan, Tigerpython und viele andere Lebewesen zu Hause. Auch ein Freigehege mit Nasenbären, Erdmännchen und Affen sowie ein Streichelzoo mit Schafen, Esel, Pony und Lama erfreut alle großen und kleinen Tierliebhaber. Insgesamt leben 400 Tiere aus 50 Arten in dem Zoo. Spielplatz und Gaststätte ergänzen das Angebot für Familien.

## Hirsche im Stadtpark Nordhausen

▶ Im Stadtpark von Nordhausen, einer der vielen grünen Zonen des Ortes, könnt ihr spazieren gehen und dabei Tiere beobachten. In einem großen **Freigehege** leben Hirsche und Rehe, zu den Ziegen und Schafen nebenan dürft ihr sogar hinein. Zwei Seen befinden sich ebenfalls in dem Areal und werden von Enten bewohnt. Auf dem **Spielplatz** könnt ihr euch auf Rutsche und Holzburg ordentlich austoben. An der Seite zur Parkallee sitzt es sich auch herrlich im Gartenlokal des **Alten Zollhäuschens**.

### Hunger & Durst
**Café Zum alten Zollhäuschen,** Parkallee 11, 99734 Nordhausen. ✆ 03631/ 475548. Di – Fr 8.30 – 18 Uhr, Sa, So 13 – 18 Uhr.

# Abenteuer- und Erlebnisparks

## So lebten die Germanen: Freilichtmuseum Funkenburg

99718 Westgreußen. ✆ und Fax 03636/ 704616. www.funkenburg-westgreussen.de. funkenburg@gmx.de. **Bahn/Bus:** Bahn bis Greußen, Fußweg 2,5 km. **Auto:** B4 von Sondershausen Richtung Erfurt, in Greußen Ausschilderung folgen. **Rad:** Radweg von

🦋 Es werden verschiedene Aktivitäten für Schulklassen oder andere Gruppen angeboten, wie Backen im Lehmofen, Töpfern oder Knüpfen eines Fischernetzes.

☀ Im August wird das Lager beim **Funkenburgfest** lebendig!

Wasserthaleben. **Zeiten:** Mo – Fr 9 – 17 Uhr, April – Okt auch Sa, So 10 – 17 Uhr. **Preise:** 3 €; Kinder ab 6 Jahre, Studenten 1,50 €; Schüler in der Gruppe 2 €, Führung 15 €. **Infos:** Führung nach Anmeldung.

▶ Vor etwa 2000 Jahren lebten in der Nähe von Westgreußen in Thüringen die Germanen in einer von Palisaden umgebenen Wehranlage. Das fand man bei archäologischen Grabungen in den 70er Jahren heraus. Heute findet ihr an dieser Stelle eine Rekonstruktion der Siedlung, die einzige ihrer Art in Deutschland! Aus Holz, Lehm und Schilf wurden die Gebäude errichtet: ein Langhaus, ein Beobachtungsturm, Grubenhäuser, Backöfen und ein Getreidespeicher. Das alles könnt ihr euch anschauen und so tun, als ob ihr alte Germanen seid!

### Der Petersberg in Nordhausen

Petersberg, 99734 Nordhausen. ✆ 03631/696-284, Fax 696-285. www.petersberggarten.de. **Bahn/Bus:** Straßenbahn 1, 2, Bus A bis Theaterplatz. **Auto:** Zentrum, Weberstraße, Rudolf-Breitscheid-Straße. **Zeiten:** Garten März – Okt 9 – 21 Uhr, Nov – Feb 9 – 18 Uhr. **Preise:** 0,20 € Münzdurchlass pro Pers, Klettern 3 €; Kinder 6 – 17 Jahre Klettern 2 €, Hochseilgarten 3 Std ab 12 €. **Infos:** Neue Mitte GmbH, Robert-Blum-Str. 1. Infos Hochseilgarten & Kletterturm: Mobilé-Jugendsozialwerk, Domstr. 20a, 99734 Nordhausen, ✆ 03631/982187, Fax 467846, mobile@jugendsozialwerk.de.

🦋 Kletterturm April – Okt Di und Fr 13 – 18 Uhr, in den Sommerferien 14 – 19 Uhr.

▶ Ein Freizeitparadies für Kinder ist der Petersberg in Nordhausen. Auf dem Plateau unterhalb des Petriturms gibt es einen Skaterparcours mit Half-Pipe, Pyramiden und vielen weiteren Elementen. Man kann Streetball spielen und von Frühling bis Herbst den Kletterturm erklimmen. Der Hochseilgarten ist Gruppen vorbehalten – vielleicht eine Idee für den nächsten Schulausflug?

Jüngere Kinder haben viel Spaß auf dem **Ritter-Spielplatz.** Neben Ritterburg mit Burggraben und Dorf gibt es immer wieder neue Ecken zu entdecken.

Der gesamte Petersberg wurde zur Landesgartenschau 2004 neu gestaltet. Im **Petersberggarten** fühlen sich die Großen zwischen bunten Blumen und mit herrlichem Ausblick wohl, doch auch die Kinder wurden hier bedacht. Rutschen führen am Hang hinab, Trampoline und Drehscheiben sorgen für weiteres Vergnügen.

### Märchenreich im Erholungszentrum Teichtal

Zum Teichtal, 99735 Hainrode/Hainleite. ✆ und Fax 036077/29776. Handy 0162/9099016. www.maerchenreich-teichtal.de. stiefelkater@maerchenreich-teichtal.de. **Bahn/Bus:** Bus 29, 291, 292. **Auto:** A38 Ausfahrt 8 Wipperdorf, Richtung Sondershausen, hinter Nohra rechts bis Hainrode, am Ortsausgang rechts. **Zeiten:** April – Okt Mi – So 11 – 18 Uhr, in den Ferien täglich. **Preise:** 3 €; Kinder ab 2 Jahre 2,50 €.
▶ Aschenputtel, König Drosselbart oder die Bremer Stadtmusikanten erwarten euch im Teichtal in Lebensgröße! Sogar beweglich sind die über 70 Figuren. Wenn ihr alles genau angeschaut habt, könnt ihr mit der Bahn fahren, Trampolin springen, auf dem Spielplatz toben oder die Ziegen streicheln. In der Märchenhalle werden acht Märchen erzählt und im Spielzimmer könnt ihr euch auch bei nicht so sonnigem Wetter vergnügen.

Zum Erholungszentrum gehört ein **Waldschwimmbad**, das im Sommer 11 – 19 Uhr geöffnet ist. Kurverwaltung Hainrode, ✆ 036334/53231, www.teichtal.com.

### Hunger & Durst
**Waldgaststätte Teichtal,** Teichtal 107, 99735 Hainrode. ✆ 036334/53438. www.teichtal.de. Täglich ab 11 Uhr.

## Bergwerke

### Schaubergwerk Röhrigschacht

Lehde, 06526 Sangerhausen-Wettelrode. ✆ 03464/587816, Fax 582768. www.roehrigschacht.de. roehrigschacht@t-online.de. **Bahn/Bus:** Bus 485 von Sangerhausen. **Auto:** Sangerhausen, Moringer Straße. **Rad:** Harzrundweg. **Zeiten:** Mi – So 9.30 – 17 Uhr, Juni, Juli, Aug auch Di; Seilfahrten 10, 11.15, 12.30, 13.45, 15 Uhr, Dauer 75 Min. **Preise:** 10 € (nur über

## HANDWERK UND GESCHICHTE

Ihr könnt euch zu einer Knappenführung für Kinder anmelden.

**Kinderbergmannstag** im Juli! Zu Halloween erlebt ihr eine gruselige Fahrt mit kleinen Überraschungen.

**Achtung!** Führungen finden nur nach Voranmeldung statt! Kinder dürfen erst ab 10 Jahre teilnehmen!

Eine Fahrradtour unter Tage wird ab 10 Personen durchgeführt, kostet 29 € und ihr müsst mindestens 15 Jahre alt sein.

Tage 2,50 €); Kinder 5 – 14 Jahre 5 € (nur über Tage 1,50 €); Familien 25 €.

▶ Weit ragt das stählerne Schachtfördergerüst in den Himmel und ist heute das Wahrzeichen des Schaubergwerks Röhrigschacht nördlich von Sangerhausen. Zwei Besonderheiten machen das Bergwerk aus: Gefördert wurde hier Kupferschiefer (1871 – 1885), also kein Erz wie in den meisten Bergwerken des Harzer Raums. Außerdem erfolgt die Einfahrt hier über eine Schachtförderanlage, das heißt, ihr gelangt mit einer Art Fahrstuhl in die Tiefe, genau gesagt auf 283 m unter Tage. Ganz schön aufregend! Anschließend geht es mit der Grubenbahn an die Stelle, wo der Kupferschiefer abgebaut wurde. Wie dies zu Beginn der Förderung geschah und wie später Maschinen dazu genutzt wurden, wird euch genau vorgeführt und erklärt. Im Museum über Tage und auf dem Bergbaulehrpfad (Länge 4 km) könnt ihr euer neues Wissen dann noch vertiefen!

### Erlebnisbergwerk Sondershausen

Schachtstraße 20 – 22, 99706 Sondershausen. ✆ 03632/655280, Fax 655285. www.erlebnisbergwerk.com. jung@gses.de. **Bahn/Bus:** Bus 2. **Auto:** Nordhäuser Straße. **Zeiten:** Mo – Sa 10, 14, 16 und So 11 Uhr, nur nach Voranmeldung, Dauer 2,5 – 3 Std. **Preise:** Mo – Fr 18 €, Sa, So 23 €; Kinder 10 – 16 Jahre Mo – Fr 13 €, Sa, So 18 €; Mo – Fr Schulklassen 11 €.

▶ Eine spannende Reise unter Tage erwartet euch in der ältesten befahrbaren Kaligrube der Welt. Über einen Förderkorb geht es hinunter, dann fahrt ihr sogar mit Lkw! Eine Kahnfahrt auf dem Salzsee, eine 52 m lange Rutschpartie mit immerhin 42 % Gefälle und der Besuch des unterirdischen Museums gehören zu einer Führung dazu. Natürlich erfahrt ihr auch allerhand über die Kalisalze, die hier gefördert wurden, über Tage seht ihr eine historische Dampffördermaschine.

# Burgen und Schlösser

## Königspfalz Tilleda und Freilichtmuseum Königspfalz

℡ 034651/2923, Fax 70038. www.pfalz-tilleda.de, www.tilleda.ottonenzeit.de. pfalztilleda@ottonenzeit.de.
**Bahn/Bus:** Bus 514 von Sangerhausen. **Auto:** Von Kelbra Richtung Tilleda, am Ortseingang rechts. **Rad:** Harzvorlandradweg. **Zeiten:** April – Okt 10 – 18, Nov, März 10 – 16 Uhr. **Preise:** 4 €; Kinder und Jugendliche bis 17 Jahre über Schwertmaß 3 €; Kinder unter Schwertmaß frei. **Infos:** Gemeinde Tilleda, Schulstraße 4, 06537 Tilleda, ℡ 034651/2920.

**Kaiserlager:** Im Juli erwacht die alte Pfalz zu neuem Leben. Ritter, Gaukler und der Kaiser kommen!

▶ Kaiser Barbarossa war hier, Otto II. und Heinrich VI. auch. In Tilleda, dem gleichnamigen Örtchen zu Füßen des Kyffhäuser-Gebirges, stand eine der bedeutendsten Pfalzen des Mittelalters. Besiedelt wurde die Gegend schon um 700. Doch den Beginn der Pfalzgeschichte legt man auf das Jahr 972, als Kaiserin Theophanu den kaiserlichen Hof als Witwensitz übereignet bekam. Tilleda diente fortan eher als Wohnburg und landwirtschaftliches Hofgut. Militärische Funktion übernahm die Kyffhäuserburg. Nach dem Verfall der Pfalz ab dem 13. Jahrhundert wurde sie zwischen 1935 und 1979 wieder ausgegraben und teilweise rekonstruiert. Heute ist sie die einzige vollständig ausgegrabene Pfalz in Deutschland. In mehreren Häusern wurden Ausstellungen eingerichtet, sodass ihr einiges über das Leben in der Pfalz erfahrt. Zu se-

Wie lebt es sich in einer Pfalz?

hen sind auch Webstühle oder eine mittelalterliche Mörtelmaschine. Ein Aussichtsturm aus Holz wurde in der Art eines großen Belagerungsgerätes geschaffen.

Die Museumspädagogik bietet für Gruppen nach Voranmeldung Projekte an wie Vermessen auf der mittelalterlichen Baustelle, Bautechnik oder Schreibstube.

### Die Barbarossaburg: Kyffhäuserburg und Denkmal

Kyffhäuser-Denkmal, 06567 Steinthaleben. ℗ 034651/ 2780, Fax 2308. www.kyffhaeuser-denkmal.de. info@kyffhaeuser-denkmal.de. **Bahn/Bus:** Bus 504 von Bad Frankenhausen. **Auto:** B85 Kelbra – Bad Frankenhausen bis Abzweig. **Rad:** Harzvorland-Radweg bis Tilleda. **Zeiten:** April – Okt 9.30 – 18 Uhr, Nov – März 10 – 17 Uhr. **Preise:** 6 €; Kinder ab 7 Jahre und Schüler 3 €; Familien 15 €.

Imposant und protzig: Das Kyffhäuser-Denkmal zu Ehren des alten Kaisers

▶ Der Kyffhäuser – was ist das eigentlich? Ein Gebirge, eine Burg, ein Denkmal? Tatsächlich ist alles richtig! Das Kyffhäusergebirge erhebt sich südlich vom Harz wie eine Insel aus der flachen Auenlandschaft. Von der alten Reichsburg und dem Kyffhäuser-Denkmal bietet sich darum auch ein herrlicher Blick ins Umland.

Zur Sicherung der Pfalz Tilleda wurde vermutlich im 10. Jahrhundert auf dem nordöstlichen Bergsporn des Kyffhäusergebirges eine **Schutz- und Fluchtburg** erbaut. Unter Friedrich Barbarossa wurde sie im 12. Jahrhundert nach Zerstörungen (durch Auseinandersetzungen zwischen thüringischen und sächsischen Adligen) wieder aufgebaut und ausgebaut. Mit 600 m Länge und 60

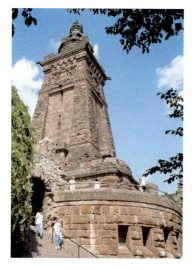

> ▶ Ab dem 16. und besonders im 19. Jahrhundert wurde Barbarossa als Einiger des Reiches verehrt. Sein Tod unter ungeklärten Umständen – er ertrank während eines Kreuzzuges – führte wohl schon im Mittelalter dazu, dass im Volk die Sage entstand, er wäre gar nicht gestorben, sondern lebe verzaubert in einem Berg weiter. Dort sitzt er nun schlafend auf einem steinernen Stuhl an einem marmornen Tisch. Sein roter Bart ist im Laufe der Zeit durch den Tisch und sogar um diesen herum gewachsen. Alle hundert Jahre erwacht er und schickt einen Zwerg nach oben, nachzuschauen, ob die Raben noch um den Berg fliegen. Ist das der Fall, schläft er weitere 100 Jahre. Erst wenn die Raben nicht mehr fliegen, wird er zurückkehren zur Erde, um dort Frieden zu schaffen. ◀

### DIE SAGE VON BARBAROSSA

m Breite gehörte sie zu den größten mittelalterlichen Burgen in Deutschland. Die Anlage war dreigeteilt in *Ober-, Mittel-* und *Unterburg*. Dies ist auch heute noch erkennbar. Nach dem Zusammenbruch des staufischen Reiches verfiel die Burg jedoch im 13. Jahrhundert. In den 1930er Jahren wurde die Unterburg, die von den drei Teilen der Burg am besten erhalten geblieben ist, wieder ausgegraben. Auf dem Weg vom Parkplatz zum Denkmal kommt man an ihr vorbei. Die Ringmauer ist zum Teil noch in Originalhöhe erhalten. Durch die übrig gebliebenen Steinbrüche der einstigen Mittelburg gelangen die Besucher zur Oberburg. Von der Oberburg war nur die Westspitze in relativ gutem Zustand erhalten geblieben. 17 m des einst mehrgeschossigen Bergfrieds sind noch vorhanden.

Nicht versäumen solltet ihr den Blick in den *Burgbrunnen* in der Oberburg. Mit 176 m ist er der tiefste Burgbrunnen der Welt! So behauptet man hier stolz. Ein Film zeigt eine Kamerafahrt bis auf den Grund des Brunnens – spannend! Für 1 € dürft ihr einen Stein in den Brunnen werfen – und dann gut aufgepasst, was passiert!

**Hunger & Durst**
**Burghof Kyffhäuser,** 06567 Steinthaleben/Kyffhäuser. ✆ 034651/45222. www.burghof-kyffhaeuser.de. April – Okt täglich 10 – 20 Uhr. Am Parkplatz, mit großer Außenterrasse.

berragt wird alles jedoch vom **Kyffhäuser-Denkmal** mit seinem 57 m hohen Turm. Das Denkmal wurde 1890 – 1896 zu Ehren Kaiser Wilhelms I. errichtet, und zwar nach Plänen des Architekten Bruno Schmitz. Angeregt wurde der Bau vom Deutschen Kriegerbund (ab 1900 Kyffhäuserbund), einem konservativen Verbund. Mit der Krönung Wilhelms I. zum Kaiser 1871 wurde das Deutsche Reich begründet. Auch nach seinem Tod 1888 wurde Wilhelm von konservativen Kräften in Deutschland verehrt. Bevor ihr die 247 Stufen hinauf steigt, schaut doch mal, was alles auf dem Sockel zu sehen ist. Entdeckt ihr die Schlangen und die zähnefletschenden Masken? Auch Barbarossa, dessen bekannte Figur 6,5 m hoch in Stein gemeißelt wurde, ist umgeben von mythischen Wesen. Kraftvoll und beeindruckend thront er hier unterhalb des Reiterstandbildes von Wilhelm I.

### Wasserburg Heldrungen

Schlossstraße 13, 06577 Heldrungen. ✆ 034673/779818 (Informationszentrum), 91224 (Jugendherberge), Fax 90997. www.wasserburg-heldrungen.de. Heike-Burgcafe@aol.com. **Bahn/Bus:** Bus 509. **Auto:** B86 von Artern. **Rad:** Unstrut-Radweg. **Zeiten:** Die Burg ist den ganzen Tag frei zugänglich. Informationszentrum Di – Fr 9 – 16.30 (12 – 12.30 Pause), Sa 13 – 16, So 9 – 12 und 14 – 16 Uhr. **Preise:** Eintritt frei.

▶ Schon 1217 gab es am heutigen Standort eine Burg, die als Fliehburg für die Bewohner des nahen Rittergutes Roter Hof diente. Zur Wasserburg wurde sie 1512 – 1519 von den Mansfelder Grafen ausgebaut. Wie gut gesichert die Wasserburg Heldrungen einst war, ist noch heute zu erkennen. Zwei Gräben umgeben die Burg, in der breiten Toranlage schützen zwei Fallgitter vor Eindringlingen und dicke Wände gibt es natürlich auch. In der Burg selbst ist heute eine *Jugendherberge* (↗ Ferienadressen) untergebracht, aber auch ein **Burgcafé.** Bei gutem Wetter könnt ihr im Hof sitzen. Auf dem Wall zwischen den

### Hunger & Durst

Im **Bistro** am Turm gibt es nicht nur Halberstädter Würstchen!

www.djh-thueringen.de.

### Hunger & Durst

**Burgcafé,** in der Wasserburg Heldrungen, ✆ 034673/91230. Mo – Sa 14 – 22 Uhr, So 14 – 18 Uhr.

Wehrgräben kann man spazieren gehen, auch ein kleiner Spielplatz ist vorhanden.

## Schloss Sondershausen

✆ 03632/622420, Fax 622410. www.sondershausen.de. schlossmuseum@sondershausen.de. **Bahn/Bus:** RB, Bus 2 bis Lange Straße. **Auto:** Parkplatz am Markt oder Parkhaus Lohstraße. **Zeiten:** Di – So 10 – 17 Uhr, Führungen Di – So 14 Uhr. **Preise:** 5 €; Kinder 6 – 16 Jahre und Schüler 3 €; Familien 9 €.

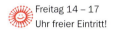 Freitag 14 – 17 Uhr freier Eintritt!

▶ Die dreieckige Anlage des Schlosses Sondershausen ist nicht nur von außen beeindruckend groß, sondern birgt in sich auch mehrere beeindruckende Sammlungen zu verschiedenen Themen. Beim Gang durch die historischen Räume bekommt ihr die Fürsten zu Schwarzburg-Sondershausen zu sehen, die hier residierten, sowie das Liebhabertheater, das Römische Zimmer oder den Blauen Saal. In den ehemaligen Remisen wartet das Prunkstück des Museums: eine goldene Kutsche, die um 1710 in Paris erbaut wurde.

Wie wäre es mit einem Spaziergang in den Schlossgärten?

Im zweiten Stock befindet sich die Abteilung Stadt- und Landesgeschichte mit Hochrädern, einem alten Klassenzimmer, einer riesigen Doppeltrommel der Heiduckengarde, einer alten Drogerie oder der Schreinerwerkstatt von Anno dazumal. Selbst aktiv werden dürft ihr im Bereich Natur und Umwelt: Felle von Waldtieren fühlen, Vogelstimmen hören oder Holzarten tasten.

## Museen und Gedenkstätten

### Spengler-Museum

Bahnhofstraße 33, 06526 Sangerhausen. ✆ 03464/573048, Fax 515336 (Tourist-Info). www.spengler-museum.de. info@sangerhausen-tourist.de. **Bahn/Bus:** Bahn bis Sangerhausen. **Auto:** Parken am Bhf (Parkuhr). **Rad:** Harzvorland-Radweg bis Martinsrieth, weiter über Martinsriether Weg. **Zeiten:** Di – So 13 – 17 Uhr. **Preise:** 2 €; Kinder 6 – 18 Jahre 1 €.

 *Gustav Spengler war ein Sangerhäuser Heimatforscher. Von Beruf war er Tischler, doch seine Leidenschaft galt der Urgeschichte.*

▶ Die Hauptattraktion im Spengler-Museum ist das große Mammut, dessen Skelett **Gustav Spengler** zwischen 1930 und 1933 in der Nähe von Sangerhausen aus einer Kiesgrube buddelte. Nun ja, Mammut ist nicht ganz korrekt, denn eigentlich handelt es sich um einen Steppenelefanten (Mammuthus trogontherii), der sogar noch ein bisschen größer ist als Mammuthus primigenius, den wir gemeinhin als Mammut bezeichnen. Und die Stoßzähne sind ein bisschen weniger gekrümmt, aber das sehen eh nur Paläontologen …

Doch natürlich hat das Museum noch mehr zu bieten: Geologie und Naturkunde, Ur- und Frühgeschichte sowie die Stadtgeschichte von Sangerhausen sind die Themen der übrigen Abteilungen. Wer noch das Freilichtmuseum der Königspfalz Tilleda besuchen will, kann sich hier ein Modell anschauen. Die Kyffhäuser-Burgen sind auf einer Zeichnung in rekonstruierter Form zu sehen.

### Regionalmuseum im Schloss: Von Salz und Knöpfen

Schlossstraße, 06567 Bad Frankenhausen.
✆ 034671/62086, Fax 553290. www.bad-frankenhausen.de. museum@bad-frankenhausen.de. **Bahn/Bus:** Bus 504. **Auto:** B85, Richtung Kyffhäuser-Therme fahren, über August-Bebel-Platz und Erfurter Straße, Parkplatz am Untergelgen, zu Fuß über Schlossstraße. **Zeiten:** Di – So 10 – 17 Uhr. **Preise:** 2,50 €; Kinder ab 6 Jahre und Schüler 1,50 €; Familien 7 €.

▶ Im früheren Schlösschen der Fürsten zu Schwarzburg-Rudolstadt befindet sich heute das Regionalmuseum von Bad Frankenhausen. Der Rundgang beginnt im 2. Stock mit einem Modell der Stadt um 1800 und der Abteilung Geologie, in der ihr einiges über die Erdzeitalter erfahrt. Weil in und um Bad Frankenhausen viel Salz in unterirdischen Lagerstät-

ten vorhanden ist, widmet sich die naturkundliche Ausstellung dieser Besonderheit der Kyffhäuser-Region. Das Salzpflanzen-Theater mit Herrn Queller und Frau Melde solltet ihr nicht verpassen! Seltene Pflanzen, die in salzigem Untergrund leben, könnt ihr im Diorama sehen, Vögel wie den Kiebitz oder das Schwarzkehlchen sogar zum Zwitschern bringen. Was das Salz für die Stadt bedeutete und überhaupt alles rund um das salzige Thema erfahrt ihr dann ein Stockwerk tiefer, wo außerdem die Frankenhauser Knopfproduktion gewürdigt wird.

Hinter dem Museum, zur Therme hin, befindet sich ein kleiner Spielplatz. Wer noch Lust hat, im Kurpark zu spazieren, findet dort ein Salzsiedehaus.

### Modellbahn Wiehe Mowi-World

Am Anger 19, 06571 Wiehe. ℡ 034672/8363-0, Fax 8363-6. www.modellbahn-wiehe.de. info@mowi-world.de. **Bahn/Bus:** Bus 527. **Auto:** B86 in Reinsdorf abfahren, über Gehofen und Donndorf, in Wiehe Richtung Allerstedt, am Ortsausgang rechts Am Anger. **Rad:** Unstrut-Radweg. **Zeiten:** täglich 10 – 18 Uhr. **Preise:** 10 €; Kinder 4 – 14 Jahre 5,50 €; Familien (2 Erw, 2 Kinder) 25 €, jedes weitere Kind 3 €.

▶ Die weltgrößte Modelleisenbahnanlage ist in dem kleinen Ort Wiehe in Thüringen zu Hause. Auf 12.000 qm rattern die Züge durch mehrere Hallen. Von der HO-Anlage Thüringens mit Kyffhäuserdenkmal, Wartburg und Nordhausen fahren Züge direkt hinüber nach London. Hier ist der berühmte Orient-Express bis nach Istanbul unterwegs. Diesen legendären Zug könnt ihr euch im größeren Modell genau ansehen. Auf Spurweite TT sausen ICEs von Würzburg nach Hamburg. Absolut riesig: die USA-Anlage mit den Wolkenkratzern und der Freiheitsstatue von New York oder den Präsidentenköpfen am Mount Rushmore. Nicht zu vergessen der Ostharz, der mit Brocken- und Selketalbahn in Spur LGB dargestellt ist. Während einer Pause könnt ihr euch im Gastronomiebereich stärken und die Züge von oben beobachten. Von April bis Oktober könnt ihr außerdem auf der Gartenbahn um das Außengelände fahren!

*Im November 2008 wurde unter dem Motto Kultur mit Pfiff die neue Ausstellung »Die Ausgrabungsstätte der Terrakotta-Armee des ersten Kaisers von China« eröffnet. Im Maßstab 1:2,5 sind hier fast 800 Tonkrieger zu bewundern.*

Nicht weit vom Tabakspeicher steht am Nordhäuser Rathaus ein roter Roland! Wie viele Rolande hat der Harz denn noch?

 Multimedia-Guide: 4 €.

## Museum Tabakspeicher

Bäckerstraße 20, 99734 Nordhausen. ✆ 03631/982737, Fax 696799 (Tourist-Info). www.nordhausen.de. kulturamt@nordhausen.de. Im Zentrum. **Bahn/Bus:** Straßenbahn 1 oder 2 bis Rathaus. **Auto:** Parkplatz Engelsburg oder Lutherplatz. **Rad:** Harzvorland-Radweg. **Zeiten:** Di – So 10 – 17 Uhr. **Preise:** 2 €; Kinder bis 16 Jahre frei, Schüler 1,50 €, Kindergruppen ab 10 Pers 1 €.

▶ Im Mai 2005 eröffnete der Tabakspeicher mit neuer Konzeption seine Pforten. Etwas sperrig nennt er sich *Museum für Gewerbe, Handwerk und Stadtarchäologie*. Dahinter verbirgt sich jedoch Geschichte zum Anfassen. Schulklassen oder andere Kindergruppen können nach Anmeldung im Kaufladen, in der Waschküche, beim Schuhmacher, Bäcker oder Schneider selbst aktiv werden. An der historischen Telefonanlage könnt ihr Verbindungen stöpseln, im Kinosaal von Anno dazumal nicht nur alte Vorführmaschinen bewundern, sondern auch Filme schauen. In den Ferien finden Mitmach-Aktionen statt!

## KZ-Gedenkstätte Mittelbau-Dora

Kohnsteinweg 20, 99734 Nordhausen. ✆ 03631/4958-0, Fax 4958-13. www.dora.de. info@dora.de. **Bahn/Bus:** Bahn bis Niedersachswerfen oder Harzquerbahn bis Krimderode, je 20 Min Fußweg; Straßenbahn 10. **Auto:** B4, Freiheitsstraße. **Rad:** Harzvorland-Radweg. **Zeiten:** April – Sep Di – So 10 – 18, Okt – März 10 – 16 Uhr, Führungen für Einzelbesucher (ab 10 Pers) Di – Fr 11 und 14, Sa, So 11, 13, 15, April – Sep auch 16 Uhr. **Preise:** Eintritt und Führungen frei, Gruppenführungen 26 €, Schülergruppen 13 €.

▶ Nachdem im August 1943 die Raketenversuchsanstalt Peenemünde von den Briten bombardiert worden war, verlegten die Nazis die Raketenmontage unter Tage und errichteten im Kohnstein bei Nordhausen ein Außenlager des *Konzentrationslagers Buchenwald*. Dafür wurde ein bereits vorhandenes Stollensystem genutzt, in das man Menschen Tag und Nacht zum Bau der von Goebbels propagierten »Vergeltungswaffen« einschloss. Erst nach Monaten wurde ein oberirdisches Lager eingerichtet. Waren Ende September 1943 bereits mehr als 300 Häftlinge hier eingesperrt, waren es einen Monat später doppelt so viele und Ende Dezember 1943 rund 10.500 Gefangene, die meisten aus Polen, Russland und Frankreich hierher verschleppt. Bis März 1944 waren die Hälfte der Häftlinge an Krankheiten, Hunger, Durst und Entkräftung gestorben, die übrigen ebenfalls zu entkräftet für die schwere Arbeit in den Stollen. So wurden die Häftlinge laufend ausgetauscht. Bis Oktober 1944 entwickelte sich das Lager Dora als selbstständiges KZ Mittelbau zu einem großen Komplex mit über 40 Außenlagern. Nun befanden sich über 40.000 Häftlinge im Lager Dora. Selbst bei vorsichtiger Schätzung haben 20.000 Menschen die Deportation in das KZ Mittelbau-Dora und dessen Räumung nicht überlebt. Als die US Army das Lager am 11. April 1945 erreichte, konnten sie nur noch einige hundert Kranke und Sterbende befreien.

Nach Kriegsende wurden die Stollen gesprengt und die Baracken abgerissen. Auf dem Gelände besteht seit 1954 eine Gedenkstätte. In einem 2005 errichteten Gebäude befindet sich neben dem **Museumscafé** auch die **Dauerausstellung.** Thematische Schwerpunkte sind die Geschichte des KZ Mittelbau-Dora, die Häftlinge, die Täter und der Zusammenbruch ab 1945. Im Außenbereich sind zu sehen: der ehemalige Appellplatz, die Grundmauern vom Lagergefängnis und von Baracken, ein Stehbunker und das Krematorium. In einer im Originalzustand wieder errichteten Baracke ist Platz für Sonderausstellungen. Die Stollenanlagen sind nur im Rahmen einer Führung zugänglich.

*Für Kinder ist diese Schreckenszeit schwer zu verstehen. Wegen der Komplexität der Themen Nazi-Herrschaft und Konzentrationslager ist eine gemeinsame Vor- und Nachbereitung sinnvoll. Die Gedenkstätte bietet dazu kostenlos die Ausleihe von Info-Materialien an (max. 4 Wochen).*

Hans Peter Richter, *Damals war es Friedrich,* dtv, Judith Kerr, *Als Hitler das rosa Kaninchen stahl,* Ravensburger. Zwei Klassiker unter den Kinder- und Jugendbüchern, die sich mit der NS-Zeit und ihren Folgen beschäftigen. Weitere Empfehlungen z.B. unter www.hagalil.com.

# AKTIONEN UND FESTE

☼ Vom **Turm** der Jugendstilvilla hat man einen schönen Blick auf Nordhausen!

Bunt und fantasievoll:
**Sommerfest in der Kunstschule Meyenburg**

## Kunst und Kultur

### Jugendkunstschule im Kunsthaus Meyenburg

Alexander-Puschkin-Straße 31, 99734 Nordhausen. ✆ 03631/469073, 881091 (Kunsthaus), Fax 898011. www.nordhausen.de. jugendkunstschule@web.de, kunsthaus@nordhausen.de. **Bahn/Bus:** Straßenbahn 1, 10. **Auto:** Reimannstraße. **Rad:** Radweg von Kelbra. **Zeiten:** Museum Di – So 10 – 17 Uhr, Kurse nachmittags und abends. **Preise:** Workshops 10 – 35 €, Kurse monatlich 15 – 25 €, Museum Kunsthaus 2 €, Sonderausstellungen 5 €; Kinder bis 16 Jahre frei.

▶ Malt und zeichnet ihr gern oder habt ihr Lust, etwas ganz Besonderes zu gestalten? Dann besucht doch einen der Kurse der Jugendkunstschule Nordhausen. Fotografieren und Computergrafik gehören ebenso zum Programm wie Arbeiten mit Speckstein oder Töpfern. In dem schönen Jugendstilhaus befindet sich auch eine umfangreiche Kunstsammlung, wechselnde Sonderausstellungen zeigen Werke bekannter Künstler. Vielleicht findet ihr ja Anregungen für eigene Kreationen?

© Kunsthaus Meyenburg

### Theater Nordhausen und Loh-Orchester Sondershausen

Käthe-Kollwitz-Straße 15, 99734 Nordhausen. ✆ 03631/6260-0, 983452 (Theaterkasse), Fax 6260-147. www.theater-nordhausen.de. info@theater-nordhausen.de. **Bahn/Bus:** Bus 1, 2, F. **Auto:** Citynah, Zufahrt von Töpferstraße. **Rad:** Zentrum. **Zeiten:**

Theaterkasse Di – Fr 10 – 18.30, Sa 16 – 18.30 Uhr.
**Preise:** 8 – 26 €, Konzerte in Sondershausen 8 – 17 €; Kinder 5 – 17 €, Junges Theater 5 €, Weihnachtsmärchen 4 €, Sinfoniekonzerte 6 – 15 €. **Infos:** Loh-Orchester, ✆ 03632/77000-0, Fax 77000-1, www.loh-orchester-sondershausen.de.

▶ Eine Menge zu bieten hat das Theater Nordhausen für Kinder und Jugendliche. Im Jungen Theater werden tolle Stücke aufgeführt, etwa die Geschichte, wie Findus zu Pettersson kam. Vielleicht habt ihr aber auch Lust, einmmal einen Ballettabend zu erleben, ein Musical zu sehen, eine Oper wie die *Zauberflöte* oder ein Schauspiel? Zu Weihnachten wird ein Märchen aufgeführt. Das Loh-Orchester Sondershausen tritt in beiden Städten zu Sinfonie-, Schloss- und Loh-Konzerten auf.

Viele Projekte für Schulklassen, die Unterstützung von Schultheatergruppen sowie Vor- und Nachbereitungen zu laufenden Inszenierungen ergänzen das Angebot.

Im **Zirkus Zappelini** könnt ihr selbst aktiv werden! In Zusammenarbeit mit dem Studio 44 bietet das Theater Nordhausen dieses Projekt an. Der Mitspielzirkus ist für alle zwischen 4 und 8 Jahre, das Zirkustraining mit Akrobatik, Artistik, Jonglage und Clownerie für 8- bis 15-Jährige. Infos dazu bei Steffi Böttcher unter ✆ 0176/23297983 und unter www.studio44ev.de.

**Scene-Card** für alle bis 26 Jahre: Für 10 € ein Jahr lang beliebig viele Vorstellungen zum halben Preis besuchen!

### Weihnachtsmärkte

▶ **Nordhausen, Sangerhausen** und **Sondershausen** schmücken im Advent ihre Marktplätze und locken kleine und große Besucher zu Lebkuchen, kandierten Äpfeln oder Kartoffelpuffern. Oder soll es lieber Christbaumschmuck, Glas, Keramik oder Holzspielzeug sein? Mit einer Fahrt mit dem Kinderkarussell findet ein Besuch seinen gebührenden Abschluss. Besonders beliebt in Nordhausen ist das *Kindercafé KILA*. Hier servieren Kellner in eurem Alter selbst gebackene Plätzchen, Kaffee oder heißen Apfelsaft.

@ www.familien-in-nordhausen.de.

Im **Schaubergwerk Wettelrode** finden im Advent die Bergmännische Weihnacht und das Adventssingen unter Tage statt – ein besonderes Erlebnis, wenn die Musik durch die Stollen schallt!

## FESTKALENDER

**März/April:** Sa vor Ostern, Sangerhausen, Kelbra: **Osterfeuer.**
Sa vor Ostern, Nordhausen: **Osterfest** auf dem Petersberg mit Ostereiersuche, Spiel- und Bastelaktionen.
Ostersonntag, Tilleda: **Osterspaß für Kinder.**

**Juni:** 1. oder 2. Wochenende, Nordhausen: **Rolandsfest.**
Letztes Wochenende, Sangerhausen: **Berg- und Rosenfest** im Europa-Rosarium.
Ende Juni, Nordhausen: **Kunstfest** der Jugendkunstschule, mit vielen Aktionen für Kinder.

**Juli:** Wettelrode: Tag des Bergmanns, am Tag davor **Kinderbergmannstag.**
Tilleda: **Kaiserlager.**

**August:** Mitte Aug, Worbis: **Indianerfest** im Bärenpark.
2. Sa, Sangerhausen: **Nacht der 1000 Lichter** im Europa-Rosarium, mit Kindertheater und Feuerwerk.
3. Wochenende, Westgreußen: **Funkenburgfest,** historisches Fest zum Leben der Germanen.

**September:** Anf. Sep, Nordhausen: **Lichterfest** auf dem Petersberg mit Lichtern, Fackeln und buntem Markttreiben.
1. Wochenende, Sangerhausen: **Kobermännchenfest,** Altstadtfest.
1. Sa, Nordhausen: **Seifenkistenrennen** in der Altstadt.

**Dezember:** Sa vor dem 1. Advent – 4. Advent, Nordhausen: **Weihnachtsmarkt.**
Di nach dem 2. Advent – 3. Advent, Sangerhausen: **Weihnachtsmarkt.**
Fr vor dem 3. Advent – 4. Advent, Sondershausen: **Weihnachtsmarkt.**

# INFO & VERKEHR

RUND UM GOSLAR

OBERHARZ & BROCKEN

BAD GRUND – BAD SACHSA

RUND UM HALBERSTADT

WERNIGERODE – THALE

UNTERER HARZ

SÜDLICHES HARZVORLAND

INFO & VERKEHR

FERIEN-ADRESSEN

KARTEN & REGISTER

# Schmalspur

## Dampfladen Nº 6

**Wer sich aktuell über örtliche Veranstaltungen oder die Region informieren will oder eine Unterkunft sucht, schaut am besten beim Fremdenverkehrsamt oder Verkehrsbüro des betreffenden Ortes vorbei.**

Die nachfolgenden Ortsbeschreibungen enthalten die Adressen dieser Infostellen sowie Anfahrtsbeschreibungen. Sie sind in der Reihenfolge der geografischen Griffmarken sortiert.

Nach den Ortsinformationen folgen grundlegende Informationen zu den öffentlichen Verkehrsmitteln. Eine tolle Seite mit Links zu allen Verkehrsbetrieben und -verbünden Deutschlands und vielen anderen Tipps zur Reiseplanung ist www.connexions.de.

# WISSEN IST MACHT ...

### ... und Connexions sind alles!
**Übergeordnete Infostellen des Landes:**

**www.harzinfo.de:** Homepage des Harzer Verkehrsverbands, der touristischen Marketingorganisation des gesamten Harzes, mit vielen Informationen zu allen Orten.

**www.nationalpark-harz.de:** informiert über den Nationalpark Harz, die Nationalparkhäuser und ihre Angebote für Kinder

**www.harzlife.de:** ein Online-Reiseführer mit vielen Infos

**www.harzregion.de:** Seite des Regionalverbands Harz e.V., ein Zusammenschluss von acht Harz-Landkreisen, Themen: Naturpark, Geopark, Kultur

**www.harz24.de:** Nachrichten aus dem Harz und Infos

**www.harzpoint.de:** Orte, Sehenswürdigkeiten

**www.harz.de:** Hotels, Pensionen, Ferienwohnungen

**www.harztourist.de:** Gastgeber und weitere Informationen

**www.webcams-harz.de:** Verzeichnis von mehr als 40 Webcams im Harz

**www.kreis-hz.de:** Portal des neuen Landkreises Harz

Hier gibt es Tickets, T-Shirts, Schaffnermützen und Signale: Dampfladen der Harzer Schmalspurbahn in Wernigerode

## Rund um Goslar

**GOSLAR: Tourist-Information der Goslar Marketing GmbH,** Markt 7, 38640 Goslar. ✆ 05321/78060, Fax 780644. www.goslar.de. tourist-information@goslar.de. **Bahn/Bus:** RE, RB. **Auto:** B6 oder B82 von Langelsheim. **Rad:** Nähe Europa-Radweg R1. **Zeiten:** Nov – März Mo – Fr 9.15 – 17 Uhr, Sa 9.30 – 14 Uhr, April – Okt Mo – Fr 9.15 – 18 Uhr, Sa 9.30 – 16 Uhr, So 9.30 – 14 Uhr. Am nördlichen Harzrand liegt die alte Kaiserstadt Goslar, durchflossen von der *Gose*. Die Altstadt und das *Bergwerksmuseum Rammelsberg* wurden 1991 von der UNESCO zum Weltkulturerbe erklärt. Eine Vielzahl von Sehenswürdigkeiten lockt jährlich Scharen von Touristen an, die die Kaiserpfalz, die vielen Fachwerkhäuser, Museen und Kirchen besichtigen wollen. Bei Goslar liegt der *Granestausee*.

🍎 Schöne Souvenirs gibt es in der Goslarer Tourist-Info: einen Regenschirm mit Goslarer Ansichten, den Goslarer Adler als Plüschtier oder eine magische Tasse.

**BAD HARZBURG: Touristinformation Bad Harzburg,** Nordhäuser Straße 4, 38667 Bad Harzburg. ✆ 05322/75330, Fax 75329. www.bad-harzburg.de. info@bad-harzburg.de. **Bahn/Bus:** Bahn, Bus 810, 821. **Auto:** B4. **Rad:** Harzrundweg/R1. **Zeiten:** Mo – Fr 8 – 18 Uhr, Sa, So, Fei 10 – 16 Uhr. Bad Harzburg ist ein beliebter Kurort am nördlichen Harzrand. Auf den *Großen Burgberg* führt eine Seilbahn, an deren Bergstation zahlreiche Wanderwege beginnen. Bekannt ist Bad Harzburg auch für seine Galopprennwoche. Kinder freuen sich auf das *Krodoland*.

Stadtführungen ab Wandelhalle: jeden Fr 15 Uhr.

**WOLFSHAGEN: Tourist-Information Wolfshagen im Harz,** Im Tölletal 21, 38685 Wolfshagen. ✆ 05326/4088, Fax 7014. www.wolfshagen.de. info@wolfshagen.de. **Bahn/Bus:** Bus 832. **Auto:** B82 Langelsheim – Goslar, Abzweig Wolfshagen. **Rad:** Harzrundweg. **Zeiten:** Mo – Fr 8 – 17 Uhr, Sa, So, Fei 10 – 13 Uhr. Wolfshagen ist ein kleiner Ort zwischen dem *Innerstestausee* und dem *Granestausee*. Zahlreiche Wanderwege erschließen die Umgebung mit ihren sanften Hügeln und herrlichen Bergwiesen.

Kindergarten- und Schulkinder bis zum 2. Schuljahr werden von Kräuter-Benno zur Kräuter-August-Höhle geführt und lernen allerlei über Kräuter. Anmeldung über die Tourist-Information Vienenburg.

**VIENENBURG: Tourist-Information Vienenburg,** Bahnhofstraße 8, 38690 Vienenburg. ✆ 05324/1777, Fax 4044. www.vienenburg-tourismus.de. info@vienenburg-tourismus.de. **Bahn/Bus:** RB; Bus 203, AST1. **Auto:** A395 Ausfahrt 12 Vienenburg. **Rad:** Harzvorland-Radweg. **Zeiten:**

Mo, Mi, Fr 10.30 – 12, Do 15 – 17 Uhr. In Vienenburg, einer kleinen Stadt nördlich von Bad Harzburg, fließen die *Oker* und die *Radau* zusammen. Beliebte Ausflugsziele sind der *Harlyberg* mit 256 m Höhe sowie der *Vienenburger See*. Im ältesten Bahnhofsgebäude Deutschlands befindet sich neben der Tourist-Info auch ein kleines **Eisenbahnmuseum** (Do – So 15 – 17 Uhr, 2 €, Kinder 1 €).

**SEESEN: Tourist-Information Seesen,** Marktstraße 1, 38723 Seesen. ✆ 05381/75243, Fax 75261. www.seesen.de. info@seesen.de. Im Rathaus. **Bahn/Bus:** RB; Bus 836 – 838. **Auto:** A7 Ausfahrt 67 Seesen. **Rad:** Harzrundweg. **Zeiten:** Mo – Mi und Fr 8 – 16 Uhr, Do 8 – 18 Uhr. Am nordwestlichen Harzrand liegt Seesen, das gern auch als Tor zum Harz bezeichnet wird. Überregional bekannt ist das *Sehusa-Fest* Anfang September. Berühmtes Kind der Stadt ist *Heinrich Steinweg,* der in Amerika als Klavierbauer Steinway Karriere machte.

@ Die Hauptschule Seesen hat einen Kinderstadtplan erstellt. Ihr findet ihn unter www.hauptschule-seesen.de!

# Oberharz & Brocken

**LAUTENTHAL: Tourist-Info Lautenthal,** Kaspar-Bitter-Straße 7b, 38685 Lautenthal. ✆ 05325/4444, Fax 6917. www.lautenthal-harz.de. info@lautenthal-harz.de. **Bahn/Bus:** Bahn bis Goslar, Bus 831. **Auto:** A7 Ausfahrt 66 Rhüden, B82 bis Langelsheim, dann Richtung Innerstestausee/Lautenthal oder Abzweig zwischen Bad Grund – Clausthal-Zellerfeld. **Zeiten:** Mo – Sa 9 – 17, So 9.30 – 14 Uhr, im Winter eingeschränkt. Lautenthal gehört zu den einst **sieben freien Bergstädten.** Von der Bergbautätigkeit zeugt noch heute das historische Silberbergwerk *Lautenthals Glück,* das mit der einmaligen Erzkahnschifffahrt eine besondere Attraktion besitzt.

**WILDEMANN: Tourist-Information Wildemann,** Bohlweg 5, 38709 Wildemann. ✆ 05323/6111, Fax 6112. www.wildemann.de. tiw@harztourismus.com. **Bahn/Bus:** Bus 831. **Auto:** A7 Ausfahrt 67 Seesen, B242 Bad Grund – Clausthal-Zellerfeld Abzweig Wildemann (3 km) oder Ausfahrt 66 Rhüden, B82 Langelsheim, Lautenthal. **Zeiten:** Mo – Fr 9 – 16, Sa 10 – 14 Uhr. Die einst freie Bergstadt Wildemann liegt nordwestlich von Bad Grund, nordöstlich

*Die **Sieben Städte** Altenau, Bad Grund, Braunlage, Clausthal, Zellerfeld, Lautenthal und Wildemann erhielten im 16. Jahrhundert im Oberharz die Bergfreiheit. Damit bekamen sie erhebliche Rechte zugebilligt, z.B. freie Märkte abzuhalten und Holz-, Weide- und Fischrechte auszuüben.*

 *Wenn es nach den Harzer Sagen geht, bevölkern merkwürdige Wesen die Berge und Täler des Gebirges. In Wildemann soll einst ein riesiger und eben wilder Mann gelebt haben. Als einst Bergleute in die Gegend kamen, sahen sie den wilden Mann und seine ebenso große Frau. Der Bart des Mannes reichte bis zu seiner Hüfte und in der Hand trug er eine frisch ausgerissene Tanne.*

Im Kurpark von St. Andreasberg könnt ihr durch die Urwaldvision mit Barfußpfad wandeln.

Ende Januar findet in St. Andreasberg das Winterfest statt: Mit Spielen für die ganze Familie, Volksrodeln und Umzug.

 **Fahrradverleih:** Board'n Bikes, Rathausstraße 6. Hahnenklee. 1 Tag 13 €, halber Tag 7,50 €, Kinder bis 12 Jahre 10 €, halber Tag 6 €. **Infos:** www.boardnbikes.de.

von Clausthal-Zellerfeld in einem engen Tal. Der Sage nach soll hier einst der Wilde Mann, ein Riese, gewohnt haben.

**ST. ANDREASBERG: Tourist-Information St. Andreasberg,** Am Kurpark 9, 37444 St. Andreasberg. ✆ 05582/80336, Fax 80339. www.sankt-andreasberg.de. info@sankt-andreasberg.de. **Bahn/Bus:** Bus 840, 850. **Auto:** B4 Bad Harzburg – Braunlage Abzweig St. Andreasberg oder B27 Bad Lauterberg – Braunlage 2 Abzweige. **Zeiten:** Mo – Fr 9 – 17 Uhr, Sa, So 10 – 16 Uhr, Nov bis Mitte Dez nur Mo – Fr 9 – 16 Uhr. Früher lebte die freie Bergstadt vom Bergbau, heute hat sie sich mit dem *Matthias-Schmidt-Berg* und dem *Sonnenberg* zu einem der bedeutendsten Skisportzentren im Harz entwickelt. Mit 550 – 720 m Höhe gehört St. Andreasberg auch zu den am höchsten gelegenen Orten im Harz.

**HAHNENKLEE: Tourist-Information Hahnenklee,** Kurhausweg 7, 38644 Hahnenklee. ✆ 05325/5104-0, Fax 5104-16. www.hahnenklee.de. info@hahnenklee.de. **Bahn/Bus:** Bus 830, 832. **Auto:** B241 Goslar – Clausthal-Zellerfeld, Abzweig Hahnenklee-Bockswiese. **Zeiten:** Mai – Sep Mo – Fr 9 – 17 Uhr, Sa, So 9 – 12 Uhr, Okt – April Mo – Fr 9 – 16 Uhr, Sa 9 – 12 Uhr. Hahnenklee-Bockswiese liegt auf 600 m Höhe im Oberharz, gehört aber zum 17 km nördlich gelegenen Goslar. Bekannteste Sehenswürdigkeit ist die nordische *Stabkirche* von 1907/1908. Viele Teiche rund um den Doppelort zeugen von der jahrhundertelangen Bergbautätigkeit. Über dem Ort erhebt sich der 726 m hohe *Bocksberg,* auf den eine Seilbahn führt.

**BUNTENBOCK: Tourist-Information Buntenbock,** Alte Fuhrherrenstraße 5, 38678 Buntenbock. ✆ 05323/3583, Fax 922872. www.buntenbock.de.vu. tib@harztourismus.com. **Bahn/Bus:** Bus 440. **Auto:** B241 Clausthal-Zellerfeld – Osterode, Abzweig Buntenbock. **Zeiten:** Mo, Di, Mi 9 – 12 Uhr, Do, Fr 14 – 16 Uhr. Buntenbock liegt südlich von Clausthal-Zellerfeld und ist ein Ortsteil der Universitätsstadt. Der kleine Ort mit 700 Einwohnern schmiegt sich idyllisch in die Harzer Seenlandschaft.

**CLAUSTHAL-ZELLERFELD: Tourist-Information Clausthal-Zellerfeld,** Bergstraße 31 (Dietzelhaus), 38678 Clausthal-Zellerfeld. ✆ 05323/81024, Fax 83962. www.clausthal-zellerfeld.de, www.oberharz.de. tic@harztourismus.com. **Bahn/Bus:** Bus 440, 830, 831, 840. **Auto:** B241 Goslar – Osterode oder B242 von Bad Grund. **Zeiten:** Mo – Fr 9 – 17 Uhr, Sa, So 10 – 16 Uhr. Clausthal und Zellerfeld gehörten zu den sieben freien Bergstädten des Oberharzes und wurden 1924 vereinigt. Clausthal ist Sitz der Universität, auch die größte Holzkirche Deutschlands steht hier. Nördlich liegt Zellerfeld, dessen Attraktionen sich in der Bornhardtstraße konzentrieren: das *Bergwerksmuseum,* der *Kunsthandwerkerhof,* der *Bauernmarkt.* Rund um Clausthal-Zellerfeld liegen rund 70 Teiche.

Jeden Do 18 – 22 Uhr (Mitte Mai – Okt) Oberharzer **Bergbauernmarkt** in der Bornhardtstraße! Mit Musik und Harzer Spezialitäten.

**BRAUNLAGE: Kurbetriebsgesellschaft Braunlage GmbH,** Elbingeröder Straße 17, 38700 Braunlage. ✆ 05520/93070, Fax 930720. www.braunlage.de. touristinfo@braunlage.de. **Bahn/Bus:** Bus 257, 820, 850. **Auto:** B4 oder B27. **Zeiten:** Mo – Fr 9 – 12.30 und 14 – 17 Uhr, Sa 9.30 – 12.30 Uhr. Zum höchsten Berg von Niedersachsen bringt die Braunlager Seilbahn jedes Jahr viele, viele Ausflügler und Wintersportler. Zum Skifahren und Rodeln hat man hier ausreichend Gelegenheit. Durch seine Lage mitten im Harz ist der Ort ein zentraler Ausgangspunkt für Erkundungen in Ost und West.

Kinderaktionsprogramm **Hits for Kids** in den Sommerferien, Mo – Sa 10.30 – 12 und 15 – 17 Uhr, Anmeldungen bis zum Vortag, z.B. Tischtennis- oder Minigolf-Turnier, Bogenschießen, Kegeln oder Pool-Disco.

**HOHEGEISS: Kurverwaltung Hohegeiß,** Kirchstraße 15a, 38700 Hohegeiß. ✆ 05583/241, Fax 1235. www.hohegeiss.de. tourist-info@hohegeiss.de. **Bahn/Bus:** Bus 277, 470. **Auto:** B4. **Zeiten:** Mo – Fr 9 – 12 Uhr, Mo, Di, Do, Fr 14 – 17 Uhr, Sa 9.30 – 12 Uhr. Hohegeiß, ein Ortsteil von Braunlage, zählt 1100 Einwohner und lag bis 1990 in unmittelbarer Nähe zur Grenze der DDR. Nun ist es in die Mitte des Harzes gerückt und Ausgangspunkt für Erkundungen in alle Himmelsrichtungen.

**ALTENAU: Tourist-Information Altenau,** Hüttenstraße 9, 38707 Altenau. ✆ 05328/8020, Fax 80238. www.altenau.de, www.harztourismus.com. tia@harztourismus.com. **Bahn/Bus:** Bus 831, 840. **Auto:** B4 Bad Harzburg –

**INFO & VERKEHR**

🍎 **Holzschnitzerei,** Familie Meier, Hüttenstraße 18, 38707 Altenau. Täglich außer Di 9 – 12 und 14 – 18 Uhr. Die Ausstellung **Wunder in Holz** ist wirklich wunderbar! Eintritt 1 €, Kinder 0,50 €.

**Minigolf** an der Richard-Böhm-Straße, ✆ 05329/258 (Herr Spör). Mai – Okt 12 – 18 Uhr, 2 €, Kinder bis 14 Jahre 1 €.

Braunlage, B242, rechts B498 oder Oker Richtung Altenau (B498). **Zeiten:** Mo – Fr 9 – 17 Uhr, Sa 10 – 12 Uhr. Der heilklimatische Kurort Altenau liegt südlich des *Okerstausees* und war eine der freien Bergstädte. Der Ortsteil *Torfhaus* ist im Sommer Ausgangspunkt für Wanderungen zum *Brocken,* im Winter für sportliche Aktivitäten auf Skiern und Schlitten.

**SCHULENBERG: Verkehrsverein Schulenberg**, Im Stillen Winkel 2, 38707 Schulenberg. ✆ 05329/690060, Fax 690008. www.schulenberg-harz.de. info@schulenberg-harz.de. **Bahn/Bus:** Bus 841. **Auto:** B498 Oker – Altenau Abzweig Schulenberg am Okerstausee oder Clausthal-Zellerfeld Richtung Goslar, am Ortsausgang rechts. **Zeiten:** Di, Do 9 – 12, Mi, Fr 16 – 19 Uhr. Hoch über dem *Okerstausee* liegt das heutige Schulenberg. Ursprünglich befand es sich dort, wo heute das Wasser der Talsperre den Boden bedeckt. 1954 wurde der ganze Ort zwangsumgesiedelt. Wintersport wird groß geschrieben am *Großen Wiesenberg,* im Sommer ist der Okerstausee beliebtes Ausflugsziel.

## Bad Grund – Bad Sachsa

**DUDERSTADT: Gästeinformation der Stadt Duderstadt,** Marktstraße 66, 37115 Duderstadt. ✆ 05527/841200, Fax 841201. www.duderstadt.de. gaesteinfo@duderstadt.de. **Bahn/Bus:** Bahn bis Göttingen, Bus 170 oder Bus 162 von Rhumspringe. **Auto:** A7 Ausfahrt 72 Göttingen-Nord, B27, B446. **Rad:** Harzvorlandradweg bis Rhumspringe, ab Hilkerode Richtung Duderstadt. **Zeiten:** Mo, Di, Mi, Fr 9.30 – 16.30, Do 9.30 – 18, Sa 10 – 12.30 Uhr. Duderstadt, die Perle des Eichsfelds, ist bekannt für seine schönen Fachwerkhäuser. Mehr als 600 der bunt verzierten Häuser sind beim Gang durch die Straßen zu sehen. Auch das Rathaus mit seinem Glockenspiel gehört dazu.

**HERZBERG: Tourist-Information Herzberg,** Marktplatz 30/32, 37412 Herzberg. ✆ 05521/852111, Fax 998642. www.herzberg.de, www.touristinformation-herzberg.de. touristinfo@herzberg.de. **Bahn/Bus:** Bahn, Bus

450. **Auto:** A7 Ausfahrt 67 Seesen, B243 oder B27 Gieboldehausen – Bad Lauterberg. **Rad:** Harzrundweg. **Zeiten:** Mo – Sa 9 – 12 Uhr, Mo, Di, Fr auch 14 – 16.30 Uhr, Do 13.30 – 17.30 Uhr. Über Herzberg am südwestlichen Harzrand erhebt sich deutlich sichtbar das *Welfenschloss.* Mitten im Ort hingegen liegt der aus einem Erdfall hervorgegangene *Juessee,* der zum Baden und Tauchen einlädt. Dort, wo die Flüsschen Lonau und Sieber zusammenfließen, liegt mitten im Wald der schöne *Lonau-Wasserfall.*

**SIEBER: Verkehrsverein Sieber im Harz e.V.,** Wellbeek 16, 37412 Sieber. ✆ 05585/488, Fax 998044. www.sieberharz.de. info@sieber-harz.de. **Bahn/Bus:** Bus 451 von Herzberg. **Auto:** Von Herzberg über Juesholzstraße, Andreasberger Straße oder von St. Andreasberg über Untere Grundstraße, Mühlenstraße. **Rad:** Harzrundweg bis Herzberg, durchs Siebertal. **Zeiten:** Do, Fr 10.30 – 12 Uhr. Sieber heißt wie das Flüsschen, das an dem Ort entlangfließt, und liegt zwischen Herzberg und St. Andreasberg. Der Freizeitpark *Große Wiesen* ist die Hauptattraktion für Familien.

**BAD LAUTERBERG: Kur- und Touristikbetrieb Bad Lauterberg,** Ritscherstraße 4, 37431 Bad Lauterberg. ✆ 05524/92040, Fax 5506. www.badlauterberg.de. info@badlauterberg.de. **Bahn/Bus:** Bus 450 von Herzberg. **Auto:** B27 von Herzberg oder Braunlage. **Rad:** Harzrundweg. **Zeiten:** Mo – Fr 9 – 12 und 14 – 17 Uhr, Sa 9.30 – 12 Uhr, So 10 – 12 Uhr. Südlich des *Oderstausees* liegt das Kneippheilbad Bad Lauterberg. Auf den 422 m hohen Hausberg führt ein Sessellift. Ausflugsziele sind aber auch der 687 m hohe *Große Knollen,* der Bismarckturm auf dem *Kummelberg* oder der *Wiesenbeker Teich.*

**BAD SACHSA: Bad Sachsa Information,** Am Kurpark 6, 37441 Bad Sachsa. ✆ 05523/3009-0, Fax 3009-49. www.badsachsainfo.de. touristik@badsachsainfo.de. **Bahn/Bus:** RB. **Auto:** A7 Ausfahrt 67 Seesen, B243, Abzweig Bad Sachsa. **Rad:** Harzrundweg. **Zeiten:** Mo – Fr 9 – 12 und 14 – 17 Uhr, Sa, Fei 9 – 12 Uhr. Am Südrand des Harzes gelegen ist Bad Sachsa ein beliebter Kurort

@ Die Orte *Sieber, Lonau, Scharzfeld* und *Pöhlde* gehören zur Gemeinde von Herzberg. www.lonau-poehlde-scharzfeld.de.

## Hunger & Durst

**Waldcafé,** Kupferhütte 1, beim **Bienenhof Quellmalz**, 37431 Bad Lauterberg. ✆ 05524/852880, www.imkereiquellmalz.de. info@imkerei-quellmalz.de. Täglich 11 – 19 Uhr, im Winter Mo – Fr 13 – 17 Uhr, Sa, So 11 – 18 Uhr. Mit Streichelwiese und Museumsstübchen. Zufahrt über Lutterstraße. Führungen für Gruppen in der Imkerei auf Anmeldung.

**Abenteuerspielplatz** im Eulental von Steina! Im Steinatal links Richtung Eulenstein.

**Am Eingang zum Eulental in Steina** findet ihr einen tollen **Abenteuerspielplatz** mit Seilbahn, Schaukeln und Klettergeräten. Der Bach speist eine Wassertretstelle, 200 m weiter im Tal könnt ihr in einen Fledermausstollen schauen. Zugang über Eulensteinweg.

Wildfütterung am Stöberhai!

mit mildem Klima. Der 660 m hohe *Ravensberg* erhebt sich nördlich des Ortes und ist im Winter Ziel vieler Wintersportler. Weitere Anziehungspunkte sind das *Salztal-Paradies* mit Erlebnisbad und Eislaufhalle, der *Harzfalkenhof* und der *Märchenpark*. Im Ortsteil **Steina** gibt es ein *Glasmuseum*, (www.glasmuseum-steina.de) in **Tettenborn** ein *Grenzlandmuseum*.

**WALKENRIED: Touristinformation Walkenried,** Pfarrplatz 4, 37445 Walkenried. ℂ 05525/350, Fax 20255. www.die-harzer-sonnenseite.de. info@walkenried.de. **Bahn/Bus:** RB; Bus 470, 472. **Auto:** A7 Ausfahrt 67 Seesen, B243, Abzweig Bad Sachsa/Walkenried. **Rad:** Harzrundweg. **Zeiten:** Mo – Fr 8 – 12 und 14 – 18 Uhr, Sa 10 – 12 Uhr. Der Name Walkenried ist fest verbunden mit dem hier ansässigen *Kloster* und seinem Zisterziensermuseum. Die Ruinen der Klosterkirche ragen imposant in den Himmel. Rund um den Ort legten die Mönche viele Teiche an, die heute zum Spazierengehen und Baden einladen.

**WIEDA: Touristinformation Wieda,** Otto-Haberlandt-Straße 49, 37447 Wieda. ℂ 05586/962069, Fax 20255. www.die-harzer-sonnenseite.de. schumacher@walkenried.de. **Bahn/Bus:** Bus 470, 472. **Auto:** A7 Ausfahrt 67 Seesen, B243, Abzweig Bad Sachsa/Walkenried, aber nicht rechts nach Walkenried, sondern links. **Rad:** Harzrundweg bis Walkenried, durchs Wiedatal. **Zeiten:** Mo – Fr 9 – 12 Uhr, Mo, Di, Do, Fr 15 – 17 Uhr. *Wieda*, *Zorge* und *Walkenried* gehören zur Samtgemeinde Walkenried. Fluss und Ort Wieda tragen denselben Namen. Nordwestlich erhebt sich der 718 m hohe *Stöberhai*, auf dem bis September 2005 der ehemalige Nato-Horchposten weithin sichtbar war. Dieser wurde aber inzwischen gesprengt.

**ZORGE: Touristinformation Zorge,** Am Kurpark 4, 37449 Zorge. ℂ 05586/962991, Fax 20255. www.die-harzer-sonnenseite.de, www.zorgeharz.de. touristinformation-zorge@online.de. **Bahn/Bus:** Bus 470. **Auto:** A7 Ausfahrt 67 Seesen, B243, Abzweig Bad Sachsa bis nach Walkenried, dort links (Zorger Straße). **Zeiten:** Mo, Di, Do – Sa 9.30 – 12 Uhr, Mo, Di, Fr auch 14.30 – 17 Uhr. Der gleichnamige Fluss strömt durch das lang gestreckte Zorge nordöstlich von Walkenried. Im *Kunzental* liegt das schöne Waldschwimmbad.

**OSTERODE AM HARZ: Tourist-Information Osterode,** Schachtrupp-Villa, Dörgestraße 40, 37520 Osterode am Harz. ✆ 05522/318360, Fax 318336. www.osterode.de. touristinfo@osterode.de. **Bahn/Bus:** RB; Bus 440, 457, 460, 462. **Auto:** A7 Ausfahrt 67 Seesen B243. **Rad:** Harzrundweg. **Zeiten:** Mo – Fr 10 – 18 Uhr, Sa 10 – 13 Uhr. Mittelpunkt von Osterode am südwestlichen Harzrand ist der von malerischen Fachwerkhäusern umgebene Kornmarkt. Auch von der Stadtbefestigung sind noch Mauern und Türme erhalten. Östlich von Osterode liegt der *Sösestausee.*

**BAD GRUND: Tourist-Zentrum Bad Grund e.V.,** Elisabethstraße 1, 37539 Bad Grund. ✆ 05327/700710, Fax 700770. www.bad-grund-harz.de. touristinfo@bad-grund.com. **Bahn/Bus:** Bus 838. **Auto:** A7 Ausfahrt 67 Seesen, B243, B242. **Zeiten:** Mo – Fr 10 – 20 Uhr, Sa 13 – 16 Uhr, So 9 – 12 Uhr. Bad Grund ist eine der sieben alten Bergstädte im Harz. Heute zeugt davon der zum *Bergwerksmuseum* umgebaute Knesebecker Schacht. Anziehungspunkt für Besucher ist aber vor allem das *Höhlenerlebniszentrum* an der Iberger Tropfsteinhöhle. Um den *Hübichenstein,* eine Felsnadel aus Kalkstein westlich des Ibergs, ranken sich zahlreiche Sagen.

## Rund um Halberstadt

**ASCHERSLEBEN: Verkehrsverein Aschersleben,** Taubenstraße 6, 06449 Aschersleben. ✆ 03473/4246, Fax 812897. www.aschersleben.de. verkehrsverein-asl-stadtinfo@web.de. **Bahn/Bus:** HEX, RB, RE; Bus 409, 411, 413, 416, 418, 420. **Auto:** B6 von Quedlinburg; aus Nord und Süd B180. **Rad:** Radweg von Welbsleben. **Zeiten:** Mo – Fr 9.30 – 18 Uhr, Sa 9 – 16 Uhr. Nordöstlich vom Harz liegt Aschersleben. Im denkmalgeschützten Zentrum der ältesten Stadt Sachsen-Anhalts finden sich viele Bürgerhäuser und andere Gebäude aus dem 16. – 19. Jahrhundert unterschiedlicher Stilepochen. Beliebtes Naherholungsgebiet ist der *Tierpark,* wo einst die Stamm-

 **Minigolf** oberhalb vom Kurpark, Mai – Okt 10 – 12 und 14 – 19 Uhr, 1,50 €, Kinder 1 €. ✆ 05327/ 2352.

## Hunger & Durst

**Eiscafé Pellegrini,** Taubenstraße 2, 06449 Aschersleben. ✆ 03473/803183, Mo – Sa 9 – 19.30 Uhr, So ab 12 Uhr.

**Bio-Eck,** Carl-Ritter-Straße 15, 06484 Quedlinburg. ✆ 03946/525777. Mo – Fr 9.30 – 13.30 und 14 – 18, Sa 9 – 12.30 Uhr. Naturkost.

Das Malbuch *Bronti entdeckt Halberstadt* könnt ihr für 2,30 € in der Halberstadt Information kaufen.

Kindergruppen können bei der Tourist-Info die **Kinderführung** »Sagenhaftes Halberstadt« buchen (28 €).

burg Albrechts des Bären stand. Zur Landesgartenschau 2010 werden die Parks der Stadt umfassend umgestaltet.

**QUEDLINBURG: Quedlinburg Tourismus-Marketing GmbH,** Markt 2, 06484 Quedlinburg. ✆ 03946/905624, Fax 905629. www.quedlinburg.de. qtm@quedlinburg.de. **Bahn/Bus:** Bus 1 – 3, 6, 8 – 11, 31, 32, 318, 420. **Auto:** B79 von Halberstadt, B6 von Blankenburg. **Rad:** Harzvorland-Radweg. **Zeiten:** Mai – Sep Mo – Fr 9 – 19 Uhr, Sa 10 – 16 Uhr, So 10 – 15 Uhr, Okt – April Mo – Fr 9.30 – 18 Uhr, Sa, So 10 – 14 Uhr. Der mittelalterliche Stadtkern Quedlinburgs gehört mit der **Stiftskirche** und ihrem **Domschatz** zum UNESCO-Weltkulturerbe der Menschheit. Mehr als 1000 Fachwerkhäuser, zum Teil noch aus dem 14. Jahrhundert, säumen die Straßen und Plätze und bieten den Besuchern eine herrliche mittelalterliche Kulisse.

**HALBERSTADT: Halberstadt Information,** Hinter dem Rathause 6, 38820 Halberstadt. ✆ 03941/551815, Fax 551089. www.halberstadt.de. halberstadt-info@halberstadt.de. **Bahn/Bus:** RE, HEX. **Auto:** B79 von Quedlinburg, B81 von Blankenburg. **Rad:** Harzvorlandradweg, Mahndorfer Landstraße, Sternstraße, Zentrum. **Zeiten:** Mo – Fr 9 – 18, Sa 10 – 13, Mai – Okt Sa bis 14 und So 10 – 13 Uhr. Im nördlichen Harzvorland gelegen wird Halberstadt umrahmt vom *Huy* im Norden und den *Spiegelsbergen* im Süden. Die alte Fachwerkstadt wurde noch 1945 zu großen Teilen zerstört, heute ist sie Modellstadt für die Sanierung ihres historischen Zentrums. Weit zu sehen ist der *Dom* mit seinem berühmten Domschatz. Mehrere Museen stehen interessierten Besuchern offen.

**SCHACHDORF STRÖBECK: Verwaltungsgemeinschaft Harzvorland-Huy,** Bahnhofstraße 210, 38822 Schachdorf Ströbeck. ✆ 039427/960100, 9600, Fax 960111. www.harzvorland-huy.de. info@harzvorland-huy.de. **Bahn/Bus:** Bus 212. **Auto:** B79 bis Abzweig Ströbeck. **Rad:** Harzvorland-Radweg. **Zeiten:** Mo, Di, Do 9 – 12 Uhr, Fr 9 – 11 Uhr, Di auch 13 – 18 Uhr. Der *Huy* erhebt sich nordwestlich von Halberstadt. Neben Ströbeck als Verwaltungssitz gehören auch *Langenstein, Aspenstedt* und einige weitere Dörfer zur Gemeinschaft. Im Süden fließt die *Holtemme*.

## Wernigerode – Thale

**OSTERWIECK: Stadtinformation Osterwieck,** Am Markt 11, 38835 Osterwieck. ✆ 039421/29441, Fax 61029. www.osterwieck.de. info@osterwieck.de. Im Heimatmuseum. **Bahn/Bus:** Bus 203, 255. **Auto:** A395 Ausfahrt 13 Vienenburg-Ost/Osterwieck; von Halberstadt B79 und links über Zilly. **Rad:** Ilse-Radweg. **Zeiten:** Di – Do 10 – 12 und 13 – 16 Uhr, So 13 – 16 Uhr. Die Fachwerkstatt Osterwieck liegt westlich von Halberstadt im nördlichen Harzvorland an der *Ilse*. Im Norden erhebt sich der *Große Fallstein*.

 Nördlich von Osterwieck gibt es einen **Bismarckturm,** zu erreichen über Fichtenweg.

### Hunger & Durst

**Fallsteinklause,** Im Fallstein 5, 38835 Osterwieck. ✆ 039421/29200. www.fallsteinklause.de. Täglich 11 – 21 Uhr. Nahe dem Bismarckturm. Kuchen, Kaffee, Eis, gutbürgerliche Küche. Mit Spielplatz.

**ILSENBURG: Tourismus GmbH Ilsenburg,** Marktplatz 1, 38871 Ilsenburg. ✆ 039452/19433, Fax 99067. www.ilsenburg.de. info@ilsenburg.de. **Bahn/Bus:** Bus 260, 283, 288, 877. **Auto:** A395, B6 Vienenburg – Wernigerode. **Rad:** Harzrundweg/R1. **Zeiten:** Mo – Fr 9 – 16, Di, Do 9 – 18, Sa 9 – 13 Uhr. Über den *Heinrich-Heine-Weg* bestieg einst der Dichter den **Brocken** – heute ein Geheimtipp für alle, die nicht den Wanderströmen von Torfhaus aus folgen wollen. Das Ilsetal bietet sich auch für kürzere Wanderungen an, denn *Ilsestein,* die *Ilsefälle* und die *Plessenburg* sind interessante Plätze zum Verweilen. In der *Klosterkirche* von Ilsenburg beeindrucken der verzierte, mehr als 800 Jahre alte Estrich und die geschnitzte Altarwand.

**BLANKENBURG: Tourist- und Kurinformation Blankenburg,** Markt 3, 38889 Blankenburg. ✆ 03944/2898, Fax 63102. www.blankenburg.de. touristinfo@blankenburg.de. **Bahn/Bus:** Bus 253, 258, 261, 263. **Auto:** A395, B6 Wernigerode – Blankenburg oder B27 von Elbingerode oder B81 Halberstadt – Hasselfelde. **Rad:** Harzrundweg/R1, Harzvorland-Radweg. **Zeiten:** Mo – Fr 9 – 18 Uhr, Mai – Sep bis 19, Sa 9 – 13 Uhr. Im Norden von Blankenburg liegt die *Burg Regenstein* mit ihren beeindruckenden Sandsteinhöhlen, im Osten erstreckt sich die bizarre *Teufelsmauer*. Das *Kleine Schloss* mit seinem

### Hunger & Durst

**Berggasthof Ziegenkopf,** Ziegenkopf 1 (über Rübeländer Straße), 38889 Blankenburg. ✆ 03944/353260. www.ziegenkopf.de. Täglich ab 11 Uhr. Beliebtes Ausflugsziel mit Aussichtsturm, Streichelzoo, Spielplatz, Sonnenterrasse.

@ www.bodetal.com.

☀ Die Tourist-Info Thale bietet verschiedene Führungen in und um Thale an, so auch zum Hexentanzplatz oder zur Rosstrappe oder ins Bodetal – wer will mit Hexenbegleitung.

### Hunger & Durst

**Der Pizzabäcker,** Wilhelm-Pieck-Straße 14, 06507 Gernrode. ✆ 039485/63202. www.pizza-harz.de. Di – Sa 11 – 14 und 16.30 – 22 Uhr, So 16.30 – 22 Uhr. Steinofenpizzen, Baguettes.

Museum ist auch wegen des barocken Gartens einen Besuch wert. Das *Große Schloss* steht jeden Samstag zur Besichtigung offen (14 – 16 Uhr, 2 € ab 16 Jahre).

**THALE: Thale-Information,** Bahnhofstraße 3, 06502 Thale. ✆ 03947/2597, Fax 2277. www.thale.de. info@thale.de. **Bahn/Bus:** Bus 9 – 11, 17, 18. **Auto:** Blankenburg Hasselfelder Straße (B81), Abzweig Timmenröder Straße, über Timmenrode oder von Quedlinburg über Neinstedt. **Rad:** Harzrundweg. **Zeiten:** Mo – Fr 9 – 17 Uhr, Mai – Okt auch Sa, So 9 – 15 Uhr. Mit dem Namen Thale untrennbar verbunden sind der *Hexentanzplatz,* die *Rosstrappe* und das tief eingeschnittene *Bodetal* zwischen den beiden berühmten Erhebungen. Hoch hinauf führen eine Kabinenseilbahn sowie ein Sessellift. Zu den Naturschönheiten der Umgebung gehört auch die *Teufelsmauer* nördlich des Ortes. Neuere Attraktionen sind das *BauSpiel-Haus,* der *Sagenpavillon* und der *Hochseilgarten.*

**GERNRODE: Stadt-Information Gernrode,** Suderöder Straße 20, 06507 Gernrode. ✆ und Fax 39485/354. www.gernrode.de. kontakt@gernrode.de. **Bahn/Bus:** Bus 8, 11, 17, 31, 32. **Auto:** Quedlinburg südlich verlassen, am Kreisel Richtung Gernrode. **Rad:** Nähe Harzrundweg. **Zeiten:** Mo – Fr 9 – 16 Uhr. 8 km südlich von Quedlinburg liegt Gernrode. Bekannt ist der Ort für seine mehr als 1000 Jahre alte *Stiftskirche St. Cyriakus.* Neueren Datums ist die *Kuckucksuhrenfabrik,* die mit mehreren Einträgen im Guinness-Buch der Rekorde steht: der Riesenkuckucksuhr, dem Riesenwetterhaus und dem Riesenthermometer. 2008 wurde am Bahnhof Gernrode das **Museum Anhaltische Harzbahn** eröffnet (Sa 10 – 18 Uhr, www.selketalbahn.de).

**WERNIGERODE: Wernigerode Tourismus GmbH,** Marktplatz 10, 38855 Wernigerode. ✆ 03943/633035, Fax 632040. www.wernigerode.de. info@wernigerode-tourismus.de. **Bahn/Bus:** RE, HEX, Schmalspurbahn. **Auto:** B6 Ausfahrt Wernigerode-Zentrum. **Rad:** Harzrundweg, Holtemme-Radweg. **Zeiten:** Mo – Fr 8.30 – 18 Uhr, Sa 10 – 16 Uhr, So 10 – 15 Uhr, Mai – Okt Mo – Fr bis 19 Uhr. Die »bunte Stadt am Harz« nannte *Hermann Löns* 1907 die

Stadt, die heute mit Goslar wohl die meisten Touristen im Harz anlockt. Viele schöne und ungewöhnliche Fachwerkhäuser sowie das weithin sichtbare *Schloss* prägen das Stadtbild. Für die *Landesgartenschau 2006* wurden viel Geld und Mühen investiert, um auch Gärten und Parks ins rechte Licht zu rücken. Für viele Besucher ist Wernigerode Ausgangspunkt für eine Fahrt auf den *Brocken mit der Schmalspurbahn,* die hier ihren Stammsitz hat.

## Unterer Harz

**STOLBERG (HARZ): Tourist-Information Stolberg,** Markt 2, 06547 Stolberg (Harz). ✆ 034654/454, Fax 729. www.stadt-stolberg.de. info@stadt-stolberg.de. **Bahn/Bus:** Bus 38. **Auto:** A38 Ausfahrt 13 Berga über Rottleberode oder B242 Hasselfelde – Güntersberge, Abzweig Richtung Kelbra, nach Breitenstein rechts. **Rad:** Harzrundweg bis Uftrungen. **Zeiten:** Mo – Fr 9 – 12.30 und 13 – 17, Sa, So 10 – 12 und 13 – 15 Uhr. Der *Große Auerberg* mit dem Josephskreuz erhebt sich östlich des Fachwerkstädtchens Stolberg, das gern Rothenburg des Harzes genannt wird. *Thomas Müntzer,* der Reformator und Bauernkriegsanführer, wurde hier 1489 geboren. Ihm wurde vor dem Rathaus ein Denkmal gesetzt. Im Thyratal befindet sich ein Erlebnisbad.

**HARZGERODE: Stadtinformation Harzgerode,** Marktplatz 2, 06493 Harzgerode. ✆ 039484/32421, Fax 32422. www.harzgerode.de. stadtinfo@harzgerode.de. **Bahn/Bus:** Selketalbahn; Bus 15, 32 – 35, 38, 322. **Auto:** B242. **Rad:** Radweg an der Selke, Mägdesprunger Straße. **Zeiten:** Mo – Fr 8 – 16 Uhr, Di bis 18 Uhr, Sa 10 – 14 Uhr. Mitten im Harz liegt Harzgerode mit Anschluss an die *Selketalbahn.* Zu Harzgerode gehören **Alexisbad,** wo Doppelausfahrten der Dampfloks zu sehen sind, **Mägdesprung** mit dem *Carlswerk* und **Silberhütte** mit dem Waldhof. Im Renaissanceschloss aus dem 16. Jahrhundert ist eine Kunstguss-Ausstellung zu sehen.

**ELBINGERODE UND RÜBELAND: Touristinformation Elbingerode,** Markt 3, 38875 Elbingerode. ✆ 039454/49132, 89487, Fax 53475. www.elbingerode.de, www.ruebeland-

*Warum schreiben wir ausgerechnet bei Stolberg in Klammern Harz dahinter? Weil es im Rheinland auch ein Stolberg gibt, ebenfalls eine Bergarbeiterstadt.*

### Hunger & Durst

Kennt ihr Stolberger Lerchen? Das sind besonders leckere Würstchen, die angeblich beim Braten den Gesang von Lerchen von sich geben.

### Hunger & Durst

**Gasthaus Kupfer,** Am Markt 23, 06547 Stolberg. ✆ 034654/422, Fax 10224. www.gasthaus-kupfer.de. Täglich ab 8.30 Uhr. Stolberger Lerchen und andere regionale Spezialitäten.

### Hunger & Durst

**Waldhof Silberhütte,** 06493 Silberhütte. ✆ 039484/7220. www.harzgerode.de/waldhof. Waldjugendspiele und Kinderfeste.

harz.de, www.harzer-hoehlen.de. tourist@harzer-hoehlen.de. **Bahn/Bus:** Bus 257, 258, 262, 265. **Auto:** B27 Braunlage – Blankenburg oder B244 von Wernigerode. **Zeiten:** Mo – Fr 9 – 12.30 und 13.30 – 18 Uhr, Sa 10 – 13 Uhr. Gleich zwei Besucherbergwerke bei **Elbingerode** künden von der einstigen Bergbautätigkeit. Der Ort selbst besitzt einige schöne Fachwerkhäuser. Der kleine Ort **Rübeland** zieht mit seinen beiden *Tropfsteinhöhlen* jedes Jahr ganze Heerscharen von Touristen und Schulklassen an. Im Frühling ist ein Ausflug zum *Blauen See* besonders attraktiv, im Sommer lockt das renovierte Freibad.

**ELEND: Touristinformation Elend,** Hauptstraße 19, 38875 Elend. ✆ 039455/375, Fax 58740. www.elend-harz.de. info@elend-harz.de. **Bahn/Bus:** Harzquerbahn; Bus 257. **Auto:** B27 Braunlage – Elbingerode. **Zeiten:** Mo, Do 10 – 12, Di 16 – 18 Uhr, Fr 14 – 16 Uhr. Nicht Kummer und Elend herrschen hier, sondern Freude an der schönen Lage im Ostharz, an der *Kalten Bode*. Die kleinste Holzkirche Deutschlands steht in Elend, sie ist nur 5 x 11 m groß. Die Schmalspurbahn passiert Elend, das auch Ausgangspunkt für eine Wanderung zu den *Schnarcherklippen* ist.

**SORGE: Kurverwaltung Sorge,** Försterbergstraße 3, 38875 Sorge. ✆ 039457/3239, Fax 98427. info@gemeinde-sorge.de. **Bahn/Bus:** Harzquerbahn; Bus 262. **Auto:** B242 Hasselfelde – Braunlage. **Zeiten:** Mo, Di 14 – 16 Uhr, Mi 8 – 10 Uhr. Sorge ist mit 140 Einwohnern einer der kleinsten Orte im Landkreis Wernigerode. Das Bergdorf liegt bei Benneckenstein im Tal der *Warmen Bode* und hat Anschluss an die *Harzquerbahn*. Nur 2 km entfernt verlief hier bis 1990 die deutsch-deutsche Grenze. Dort wurde ein Freiland-Grenzmuseum eingerichtet. Der erste Sicherungszaun, die Hundelauftrasse und ein original Beobachtungsturm sind zu sehen. 300 m weiter liegt der *Ring der Erinnerung,* zugleich Kunstwerk, Mahnmal gegen Umweltzerstörung und Erinnerung an die deutsche Teilung.

**BENNECKENSTEIN: Kurverwaltung Benneckenstein,** Haus des Gastes am Kurpark, 38877 Benneckenstein.

*Sorge? Der Ortsname leitet sich von Zarge = Grenze ab. Hier verlief nämlich im 15. Jahrhundert die Grenze der Besitzungen des Klosters Walkenried, später die Grenze zwischen Braunschweig und Preußen.*

✆ 039457/2612, Fax 2613. www.benneckenstein.de. kv-benneckenstein@t-online.de. **Bahn/Bus:** Bus 261, 262, 277. **Auto:** B4 Abzweig zwischen Hohegeiß und Rothesütte oder B242 Abzweig bei Tanne. **Zeiten:** Mo – Fr 9.30 – 15.30 Uhr. Am Übergang vom Ober- zum Unterharz liegt Benneckenstein mit Anschluss an die *Schmalspurbahn*. In der Nähe vom Bahnhof unterrichtet ein *Eisenbahnmuseum* über alles Wissenswerte rund um die Dampfloks.

**SCHIERKE: Kurverwaltung Schierke am Brocken,** Brockenstraße 10, 38879 Schierke. ✆ 039455/8680, Fax 403. www.schierke-am-brocken.de. info@schierke-am-brocken.de. **Bahn/Bus:** Brockenbahn; Bus 257. **Auto:** B4 Braunlage – Elbingerode über Elend oder von Elbingerode (Brockenstraße) über Drei-Annen-Hohne oder Wernigerode (Friedrichstraße, Amtsfeldstraße, Drängetal). **Zeiten:** Mo – Fr 9 – 12 und 13 – 16 Uhr, Saison bis 17 Uhr, Sa, So 10 – 12 Uhr, So Saison auch 14 – 16 Uhr; Nov – Weihnachten Sa, So geschlossen. Durch seine Nähe zum **Brocken** wird Schierke gern als Ausgangspunkt für eine Fahrt auf den höchsten Gipfel genutzt, denn hier ist der letzte Halt der *Schmalspurbahn*. Auch Kutsch- oder Schlittenfahrten werden angeboten. Die Natur zeigt sich rund um Schierke von beeindruckender Seite: Dicke Granitblöcke verteilen sich in den Wäldern, die Feuerstein-, Schnarcher- und Ahrensklippen sind besteigbar und bieten eine tolle Fernsicht.

**ALTENBRAK: Touristinformation Altenbrak,** Unterdorf 5, 38889 Altenbrak. ✆ 039456/205, Fax 50550. www.altenbrak.de, www.bodetal.com. altenbrak@bodetal.de. **Bahn/Bus:** Bus 263. **Auto:** B81 Blankenburg – Hasselfelde, nach 7 km links. **Zeiten:** Mo – Mi 8 – 12 und 12.30 – 15.30 Uhr, Do 8 – 12 und 12.30 – 17 Uhr, Fr 8 – 13 Uhr. Altenbrak liegt an der Bode, in der Nähe der *Rappbodetalsperre*. Auf der Waldbühne findet am ersten Sonntag im September als Saisonabschluss der *Harzer Jodlerwettstreit* statt. **Wendefurth** mit seiner Talsperre ist Ortsteil von Altenbrak.

 **Minigolfplatz** am Kurpark! Mo – Fr 9.30 – 15.30 Uhr (Schlüssel im Haus des Gastes). Kostenlos!

Die Ranger des Nationalparks Harz bieten verschiedene Wanderungen für Familien mit Kindern an. Nationalpark-Haus Drei-Annen-Hohne, direkt beim Großparkplatz, ✆ 039455/8640; Nationalpark-Haus Schierke, an der Brockenstraße, ✆ 039455/477. Beide täglich 8.30 – 16.30 Uhr.

Ein schöner großer **Spielplatz** befindet sich zwischen der Hauptstraße (Sankt Ritter) und dem Bodeweg. Auf dieser Seite der Bode gibt es auch einen **Minigolfplatz,** ✆ 039456/283 oder 0171/5236920, April – Okt Mo – Fr 11 – 21, Sa, So 10 – 21 Uhr, 2,10 €, Kinder 1,60 €.

**Spielplatz** am Ortsausgang Richtung Allrode mit Bolzplatz, Klettergerüst und Tischtennisplatte.

**TRESEBURG: Tourist-Information Treseburg,** Ortsstraße 24, 38889 Treseburg. ✆ 039456/223, Fax 56003. www.treseburg.de, www.bodetal.com. treseburg@bodetal.de. **Bahn/Bus:** Bus 263, 264. **Auto:** B81 Blankenburg – Hasselfelde, nach 7 km links, über Altenbrak oder von Thale über Wolfsburgstraße. **Zeiten:** Mo – Mi 8.30 – 12 und 13 – 14.30 Uhr, Do 9 – 12 und 13 – 14.30 Uhr, Fr 9 – 12 Uhr. Wer von Thale durch das Bodetal wandert, gelangt nach etwa 10 km nach Treseburg. Hier fließen die *Bode* und die *Luppbode* zusammen. Schöne Aussichtspunkte sind der *Weiße Hirsch* und der *Wilhelmsblick*.

**HASSELFELDE: Tourist-Information/Haus des Gastes Hasselfelde,** Breite Straße 17, 38899 Hasselfelde. ✆ 039459/71369, Fax 76055. www.hasselfelde.de. info@hasselfelde.de. **Bahn/Bus:** Selketalbahn; Bus 261, 265. **Auto:** B242. **Zeiten:** Mai – Okt Mo – Fr 9 – 17 Uhr, Sa 10 – 12 Uhr, Nov – April Mo – Fr 9 – 16 Uhr. Südlich der Rappbodetalsperre und mitten im Unterharz liegt Hasselfelde. Seit die Westernstadt *Pullman City II* am Rande des Ortes ihre Tore geöffnet hat, strömen die Cowboy- und Indianer-Fans nur so nach Hasselfelde. Das alte Köhlerhandwerk hingegen wird am *Stemberghaus* am Leben erhalten.

**STIEGE: Tourist-Information Stiege,** Teichstraße 2c, 38899 Stiege. ✆ und Fax 039459/71229. www.stiege-harz.de. tourist-information-stiege@t-online.de. **Bahn/Bus:** Selketalbahn; Bus 265. **Auto:** B242 Hasselfelde – Güntersberge. **Zeiten:** Mo – Fr 9 – 12 und 13 – 16 Uhr, Saison Mai – Nov Ferien und Sommer auch Sa 9 – 12 Uhr. Die *Selketalbahn* hält auch in Stiege. Für den Anschluss an das 3 km nordwestlich liegende Hasselfelde wurde hier die kleinste Wendeschleife Europas gebaut. Durch die Lage mitten im Harz ist Stiege idealer Ausgangspunkt für Erkundungen und Wanderungen. Stieges Ansicht ist geprägt von dem großen See mitten im Ort.

**NEUSTADT: Neustädter Kur- und Fremdenverkehrsverein e.V.,** Burgstraße 48, 99762 Neustadt. ✆ 036331/46277, Fax 49749. www.neustadt-harz.de. info@neustadt-harz.de. **Bahn/Bus:** Bus 23 von Nordhausen. **Auto:**

B4 bis Ilfeld, 4 km bis Neustadt. **Rad:** Harzrundweg. **Zeiten:** Mo – Fr 9 – 13, Mo, Do auch 14 – 16, Di 14 – 18 Uhr, Sa 9 – 11 Uhr. Am Südrand des Harzes, östlich von Ilfeld, liegt Neustadt, die »Perle des Südharzes« Über dem Ort erhebt sich die *Burg Hohnstein.* Obwohl es sich nur noch um eine Ruine handelt, ist der Besucher beeindruckt von der enormen Befestigung und dem großartigen Ausblick. Unten liegt Neustadt mit dem Gondelteich und dem Waldschwimmbad.

 *Wie Halberstadt, Quedlinburg und Nordhausen besitzt auch Neustadt einen Roland an seinem Rathaus.*

ILFELD: **Südharztouristik Ilfeld-Information, Ilgerstraße 51,** 99768 Ilfeld. ✆ 036331/32033, Fax 32035. www.ilfeld.de. info@suedharztouristik.de. **Bahn/Bus:** Harzquerbahn, Straßenbahn 10 von Nordhausen. **Auto:** B4 9 km nördlich von Nordhausen. **Rad:** Harzrundweg/R1. **Zeiten:** Mo – Fr 9 – 12.30 und 13.30 – 16 Uhr, Di, Do bis 18 Uhr, Sa 9 – 12 Uhr. Ilfeld am südlichen Harzrand wird überragt von den Ruinen der *Ilburg,* die dem Ort seinen Namen gab. Das einstige Kloster und denkmalgeschützte Fachwerkhäuser prägen heute das Ortsbild. Am Bahnhof Netzkater befindet sich das Besucherbergwerk *Rabensteiner Stollen,* auch Wanderwege zum *Poppenbergturm* beginnen hier. Sehenswert sind auch die skurrilen Felsgebilde Nadelöhr, Gänseschnabel und Mönch.

**Hunger & Durst**
**Almstube auf der Ziegenalm,** Dorfstraße 44, 99768 Ilfeld-Sophienhof. ✆ 036331/48235. www.ziegenalm.de. April – Okt Mi – Fr 12 – 18, Sa, So 10 – 18 Uhr, Nov – Ostern Do 12 – 18, Sa, So 10 – 18 Uhr. Kuchen und natürlich Käsespezialitäten. 100 Ziegen weiden rund um den Hof.

## Südliches Harzvorland

NORDHAUSEN: **Nordhausen Information,** Markt 1, 99734 Nordhausen. ✆ 03631/696797, Fax 696799. www.nordhausen.de. stadtinfo@nordhausen.de. **Bahn/Bus:** RB, Harzquerbahn. **Auto:** A38 Ausfahrt 11 Nordhausen oder B4 von Ilfeld oder B80 von Sangerhausen. **Rad:** Harzvorland-Radweg. **Zeiten:** Mo – Fr 10 – 18 Uhr, Sa 10 – 14 Uhr. Nordhäuser Doppelkorn und Nordhäuser Kautabak sind und waren große Exportschlager der Stadt im südlichen Harzvorland. Davon gibt auch das *Museum im Tabakspeicher* Zeugnis. Von der Deutschen Bahn hat man in Nordhausen Anschluss an die Harzquerbahn bis Wernigerode.

SANGERHAUSEN: **Rosenstadt Sangerhausen GmbH Tourist-Information,** Markt 18, 06526 Sangerhausen.

 Von Nordhausen bis Wernigerode fährt die **Harzquerbahn** auf schmaler Spur. Haltepunkte: Ilfeld, Niedersachswerfen, Benneckenstein, Sorge, Elend, Drei-Annen-Hohne. Infos unter www.hsb-wr.de.

@ 2008 wurde Wippra nach Sangerhausen eingemeindet. Dort ist die Sommerrodelbahn die Hauptattraktion. www.wippraharz.de.

## Hunger & Durst
**Café Bück Dich,** Karl-Liebknecht-Straße 33, 06526 Sangerhausen. ✆ 03464/519999. www.cafe-bueck-dich.de. Mo – Fr 9 – 22 Uhr, Sa, So 14 – 22 Uhr. Mit Internet-Café, Urwald-Ambiente, leckeren Eisbechern und Kuchen!

**FAU Radwanderzentrum,** Bahnhofstraße 42, ✆ 034671/77771. Fahrradverleih 4,50 – 5 € pro Tag, Radwanderprospekte, geführte Radwanderungen.

✆ 03464/19433, Fax 515336. www.sangerhausen-tourist.de. info@sangerhausen-tourist.de. **Bahn/Bus:** RE, RB; Bus 495, 498, 500, 514, 515, 517. **Auto:** A38 Ausfahrt 15 Sangerhausen-West oder Ausfahrt 16 Sangerhausen-Süd oder B86 Mansfeld – Artern. **Rad:** Harzrundweg, ab Wettelrode durchs Helmstal. **Zeiten:** Mo – Fr 9 – 18 Uhr, Sa 10 – 14 Uhr. An den früheren Kupferbergbau erinnern in Sangerhausen nur noch die Abraumhalden in der Umgebung. Bekannter ist die Stadt inzwischen für ihr *Rosarium,* einem riesigen Park mit unzähligen Rosengewächsen. Ins *Spengler-Museum* lockt viele Besucher das Skelett eines Alt-Mammuts. Rund um den Markt stehen einige schöne Häuser aus dem 16. und 17. Jahrhundert.

**BAD FRANKENHAUSEN: Tourismusverband Kyffhäuser,** Anger 10, 06567 Bad Frankenhausen. ✆ 034671/71716, 71717, Fax 71719. www.kyffhaeuser-tourismus.de, www.bad-frankenhausen.de. info@kyffhaeuser-tourismus.de. **Bahn/Bus:** Bus 504, 507 – 509. **Auto:** B85 von Kelbra. **Rad:** Radweg von Kelbra. **Zeiten:** April – Okt Mo – Fr 10 – 18 Uhr, Sa 10 – 15 Uhr, So 10 – 12 Uhr, Nov – März Mo – Fr 10 – 17 Uhr, Sa 9 – 12 Uhr. Bad Frankenhausen am Südrand des Kyffhäuser-Gebirges ist bekannt für sein rundes *Panorama-Museum,* mit dem Monumentalbild des DDR-Künstlers *Werner Tübke.* Das *Regionalmuseum* befindet sich in dem Renaissanceschloss im Zentrum. Südöstlich des Ortes erhebt sich die *Hainleite,* ein kleiner lang gestreckter Gebirgszug.

**SONDERSHAUSEN: Tourist-Information Sondershausen,** Alte Wache, Markt 9, 99706 Sondershausen. ✆ 03632/788111, Fax 600382. www.sondershausen.de. sdh-info@kyffhaeuser-tourismus.de. **Bahn/Bus:** RE, RB. **Auto:** B4 von Nordhausen. **Zeiten:** Mo – Fr 9 – 18 Uhr, Sa 10 – 12 Uhr, April – Okt Sa bis 15 Uhr. Südlich von Nordhausen schmiegt sich Sondershausen zwischen die kleinen Höhenzüge der *Windleite* und der *Hainleite.* Das Residenzschloss mit Park und das sanierte Zentrum rund um den Marktplatz laden zur Besichtigung und einem Bummel ein. Im *Erlebnisbergwerk* stehen besondere Aktivitäten in ungewöhnlicher Umgebung an. Erholung bieten das Gebiet am *Possen* sowie ein schönes Freibad und ein Badesee.

**ILFELD, ELLRICH, HAINRODE, NEUSTADT: Südharzer Tourismusverband,** Bahnhofsplatz 6, 99734 Nordhausen. ℂ 03631/902154, Fax 902153. www.nordhausen-tourist.de. info@nordhausen-tourist.de. **Bahn/Bus:** Harzquerbahn. **Auto:** A38 Ausfahrt 11 Nordhausen oder B4 von Ilfeld oder B80 von Sangerhausen. **Rad:** Harzvorland-Radweg. **Zeiten:** Mo – Fr 8 – 17.15 Uhr, Sa 9 – 13 Uhr. Im Landkreis Nordhausen liegen neben der gleichnamigen Stadt Ilfeld, Ellrich, Hainrode, Neustadt, die *Hainleite* und die *Goldene Aue*. Die schöne Landschaft Nord-Thüringens lädt hier besonders zu ausgedehnten Wanderungen ein.

**Appels Biohaus,** Spiegelstraße 3, 99734 Nordhausen. ℂ 03631/474308. www.appels-biohaus.regional.de. Mo – Fr 9 – 18 Uhr, Sa 9 – 12 Uhr. Natur- und Vegankost, Naturfelle, Naturkosmetik.

Geduldsprobe: Stockbrotbacken am Rand der Bad Harzburger Ritterspiele

# Verkehrs-Infos

## Rund um Goslar und im Oberharz

**Tageskarten** für 5 Personen lohnen sich häufig für Familien!

www.vrb-online.de, www.bahn.de.

*RB steht für RegionalBahn, RE für RegionalExpress*

**Bahn:** Im Oberharz fahren seit vielen Jahren keine Züge mehr, doch ringsum liegen Bahnhöfe, von denen aus weiterführende Buslinien nahezu alle Orte erreichen. Seesen, Langelsheim, Goslar, Bad Harzburg werden von RB und RE angefahren. Richtung Norden führt die Strecke nach Vienenburg und Schladen.

**Bus:** Informationen zu Bussen rund um Goslar und im Oberharz gibt es beim *Verbundtarif Region Braunschweig (VRB)*, Carl-Miele-Straße 4, 38112 Braunschweig, www.vrb-online.de, info@vrb-online.de.

Für die Region Goslar ist zuständig die *Regionalbus Braunschweig GmbH (rbb)*, Geschäftsstelle Goslar, Hildesheimer Str. 53, 38640 Goslar, ✆ 05321/3431-0, Fax 3431-60. www.rbb-bus.de, rbb.goslar@rbb-bus.de. Kinderfahrscheine: 6 – 14 Jahre.

Hotline VSN ✆ 0551-998099, www.vsninfo.de. Die Broschüre »Harz entdecken« anfordern! www.zvsn.de.

## Zwischen Bad Grund & Bad Sachsa

**Bahn:** Von Seesen kommend, verläuft die Bahnlinie über Osterode, Herzberg, Scharzfeld, Bad Sachsa (Bahnhof liegt außerhalb), Walkenried bis nach Ellrich und Nordhausen.

**Bus:** Die Orte in den Landkreisen Osterode und Duderstadt werden von Bussen des Verkehrverbunds Süd-Niedersachsen angefahren und verbinden diese mit dem Oberharz. **Infos:** *Zweckverband Verkehrsverbund Süd-Niedersachsen,* Hainholzweg 3, 37085 Göttingen, ✆ 0551-38948-0.

Mit dem **Schülerferienticket** fahrt ihr 6 Wochen lang mit Bus und Bahn durch ganz Niedersachen und Bremen, für 25 €! Infos unter www.schuelerferienticket.de.

Der Übergangstarif verbindet die Landkreise Goslar und Osterode: Nur eine Fahrkarte wird benötigt. An den Wochenenden fahren mehrere solche Buslinien, zum Beispiel von Osterode nach Torfhaus (Linie 462) oder von Bad Sachsa nach Braunlage (Linie 470). Die Broschüre »Harz entdecken« des VSN informiert ausführlich darüber.

## Rund um Halberstadt

**Bahn:** Halberstadt, Quedlinburg und Aschersleben werden von der Bahn angefahren. Der Harz-Elbe-Express (HEX) verbindet Vienenburg sowie Blankenburg mit Halberstadt, Auskünfte unter www.hex-connex.de.

**Bus:** In der *Verkehrs- und Tarifgemeinschaft Ostharz (VTO)* haben sich folgende Verkehrsbetriebe zusammengeschlossen:

Im Landkreis **Quedlinburg** fährt die *Q-Bus Nahverkehrsgesellschaft mbH,* Hoymer Straße 21, 06493 Ballenstedt, ✆ 03946/2236, www.qbus-ballenstedt.de, qbus-ballenstedt@t-online.de.

In und um **Halberstadt** ist die *Halberstädter Bus-Betrieb GmbH* unterwegs: Tschaikowskistr. 4, 38820 Halberstadt, ✆ 03941/5731-0, Fax 5731-31, www.hbb-gmbh.info, kontakt@hbb-gmbh.info. Die HBB fährt im Westen bis Osterode und Vienenburg, im Süden bis Blankenburg und Quedlinburg. In der Stadt fährt die HVG (Halberstädter Verkehrs GmbH) mit 5 Stadtbus- und 2 Straßenbahnlinien. Postanschrift: Gröperstraße 83, 38820 Halberstadt, ✆ 03941/5661-5, Fax -63, hvg@stadtverkehr-halberstadt.de, www.stadtverkehr-halberstadt.de.

In **Aschersleben** fahren drei Stadtbusse. Über diese und die regionalen Linien ins Umland informiert die *Verkehrsgesellschaft Südharz,* Ritteröder Straße 11, 06333 Hettstedt, ✆ 03476/8892-0, www.vgs-suedharzlinie.de.

## Zwischen Wernigerode & Thale

**Bahn:** Wernigerode wird von Nordwesten über die Bahnlinie Vienenburg – Stapelburg – Ilsenburg erreicht, von Nordosten führt ein Abzweig der Linie Osterwieck – Halberstadt hierher. Es halten RB und RE. Blankenburg ist nur über Halberstadt zu erreichen, Thale über Quedlinburg, häufig ist es einfacher, mit dem Bus zu fahren. Die Bahnlinie

@ www.qbus-ballenstedt.de, www.stadtverkehr-halberstadt.de, www.vgs-suedharzlinie.de. Fahrplanauskunft für Bahn und Bus in Sachsen-Anhalt: www.insa.de.

Auf der Strecke Vienenburg, Ilsenburg, Wernigerode, Halberstadt, Blankenburg, Quedlinburg, Thale und Aschersleben verkehrt der Harz-Elbe-Express, auch HEX genannt, der Connex Sachsen-Anhalt GmbH. **HarzElbeExpress,** Magdeburger Straße 29, 38820 Halberstadt. ✆ 03941/678-333. www.hex-connex.de.

**Harz Tour Card:** 3 Tage Bahn und Bus fahren in den Landkreisen Wernigerode, Halberstadt und Quedlinburg, mit der Schmalspurbahn sogar bis Nordhausen (jedoch nicht zum Brocken), 18 €, Familien mit bis zu 3 Kindern bis 14 Jahre 34,50 €. Infos unter www.nasa.de.

@ www.hsb-wr.de: Harzer Schmalspurbahnen
www.wvb-gmbh.de: Wernigeröder Verkehrs-Betriebe.

Quedlinburg – Ballenstedt wurde eingestellt, hier verkehren nur noch Busse.

Die *Harzer Schmalspurbahnen* haben ihr Streckennetz von Gernrode über Bad Suderode nach Quedlinburg verlängert. Infos dazu unter www.hsb-wr.de. Außerdem erreicht der Harz-Elbe-Express Wernigerode von Vienenburg bzw. Halberstadt: www.hex-connex.de.

**Bus:** *Wernigeröder Verkehrsbetriebe,* Dornbergsweg 7, 38855 Wernigerode, ✆ 03943/564-0, www.wvb-gmbh.de, info@wvb-gmbh.de. Wichtige Verbindungen sind die Linie 252 nach Halberstadt, Linie 253 nach Thale und Linie 258 nach Blankenburg.

Für den Landkreis Quedlinburg, also auch für Thale, zuständig ist die *Q-Bus Nahverkehrsgesellschaft mbH,* Hoymer Straße 21, 06493 Ballenstedt, ✆ 03946/2236, www.qbus-ballenstedt.de, qbus-ballenstedt@t-online.de.

## Im Unterharz unterwegs

**Bahn:** Eine wichtige Verbindung im Unterharz ist die **Selketalbahn** der *Harzer Schmalspurbahnen.* Sie verkehrt von Gernrode über Mägdesprung, Alexisbad, Straßberg, Güntersberge und Stiege nach Hasselfelde. Ein Abzweig führt von Alexisbad nach Harzgerode.

Von Nord nach Süd führen die Schienen der **Harzquerbahn.** Sie beginnt in Wernigerode und macht Halt in Drei-Annen-Hohne, Elend, Sorge, Benneckenstein, Eisfelder Talmühle und schließlich in Nordhausen. Auskunft und Fahrplan: *Harzer Schmalspurbahnen GmbH,* Friedrichstraße 151, 38855 Wernigerode, ✆ 03943/558-0, www.hsb-wr.de, info@hsb-wr.de.

**Sachsen-Anhalt-Ticket** für Eltern oder Großeltern mit beliebig vielen eigenen Kindern oder Enkeln bis 14 Jahre oder für bis zu 5 Erwachsene, 28 € im Internet und an Automaten, am Schalter 30 €, gilt Mo – Fr in allen Nahverkehrszügen in Sachsen-Anhalt, Sachsen und Thüringen!

Die **Deutsche Bahn** betreibt noch eine Linie von Mansfeld nach Wippra, Halt nach Bedarf. In den Sommermonaten verkehren Sonderzüge von Leipzig und Magdeburg nach Stolberg. **Infos:** www.bahn.de.

**Bus:** Viele Orte werden von den *Wernigeröder Verkehrs-Betrieben* oder dem *Q-Bus Ballenstedt* angefahren, so Benneckenstein, Hasselfelde, Drei-Annen-Hohne, Elbingerode, Rübeland, Altenbrak und Treseburg: www.wvb-gmbh.de, www.qbus-ballenstedt.de.

Der südliche Bereich gehört zu den Landkreisen Nordhausen und Sangerhausen: www.stadtwerke-nordhausen-gmbh.de.

### Durchs südliche Harzvorland

**Bahn:** Die Bahnlinie für RB und RE führt von Nordhausen über Sangerhausen zur Lutherstadt Eisleben. Auch Leinefelde und Sondershausen sind per Bahn zu erreichen.

**Bus:** In und um Nordhausen ist die *Bus-Verkehr Nordhausen GmbH,* Robert-Blum-Straße 1, 99743 Nordhausen, ✆ 03631/6390, zuständig. Die Busse fahren im Norden bis Rothesütte und Sophienhof, im Osten bis Stolberg, im Süden bis Straußberg.

Direkt in Nordhausen fahren die Stadtbuslinien A bis G. Außerdem verkehren 2 Straßenbahnen in Nordhausen: Verkehrsbetriebe Nordhausen, ✆ 03631/4746-0, www.stadtwerke-nordhausen-gmbh.de.

Zwischen Kelbra, Sondershausen, Heldrungen und Sangerhausen ist die *Regionalbus GmbH Unstrut-Hainich- und Kyffhäuserkreis,* 99974 Mühlhausen, ✆ 03601/801697, www.regionalbus.de, unterwegs. 5 Buslinien verkehren in Sondershausen.

Von Sangerhausen fährt die *Verkehrsgesellschaft Südharz,* Ritteröder Straße 11, 06333 Hettstedt, ✆ 034 76/8892-0, www.vgs-suedharzlinie.de.

Service-Telefon 03631/6390.
www.bus-verkehr-nordhausen.de,
www.vgs-suedharzlinie.de.

## Jetzt aber hurtig!

*Den Harz von seiner kulturellen und genussreichen Seite erleben*

Über 400 Ausflüge und Adressen zum Reisen und Genießen: z.B. mit der Brockenbahn durch die verschneite Winterlandschaft, Besichtigung des Klosters Walkenried, Wandern auf dem Karstwanderweg, Verwöhnwochenende im Fachwerkrestaurant Tephano in Quedlinburg, Schnupperkurs Schnapsbrennen oder Pralinenherstellen, Genießen im Gourmetrestaurant Zu den Rothen Forellen in Ilseburg ... 400 Ideen für Freunde, Singles, Paare, frisch Getraute und aufs Neue Verliebte!

FREIZEITFÜHRER
**HARZ – KULTUR & GENUSS**
von Kirsten Wagner

Paperback, 256 Seiten,
69 Fotos, 15 Grundrisse und Übersichtskarten.
1. Auflage 2009, 14,95 Euro
ISBN 978-3-89859-311-3

# FERIEN-ADRESSEN

**RUND UM GOSLAR**

**OBERHARZ & BROCKEN**

**BAD GRUND – BAD SACHSA**

**RUND UM HALBERSTADT**

**WERNIGERODE – THALE**

**UNTERER HARZ**

**SÜDLICHES HARZVORLAND**

**INFO & VERKEHR**

**FERIEN-ADRESSEN**

**KARTEN & REGISTER**

Für jeden Geschmack und jeden Geldbeutel lässt sich im Harz die passende Unterkunft finden. Das Angebot ist breit und besonders Hotels und Ferienwohnungen stehen in großer Anzahl zur Verfügung. Es folgt darum eine Auswahl, bei der die Bedürfnisse von Familien bzw. Kinder- und Jugendgruppen im Vordergrund stehen.

# UNTER-KÜNFTE

## Familienfreundliche Hotels und Pensionen

**RUND UM GOSLAR: Kiek in Hotel Im Tannengrund,** Am Borbergsbach 80, 38685 Wolfshagen. ✆ 05326/9980, Fax 998222. www.hotel-im-tannengrund.de. info@hotel-im-tannengrund.de. **Preise:** DZ ab 70 €; FeWo ab 55 € für 2 Pers, Pauschalangebote, z.B. 1 Woche 2 Erw und 2 Kinder mit HP 840 €; Kinder im Zimmer der Eltern bis 12 Jahre kostenlos, ab 12 Jahre 50%, im Extrazimmer bis 12 Jahre 50%, bis 15 Jahre 25% Ermäßigung. Dreisterne-Familienhotel, das auch 9 Ferienhäuser und -wohnungen anbietet. Freibad, Hallenbad, Minigolf, Beachvolleyball, Tischtennis.

**BAD GRUND – BAD SACHSA: Panoramic Apartment-Hotel Bad Lauterberg Familotel,** Dietrichstal 1, 37431 Bad Lauterberg. ✆ 05524/9620, Fax 962632. www.panoramic-hotel.de. panoramic@panoramic-hotel.net. **Preise:** 2 Erw und zwei Kinder, Ü ab 54 €; Pauschalangebote für Small Family und All-inclusive. Am Rand von Bad Lauterberg liegt das Familotel Panoramic. Hallenbad, Minigolf, Spielplatz, Tischtennis, kostenlose Kinderbetreuung ab 3 Jahren, gratis Babyausstattung, mehrere Restaurants. Die Apartments sind mit Frühstück und HP buchbar.

**RUND UM HALBERSTADT: Family Club Harz Parkhotel Otto III.,** Westerhäuser Straße 43, 06484 Quedlinburg. ✆ 03946/7722-0, Fax 7722-22. www.familyclub.de. familyclub@t-online.de. **Preise:** Familienzimmer mit All-inclusive ab 72,50 € p.P., Zimmer mit Verbindungstür (Family-Apartment) ab 82,50 €, Ferienhäuser ab 67,50 € p.P.; Kinderfestpreise 0 – 2 Jahre 14 €, 3 – 6 Jahre 24 €,

### Achtung!
In den meisten Unterkünften muss zusätzlich Kurtaxe bezahlt werden, auch in JH und auf Campingplätzen! Dafür gibt es allerdings auch vielerlei Ermäßigungen, z.B. in Schwimmbädern oder Museen.

### Abkürzungen bei Unterkünften:
DZ Doppelzimmer
EZ Einzelzimmer
FeWo Ferienwohnung
FH Ferienhaus
HP Halbpension
HS Hauptsaison
JH Jugendherberge
MBZ Mehrbettzimmer
Ü Übernachtung
ÜF Übernachtung mit Frühstück
p. P. pro Person

Naturnahe Unterkünfte mit etwas mehr Platz und Bequemlichkeit findet ihr auf den folgenden Seiten

FERIEN-ADRESSEN

@ Familienfreundliche Hotels in Deutschland, Österreich und Südtirol gibt es unter: www.familien-hotels.de.

### Hunger & Durst
**Waldhotel am Ilsestein,** Ilsetal 9, 38871 Ilsenburg. ✆ 039452/952-0. www.waldhotel-ilsenburg.de.

### Hunger & Durst
**Restaurant und Café Villa Hubertus,** Hubertusstraße 9 – 11, 06502 Thale. ✆ 03947/77660. www.ferienpark-bodetal.de.

7 – 15 Jahre 27 €, Family-Club-Paket für eine Woche buchbar. Das Viersternehotel ist Mitglied bei Familotel, die sich auf die Bedürfnisse von Eltern und Kindern spezialisiert haben. Swimmingpool innen und außen, ein großer Spielplatz, Streichelzoo und Ponys, Spielzimmer, Tennisplatz, Fahrradverleih und Kinderbetreuung sorgen für fröhlichen und erlebnisreichen Urlaub. Grundkurse Reiten zusätzlich buchbar. Kostenlose Babyausstattung.

**WERNIGERODE – THALE: Waldhotel am Ilsestein,** Ilsetal 9, 38871 Ilsenburg. ✆ 039452/952-0, Fax 952-66. www.waldhotel-ilsenburg.de. rezeption@waldhotel-ilsenburg.de. **Preise:** ÜF 42 €; Kinder bis 6 Jahre frei, 7 – 16 Jahre 25 €. Am Eingang des Ilsetals gelegen bietet das Familienhotel viel für die kleinen Gäste: Baby-Krabbelstube, Billard, Dart, Tischtennis, Kicker, Playstation, außerdem Schwimmbad, Sauna und Internet-Ecke. Kinderbetreuung ab 4 Jahre auf Anfrage. Hinter dem Hotel wohnen die Esel Max und Moritz. Restaurant und Wintergarten. 34 DZ, 11 Familienzimmer mit Verbindungstür.

## Familienferienstätten
**RUND UM GOSLAR: CVJM Familienferienstätte Huberhaus,** Mühlental 2, 38855 Wernigerode. ✆ 03943/54340, Fax 5434160. www.huberhaus-wernigerode.de. info@huberhaus.net. **Preise:** VP 38 €; Kinder in Begleitung der Eltern 2 – 5 Jahre 12,50 €, 6 – 11 Jahre 18 €, 12 – 17 Jahre 26 €. Am Fuße des Schlosses gelegene Familienferienstätte des CVJM. Kicker, Billard, Dart, Tischtennis, Cafeteria. 90 Betten in DZ und Apartments, alle mit WC und Dusche.

**WERNIGERODE – THALE: Salztal-Paradies,** Talstraße 28, 37441 Bad Sachsa. ✆ 05523/950960, Fax 9450-80. www.ferienpark-salztal-paradies.de. info@salztal-paradies.de. **Preise:** 1 Woche im Apt ab 389 €. Ferienanlage mit 4-Sterne-Ferienhäusern. Das Freizeit- und Erlebnisbad steht allen Gästen kostenlos zur Verfügung. Spielplatz, Kinderanimation.

**Ferienpark Thale,** Hubertusstraße 9 – 11, 06502 Thale. ✆ 03947/7766-0, Fax 7766-99. www.ferienpark-bodetal.de. info@ferienpark-bodetal.de. Preise: FeWo bis 4 Pers ab 54 €, DZ ab 75 €. 2005 eröffneter Ferienpark mit 19 FeWo für 2 – 8 Personen und 6 DZ im Haupthaus. Stadtnah am Eingang zum Bodetal gelegen. Solarbeheizter Außenpool, Wellnesshaus, Spielplatz, Tischtennis, Grillplatz. Restaurant Villa Hubertus mit Kinderkarte.

## Ferien auf dem Bauernhof

Auf einem Bauernhof Urlaub machen, ist für die meisten Kinder ein tolles Erlebnis. Hier können sie mit Tieren spielen, beim Füttern zuschauen oder helfen und es gibt viel Platz zum Herumtoben.

**RUND UM GOSLAR: Ferienhof Fricke,** Im Dorfe 9, 38729 Lutter-Nauen. ✆ 05383/1559, Fax 9468. www.ferienhof-fricke.de. info@ferienhof-fricke.de. **Preise:** 3 FeWo: »Am Pferdestall« (1 – 2 Pers) 23 – 26 €/Tag, »Zum Hofe« und »Harzblick« (je 1 – 4 Pers) 41 – 51 €/Tag. Nördlich von Seesen und Goslar gelegener Hof mit Pferden, Hühnern sowie Schaf, Hund, Katze. Hofeigener kleiner Swimmingpool, Tischtennis, Kicker, Annes Bauerncafé, Ponyreiten.

**Ferienhof Morich,** Bockelnhagener Straße 3, 37431 Bad Lauterberg-Bartolfelde. ✆ 05524/4924, 1308, Fax 932149. www.ferienhofmorich.de. Ferienhof.Morich@t-online.de. **Preise:** 4 FeWo für 2 – 7 Pers (40 – 65 €/Tag), 1 Blockhaus für 4 – 6 Pers (70 – 80 €/Tag), 3 DZ, 1 3-Bett-Zimmer (ÜF 20 – 25 €/Pers). Ökologisch arbeitender Hof mit Acker- und Grünland. Täglich Ponyreiten auf Pepino, Susi, Nora und Seramis, für Kinder inklusive. Katzen, Kaninchen, Schweine, ein Hund. Spielplatz, Tischtennis, Kicker, Spielscheune mit Streicheltieren.

**Ferienhof Renziehausen,** Nordheimer Straße 21, 37520 Osterode. ✆ 05522/71227, Fax 506897. www.ferienhof-renziehausen.de. hrenziehausen@t-online.de. **Preise:** FH, 2 FeWo 2 – 4 Personen (30 € pro Tag), 2 DZ (15 €/Pers); Kinder bis 10 Jahre die Hälfte. Zwei km von Osterode entfernt, von Wiesen und Wald umgeben. Auf dem Hof leben Kühe, Schweine, Esel, Ziegen, Ponys, Hühner. Kutsch-

## Hunger & Durst

**Annes Bauerncafé,** Im Dorfe 9, 38729 Lutter-Nauen. ✆ 05383/1560. www.annes-bauerncafe.de. März – Okt Do – So 14 – 19 Uhr, Nov – Feb So 14 – 18 Uhr.

*Der Hof wurde von der Zentrale für den Landurlaub mit 4 Sternen ausgezeichnet.*

@ Weitere Bauernhöfe findet ihr unter www.landtourismus.de und www.bauernhofurlaub.com.

👀 *Viele Höfe bieten auch Familienurlaub an und verfügen über Ferienwohnungen oder Zimmer. Vielleicht wollen die einen gern viel reiten, während die anderen schwimmen oder angeln? Dafür sind solche Höfe ideal.*

und Schlittenfahrten, Kinderspielgeräte, Ponyreiten für Kinder gratis. Hofladen.

**RUND UM HALBERSTADT: Schäferhof Langenstein,** Quedlinburger Straße 28a, 38895 Langenstein. ✆ 03941/613841, Fax 614686. www.schaeferhof-langenstein.de. Merino@aol.com. Preise: ÜF DZ 68 €, HP 11 €; Kinder bis 4 Jahre übernachten kostenlos, Kinder bis 12 Jahre zahlen die Hälfte. Auf dem Schäferhof wohnen nicht nur Schafe, sondern auch Ziegen und Ponys. Restaurant, Hofladen, großer Innenhof. Neugebaute Pension mit 6 Apartments für 2 – 6 Personen, 14 DZ.

**UNTERER HARZ: Pension Haus Ibe,** Burgstraße 28, 99762 Neustadt. ✆ 036331/42298, Fax 30454. www.pension-ibe.de. info@pension-ibe.de. Preise: FeWo ab 35 €, DZ ÜF 18 € p.P. Biohof mit 7 FeWo, 2 DZ, 2 EZ. Hühner, Katzen, Ponys, Kühe, Schweine. Spielscheune, Billard, Grillplatz, Reitmöglichkeit, Fahrradverleih. Hauseigenes Hof- und Gartencafé. Anerkannter Gesundheitshof (Wellness-Angebote, Kneipp-Garten), DLG-Gütezeichen.

## Reiterhöfe

Ferien auf dem Reiterhof sind der Traum vieler Mädchen, manchmal auch von Jungen! Die Reiterferien dauern meist eine Woche und sind für Anfänger wie für Fortgeschrittene gedacht. Die Kinder werden rundum versorgt, übernachten auf dem Hof und genießen Vollpension.

**OBERHARZ & BROCKEN: Pony-Hotel Zur Linde,** Sösetalstraße 17, 37520 Riefensbeek. ✆ 05522/4124, Fax 75493. www.pony-hotel-osterode.de. ponyhotelosterode@yahoo.de. **Auto:** B498 Osterode – Altenau. Familiär geführtes Pony-Hotel mit Hallenbad, Minigolf und Kegelbahn. 7 Ponys wohnen hier, z.B. Alibaba oder Sternchen. 1 Woche Reiterferien 256 €, ab 8 Jahren. Kutsch- und Planwagenfahrten. Auch Platz für Gruppen und Vereine.

**RUND UM HALBERSTADT: Reiterhof Stübig,** Hahnstraße 11a, 38871 Abbenrode. ✆ 039452/88452, Handy

0170/2327433. www.reiterhof-stuebig.com. reiterhof-stuebig@web.de. **Preise:** Ü 40 €. 3 FeWo für 2 – 4 Personen. Reitstunde 5 – 9 €.

**WERNIGERODE – THALE: Reiterhof Gothe,** Badeborner Weg 6, 06507 Gernrode-Rieder. ✆ 039485/61582, Fax 65745. www.reiterhof-gothe.de. info@reiterhof-gothe.de. **Preise:** ÜF im DZ 25 €/Pers; Kinder mit VP 36 €. Wenn ihr 10 Jahre alt seid, könnt ihr auf dem Reiterhof Gothe eure Ferien verbringen und natürlich reiten lernen, Stall ausmisten, spielen und Spaß haben. Nicht nur Ponys und Pferde sind hier zu Hause, sondern auch Hühner, Gänse, Hunde, Esel, Schweine und andere Tiere. Auch Familien können hier Urlaub machen, außerdem werden Kutsch- und Kremserfahrten angeboten. 10 Zimmer in der Pension, Gaststätte. Reitunterricht, Geländeausritte, Schnupperreitkurse.

**Reiterhof Vaeckenstedt,** Friederikental 1, 38855 Wernigerode. ✆ 03943/24144, Fax 264158. www.reiterhof-wernigerode.de. info@reiterhof-wernigerode.de. **Preise:** 3 FeWo ab 15 € pro Tag, DZ 35 €, Heuhotel 7 €. Am Ortsausgang von Wernigerode Richtung Elbingerode. Reitstunden, Wanderritte, Reitprogramme, Kutsch- und Kremserfahrten. Kinderreiten im Hippodrom.

**UNTERER HARZ: Reiterhof Pilger,** Gartenhaus 1, 06543 Falkenstein-Pansfelde. ✆ 034743/8164, Fax 62085. www.reiterhof-pansfelde.de. Reiterhof.Pansfelde@t-online.de. **Bahn/Bus:** Bus 418, 421, 427. **Auto:** Ballenstedt oder Falkenstein Richtung Wippra, rechts Richtung Burg Falkenstein. **Rad:** Radweg an der Selke. Zu Füßen der Burg Falkenstein liegt der Reiterhof Pilger. 50 Pferde und Ponys sind hier zu Hause. Reiterferien für Kinder ab 8 Jahre, 1 Woche 160 – 199 €. Weitere Angebote: Kremser- und Schlittenfahrten. Auch FH bis 10 Pers.

**Hotel und Reiterhof an der Talsperre,** Am Oberbecken 1, 38889 Wendefurth. ✆ und Fax 039456/922. Handy 0174/4116339. www.reiterhof-an-der-talsperre.de. info@reiterhof-an-der-talsperre.de. **Preise:** ÜF 40 €. Oberhalb des Wendefurther Stausees. Reiterferien 6 Tage 190 € (Oster- und Herbstferien), 200 € (Sommerferien).

**Hunger & Durst**
**Gaststätte Futterkiste,** Badeborner Weg 6, 06507 Gernrode-Rieder. ✆ 039485/61582. www.reiterhof-gothe.de.

## Hunger & Durst

**Eiscafé auf dem Reiterhof,** Gerhard-Hauptmann-Straße 19, 99706 Sondershausen. ✆ 03632/602213. www.nucke.h-h-c.de. Mi, Do, Sa 14 – 20 Uhr, Fr, Sa 14 – 22 Uhr. Softeis, Kuchen, Milkshakes.

@ Weitere Infos unter www.jugendherberge.de oder www.djh.de.

Die Kinder werden rundum versorgt. Reitstunden und Wanderritte. Tiergehege mit Straußenfarm, Streichelzoo, Spielplatz, Zelt- und Campingplatz. 48 DZ, 6 MBZ.

**SÜDLICHES HARZVORLAND: Gut Drebsdorf,** Gutshof Nr. 35, 06528 Drebsdorf. ✆ 034656/5600, Fax 56017. www.gut-drebsdorf.de. ferienwohnung@gut-drebsdorf.de. **Preise:** FeWo 36 € /Tag. Reit- und Ferienanlage nordwestlich von Sangerhausen, die Reiterferien für Kinder anbietet (280 € pro Woche), aber auch 5 FeWo, Katzen, ein Schwein, ein Hase.

**Reiterhof Nucke,** Gerhard-Hauptmann-Straße 19, 99706 Sondershausen. ✆ 03632/602213, Fax 602273. www.nucke.h-h-c.de. nucke@h-h-c.de. Reiterferien für Kinder ab 8 Jahre 280 €/Woche. Weitere Angebote: Wochenendurlaub für die ganze Familie inklusive Reiten, FeWo, Reitunterricht, Wanderritte, Kutschfahrten, Eiscafé.

## Jugendherbergen (JH)

Die Unterkunft in Jugendherbergen wird bei Familien immer beliebter. Kontakte zu anderen Familien ergeben sich fast von selbst, das Freizeitangebot im Haus und auf dem Gelände ist groß, häufig gibt es Familienzimmer, zum Teil auch schon mit WC und Dusche. Die Preise beziehen sich auf die Übernachtung inklusive Bettwäsche und Frühstück.

**RUND UM GOSLAR: JH Goslar,** Rammelsberger Straße 25, 38644 Goslar. ✆ 05321/22240, Fax 41376. www.jugendherberge.de/jh/goslar/. jh-goslar@djh-hannover.de. **Bahn/Bus:** Bus 803 ab Bhf Goslar bis Theresienhof. **Auto:** Clausthaler Straße. **Rad:** Nähe Europa-Radweg R1. **Preise:** ÜF Junioren 20,10 – 22,50 €. Die Jugendherberge Goslar liegt ruhig am Fuße des Rammelsbergs in einem schönen Fachwerkhaus-Komplex. Insgesamt 163 Betten in Zimmern mit 2 bis 8 Betten und eigenen Waschgelegenheiten, teilweise mit Dusche und WC. 7 Aufenthaltsräume unterschiedlicher Größe, Kaminraum mit Holzbackofen, 2 Blockhäuser. Freigelände mit Tischtennisplatten, Bolzplatz, Volleyballanlage, Basketballkorb, kleinem Spielplatz. Gegenüber große Wiese zum Spielen.

**OBERHARZ & BROCKEN: JH Hahnenklee,** Hahnenkleer Straße 11, 38644 Hahnenklee. ✆ 05325/2256, Fax 3524. www.jugendherberge.de/jh/hahnenklee. jh-hahnenklee@djh-hannover.de. **Preise:** ÜF Junioren 17,30 €. Im Stadtteil Bockswiese gelegen ist die JH Hahnenklee Ausgangspunkt für viele Rundwanderungen. Auch Loipen beginnen in der Nähe und die Bocksberg-Seilbahn bringt Abfahrtsbegeisterte schnell auf den Gipfel. 120 Betten in Zimmern mit 2 bis 6 Betten sind vorhanden. Auf dem Freigelände stehen Bolzplatz, Tischtennisplatten, Grillplatz und Blockhaus zur Verfügung

**JH Torfhaus,** Nationalpark-Bildungsstätte, Nr. 3, 38667 Torfhaus. ✆ 05320/242, Fax 254. www.jugendherberge.de/jh/torfhaus. jh-torfhaus@djh-hannover.de. **Preise:** ÜF Junioren 21,40 €. Die höchstgelegene Jugendherberge Niedersachsens ist die in Torfhaus: Auf 800 m Höhe liegt sie. Sie ist Nationalpark-Bildungsstätte und kooperiert mit dem Nationalparkhaus im Ort. 174 Betten in überwiegend 4- bis 6-Bett-Zimmern stehen zur Verfügung. Die Buchung familiengerechter Zimmer, teils mit Dusche und WC, ist möglich. 8 Aufenthaltsräume und ein Kaminzimmer sind vorhanden ebenso wie Tischtennis, Billard, Volleyball, Basketball, ein kleiner Ski-Hang, eine Skiroller-Bahn, kleiner Spielplatz, Grillhaus und Wildnisbühne.

**JH Clausthal-Zellerfeld,** Altenauer Straße 55, 38678 Clausthal-Zellerfeld. ✆ 05323/84293, Fax 83827. www.jugendherberge.de/jh/clausthal-zellerfeld. jh-clausthal@djh-hannover.de. **Bahn/Bus:** Bus 831 bis Tannenhöhe/DJH. **Preise:** ÜF Junioren 17,60 €. Mitten im Wald gelegen und doch nicht weit zum Ortszentrum bietet die JH Clausthal-Zellerfeld gute Wandermöglichkeiten. Es gibt 104 Betten in Räumen mit überwiegend 6 Betten. Für die Freizeitgestaltung sind vorhanden: Blockhaus, Spielzimmer, Kicker, Tischtennis, Bälle, Bolzplatz, Volleyball-, Fußball- und Badmintonplatz sowie Basketballkorb.

**JH Braunlage,** Von-Langen-Straße 28, 38700 Braunlage. ✆ 05520/2238, Fax 1569. www.jugendherberge.de/jh/

*Voraussetzung für die Übernachtung in einer Jugendherberge ist die Mitgliedschaft im Deutschen Jugendherbergswerk. Sie kostet für Junioren bis 26 Jahre 12,50 € im Jahr, ab 27 Jahre zahlt man 21 €, dies gilt auch für ganze Familien. Die Familienkarte kann in Deutschland auch vom Partner oder von alleinreisenden minderjährigen Kindern genutzt werden. Familien/Senioren zahlen in Begleitung minderjähriger Kinder den günstigen Übernachtungspreis für Junioren. Den JH-Pass gibt es bei jeder JH.*

Vom Kurpark in Zellerfeld gelangt ihr nach Umrunden des Carler Teichs zum **Robinson-Spielplatz!**

braunlage. jh-braunlage@djh-hannover.de. **Preise:** ÜF Junioren 19,50 €. Die JH Braunlage liegt im Wald direkt an zahlreichen Wanderwegen und Skiloipen. Für die Gäste stehen 130 Betten in 2- bis 8-Bett-Zimmern zur Verfügung. Die 2- und 3-Bett-Zimmer sind überwiegend mit Dusche/WC ausgestattet. Das weitläufige Gelände bietet zahlreiche Möglichkeiten der Freizeitgestltung: Billard, Kicker, Tischtennis, Basketball, Bolzplatz, Torwand, Volleyball, Außenspielgeräte, Grillhütte mit Lagerfeuerstätte. In der Nähe auch Fußballfeld und Skateranlage.

**JH Altenau,** Auf der Rose 11, 38707 Altenau. ℗ 05328/361, Fax 8276. www.jugendherberge.de/jh/altenau. jh-altenau@djh-hannover.de. **Preise:** ÜF Junioren 17,10 €. 164 Betten in Zimmern mit 3 bis 6 Betten und eigenen Waschgelegenheiten stehen zur Verfügung, darunter auch Familienzimmer. 5 Tagungs- und Aufenthaltsräume sowie ein Familienaufenthaltsraum mit Kamin und Fernseher. Außerdem: Tischtennis, Billard, Kicker, Freigelände mit Natur-Erlebnisspielplatz, Volleyball, Basketball.

**BAD GRUND – BAD SACHSA: JH Bad Sachsa,** Jugendherbergsstraße 9 – 11, 37441 Bad Sachsa. ℗ 05523/8800, Fax 7163. www.jugendherberge.de/jh/sachsa. jh-sachsa@djh-hannover.de. **Preise:** ÜF Junioren 18,50 €. In ruhiger Lage befindet sich die JH von Bad Sachsa etwas oberhalb des Ortes. Sie verfügt über 121 Betten in Zimmern mit 1 bis 6 Betten und einem 8-Betten-Raum sowie 7 Gruppenleiterzimmer, alle mit eigenen Waschgelegenheiten. 2 Speise- und Aufenthaltsräume. Tischtennis, Billard, Kicker, draußen Spiel- und Liegewiese und ein Lagerfeuerplatz.

**RUND UM HALBERSTADT: JH Quedlinburg,** Neuendorf 28, 06484 Quedlinburg. ℗ 03946/811703, Fax 811705. www.jugendherberge.de/jh/quedlinburg. JH-Quedlinburg@djh-sachsen-anhalt.de. **Preise:** ÜF Junioren 16,50 €, Bettwäsche 3,50 €; Kinder (3 – 5 Jahre) die Hälfte. Direkt im historischen Stadtzentrum von Quedlinburg liegt die JH. Auf dem großen Innenhof ist Platz für alle Arten von Freiluft-Veranstaltungen. 54 Betten verteilen sich auf 4-Bett-Zimmer sowie ein 10-Bett-Zimmer. Der Pro-

*Kinder zwischen 3 und 12 Jahre erhalten in allen Jugendherbergen des Landesverbands Hannover eine Ermäßigung von 30 %. Kinder bis 2 Jahre übernachten kostenlos!*

bensaal ist besonders attraktiv für Musikgruppen und Chöre. Im Haus gibt es Tischtennisplatten, ansonsten wartet Quedlinburg darauf, entdeckt zu werden!

**UNTERER HARZ: JH Falkenstein,** Falkensteiner Weg 2b, 06463 Meisdorf. ✆ 034743/8257, Fax 92540. www.jugendherberge.de/jh/meisdorf. JH-Meisdorf@djh-sachsen-anhalt.de. **Preise:** ÜF für Junioren 14 €, Bettwäsche 3,50 €; Kinder (3 – 5 Jahre) die Hälfte. Im Selketal nahe der Burg Falkenstein liegt die JH Meisdorf. 101 Gästen bietet sie in 2- bis 6-Bett-Zimmern Platz. Es gibt 3 Familienzimmer mit Nasszelle. Billard, Tischtennis und eine Volleyballhalle stehen zur Verfügung. Volleyball kann auch auf dem Freigelände gespielt werden. Weiterhin sind hier zu finden: Bolzplatz, Grill- und Lagerfeuerplatz, Basketballkorb, Minigolf, Beachvolleyball.

**WERNIGERODE – THALE: JH Thale,** Bodetal – Waldkater, 06502 Thale. ✆ 03947/2881, Fax 91653. www.jugendherberge.de/jh/thale. JH-Thale@djh-sachsen-anhalt.de. **Preise:** ÜF Junioren 16,50 €, Bettwäsche 3,50 €; Kinder (3 – 5 Jahre) die Hälfte. Herrlich am Felshang des Bodetals gelegen, führen an der JH Thale viele Wanderwege vorbei. Die Seilbahnen zum Hexentanzplatz oder zur Rosstrappe sind schnell erreicht. Schlafräume mit 2 bis 6 Betten stehen zur Verfügung, insgesamt 201 Betten. Tischtennis kann gespielt werden, am Grillplatz sitzt man beim Brutzeln gemütlich zusammen. Flipper, Kicker und Billard stehen zur Verfügung.

**JH Wernigerode,** Am Eichberg 5, 38855 Wernigerode-Hasserode. ✆ 03943/606176, Fax 606177. www.jugendherberge.de/jh/wernigerode. JH-Wernigerode@djh-sachsen-anhalt.de. **Preise:** ÜF Junioren 18 €, Bettwäsche 3,50 €; Kinder (3 – 5 Jahre) die Hälfte. Zur Ausstattung der JH Wernigerode gehören mehrere Aufenthalts- und Sporträume, Spielplatz, Freilichtbühne, Grillplätze und Fernsehraum. Tischtennis, Billard, Airhockey, Beachvolleyball und Kegelbahn bieten Gelegenheit für sportliche Wettkämpfe. Auch ein Spielzimmer ist vorhanden. 241 Betten in 2- bis 4-Bett-Zimmern, davon 4 rollstuhlgerecht, alle sind mit Dusche und WC ausgerüstet.

*In allen Jugendherbergen von Sachsen-Anhalt gilt: Senioren ab 27 Jahren, die nicht in Begleitung minderjähriger Kinder sind, zahlen 3 € Aufschlag.*

**UNTERER HARZ: JH Südharz in Gorenzen,** Hagen 2 – 4, 06343 Gorenzen. ✆ 034782/21356, 20384, Fax 21357. www.jugendherberge.de/jh/gorenzen. JH-Gorenzen@djh-sachsen-anhalt.de. **Preise:** ÜF für Junioren 15,50 €, im Jagdhaus 16,50 €, Bettwäsche 3,50 €; Kinder (3 – 5 Jahre) die Hälfte. Mitten im Wald liegt die JH von Gorenzen idyllisch etwa 20 km von Eisleben entfernt. Sie bietet 122 Betten in 1- bis 7-Bett-Räumen in zwei Häusern, familiengerechte Unterbringung ist möglich. Es gibt: Fußball- und Volleyballplatz, Basketball, Tischtennis, Spielplatz, Lagerfeuerplatz und Grillhütte. Außerdem stehen Spielgeräte wie Pedalos, Schwungtuch, Stelzen, Kroket und Spieltonne zur Verfügung.

**JH Schierke,** Brockenstraße 48, 38879 Schierke. ✆ 039455/51066, Fax 51067. www.jugendherberge.de/jh/schierke. JH-Schierke@djh-sachsen-anhalt.de. **Preise:** ÜF für Junioren 18 €, Bettwäsche 3,50 €; Kinder (3 – 5 Jahre) die Hälfte. Am Fuße des Brockens gelegen hat die JH Schierke den höchsten Harzer Berg quasi vor der Haustür. Die Einrichtung besitzt 282 Betten in 4-Bett-Zimmern und Apartments für Familien, überwiegend mit Dusche und WC. Außerdem gibt es 6 behindertengerechte Zimmer mit Dusche und WC. Eine hauseigene Sporthalle von 240 qm macht den Aufenthalt auch bei schlechtem Wetter attraktiv und kann als Spiel-, Fitness- und Trainingsstätte genutzt werden. Außerdem: Bowling, Billard, Rodelausleihe.

> Die JH Schierke ist behindertengerecht ausgestattet.

**SÜDLICHES HARZVORLAND: JH Kyffhäuser,** Forsthaus 90a, 06537 Kelbra-Sittendorf. ✆ 034651/55890, Fax 55891. www.jugendherberge.de/jh/kelbra. JH-Kelbra@djh-sachsen-anhalt.de. **Preise:** ÜF für Junioren 16,50 €, Bettwäsche 3,50 €; Kinder (3 – 5 Jahre) die Hälfte. Mit herrlichem Blick ins Tal bietet die JH von Kelbra viele Ausflugsmöglichkeiten zum Kyffhäuser und in die Goldene Aue. 136 Betten in 2- bis 6-Bett-Zimmern stehen zur Verfügung. Fußball- und Volleyballfeld, Abenteuerspielplatz und Tischtennis bringen Abwechslung.

**JH Wasserburg Heldrungen,** Schlossstraße 13, 06577 Heldrungen. ✆ 034673/91224, Fax 981369. www.heldrungen.jugendherberge.de. jh-heldrungen@djh-thueringen.de. **Preise:** Ü/HP Junioren inklusive Bettwäsche 19 €, Seniorzuschlag 3 €; Kinder (3 – 6 Jahre) die Hälfte. Eine Jugendherberge in einer Burg – wer möchte da nicht mal übernachten? 52 Gäste können untergebracht werden, es gibt auch 5 familiengerechte Zimmer. Bolzplatz und Volleyballnetz im Burghof, Ruderboote im Wassergraben, Grillplatz in einer Bastion. Heldrungen liegt etwa 20 km östlich vom Kyffhäuser.

**JH Juventas Sondershausen,** Güntherstraße 26/27, 99706 Sondershausen. ✆ 03632/601193, Fax 782259. www.juventas.de. info@juventas.de. **Preise:** Ü/HP inklusive Bettwäsche Junioren 19 €, Seniorzuschlag 3 €. Gästezimmer mit Hotelstandard (mit Dusche/WC und Fernseher), EZ 26 € pro Nacht, DZ 42 €, Frühstück 5 € p.P.; Kinder (3 – 6 Jahre) die Hälfte. Die JH von Sondershausen liegt zentral im Ort, nicht weit vom Freibad Bergblick entfernt. Insgesamt 50 Betten in 2- und Mehr-Bettzimmern stehen zur Verfügung. Freizeitmöglichkeiten: Kraftsportraum, Tischtennis, Billard.

**JH Jugendgäste- und Bildungshaus Rothleimmühle Nordhausen,** Parkallee 2, 99734 Nordhausen. ✆ 03631/902391, Fax 902393. www.nordhausen.jugendherberge.de. rothleimmuehle@t-online.de. **Preise:** Ü/HP inklusive Bettwäsche Junioren (7 – 26 Jahre) 22 €, Seniorzuschlag 3 €; Kinder (3 – 6 Jahre) die Hälfte. Das Fachwerkensemble der JH Nordhausen liegt nah am Stadtpark und nur 5 Minuten zu Fuß von der Altstadt entfernt. Zum Stadtzentrum fährt man 10 Minuten mit der Straßenbahn. 90 Gäste können in 28 Zimmern mit 1 bis 8 Betten übernachten, davon sind 11 Familienzimmer. Für Zeitvertreib sorgen Streetball, Minigolf, Volleyball, Fun-Arena (Inline-Skates), Spielplatz, Grillplatz, Freiluftbacken und der Sinnespfad.

## Naturfreundehäuser (NFH)

Die Naturfreunde Deutschlands gründeten sich vor 100 Jahren und setzen sich seitdem für Frieden, Naturschutz und sanften Tourismus ein. Entstanden aus der Arbeiterbewegung ist heute Nachhaltigkeit das Leitbild der Naturfreunde.

Die Naturfreundehäuser (NFH) sind Jugendherbergen von der Ausstattung ähnlich, es gibt Mehrbettzimmer, meist sind die Duschen und WCs auf dem Gang. Häufig befinden sich die Häuser in landschaftlich schöner Lage, fernab vom Verkehr. Sie stehen auch Nichtmitgliedern offen, allerdings zahlen diese ein wenig mehr als Mitglieder. In diesem Buch sind nur die Preise für Nichtmitglieder festgehalten.

@ Unter www.naturfreundehaeuser.de sind alle Naturfreundehäuser in Deutschland und einigen europäischen Ländern verzeichnet, zum Konzept und dem Anliegen der Naturfreunde gibt es Infos unter www.naturfreunde.de.

**RUND UM GOSLAR: NFH Bündheim,** Waldstraße 5, 38667 Bad Harzburg. ✆ 05322/4582, Fax 1867. www.naturfreundehaus-buendheim.de. info@naturfreundehaus-buendheim.de. **Preise:** ab 27 Jahre ÜF 23 €, HP 27 €, VP 30 €; Vereinsmitglieder 5 % Abzug; Bettwäsche 5 €; Kinder 0 – 4 Jahre 5 €, 5 – 13 Jahre ÜF 18 €, HP 22 €, VP 25 €, 14 – 27 Jahre ÜF 19 €, HP 24 €, VP 28 €. Am Rande von Bad Harzburg gelegen bietet das NFH 79 Betten in 2-, 4- und 5-Bett-Zimmern. Spielplatz, Tischtennis, Billard.

**OBERHARZ & BROCKEN: NFH Oderbrück,** Nord 4, 37444 St. Andreasberg. ✆ 05520/2445, Fax 8372. www.naturfreunde-nds.de. naturfreundeladen@t-online.de. **Preise:** ÜF 14 – 26 Jahre 16 €, ab 27 Jahre 19 €; Kinder 5 – 13 Jahre 15 €. **Infos:** Anmeldung ✆ 0531/2808710. Das NFH in Oderbrück eignet sich für Schulklassen und Gruppen, aber auch für Familien. 97 Betten verteilen sich auf 32 Zimmer. Billard, Tischtennis, Fahrradverleih.

@ www.besthostel.de.

**NFH St. Andreasberg,** Am Gesehr 37, 37444 St. Andreasberg. ✆ 05582/269, Fax 517. www.naturfreunde-nds.de. naturfreundeladen@t-online.de. **Preise:** ÜF 14 – 26 Jahre 16 €, ab 27 Jahre 19 €; Kinder 5 – 13 Jahre 15 €. NFH an der Jordanshöhe oberhalb des Ortes. 14 Zimmer mit insgesamt 57 Betten stehen in 2- bis 8-Bett-Zimmern zur Verfügung. Billard, Spielplatz, Bolzwiese.

**BAD GRUND – BAD SACHSA: NFH Weinberghütte,** Weinberg 38, 37431 Bad Lauterberg. ✆ 05524/2383, Fax 4438. weinberghuette@aol.com. **Preise:** Ü 7,50 €. 9 Zimmer mit 45 Betten stehen zur Verfügung.

## Jugendgästehäuser (JGH)

Jugendgästehäuser (JGH) ähneln in ihrer Einrichtung den Jugendherbergen, es gibt Mehrbettzimmer, Toiletten sind meist auf dem Flur. Die Träger sind verschieden und gehören keinem übergeordneten Verband an, es ist keine Mitgliedschaft erforderlich. Sie sind für große Kinder- und Jugendgruppen gedacht und somit ideale Unterkünfte für Klassenfahrten oder Ferienfreizeiten. Allerdings bieten die meisten Jugendgästehäuser heute auch Unterkunft für Familien, teilweise in renovierten und modernen Häusern und dies zu günstigen Preisen.

**BAD GRUND – BAD SACHSA: JGH Osterode,** Scheerenberger Straße 34, 37520 Osterode. ✆ 05522/5595, Fax 6869. www.jugendgaestehaus.osterode.de. jgh.harz@gmx.de. **Preise:** Ü/F HS 16,50 €, Bettwäsche 3,60 €. HP und VP möglich; Kinder 3 – 7 Jahre 14 €, 8 – 17 Jahre 15,50 €. Das JGH liegt am Rande der City und somit sehr verkehrsgünstig. Auch Familien können hier Station machen. Billard, Tischtennis, Kicker, Volleyball, Badminton, Basketball, Fahrfläche mit Miniramp für Skateboard und Inliner, Werkraum, Fahrradverleih. 125 Betten in 2-, 4- und 6-Bett-Zimmern auf 3 Stockwerken, überwiegend Etagenbetten.

**WERNIGERODE – THALE: JGH Wernigerode,** Friedrichstraße 53, 38855 Wernigerode. ✆ 03943/632061, Fax 625399. www.jugendgaestehaus-wernigerode.de. jugendgaestehaus-wr@t-online.de. **Preise:** ÜF 18 €; Kinder 3 – 6 Jahre 5,50 €, Schüler 13,50 €. 15 Zimmer mit 2 bis 6 Betten bieten 60 Gästen Platz im JGH Wernigerode. Dart, Kicker und Tischtennis. Familienzimmer im Nebenhaus. Pauschalangebote für Klassenfahrten wie Activity Camp oder Einstein-Tour, für Familien Happy Weekend oder

Preisknaller-Woche. Wer es rustikal mag, kann auch im Wanderquartier **Karlshaus am Ottofelsen** übernachten. 30 Betten in 2 Schlafräumen stehen dort zur Verfügung, Wasser kommt aus dem Brunnen, Strom gibt es hier nicht, dafür mit Sicherheit erlebnisreiche Tage. Hüttenpreis für Schulklassen 168 €/Nacht.

**UNTERER HARZ: JGH Unter den Birken,** Unter den Birken 14, 38875 Elbingerode. ✆ 039454/42349, Fax 40105. www.jugendgaestehaus-elbingerode.de. kontakt@jugendgaestehaus-elbingerode.de. **Preise:** ÜF 17,50 €, Bettwäsche 3,50 €; Kinder 6 – 17 Jahre 14,50 €, Kinder 3 – 5 Jahre die Hälfte. 51 Gäste können hier in 2- bis 4-Bett-Zimmern übernachten. Geeignet für Klassen, Gruppen, Einzelgäste. Tischtennis, Billard, Federball, Schlitten.

**JGH Schierker Baude,** Bildungs- und Freizeitstätte, Sportjugend im Landessport-Bund Sachsen-Anhalt e. V., Barenberg 18, 38879 Schierke. ✆ 039455/8630, Fax 86310. www.schierkerbaude.de. schierkerbaude@t-online.de. **Preise:** ÜF ab 20,10 €; Kinder 6 – 12 Jahre ab 16,20 €, 2 – 5 Jahre ab 13,60 €. Das Gästehaus verfügt über 82 Betten in 30 2- und 4-Bett-Zimmern mit Dusche und WC. Sportplatz, Tischtennis, Rodelhang, Freilichtbühne, Spiel- und Sportraum, Grillhütte. Ausleihe von Mountainbikes, Langlaufski-Ausrüstungen und Schlitten. Durch die Sporteinrichtungen besonders geeignet für Trainingslager, aber auch für Klassenfahrten oder andere Gruppenfreizeiten. Ferienfreizeiten für Kinder zwischen 8 und 16 Jahre.

**SÜDLICHES HARZVORLAND: Jugend- und Schulbauernhof,** Hof 13, 06528 Beyernaumburg-Othal. ✆ und Fax 03464/279209. www.schulbauernhof-othal.de. schulbauernhof-othal@t-online.de. Schullandheim und Umweltbildungseinrichtung 3 km südöstlich von Sangerhausen. Umweltverantwortliche Landwirtschaft, kreative Arbeitstechniken und gesunde Lebensweise sind Grundsätze auf dem Schulbauernhof. Kinder lernen den Umgang mit Tieren, den Anbau von Pflanzen und das Leben mit der Natur kennen. Insgesamt 30 Betten in Mehrbettzimmern. Reiten, Kutschfahrten nach Voranmeldung. Auch Tagesprogramme. 5 Tage mit VP und Programm circa 125 €.

**Happy Birthday!**
Auf dem Schulbauernhof könnt ihr euren Geburtstag mit Ponyreiten und Besuch bei den Hoftieren feiern!

## Campingplätze (CP)

Campingfreunde finden im Harz eine große Auswahl an Plätzen vor. Kinder knüpfen hier schnell Kontakte zu Gleichaltrigen, häufig gibt es ein gutes Freizeitangebot für Familien. Oft besitzen die Plätze ein Frei- oder Hallenbad oder liegen an einem See.

**RUND UM GOSLAR: CP Sennhütte,** Clausthaler Straße 28, 38644 Goslar. ✆ 05321/22498, Fax 22502. www.campingplatz-goslar.de. sennhuette@campingplatz-goslar.de. **Auto:** B241 Goslar Richtung Clausthal-Zellerfeld. **Preise:** Erw 5 €, Zelt 3 €, Caravan 3,50 €, WoMo 4 – 6 €; Kinder 2 €. In der Nähe von Goslar, verkehrsgünstig und doch im Wald gelegen. Zwei Spielplätze, Tischtennisplatten, Basketballkörbe, Restaurant. 200 Stellplätze für Zelte, 100 für Wohnwagen, 20 für Wohnmobile, separater Gruppenplatz.

Ganzjährig Damwildfütterung am Wildgehege um 14.30 Uhr!

**Harz-Camp Göttingerode,** Kreisstraße 66, 38667 Bad Harzburg. ✆ 05322/81215, Fax 877533. www.harz-camp.de. harz-camp@t-online.de. **Auto:** Oker Richtung Bad Harzburg, in Göttingerode rechts. **Preise:** 5,50 €, Stellplatz 7 €; Kinder bis 10 Jahre 3 €, Jugendliche 11 – 17 Jahre 3,50 €. Insgesamt 430 Stellplätze, davon 25 für Wohnmobile, 150 für Dauercamper. Am Waldrand oberhalb von Bad Harzburg gelegen. Solarbeheiztes Freibecken, Sauna, Schwimmbad, Whirlpool, Kinderspielplätze, Trampolin. Separate Kinderwaschräume mit Babybadewannen.

**CP an der Innerstetalsperre,** Innerstetalsperre 2, 38685 Langelsheim. ✆ 05326/2166, Fax 86862. www.innerste.de. camping@innerste.de. **Auto:** Langelsheim Richtung Lautenthal. **Preise:** 3,80 €, Zelt 4 €, Wohnwagen 5 €; Kinder bis 14 Jahre 2,60 €. Direkt an der Talsperre, in der Schwimmen, Segeln, Surfen, Angeln erlaubt sind. Außerdem Kinderfeste, Spielplatz, Fahrradverleih. Restaurant mit Kaffeeterrasse und Seeblick. Tretbootverleih. 100 Stellplätze für Zelte, 120 für Wohnwagen, 3 für WoMos.

**CP Am Krähenberg,** Harzstraße 8, 38685 Wolfshagen. ✆ 05326/969281, Fax 969282. www.campingplatz-wolfshagen.de. post@campingplatz-wolfshagen.de. **Auto:**

FERIEN-ADRESSEN

Freier Eintritt ins Wölfi-Bad für alle Campingkinder bis 14 Jahre!

Ganzjährige Rot- und Schwarzwildfütterung am Campingplatz Erikabrücke um 21 Uhr!

B82 bis Langelsheim, Abzweig Wolfshagen, Campingplatz liegt Am Mauerkamp beim Waldschwimmbad. **Preise:** 4,60 €, Stellplatz 5 €; Kinder bis 14 Jahre 2,70 €, Jugendliche 15 – 18 Jahre 3,40 €. Ruhige Waldrandlage, 100 m bis zum beheizbaren Waldfreibad. Restaurant und SB-Laden. 400 Stellplätze für Zelte, WoWa und WoMos.

**CP Am Brillteich,** Am Brillteich 5, 38723 Seesen. ✆ 05381/2839, Fax 492953. www.camping-harz.de. Camping-Seesen@web.de. **Auto:** B248 Richtung Salzgitter, links. **Preise:** 3,50 €, Zelt 3 €, WoWa oder WoMo 6 €; Kinder 2 €. In ruhiger Lage auf ebenem Wiesengelände nördlich von Seesen. 20 Stellplätze für Zelte, je 40 für WoWa und WoMos. Bolzplatz, Fahrräder, Spielplatz.

**OBERHARZ & BROCKEN: CP Erikabrücke,** 37444 St. Andreasberg. ✆ 05582/1431, Fax 923056. www.erikabruecke.de. info@erikabruecke.de. **Auto:** B27 Braunlage – Bad Lauterberg, am Beginn des Oderstausees. **Preise:** 5,50 €, Zelt/Caravan 5,50 €, Motorcaravan 6,60 €; Kinder bis 14 Jahre 3 €. 150 Stellplätze für Zelte, 150 für WoWa, 20 für WoMos.

**Camping- und Ferienhof Am Kreuzeck,** Kreuzeck 5, 38644 Hahnenklee. ✆ 05325/2570, Fax 3392. www.kreuzeck.de. info@kreuzeck.de. **Auto:** B241 Goslar – Clausthal-Zellerfeld, Abzweig Hahnenklee, gleich wieder rechts. **Preise:** HS 5,50 €, Zelt 5 – 6 €, Stellplatz 8 €, Blockhaus 50 – 60 €; Kinder bis 14 Jahre 3,50 €. Am Oberen Grumbacher See in 600 m Höhe am Fuße des Bocksbergs gelegen. Baden, Rudern, Surfen, Angeln im See. Sauna, Solarium, Hallenbad, Spielplatz, Restaurant, Café, Kinderanimation im Sommer.

**CP Prahljust,** An den langen Brüchen 4, 38678 Clausthal-Zellerfeld. ✆ 05323/1300, Fax 78393. www.prahljust.de. camping@prahljust.de. **Auto:** Clausthal B242 Richtung Braunlage, hinter dem Bauernhof rechts, 3 km. **Preise:** HS 5,20 €, Zelt 2,80 €, WoWa/WoMo 5,20 €; Kinder 2 – 14 Jahre 4,20 €. Am **Pixhaier Teich** etwas außerhalb. Baden und Bootfahren im bzw. auf dem Teich. Schwimmbad (Halle, Eintritt frei), Spielplatz, Tischtennis, Basketball und Torwand.

**CP Waldweben,** Spiegelthaler Straße 31, 38678 Clausthal-Zellerfeld. ✆ 05323/81712, Fax 962134. www.campingplatz-waldweben.de. **Auto:** B241 von Goslar, am Ortseingang rechts. **Preise:** 4 €, Stellplatz 2,50 – 5 €; Kinder bis 16 Jahre 3,50 €. Familienplatz in Waldlage und in der Nähe von mehreren Teichen (Baden, Angeln) sowie dem **Robinson-Spielplatz.** 60 Stellplätze für Zelte, 60 für Wohnwagen, 30 für Wohnmobile.

**Minigolf in Zellerfeld** am Thomas-Merten-Platz, Mai – Okt täglich 12 – 19 Uhr.

**CP Hohe Tannen Braunlage,** Am Campingplatz 1, 38700 Braunlage. ✆ 05520/413, Fax 417. www.camping-braunlage.de. info@camping-braunlage.de. **Auto:** Braunlage B27 Richtung Bad Lauterberg. **Preise:** 4,60 €, Zelt 2,90 €, Caravan 3,70 €, WoMo 5 €; Kinder 4 – 14 Jahre 3,40 €. Campingplatz etwas außerhalb von Braunlage, teils terrassenförmig am Hang, teils auf ebener Wiese mit Teich. Spielplatz, Freibad. 220 Stellplätze.

**CP Am Bärenbache,** Bärenbachweg 10, 38700 Hohegeiß. ✆ 05583/1306, Fax 1300. www.campingplatz-hohegeiss.de. info@campingplatz-hohegeiss.de. **Auto:** B4 bis Hohegeiß, über Lange Straße. **Preise:** HS 5,20 €, Caravan oder Zelt mit Pkw 5,30 €, Mietwohnwagen 39 – 54 €; Kinder 3 – 14 Jahre 3,70 €. Terrassenplatz in Südhanglage, am Waldschwimmbad gelegen. Spielplatz für Kleinkinder, Aufenthaltsraum, Tischtennisplatte, Volleyballfeld, Restaurant. 135 Stellplätze, auch Mietwohnwagen.

Freier Eintritt ins beheizte Waldschwimmbad nebenan!

**CP Okertal,** Kornhardtweg 2, 38707 Altenau. ✆ 05328/702, Fax 911708. www.campingokertal.de. info@campingokertal.de. **Auto:** B498 Oker – Altenau, am Ende des Okerstausees. **Preise:** 4,75 €, Stellplatz 4 – 7 €; Kinder 3 – 14 Jahre 3,50 €. Am Okerstausee gelegen. Spielwiese, Spielplatz, Tischtennis, Bolzplatz, Wassersport. 130 Stellplätze.

**CP Polstertal,** 38707 Altenau. ✆ 05323/5582, Fax 948258. www.campingplatz-polstertal.de. info@campingplatz-polstertal.de. **Auto:** B498 Oker – Altenau, am Ende des Okerstausees rechts Richtung Clausthal-Zellerfeld, 3 km links. **Preise:** 5,50 €, Stellplatz 7 €; Kinder 4 €. 20 Stellplätze für Zelte, 20 für Wohnwagen, 10 für Wohnmobile. Kleiner Platz zwischen Clausthal-Zellerfeld und Altenau mitten im Wald. Zum Baden im **Okerstausee** etwa 150 m. Tischtennis, Spielplatz.

**Campingpark Oderbrücke,** 37197 Hattorf/Herzberg. ✆ 05521/4359, Fax 4360. www.oderbruecke.info. info@oderbruecke.info. **Auto:** B27 Richtung Göttingen. **Preise:** 3,50 €. HP 14,50 €, Zelt mit Pkw oder Wohnwagen 5,20 €; Kinder bis 14 Jahre 2,50 €, HP 8 €. Campingpark an der Oder auf ebenem Gelände mit Spielplatz, Landgaststätte mit Caféterrasse. 10 Stellplätze für Zelte, 65 für Wohnwagen, 5 für WoMos.

## Hunger & Durst
**Blockhaus,** Bremkestraße 35, 37412 Scharzfeld. ✆ 05521/996650, Fax 72864. www.bremketal.de. rtec@gmx.de. Do – Sa ab 17 Uhr, So ab 11 Uhr. Mit Biergarten.

**CP Scharzfeld,** Bremkestraße 35, 37412 Scharzfeld. ✆ 05521/996650, Fax 72864. www.bremketal.de. rtec@gmx.de. **Auto:** Im Ort Ausschilderung folgen. **Preise:** 3 €, Zelt 3 €, WoWa 4 €, WoMo 5,10 €; Kinder bis 7 Jahre 1,80 €. Kleiner Platz in ruhiger Lage außerhalb von Scharzfeld an der Bremke gelegen. Waldschwimmbad in der Nähe.

**Campingplatz Glockental,** Glockental 1, 37431 Bad Lauterberg. ✆ 05524/3811, Fax 5076. www.glockental.de. info@glockental.de. **Auto:** B27 von Braunlage am Südufer (Zufahrt über Staudamm). **Zeiten:** April – Okt. **Preise:** 5,50 €, Stellplatz 5,20 – 6,50 €; Kinder 2,20 €. Dreiteiliger Terrassenplatz am Oderstausee, in dem baden, rudern, segeln, paddeln, surfen und angeln erlaubt sind. 40 Stellplätze für Zelte, 80 für Wohnwagen und Wohnmobile.

 Bootsverleih am Wiesenbeker Teich.

## Hunger & Durst
**Dombrowskys Baude,** Wiesenbeker Teich, 37431 Bad Lauterberg. ✆ 05524/2510, Fax 932089. dombrowskysbaude.de. info@dombrowskysbaude.de. Mi – Mo 10 – 22 Uhr.

**CP Wiesenbeker Teich,** 37431 Bad Lauterberg. ✆ 05524/2510, Fax 932089. www.campingwiesenbek.de. info@campingwiesenbek.de. **Auto:** B27 bis Bad Lauterberg, im Ort Butterbergstraße Richtung Wiesenbek. **Preise:** Stellplatz inkl. 1 Pers 17 €, weitere Pers 7,50 €, Ü im Wigwam 18 €; Kinder bis 14 Jahren 5,50 €, Wigwam 15,50 €. Ruhige Lage am Wiesenbeker Teich mit Sandstrand und Freibad. Terrassenförmige Anlage. **Blockhaus Restaurant Dombrowskys Baude.** 60 Stellplätze, Wigwam-Blockhaus-Siedlung.

**CP Im Borntal,** Im Borntal 1 – 8, 37441 Bad Sachsa. ✆ 05523/944721, Fax 944722. www.campingpark-borntal.de. info@campingpark-borntal.de. **Auto:** Nordöstlich von Bad Sachsa, Ausschilderung ab Ortsmitte. **Preise:** Stellplatz für 2 Pers 19,40 €, weitere Erw 4,50 €; Kind bis 14 Jahre 3 €, weitere Kinder frei. Terrassenförmig angelegt, am Wald, ruhig. 200 Stellplätze für Zelte und Wohnwagen, 20 für WoMos, außerdem 5 DZ mit Bad/WC. Kinderspielplatz.

**Knaus Campingpark Walkenried,** Ellricher Straße 7, 37445 Walkenried. ✆ 05525/778, Fax 2332. www.knauscamp.de. walkenried@knauscamp.de. **Auto:** Walkenried Richtung Ellrich. **Preise:** 6,30 €, Stellplatz HS 8 €; Kinder 4 – 14 Jahre 3 €. Neben dem Hallenschwimmbad gibt es Minigolf, Beachvolleyball, Spielplatz, Fahrradverleih, Grillhütte, Angelsee, Restaurant. 200 Stellplätze, 50 für WoMos. Im Nov geschlossen. Auch Vermietung von Mobilheimen (kleine Häuser, 24 qm) und Wohnwagen.

**Waldcamping Eulenburg,** Scheerenberger Straße 100, 37520 Osterode. ✆ 05522/6611, Fax 4654. www.eulenburg-camping.de. ferien@eulenburg-camping.de. **Auto:** B243 bis Osterode-Süd, dann B498 Richtung Sösetalsperre, am Ortsrand rechts. **Preise:** 4,10 €, Stellplatz 7 €; Kinder bis 14 Jahre 2,50 €. Ruhige Lage an der Söse 1,5 km von Osterode entfernt, in Waldlage. Kinderspielplatz mit Plantschbecken, Freibad, Tischtennis. Insgesamt 160 Stellplätze, 12 für Wohnmobile.

**CP Hübich-Alm,** 37539 Bad Grund. ✆ 05327/3190, Fax 8089. www.harz-camping.de. webmaster@campingharz.de. **Auto:** A7 Ausfahrt 67 Seesen, B243 Richtung Osterode, B242 Braunlage, 1 km vor Bad Grund am Hübichenstein rechts, 800 m. **Preise:** 3 € p.P., Stellplatz 6 – 8 €. Ruhige Lage in den Bergen. 50 Stellplätze für Zelte, 120 für Wohnwagen, 15 für WoMos. Gepflegte sanitäre Anlagen, Babywickel- und Baderaum.

**Camping am See Halberstadt,** Warmholzberg 70, 38820 Halberstadt. ✆ 03941/609308, Fax 570791. www.camping-am-see.de. info@camping-am-see.de. **Auto:** B81 Richtung Magdeburg, links Warmholzberg. **Preise:** HS 5,50 €, Zelt 3,50 €, Caravan 5 €, Motorcaravan 6,50 €; Kinder 3 – 15 Jahre 4,50 €. Am Halberstädter See gelegen. Strand, Nichtschwimmerbereich, Sport- und Spiel-

*Bauden waren Schutzhütten in höheren Gebirgslagen. Später wurden sie oft zu Berggasthöfen umgebaut. Heute werden Gaststätten in Holzbauweise manchmal so genannt.*

Zum Knaus Campingpark gehört ein eigenes Schwimmbad! Eintritt für Camper frei.

Schlafen im Heu beim Waldcamping für 5 €!

☀ Neben dem Domäne-Campingplatz gibt es auch ein Gästehaus (4- und 6-Bett-Zimmer) und einen Reiterhof, der Planwagen- und Kutschfahrten sowie Ponyreiten anbietet!

platz, Bootsverleih am See. Freizeitraum mit Tischtennis. 100 Stellplätze für Wohnwagen und WoMos, 50 für Zelte.

**Harz-Camp Bremer Teich,** 06507 Gernrode. ✆ 039485/60810, Fax 50055. www.harz-camp-gernrode.de. harz-camp-bremer-teich@web.de. **Auto:** Gernrode Richtung Harzgerode, Abzweig Haferfeld. **Preise:** HS Erw 4 €, Zelt 5 €, Wohnwagen 5,80 €, WoMo 7 €; Kinder bis 14 Jahre 2,50 €. Mitten im Wald südlich von Gernrode direkt am Bremer Teich gelegen. Kegeln, Tischtennis, Spielplatz, abgetrennter Badebereich für Kinder. 80 Stellplätze für Zelte, 200 für Wohnwagen, 40 für WoMos, auch 15 Ferienhäuser.

**Camping am Brocken,** Schützenring 6, 38875 Elbingerode. ✆ 039454/42589, Fax 42589. www.campingambrocken.de. HoBittner@ngi.de. **Auto:** B244 von Wernigerode. **Preise:** 4,50 €, Zelt 4,60 – 5,10, Stellplatz 8 €; Kinder 2,80 €. Am Waldrand oberhalb von Elbingerode gelegen, Badesee, Kinderspielplatz. Insgesamt 150 Stellplätze für Zelte, Wohnwagen und Wohnmobile.

**CP Am Schierker Stern,** Hagenstraße, 38879 Schierke. ✆ 039455/58817, Fax 58818. www.harz-camping.com. info@harz-camping.com. **Auto:** B27 Braunlage – Elend, am Kreisel Richtung Schierke. **Preise:** 3,80 €, Zelt 5 €, WoWa/WoMo 7,40 €, Hütte 20 €; Kinder 2 – 12 Jahre 2,30 €. Neuer Campingplatz mit Brockenblick, Ausgangspunkt für Wanderungen oder Mountainbike-Strecken. 40 Stellplätze für Wohnwagen und WoMos und 30 Bergzelte, 2 Holzhütten.

**CP Domäne Stiege,** Domäne 1, 38899 Stiege. ✆ 039459/70333, Fax 70366. www.domaene-stiege.de. info@domaene-stiege.de. **Preise:** 4,50 €, Zelt 3 – 5,50 €, WoWa 5,50 €, WoMo 8 €; Kinder bis 14 Jahre 2,50 €. Zwischen Stiege und Hasselfelde. 60 Stellplätze. Streichelzoo mit Ziege, Waschbär, Pony, Kaninchen.

@ Pauschalangebote der Harzer Campingplätze in Kelbra, Dankerode und Halberstadt gibt es unter www.harz-camping-tour.de.

**Seecamping Südharz Kelbra,** Lange Straße 150, 06537 Kelbra. ✆ 034651/4529-0, 4529-1, Fax 4529-2. www.seecampingharz.de. info@seecampingharz.de. **Auto:** Kelbra Richtung Sondershausen, Südufer des Stausees. **Preise:** HS 4,50 €, Zelt 4 €, Wohnwagen 5 €, Wohnmobil 6 €,

Bungalow 51 €; Kinder bis 14 Jahre 2,50 €. Großer Platz am Stausee mit 300 Stellplätzen, separate Campingwiese für große Gruppen. Viele Freizeitmöglichkeiten: Segeln, Surfen, Badestrand, Kutterfahrten, Fahrradverleih, Lagerfeuerplatz, Wasserrutsche, Skateboardbahn.

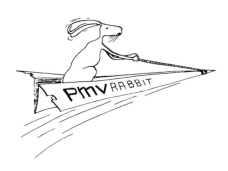

## Liebe Kinder,
## liebe Leserinnen und Leser!

Kennt ihr noch weitere schöne Ausflugsziele, Rad- oder Wandertouren im Harz, die für Familien geeignet sind und hier noch nicht beschrieben wurden? Oder hat sich bei einem Ausflugstipp inzwischen Wesentliches verändert? Bitte teilt euer Wissen mit uns, damit wir dieses Buch so aktuell wie möglich halten können und es weiterhin vielen Familien und Kindern bei der Auswahl ihres Reise- und Ausflugsziels helfen kann.
*Vielen Dank für eure Mithilfe.*
*Die Autorin und der Verlag*

**Schreibt an:**
Peter Meyer Verlag
Stichwort »Harz«
Schopenhauerstraße 11
60316 Frankfurt a.M.
info@PeterMeyer
Verlag.de
www.PeterMeyer
Verlag.de

# pmv PETER MEYER VERLAG

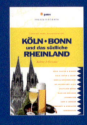

**pmv Reise- & Freizeitführer** gibt es in jeder Buchhandlung oder unter www.PeterMeyerVerlag.de

# KARTEN & REGISTER

RUND UM GOSLAR

OBERHARZ & BROCKEN

BAD GRUND – BAD SACHSA

RUND UM HALBERSTADT

WERNIGERODE – THALE

UNTERER HARZ

SÜDLICHES HARZVORLAND

INFO & VERKEHR

FERIEN-ADRESSEN

KARTEN & REGISTER

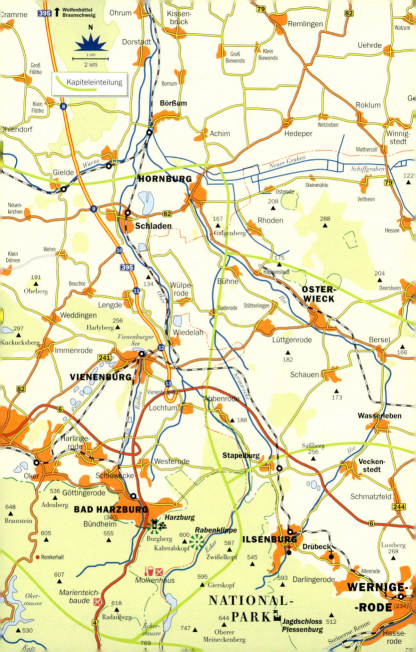

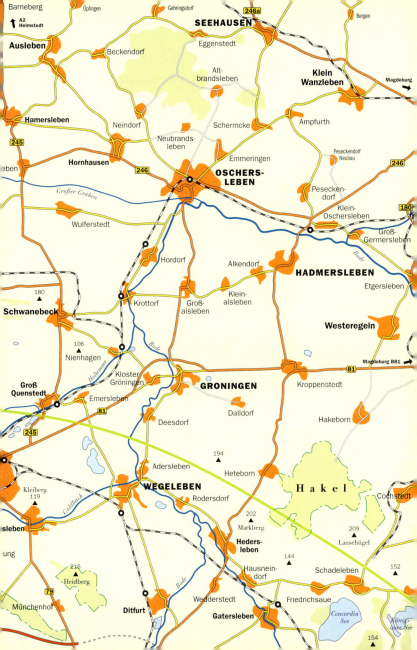

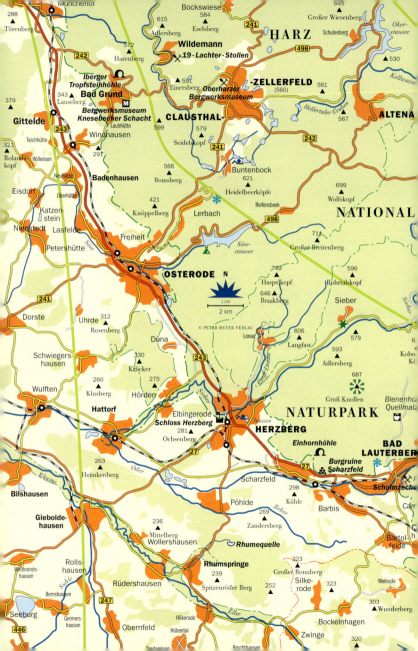

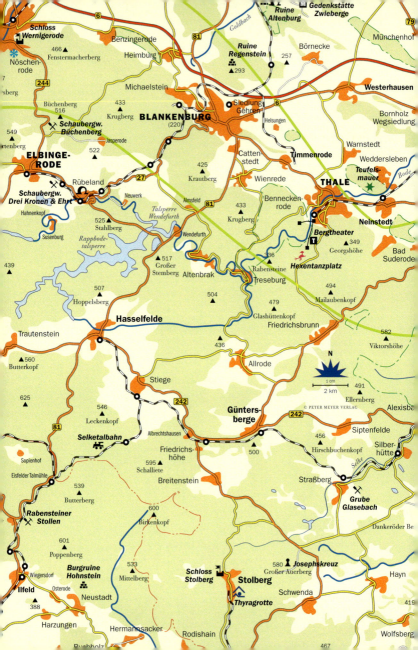

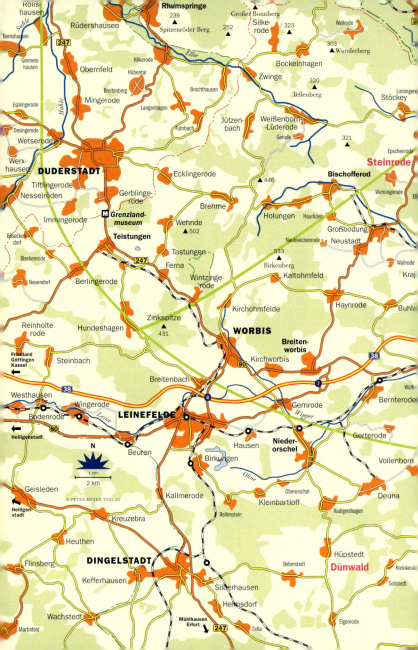

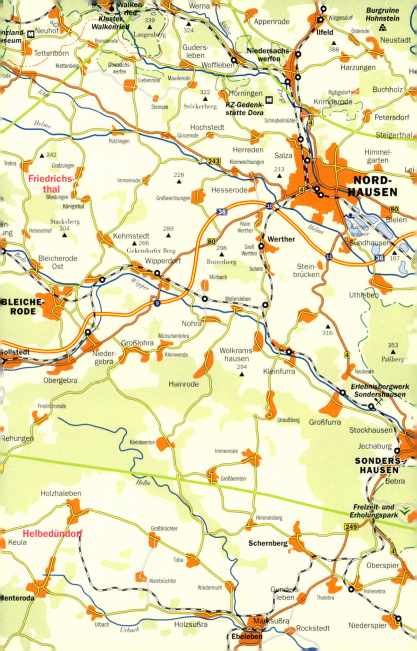

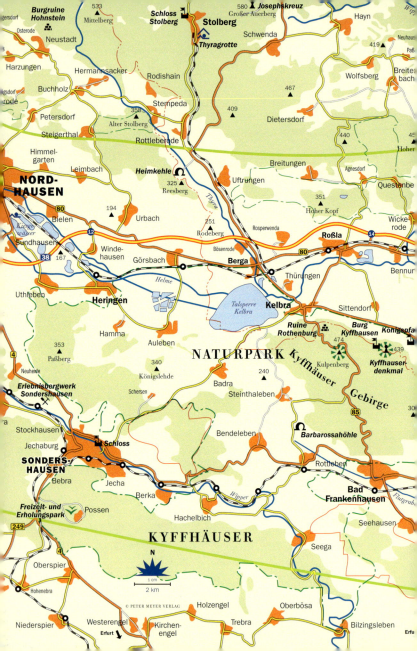

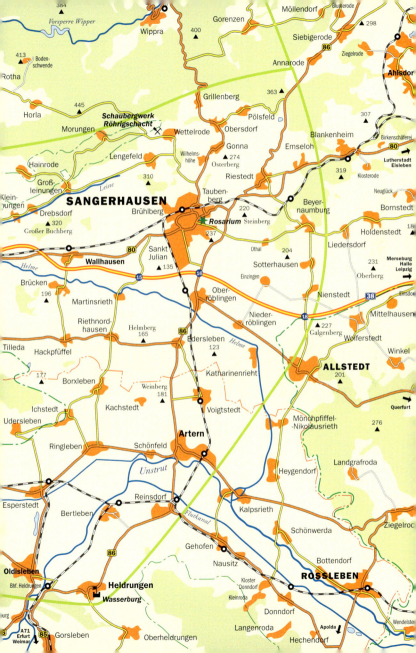

# REGISTER

Orte, Sehenswürdigkeiten
Stichworte
*Natur*
*Personen*

## A

Abbenrode 134, 278
Abenteuerland 136
Abenteuerspielplatz 175, 201, 256
*Achtermann* 59
Adler- und Falkenhof 169
Affenwald 230
Albertine 189, 214
Albertturm 103
Albrechtshaus 205
Alexisbad 203, 205, 261
Alte Münze 189, 213
Altenau 46, 54, 66, 72, 74, 75, 76, 88, 90, 253, 282, 291
Altenbrak 172, 191, 215, 263
Altenburg 127, 132, 133
Arboretum 109
*Armeleuteberg* 161, 195
Aschersleben 127, 133, 134, 257, 269
*Astro-Club* 134
*Auerberg* 197
*Auerhahnteich* 60
Auerhuhngehege 110
Aussichtsterrasse, -turm 63, 79

## B

Bad Frankenhausen 219, 220, 240, 266
Bad Grund 103, 108, 109, 113, 116, 123, 124, 257, 268, 293
Bad Harzburg 11, 13, 14, 25 – 28, 30, 32 – 37, 40, 46, 47, 48, 59, 250, 286, 289
Bad Lauterberg 94, 98, 101, 114, 115, 116, 121, 124, 255, 275, 277, 287, 292

Bad Sachsa 95, 99, 100, 101, 111, 113, 114, 122, 124, 255, 268, 276, 282, 292
Bad Suderode 184
Bahnhofsmuseum 213
Ballenstedt 155
*Barbarossa* 237
Barbarossaburg 236
*Barbarossahöhle* 227
*Bärenbachtal* 52
Bärendenkmal 160
Bärenpark 228, 246
Bartolfelde 277
Bau-Spiel-Haus 169
Bauernhof 277
*Bauernmarkt* 139, 253
*Baumannshöhle* 185, 192, 200, 214
Baumkuchenhaus Nr. 1 175
*Bebraer Teiche* 222
Benneckenstein 90, 191, 203, 204, 213, 214, 262
Bergbaumuseum 116
Bergsport-Arena 69
Bergtheater 183
*Bergwerk, Besucher-* 82, 84, 85, 116, 129, 157, 176, 189, 198, 205, 206, 207, 210, 233, 234, 246
Bergwerksmuseum 37, 82
Berßel 158
Beyernaumburg 288
Bielen 223
Bike-Park 57
Bilderbuchkino 87
*Bimmelbahn* 36, 137, 176
*Birkenmoor* 205
Bismarckturm 101, 115, 132
Blankenburg 155, 169, 172, 178, 184, 186, 259
Blochhauer 163
Blockhütte 68
*Blocksberg* 61, 216
*Bocksberg* 71
Bocksberghütte 79
Bocksbergseilbahn 57, 78
*Bode* 160
*Bodetal* 158, 160, 260, 283

Bootsverleih 17, 54, 98, 99, 101, 129, 130, 136, 155, 194, 292
*Borntal* 292
Braunlage 62, 67, 68, 73, 75, 77, 79, 80, 87, 88, 90, 253, 281, 291
*Bremer Teich* 294
*Brillteich* 290
*Brocken* 51, 60, 61, 62, 80, 184, 251, 263, 294
Brocken Coaster 201
Brockengarten 66
Brockenhaus 86
Brockenherberge 62
Brockenweg-Schanzen 88
*Büchenberg* 206
Buntenbock 56, 57, 74, 75, 76, 88, 252
Burg, auch -ruine:
  Altenburg 132
  Anhalt 198
  Bad Lauterberg 115
  Barbarossa 236
  Falkenstein 189, 211, 214
  Harzburg 40
  Heldrungen 238, 284
  Hohnstein 211, 212, 214
  Kyffhäuser 236, 237
  Regenstein 169, 178
  Rothenburg 224
  Sachsenburg 102
  Scharzfels 117
*Burgberg* 37
Bürgerpark 168

## C – D

Café Winuwuk 30
Café ↗ Hunger & Durst 312
Campingplatz 289
*Charlottenlust* 157
*Christianental* 167
Clausthal-Zellerfeld, ↗ auch Zellerfeld 53, 56, 72, 75, 76, 82, 84, 86, 88, 90, 253, 281, 290, 291
Concordiasee 129, 136
*Dachs* 199
Derenburg 127, 138, 139
Dom 143
Dombrowskys Baude 292

Domschatz   140, 141, 143
Drahtzug   205
Drebsdorf   280
Drei Kronen & Ehrt   207
Drei-Annen-Hohne   189, 195, 199, 204
Drübeck   157
Duderstadt   104, 119, 124, 254

## E
*Eckersprung*   61
*Eichsfeld*   120
*Einhornhöhle*   105
Eisbahn, -sporthalle   35, 77, 114
Eisenbahnmuseum   107, 145, 251
Eisfelder Talmühle   205
Elbingerode   195, 206, 207, 261, 262, 288, 294
Elend   190, 197, 204, 262
Ellrich   267
EMIL   83
Erholungspark   229, 233
Erlebnisbergwerk   234
Erlebnispark   229, 230
Ermsleben   139, 150
*Eulental*   256
Europa-Rosarium   225, 246

## F
Fachwerkturm   230
Fahrkunst   83
Fahrradverleih   157, 252, 266, 289
Falkenhof   111, 169, 211
*Falkenstein*   211, 279, 283
Falknerei   111, 178, 211
Ferienpass   13, 33
Forsthaus Auerberg   197
Freie Bergstädte   251
Freigehege   ↗ Tierpark, Wildpark
Freilichtmuseum   231, 235
Freizeitpark   112, 229
Friedrichsbrunn   203, 204
*Friedrichshöhe*   205
*Frosch*   208
Funkenburg   231
Funpark, II   171, 172

Fürst-Stolberg-Hütte   157, 176

## G
Garten für die Sinne   31
Gaststätte   ↗ Hunger & Durst   312
Gedenkstätte   149, 180, 227, 242
Geosammlung   57, 86
Germanen   231
Gernrode   155, 160, 174, 184, 185, 205, 260, 279, 294
Glasbläserei, -manufaktur   84, 138
Glasmalerei   144
*Glockental*   292
*Goethe*   61
Gorenzen   284
Goslar   12, 13, 18, 29, 36, 37, 38, 41 – 48, 250, 268, 280, 289
Goslarer Museum   42, 43
Göttingerode   289
Grabenhaus   58
*Granestausee*   19, 20
*Grenzlandmuseum*   93, 120, 122
Grenzlandweg   120
*Große Wiesen*   112
*Großer Wiesenberg*   71
Grube Concordia   129
Grube Glasebach   205
Grube Samson   82
*Güntersberge*   204, 205, 212, 214

## H
Hahnenklee   53, 57, 60, 65, 70, 74, 76, 78, 88, 90, 252, 281, 290
Hainrode/Hainleite   233, 267
Halberstadt   125, 127, 131, 135, 138, 143, 146, 147, 150, 152, 257, 258, 269, 293
*Halberstädter See*   130
*Hamburger Wappen*   164
Harlyturm   24

Harz Tour Card   180, 269
Harzburg   40
HarzElbeExpress   269
Harzer Wandernadel   58
Harzer Roller   208
Harzer-Roller-Kanarien-Museum   82
Harzfalkenhof   111
Harzgerode   189, 203, 204, 205, 214, 261
Harzköhlerei   189, 209
Harzkristall   138
Harzmuseum   180
Harzplanetarium   165
Harzquerbahn   80, 205, 265, 270
Harzrundweg   17, 101
Harzvorland   7, 9, 15, 17, 18, 49, 91, 96, 125, 127, 128 – 153, 179, 183, 187, 217, 222, 236, 239, 242, 247, 250, 258, 265, 271, 273, 280, 284, 288, 297
Harzvorland-Radwanderweg   18, 149
Hasselfelde   90, 194, 202 – 205, 209, 214, 264
*Hasselkopf*   67, 74
Hasserode   283
Hattorf/Herzberg   292
Haus der Natur   25
*Hausberg*   115
Heibek   114
*Heikenberg*   114, 124
Heimatmuseum   32, 67, 120
*Heimkehle*   226
*Heine, Ferdinand*   147
*Heine, Heinrich*   163
*Heinrich*   142
Heinz-Sielmann-Natur-Erlebniszentrum   104
Heldrungen   238, 284
Helsunger Krug   165
*Hergert, Jürgen*   29
*Hermannshöhle*   192, 200
*Herzberg*   97, 99, 120, 124, 254
*Hexentanzplatz*   87, 167, 173, 260
*Hexentreppe*   79

## Hunger & Durst

Almstube 265
Altes Bootshaus 155
Altes Forsthaus 67
Am Bärenbache 52
Am Bergsee 212
Am Großvater 165
Am Ilsestein 164, 276
Am Waldseebad Kuttelbacher Teich 53
Annes Bauerncafé 277
Antik-Café 123
Arche Noah 130
Bavaria-Alm 76
Barbarossahöhle 227
Berggasthof
   Josephskreuz 197
   Ravensberg 114
   Rosstrappe 160
   Ziegenkopf 259
Bienenhof Quellmalz 255
Bistro am Turm 238
Blockhaus 30, 292
Bocksberghütte 79
Brockenblick 76
Brockenherberge 63
Burgcafé, -restaurant
   Bad Lauterberg 115
   Heldrungen **238**
   Hohnstein **212**
   Kyffhäuser **237**
   Scharzfels **117**
Café am Finkenherd 143
Café am Markt 182
Café am Rathaus 119
Café Bück Dich 266
Café Friedrich 175
Café Kaiser 152
Café Kurgastzentrum 62
Café Muhs 55
Café Sti(e)lbruch 84
Café tu tu 39
Café Vincent 142
Café Winuwuk 31
Cafeteria Hexenflug 87
Der Pizzabäcker 260
Dombrowskys Baude 98, 292

Eiscafé La Capri 77
Eiscafé La Rocca 32
Eiscafé No. 1 192
Eiscafé Pellegrini 257
Eiscafé Reiterhof 280
Eiscafé San Marco 100
Eiscafé Tasin 183
Eiscafé Venezia 122
Fallsteinklause 259
Family IN 95
Forsthaus Auerberg 197
Futterkiste 279
Galerie-Café 140
Gipfelstürmer 80
Harzblick 12
Haus am See 195
Haus Einhorn 105
Helsunger Krug 165
Hufhaus/Harzhöhe 198
Jagdschloss Spiegelsberge 132
Jagdschloss Possen 229
Kleiner Waldkater 158
Klostercafé 157
Königskrug 60
Königsruhe 159
Krummes Tor 211
Kupfer 261
Kutscherstube 167
Marienteichbaude 28
Matthias-Baude 70, 78
Molkenhaus 23, 26, 27
Naturresort Schindelbruch 196
Oderbrück 59
Pixhaier Mühle 56
Plessenburg 161
Quellen-Restaurant 107
Rehberger Grabenhaus 59
Restaurant Anna 35
Rodelhaus 75, 80
Romkerhall 21
Rosarium-Bistro 17
Schäferhof 133
Schlosscafé 177
Seestübchen 16
Selkemühle 198

Spiegelthaler Zechenhaus 74
Stadionrestaurant 78
Sternhaus 161
Steinerne Renne 163
Strandgaststätte 223
Tannengrund 15
Teistungenburg 120
Thyragrotte 190
Vier Jahreszeiten 222
Villa Hubertus 276
Waldcafé 255
Waldgasthaus, -gaststätte
   Albertturm 103, 104
   Armeleuteberg 162, 196
   Bismarckturm 101
   Christianental 168
   Historischer Bahnhof Kästehaus 23
   Rabenklippen 26, 27
   Radau-Wasserfall 27
   Rinderstall 64
   Stöberhai 107
   Teichtal 233
Waldhaus, -hof
   Forellenbach 96
   Oker 22
   Osterwieck 128
   Silberhütte 261
   Straußberg 230
Waldschänke Steina 102
Welfenschloss 121
Windbeutel-Palast 56
Windbeutelparadies 54
Wurmbergbaude 80
Zum Ilsestein 164
Zum alten Zollhäuschen 231
Zum Auerhahn 60
Zum Hecht 194
Zum Roland 152
Zur Heimkehle 227

Historischer Bahnhof Stöberhai 107
Hochseilgarten 33, 48, 69, 170, 201
*Hoetger, Bernhard* 30
Hohegeiß 52, 72, 74, 76, 88, 90, 253, 291
Höhle 103, 108, 132, 226
Höhlenerlebniszentrum 103, 108
Hohnstein 211
*Höllteich* 102
Holtemme-Radweg 18
Hornburg 11, 31, 46, 48
Hotel Brockenherberge 63
Hotel Schindelbruch 196
*Hübich* 104
Hübich-Alm 293
*Hübichenstein* 103
Hütten- und Technikmuseum 182
Hüttenmuseum 179

## I – J

*Iberg* 103, 108
Ilfeld 193, 200, 210, 215, 265, 267
Ilse-Radwanderweg 18, 157
Ilsenburg 155, 156, 157, 158, 161, 163, 166, 172, 176, 182, 184, 259, 276
*Ilsestein* 163
*Ilsetal* 161
Indoorspielplatz 168
*Innerstestausee* 16, 20, 289
Jagdschloss 132, 229
Josephskreuz 196
*Juessee* 97, 99
Jugendgästehaus 287
Jugendherberge 66, 238, 280
Jugendkunstschule 244, 246
Juniorranger 64

## K

Kaffeehorst 67
Kahn 84
Kaiserpfalz 38
Kaiserturm 162, 196
Kaiserweg 224
*Kalte Tal* 195
Karst 107
*Karsthöhle* 226
Karstwanderweg 93
*Kästeklippe* 23
Kelbra 222, 246, 284, 294
*Kiesgewässer* 223
KinderHochschule 185
Kinderland 121
*Klapproth, Joachim* 111
Kleiner Harz 168
Kleiner Waldkater 158
*Klettern* 33, 48, 69, 170, 201
*Klima* 62
Kloster Walkenried 99, 118
Klosterkirche 166
Knesebecker Schacht 116
Königreich, Kleinstes 21
*Königsaue* 136
Königskrug 59
Königspfalz 235
Konradsburg 139, 150
Kontiki 137
Konzentrationslager 149, 227, 242
Krodoland, City 34, 35, 46
Kuckucksuhr 174
*Kummelberg* 115
Kunsthandwerkerhof 30, 84, 88, 144
Kunsthaus Meyenburg 172, 244
*Kunzental* 96
Kuriositätenmuseum 189, 212
Kurkarte 52
Kurpark 36, 62, 78
*Kuttelbacher Teich* 53
*Kyffhäuser (Gebirge)* 219, 223, 224, 284
Kyffhäuser-Denkmal 224, 236, 238
Kyffhäuserburg 236

## L

Langelsheim 16, 46, 289
Langenstein 132, 149, 150, 151, 278
*Langlauf* 36, 68, 69, 73
Lautenthal 51, 73, 84, 88, 90, 251
Lautenthals Glück 84
*Lehrpfad* 24, 65, 66, 163, 166
*Lerbach* 115, 124
Liebesbankweg 60
Loh-Orchester 244
Lohmühle 41, 42, 43
Lonau 110
Löwenzahn Entdeckerpfad 108, 199
*Luchs* 25, 26
Lutter 277

## M

Mägdesprung 160, 198, 205, 261
Mahn- und Gedenkstätte 180
Märchenpark, -wald 23, 32, 113, 233
Marienteichbaude 28
*Matthias-Schmidt-Berg* 69
Mausefallenmuseum 212
Meisdorf 283
Meyenburg 244
Minigolf 11, 12, 15, 29, 34, 35, 36, 48, 53, 78, 89, 112, 129, 172, 190, 198, 214, 253, 254, 257, 263, 283, 291
Mittelbau-Dora 242
Mittelburg 237
Mitteldeutsches Eisenbahn- und Spielzeugmuseum 145
Modellbahn Wiehe 241
Molkenhaus 23, 26, 27, 36, 40
Monsterroller 57, 79, 80
Mountainbike 18, 21, 28, 57, 166
Mowi-World 241
*Mühlwiesen* 115
*Müntzer, Thomas* 213

Münzprägestätte 213
Museum
- Alte Münze 189, 213
- Am Berg 109
- Bahnhofs- 107, 213
- Bergbau- 116
- Bergwerk 37, 82, 116
- Eisenbahn- 107, 145, 251
- Freilicht- 231, 235
- Spätmittelalter 43
- Glasmalerei 144
- Goslarer 42, 43
- Grenzland 93, 120, 122
- Kuriositäten 189, 212
- Harzer-Roller-Kanarien 82
- Harz- 180
- Heimat- 32, 67, 120
- Heineanum 147
- Hütten- 179, 182
- Im Berg 108
- Luftfahrt 179
- Puppenmuseum 41, 44
- Regional 240
- Schach 148
- Schloss Herzberg 120
- Schlossmuseum 143
- Schraube 146
- Skimuseum 67
- Spengler 239
- Spielzeug 145
- Stadt- 37, 143
- Städtisches 45, 147
- Tabakspeicher 242
- Technik- 179, 182
- Mausefallen 212
- Musikinstrumente 41, 44
- NatURzeit 122
- Uhren 123, 214
- Zinnfiguren 41
- Zisterzienser 118

## N

*Nationalpark Harz* 64
Nationalpark-Besucherzentrum 63, 65
Nationalpark-Bildungsstätte 281
*Naturfreundehaus* 286
Naturlehrpfad 166
NatURzeitmuseum 122

Nauen 277
Neinstedt 131
Netzkater 197, 210
Neustadt 192, 211, 214, 264, 267, 278
19-Lachter-Stollen 85
Niedersachswerfen 193
*Nikolaus* 35, 152
Nordhausen 205, 219, 221, 223, 231, 232, 242, 244, 245, 246, 265, 267, 285

## O

Oberburg 224, 237
*Oberer Flößteich* 60
*Oberer Hausherzberger Teich* 53
Oberharz 74, 76, 82, 251, 268
Oderbrück 59
*Odertal* 64
*Oderteich* 58
Oker, -tal 13, 21, 291
Okerstausee 54, 55, 292
Okerteich Altenau 54
Ökologiestation 226
*Ölmühlenteich* 133
Osterode 96, 111, 124, 257, 277, 287, 293
Osterwieck 128, 157, 158, 259
*Othal* 288
Ottiliae-Schacht 82
*Ottofelsen* 162

## P – Q

Panoramaweg 94
Pansfelde 279
*Petersberg* 232
Petersberggarten 233
Pfalz 39
*Pferdekutsche* 29, 152, 177
Pixhaier Mühle 56
*Pixhaier Teich* 54, 290
Planetenweg 166
Planetarium 133, 165
Plessenburg 161
Pöhlde 106
Ponyhof 166, 278
Poppenbergturm 197, 198

Possen 229
*Priorteich* 98, 100, 103
Pullman City II 189, 202
Puppenmuseum 41, 44
Quedlinburg 130, 137, 140, 143 – 145, 150, 152, 258, 269, 275, 282
*Quitschenberg* 61

## R

*Rabenklippen* 26, 40
Rabensteiner Stollen 189, 198, 210
*Radau-Wasserfall* 27
Rammelsberg 37
*Rappbodetalsperre* 206
*Ravensberg* 114
Regenstein 169, 178
Regionalmuseum 240
Rehberg 58
Rehberger Grabenhaus 59
Reiterhof 134, 230, 278
Renziehausen 277
Reptilienzoo 231
*Rhumequelle* 106
Rhumspringe 106
Rieder 279
Riefensbeek 278
Riesenweinfass 132
Ritter 44, 45, 117, 137, 232, 235, 263
Robinson-Spielplatz 281, 291
Rodelhaus 80
*Rodeln* 6, 36, 75, 76, 77, 172, 201, 202, 204, 230, 253
Röhrigschacht 233
Roland 146, 147, 152, 242, 265
Romkerhall 21, 22
Rosarium 225
*Rosenteiche* 100
*Rosstrappe* 159, 173, 174, 260
Rotacker 194
Rothenburg 224
Rothleimmühle 285
Rottleben/Kyffhäuser 227
Rübeland 192, 200, 214, 262

*Rübelander Tropfsteinhöhlen* 189, 200
Ruine Altenburg 132
Ruine Rothenburg 224
Ruine Sachsenburg 102
Ruine Scharzfels 117

## S

Sachsen-Anhalt 151
Sachsen-Anhalt-Ticket 270
Sachsenburg 102, 103
*Sachseneiche* 102
*Sachsenstein* 102
Sage 252
Sagen- und Märchental 113
*Salza* 221
Salztal-Paradies 95, 114, 256, 276
Sangerhausen 219, 225, 226, 233, 239, 245, 246, 265
Schachdorf 148, 258
Schachmuseum 148
Schadeleben 127, 129, 136
Schäferhof 151, 278
Scharzfeld 93, 105, 292
Scharzfels 117
Schau-Wasserkraftwerk 171
Schaubacken 175
Schaubergwerk 84, 85, 116, 157, 176, 189, 198, 206, 207, 210, 233, 234, 246
Schauen 158
Schierke 62, 66, 86, 189, 201, 204, 214, 216, 263, 284, 288, 294
Schiff fahren 55, 56
Schildau 24
Schladen 11, 12, 29
Schlangenfarm 29
Schloss 120, 141, 143, 176, 177, 182, 239, 240
Schmalspurbahn 80, 204, 270
Schmelzteich 99
*Schnappelberg* 164
*Schnarcherklippen* 197
Schneeballschlacht 104
Scholmzeche 116
Schraube-Museum 146
Schulbauernhof 288
Schulenberg 55, 56, 71, 74, 77, 88, 254
*See Halberstadt* 293
*Seelandfest* 129
Seesen 11, 15, 45, 46, 48, 251, 290
Sehusa 15, 46
Seilbahn 37, 173
*Selketal* 189, 198, 204, 211
Selketalbahn 80, 205, 270
Sennhütte 289
Sessellift 78, 115
Sieber 94, 99, 112, 255
*Sielmann, Heinz* 104
Silberbergwerk 82, 84, 205, 261
Sittendorf 284
Ski-Alpinum 71
Skigebiet 67, 69, 70, 72, 114, 115, 172
Skischule 68, 69, 72, 115
Skyrope 33
Snowtubing 77
Sommerrodelbahn 78, 201, 230
Sondershausen 219, 220, 222, 229, 234, 239, 244, 245, 246, 266, 280, 285
*Sonnenberg* 70
Sonnenhof 30
Sophienhof 200
Sorge 262
*Sösestausee* 100
Spengler-Museum 239
*Spengler, Gustav* 240
*Spiegelsberge* 131
*Spiegelthal* 74
Spielplatz 13 – 16, 20, 21, 24, 28, 30, 32, 35, 48, 53, 54, 62, 65, 80, 97, 99, 104, 116, 120, 128, 130, 132, 134, 136, 139, 149, 155, 164 – 168, 176, 192, 193, 195 – 198, 210, 214, 222, 223, 225, 227, 230 – 233, 239, 241, 259, 263, 264, 281, 289, 290, 291
Spielzeugmuseum 121, 145
St. Andreasberg 63, 64, 68 – 70, 73, 77, 78, 82, 88, 90, 252, 286, 290
St. Servatii 140
St. Stephanus 144
Stabkirche 60
Stadt- und Schlossmuseum 143
Stadtbücherei 87
Städtebundtheater 150
Städtisches Museum 37, 45, 143, 147
Stadtpark 231
Stapelburg 158
Steina 101, 124, 256
*Steinerne Renne* 162
Steinkohlen-Besucherbergwerk 210
Steinthaleben 236
Stemberghaus 209
Sternhaus 160
Sternhaus Haferfeld 205
Sternhaus Ramberg 205
Stiege 194, 204, 205, 214, 264, 294
Stöberhai 107
Stolberg 190, 204, 213, 214, 261
Strandbad 222
Straßberg 205
Straußberg 219, 230
Ströbeck 148
Swingolf 34, 35, 62

## T

Tabakspeicher 242
Talsperre 56, 208, 209, 254, 263, 279, 289
*Tanne* 204, 214
*Teichtal* 233
Teistungen 120
Tettenborn 122, 124
*Teufelsmauer* 130, 164
*Teufelstal* 124
Thale 155, 158, 159, 167, 169, 170, 171, 173, 179, 183, 184, 260, 269, 276, 283
Theater 150, 183, 191, 214, 244

Thyragrotte 190
Tiergarten, -park 110, 134, 135, 167, 228, 230, 231, 246
Tilleda 223, 235, 246
Tollhaus 172
Torfhaus 60, 65, 72, 76, 281
Torfmoor 61
Treseburg 158, 214, 264
Tropfsteinhöhle 108, 189, 200
Tzscherperessen 206

## U – V

Uftrungen 226
Uhrenmuseum 123, 214
Unterburg 224, 237
Unterharz 203, 261, 270
Veckenstedt 157, 158
Verein für ganzheitliche Erlebnispädagogik 137
Vienenburg 11, 15, 24, 46, 48, 250
Vienenburger See 17
Viktorshöhe 160

## W

Waldbühne 191
Waldhotel am Ilsestein 161
Waldkater 283
Waldlehrpfad 24
Waldschänke 136
Waldspielplatz 20
Waldvogelstation 111
Walkenried 98, 99, 102, 118, 124, 256, 293
Walpurgis 46, 89, 140, 150, 155, 216
Wasserburg 238, 284
Wasserleben 158
Wendefurth 194, 208, 263, 279
Wernigerode 80, 155, 156, 165 – 168, 172, 175 – 181, 184 – 186, 195, 204 – 206, 260, 269, 276, 279, 283, 287
Westerntor 161
Westerode 34
Westerturm 120
Westgreußen 219, 231, 246
Wettelrode 214, 233, 246
Wieda 95, 107, 124, 256
Wiehe 219, 241
Wiesenbeker Teich 98, 101, 292
Wildemann 52, 73, 74, 77, 85, 88, 90, 251
Wildfütterung 58, 107
Wildnispfad 66
Wildpark 30, 58, 64, 107, 167, 231
Wildtier-Beobachtungsstation 201
Wippra 201
Wolfshagen 14, 46, 48, 250, 275, 289
Wöltingerode 46
Worbis 219, 228, 246
Wurmberg 67, 75
Wurmberg-Seilbahn 79, 80
Wurmbergbaude 80
Würstchen- und Konservenfabrik 138

## Z

Zellerfeld 74, 82, 88, 90, 253, 281, 291
Ziegen 200, 265
Ziegenalm 265
Ziegenberger Teich 54
Zinnfigurenmuseum 41
Zirkus Zappelini 245
ZisterzienserMuseum 118
Zorge 96, 124, 256
Zwergenhaus 102
Zwergenschmiede 102
Zwieberge 149
Zwinger 43
Zwölfmorgental 172

---

### IMPRESSUM

Unsere Inhalte werden ständig gepflegt, aktualisiert und erweitert. Für die Richtigkeit der Angaben kann der Verlag jedoch keine Haftung übernehmen.
© 2. Auflage 2009 | **Post bitte an:** pmv Peter Meyer Verlag, Schopenhauerstraße 11, 60316 Frankfurt am Main | www.PeterMeyerVerlag.de, info@PeterMeyerVerlag.de
**Umschlag- und Reihenkonzept**, insbesondere die Kombination von Griffmarken und Schlagwort-System auf dem Umschlag, sowie Text, Gliederung und Layout, Karten, Tabellen und Illustrationen sind urheberrechtlich geschützt.
**Druck & Bindung:** az Druck, Kempten; www.az-druck.de | **Umschlaggestaltung:** Agentur 42, Mainz, www.agentur42.de, pmv | **Fotos:** die Autorin, ansonsten siehe Nachweis beim jeweiligen Bild – herzlichen Dank an alle Unterstützer | **Zeichnungen:** Silke Schmidt | **Karten:** pmv Peter Meyer Verlag, Lizenzen auf Anfrage möglich | **Lektorat & Layout:** Annette Sievers | **ISBN** 978-3-89859-417-2 | **Auslieferung:** Prolit, Fernwald-Annerod | **Kaufen:** ✆ 069/49 44 49, vertrieb@PeterMeyerVerlag.de

*Gewonnen! Gewonnen!*

*Mockes, Herr Mau, Karlinchen und Sam freuen sich über den 1. Preis beim ITB BuchAward\* »Reisen mit Kindern«*

*\* 3 x in Folge!*

**WELTWEIT GRÖSSTE REISEMESSE · 1. Platz »Reisen mit Kindern« ITB BuchAward 2009**

»Vor die Haustür, fertig – los!«
Das ist das Motto der bisher 20 Bände pmv-Freizeitführer »… mit Kindern«.
20 x mindestens 400 Aktivitäten, Ausflüge und Adressen für Kids zwischen 3 und 13.
Das ist 10.530 x Spaß in ganz Deutschland! Für familienfreundliche 14,95 Euro in jeder Buchhandlung.

**pmv** PETER MEYER VERLAG

  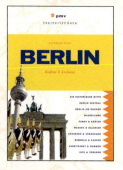

### FRANKFURT AM MAIN
**Kultur & Genuss**
Annette Sievers

Der neue Stadtführer zur Main-Metropole zeigt die Stadt mit all ihren liebenswerten Seiten und Widersprüchen. 5 Rundgänge führen durch das Frankfurt von gestern und heute. Ausführliche Informationen zu Kultur und Geschichte, Architektur, Museen, Theater und Ausgehen, Parks und besonderen Lokalitäten mit Adressen und Preisen.

»Machen wir es kurz: Selten habe ich einen so guten, einen so informativen Reiseführer gelesen.«
hr-Info

»Wunderbar! Empfehlenswert!«
www.amazon.de

ISBN 978-3-89859-125-6
416 Seiten; 16,95 Euro

### KÖLN, BONN UND DAS SÜDLICHE RHEINLAND
**Kultur & Genuss**
Christine Peter, Wolfgang Michel

Für Reisende und Einheimische, die Sinn für Kultur und Genuss haben und sich von zahlreichen Ausflugs-, Wander- und Kulturtipps nach Köln, Bonn und in das Rheinland entführen lassen wollen: Der pmv-Freizeitführer bietet eine sorgfältig recherchierte Auswahl an Sehenswürdigkeiten, regional-kulturellen Informationen, Ausflugslokalen, Ferienadressen und vielem mehr. Da wird der Geheimtipp zum Highlight und umgekehrt!

»… mehr als Baedeker-Gelehrsamkeit.«
Frankfurter Rundschau

ISBN 978-3-89859-148-5
256 Seiten; 14,95 Euro

### BERLIN
**Kultur & Genuss**
Rainer Seil, Annette Sievers

Ein Berlin-Reiseführer im praktischen pmv-Baukastensystem. Mit Museen, Sehenswürdigkeiten, Gärten & Parks, Spaziergängen, Ausgehen & Vergnügen und vielen ungewöhnlichen Tipps – von der schrägen Szene-Kneipe über hippe Shoppingadressen bis zu tiefen Einblicken in die Geschichte unserer Hauptstadt.

ISBN 978-3-89859-313-7
256 Seiten; 14,95 Euro

**Bequeme Bestellmöglichkeiten, Reisetipps, GPS-Daten für Mountainbike-Touren sowie aktuelle Informationen im Internet unter**
www.PeterMeyerverlag.de

**BERLIN UND UMGEBUNG MIT KINDERN**
1001 Aktivitäten und Ausflüge mit S & U
Ina Kalanpé

Und wieder heißt es: »Vor die Haustür, fertig – los!« Mit dieser vielfältigen Auswahl an Ausflügen und Aktivitäten sowie den umfassenden praktischen Informationen können Familien mit Kindern zwischen 3 und 13 Jahren jederzeit auch spontan je nach Lust und Wetter aufbrechen.

»Mit diesem Buch im Gepäck haben Eltern mit Kindern leichtes Spiel. Nutzt man die Ideen und Tipps, dürften die Quengeleien gegen null tendieren.« Der Tagesspiegel

»'Berlin und Umgebung mit Kindern' hält viele Tipps und Ideen bereit, wie man sich die Hauptstadt ganz verspielt erschließen kann.«
Fairkehr

ISBN 3-89859-422-6
320 Seiten; 14,95 Euro

**EIFEL: MEHRTAGESTOUREN**
Die 10 schönsten Streckenwanderungen mit leichtem Gepäck
Mathieu Klos

10 Streckenwanderungen in der Eifel und den Ardennen, 28 Etappen, 684 Kilometer und rund 17.000 Höhenmeter: Da ist für Genuss- wie auch sportliche Wanderer garantiert die richtige Tour dabei.

»Eifelfreunde und Trekkingfans haben auf dieses Buch gewartet. ›Du musst wandern‹ – mit diesem Buch bestimmt!«
www.eifeltour.de

»Adresshinweise helfen bei der Suche nach Tisch und Bett. Und die bunten Bilder zeigen, wo Deutschland am grünsten ist.« DIE ZEIT

ISBN 3-89859-309-6
192 Seiten; 14,95 Euro

**AUSFLÜGE MIT GENUSS: RHEINGAU, RHEINHESSEN**
Wandern · Radeln · Einkehren
pmv/FR

Ausfliegen und Genießen je nach Lust und Laune, Wind und Wetter, Zeit und Kondition: Man nehme 18 Tourenvorschläge, füge 26 Einkehrtipps hinzu und würze das Ganze mit praktischen Informationen, aussagekräftigen Bildern und detaillierten Karten – heraus kommt der pmv-Freizeitführer »Ausflüge mit Genuss – Rheingau & Rheinhessen«!

»Ein praxisnah geschriebenes Buch, das Lust auf Entdeckungstouren in dieser landschaftlich schönen Region macht.«
Eßlinger Zeitung

ISBN 3-89859-302-9
128 Seiten; 14,95 Euro

 **pmv** PETER MEYER VERLAG

# … und immer schön sauber bleiben!

*Unsere frechen Viecher Karlinchen, Sam, Mockes und Herr Mau kennt ihr schon. Wir ihr sind sie immer voller Tatendrang. Damit bei ihrem Freizeitvergnügen die Natur nicht auf der Strecke bleibt, sind alle Vorschläge in diesem Buch sorgfältig ausgesucht. Auch das Buch wurde möglichst umweltschonend hergestellt. Natürlich auf ökologisch korrektem FSC-Papier, das einen schonenden Umgang mit unserem Wald garantiert. Da jedoch bei der Produktion Energie verbraucht wird und das Entstehen von schädlichem $CO_2$ unvermeidlich ist, unterstützt der Peter Meyer Verlag bei jedem Buchdruck mit einer Spende sanfte Energieprojekte. Denn klimaneutrales Handeln gehört zu unserer Verantwortung – damit ihr und die frechen Viecher euren Tatendrang auch in Zukunft in sauberer Natur ausleben könnt.*

Mehr über das Umwelt-Engagement des Verlages unter
www.PeterMeyerVerlag.de